AMSTERDAM

Annette Krus-Bonazza

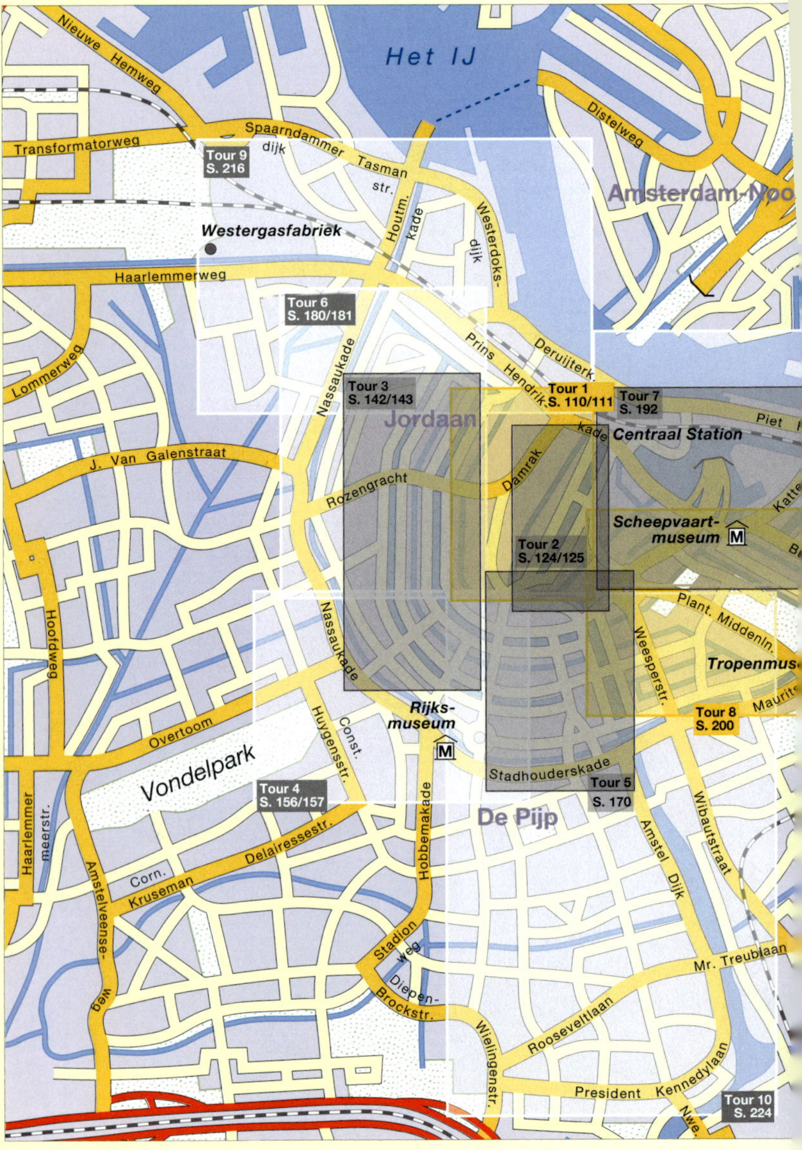

Het IJ
Nieuwe Hemweg
Transformatorweg
Spaarndammer dijk
Tasman str.
Tour 9
S. 216
Distelweg
Amsterdam-Noo
Houtm. kade
Westerdoks- dijk
Westergasfabriek
Haarlemmerweg
Tour 6
S. 180/181
Lommerweg
Nassaukade
Prins Hendrik kade
Deruijterk
Tour 3
S. 142/143
Jordaan
Tour 1
S. 110/111
Tour 7
S. 192
Piet
Centraal Station
J. Van Galenstraat
Damrak
Rozengracht
Katte
Scheepvaart- museum
Tour 2
S. 124/125
Plant. Middenln.
Hoofdweg
Nassaukade
Weesperstr.
Tropenmus
Rijks- museum
Tour 8
S. 200
Overtoom
Huygensstr.
Const.
Vondelpark
Stadhouderskade
Tour 5
S. 170
Tour 4
S. 156/157
De Pijp
Haarlemmer meerstr.
Delairessestr.
Hobbemakade
Amstel Dijk
Wibautstraat
Corn. Kruseman
Amstelveense- weg
Stadion weg
Diepen- Brockstr.
Mr. Treublaan
Rooseveltlaan
Wielingenstr.
President Kennedylaan
Tour 10
S. 224
Nwe.

IJdoornlaan
Het IJ
Tour 11
S. 232/233
KNSM- Eiland
Middenweg
Middenweg
Gooise weg

Text & Recherche: Annette Krus-Bonazza
Lektorat: Peter Ritter, Ulli Langenbrinck
Redaktion & Layout: Nona-Andreea Kolle
Fotos: siehe Fotoverzeichnis
Karten: Gábor Sztrecska, Michael Neumann
Covergestaltung: Karl Serwotka
Coverfotos: oben: Scheepstimmermanstraat, Borneo (A. Krus-Bonazza)
unten: Kloveniersburgwal (fotopresse timmermann)

Danksagung: Für ihre Gastfreundschaft, Informationen und Fotos ein herzliches „Bedankt" an Jos van Waterschoot, Rick Berenschoot, Dorothea Kaiser, Stefan Swertz, Daniel Bouw, Marjet Knake, Sjoerd van Eeden und Michael Siebers.

Fotoverzeichnis

Annette Krus-Bonazza: alle, außer:

21, 36 (**Dirk Sievers**), 1, 10/11, 18, 20, 30, 58, 66, 106, 107 (**Karsten Luzay**), 16, 23, 48, 73, 88, 96, 109 (**NBTC** – Niederländisches Büro für Tourismus & Convention), 33 (**Uitgeverij Atlas, Amsterdam**), 209 (**Joods Historisch Museum, Liselore Kamping**)

ISBN 978-3-89953-393-4

3. überarbeitete und aktualisierte Auflage 2008

INHALT

Was haben Sie entdeckt?

Trotz gründlicher Recherche kann es immer wieder passieren, dass uns etwas entgeht.

Was war Ihr Lieblingsrestaurant, in welchem Hotel haben Sie sich wohl gefühlt, welches Museum würden Sie wieder besuchen?

Bitte schreiben Sie uns, wenn Sie Kritik, Verbesserungen, Anregungen oder Empfehlungen haben.

Annette Krus-Bonazza
Stichwort „Amsterdam“
c/o Michael Müller Verlag GmbH
Gerberei 19
91054 Erlangen
krus-bonazza@michael-mueller-verlag.de

Alles im Kasten

Kartenverzeichnis

Zeichenerklärung für die Karten und Pläne

- A 9 Autobahn
- Fernverkehrsstraße
- Hauptverkehrsstraße
- Straße
- Bahnlinie
- Spaziergang
- Grünfläche
- Bebaute Fläche
- Gewässerfläche
- Allgemeine Sehenswürdigkeit
- Museum
- Windmühle
- Flughafen
- Krankenhaus
- Information

Amsterdam – Wissenswertes

In Amsterdam wohnen Menschen von allen Kontinenten

Amsterdam ist ...

... städtebaulich pittoresk und architektonisch avantgardistisch, urban und doch dörflich, ebenso traditionsverbunden wie zukunftsorientiert, holländisch wie international, dynamisch wie gemächlich. Es ist konservativ und kommerziell, elegant, mondän und „trendy“, volkstümlich, alternativ, schummerig und schrill, hetero- und homosexuell freizügig, drogenpolitisch liberal, künstlerisch experimentell sowie ethnisch, religiös und kulinarisch multikulturell...

Das von zahlreichen Kanälen durchzogene, derzeit von mehreren Großbaustellen „gestörte“ städtebauliche Ensemble der niederländischen Haupt- und Hafenstadt präsentiert imposante öffentliche Bauten aus mehreren Jahrhunderten. Es vereint eine Hand voll mittelalterlicher Gebäude, Hunderte von respektablen Patriziervillen und Tausende handtuchschmaler Grachtenhäuser aus dem 16. und 17. Jahrhundert, gleichförmige Proletarierquartiere und protzige Repräsentationsbauten vom ausgehenden 19. und expressionistisch anmutende Arbeitersiedlungen vom heraufziehenden 20. Jahrhundert. Es wurde in den 1970er Jahren um in Beton gegossene graue Mietskasernen, in den letzten beiden Jahrzehnten um lichtdurchflutete postmoderne Stahl- und Glaskonstruktionen erweitert. Es besticht durch die gelungene Harmonisierung alter und neuer Bausubstanz, wird von begrünten Innenhöfen und innerstädtischen Parkanlagen durchlüftet und von Tausenden von Wohnbooten ergänzt.

In der klassizistisch-schlichten Hülle der historischen Kaufmannsdomizile, hinter großflächigen Fensterfronten und monumentalen Backsteinfassaden verbergen sich luxuriöse Stadtwohnungen, Banken, Versicherungen, internationale Konzerne, Nobelhotels, Konsulate, Universitätsinstitute, Werbeagenturen, Galerien und Museen. Letztere hüten die Gemälde von alten Meistern wie Rembrandt, Hals und Vermeer, die Werke von van Gogh, Mondrian oder berühmter zeitgenössischer Künstler. Gleich um die Ecke und bisweilen auch direkt nebenan geht es durch enge Hauseingänge in schummerig-verrauchte Kneipen, kleine Spezialitätenrestaurants, die den Duft exotischer Gewürze verströmen, oder in die berühmt-berüchtigten Coffeeshops, aus denen der süßliche Geruch von Hasch und Marihuana dringt. Darüber führen halsbrecherisch steile Treppen in verwinkelte Wohnungen, gemütliche Hotels und schmuddelige Absteigen. Dem Zeitgeist entsprechend treffen sich gut situierte und gekleidete „Yuppies" und solche, die es sein oder werden wollen, in geräumigen Grand Cafés mit metropolitanem Flair, minimalistisch gestylten Gourmettempeln, Clubs und Lounges. Je nach Gusto, Geldbeutel und Gesinnung kann man in eleganten Galerien und Boutiquen, Antiquitäten- und Schmuckgeschäften, auf Gemüse-, Kunst-, Buch- und Flohmärkten, in bunt sortierten Secondhand-Läden, Antiquariaten, Sensi Seeds Shops mit Marihuana-Samen oder halluzinogenen Pilzen, Tatoo- und Piercing-Studios für sein ästhetisches, leibliches und geistiges Wohl sorgen. Am Abend laden das abwechslungsreiche Amsterdamer Theater-, Kino- und Konzertprogramm, in der Nacht Designer-Bars,

In Amsterdam heißt das Fahrrad „Fiets"

Diskotheken, Musik- und Sexclubs zu Erbauung und Zerstreuung ein.

Manche Kulturveranstaltungen finden in ehemaligen Kirchen und Synagogen statt, die schon vor Jahren zu Theatern, Konzertsälen und Museen umfunktioniert wurden. In denjenigen, die nicht zweckentfremdet sind, versammeln sich Christen und Juden nach wie vor zum Gottesdienst, während die Amsterdamer Muslime in mehreren Moscheen an der Peripherie beten, und die Buddhisten in einem leuchtend gelben Tempel mitten im historischen Stadtkern meditieren.

THE YEAR
DE KROON

Amsterdamer Sehens- und Erlebenswürdigkeiten für ...

Kunstsinnige

Rijksmuseum → S. 162
Van Gogh Museum → S. 163
Stedelijk Museum CS → S. 196
Stedelijk Museum Bureau Amsterdam → S. 185
Stichting de Appel → S. 162
Rembrandthuis → S. 207
CoBrA-Museum (Amstelveen) → S. 245

Stadt- und kulturhistorisch Interessierte

Amsterdams Historisch Museum → S. 117
Allard Pierson Museum → S. 135
Anne Frank Huis → S. 147
Multatuli Museum → S. 145
Museum Amstelkring → S. 131
Joods Historisch Museum → S. 209
Nederlands Persmuseum → S. 237
Museum Willet Holthuysen → S. 173
Museum van Loon → S. 173
Verzetsmuseum → S. 210
Geels & Co Kaffee- u. Teemuseum → S. 126
Bijbels Museum → S. 150
Pianola Museum → S. 184
Kattenkabinett → S. 162
Pijpenkabinett → S. 164
Scheepvaartmuseum → S. 195
Sexmuseum Venustempel → S. 115
Erotikmuseum → S. 127
Woonbootmuseum → S. 150
Theatermuseum → S. 145
Tropenmuseum → S. 212
Portugiesische Synagoge → S. 208
Koninklijk Paleis → S. 116
Oostindisch Huis → S. 135
Westindisch Huis → S. 215
De Waag → S. 134
Schreierstoren → S. 192
Stadsarchief Amsterdam → S. 160

Architekturfans

Beurs van Berlage → S. 115
Westerkerk → S. 148
Noorderkerk → S. 183
Nieuwe Kerk → S. 116
Zuiderkerk → S. 206
Architectuurcentrum Arcam → S. 194
Het Ship → S. 218
Muziekgebouw → S. 235
Passengers Terminal → S. 233
Entrepotdok → S. 206
KNSM-Eiland → S. 231
Java-Eiland → S. 231
Borneo/Scheepstimmermanstraat → S. 232
Sporenburg → S. 232
Rivierenbuurt → S. 225
De Pijp → S. 222
IJburg → S. 236
De Burcht → S. 211
Openbare Bibliotheek → S. 196

Film- und Fotofreunde

Filmmuseum → S. 164
FOAM-Fotografiemuseum → S. 173
Huis Marseille → S. 150

Nachtschwärmer

De Wallen → S. 123
Leidseplein → S. 155
Rembrandtplein → S. 168

Schwule und Lesben

Warmoesstraat → S. 126
Rembrandtplein → S. 168
Homomonument → S. 148

Alt-68er und Ex-Hippies

Spui → S. 113
Hash en Marijuana Museum → S. 132
Vondelpark → S. 159
Melkweg → S. 167
Paradiso → S. 167

Technikfreaks

New Metropolis (NEMO) → S. 197
EnergeticA → S. 196
Museumswerft Kromhout → S. 196

Fußballverrückte

Amsterdam ArenA/World of Ajax → S. 242

Biertrinker

Heineken Experience → S. 226

Kinder und Jugendliche

Artis Zoo Amsterdam → S. 210
New Metropolis (NEMO) → S. 197
Tropenmuseum → S. 212
Madame Tussaud's → S. 117
Jüdisches Museum → S. 209
Speelpark → S. 208

Kauflustige

Kalverstraat → S. 112
Flohmarkt am Waterlooplein → S. 201
Albert Cuypmarkt → S. 223
Noordermarkt → S. 183
Bloemenmarkt → S. 122
Büchermarkt → S. 122

In ganz Europa berühmt: Flohmarkt am Waterlooplein

„Grachtenbläser"

Die Amsterdamer sind nämlich nur zu 75 Prozent niederländischer Herkunft, während sich die übrigen Stadtbewohner auf gut 150 Nationalitätengruppen von allen Kontinenten verteilen. Dazu gesellen sich rund ums Jahr unzählige Touristen, Geschäftsreisende, Studenten und Künstler aus der ganzen Welt.

Dieses bunte Völkergemisch bewegt sich weit weniger als in anderen europäischen Metropolen mit dem privaten Auto, sondern vielmehr auf dem Fahrrad, zu Fuß, in ratternden Straßenbahnen, Reisebussen, Booten, offenen oder rundum verglasten Vergnügungsschiffen über Straßen, Brücken, Grachten und Kanäle und erfüllt die zentralen Plätze der Stadt – mancherorts rund um die Uhr – mit pulsierendem Leben und einem babylonischen Sprachengewirr.

Schließlich ist einzuräumen, dass sowohl der rigide Kurswechsel der niederländischen Einwanderungspolitik als auch der islamistisch motivierte Mord an dem provokant islamkritischen Regisseur Theo van Gogh (2.11.2004) kontroverse und nicht immer besonnen geführte Diskussionen über die Grenzen von Meinungs- und Religionsfreiheit ausgelöst und die viel gepriesene Amsterdamer Toleranz – insbesondere im Hinblick auf die marokkanischen Migranten – erschüttert haben. Dass Menschen unterschiedlicher Hautfarben, ethnischer Wurzeln, Religionen und sexueller Vorlieben hier friedlicher als anderswo in Europa nebeneinander leben, lieben und arbeiten, wird hoffentlich dennoch ein sympathisches Markenzeichen der Amsterdamer Stadtkultur bleiben, die dieses Reisehandbuch auf elf Stadt(teil)spaziergängen enthüllt.

Amsterdamer leben am, auf und vom Wasser

Das Venedig des Nordens

„Der Fluß setzt sein Zeichen wie ein Siegel in den Küstenstrich und schreibt seine Form hinein wie ein perfekter Kalligraph. Wenn man es einmal gesehen hat, kann man sich dem Bild nicht mehr entziehen: Der Grundriß von Amsterdam ist im Laufe der Jahrhunderte ein immer komplizierteres Zeichen geworden, ein chinesisches Schriftzeichen, das sich beständig erweitert, aber stets das gleiche bedeutet hat. Das Land ist das Papier, das Wasser die Tusche. Wie ein östlicher Meister hat der Fluß den ersten Strich gesetzt, mühelos, treffsicher, ein Zeichen äußerster Einfachheit. Nun ist es an den Menschen, weiterzuschreiben. Der Kalligraph, der sie alle zusammen sind, hat viel Zeit, gut achthundert Jahre, und das Zeichen, das so entsteht, ist ein geordnetes Labyrinth aus Grachten, konzentrisch einander schneidend, ein Netz aus Wasserstraßen und Verteidigungsanlagen, ein in sich geschlossener Kosmos, ein magischer Halbkreis, der der Welt seinen Stempel aufdrücken wird. Seine Achse bleibt der Fluß und das Wasser, in das er mündet und das die Stadt mit der Welt verbindet. Zwischen und an diesem Wasser gibt die Stadt sich die Form selbst, die sie heute hat."

(aus: Cees Nooteboom: Die Form des Zeichens, die Form der Stadt. In: ders.: Die Dame mit Einhorn. Europäische Reisen. Frankfurt/M.1997, S. 9 ff.)

Die geografische Lage und die vom Wasser vorgegebenen städtebaulichen Besonderheiten Amsterdams, die der 1933 in Den Haag geborene niederländische Erfolgsschriftsteller, (Reise) Journalist und Wahlamsterdamer Cees Nooteboom so metaphorisch beschreibt, haben der niederländischen Hauptstadt bereits im 17. Jahrhundert das Attribut „Venedig des Nordens" beschert.

Ähnlich wie die Bewohner der Lagunenstadt leben die meisten der derzeit gut 700.000 Amsterdamer auf 100 kleinen Inseln und einer Fläche von insgesamt 219 Quadratkilometern *an, zwischen, auf, mit, vom* Wasser – und *unter* dem Meeresspiegel. Der heißt übrigens im Fachjargon auch „Normaal Amsterdams Peil“ (N.A.P.), weil sein just in Amsterdam festgelegter Standard vielen europäischen Ländern als Orientierungsmarke der Höhenvermessung dient.

Die Stadtväter siedelten sich *an* der Amstel, genauer ihrer Mündung in die Zuidersee („Het IJ“) an. Bis dieser Meerbusen der Nordsee im Jahre 1932 durch den Bau eines 30 Kilometer langen Abschlussdeiches *(afsluitdijk)* eingedeicht wurde und zu den Süßwasserseen Markermeer und IJsselmeer mutierte, war die Stadt mit dem offenen Meer verbunden und deshalb bis zur Eröffnung von Oranienschleuse (1872) und Nordseekanal (1876) dem Rhythmus der Gezeiten ausgesetzt.

Die Straßen der Stadt verlaufen *zwischen* einem System von ca. 100 größtenteils konzentrisch angelegten Kanälen, den sog. Grachten (= Graben), die bis zum Bau der Oranienschleuse unmittelbar vom Meereswasser geflutet wurden.

Die meisten Häuser stehen *auf* früher hölzernen, später vornehmlich in Beton gegossenen Pfählen, und manche Amsterdamer sind in schätzungsweise 5000 Wohnbooten sogar direkt *auf* dem Wasser zu Hause. Die schwimmenden Domizile, zumindest die ca. 2500 offiziell registrierten, verfügen über den infrastrukturellen Standard fester Behausungen, sind mit Kanalisations-, Wasser-, Gas-, Strom- und Telefonanschluss versehen und werden genau wie normaler Haus- und Grundbesitz mit Steuern belegt.

16 Schleusen und mehrere Dutzend Pumpstationen helfen den Bürgern der niederländischen Hauptstadt, sich ohne größeren Schaden an Hab und Gut oder gar Leib und Leben *mit* dem Wasser zu arrangieren.

Die Schleusen binden die Grachten an die Kanäle des Hinterlandes und die Nordsee an, was nicht nur von schifffahrtstechnischer Bedeutung ist, sondern die dringend notwendige Regulierung von Wasserstand und -qualität der Grachten ermöglicht. Der Wasserpegel der Grachten wird kontinuierlich kontrolliert und stets auf einem Minimalniveau gehalten, damit die Holzpfähle unter den Gebäuden nicht mit Sauerstoff in Berührung kommen und zu faulen beginnen oder die Versorgungsleitungen der Hausboote beschädigt werden. Darüber hinaus wird ihr Wasser aus hygienischen Gründen durchschnittlich viermal wöchentlich – im Sommer etwas häufiger, im Winter seltener – ausgetauscht, indem verbrauchtes Wasser in die Nordsee abgepumpt und von dort durch frisches ersetzt wird.

Dass Generationen von alteingesessenen und zugewanderten Amsterdamern bereit waren und sind, derartige Kosten und Mühen auf sich zu nehmen, liegt daran, dass sie alle recht gut *vom* Wasser profitier(t)en – von den Fischern im mittelalterlichen Dörfchen Amstelledamme über die Exponenten der später weltweit agierenden See- und Handelsmacht bis hin zu den Managern und Gastronomen der modernen holländischen Finanz-, Dienstleistungs- und Touristenmetropole.

Dam: Hier schlug von jeher das Herz der Stadt

Geschichte

Als Graf Floris von Holland dem Fischerdörfchen Amstelledamme an der Mündung der Amstel in die Zuiderzee 1275 die urkundlich verbriefte Erlaubnis erteilte, in der Grafschaft Holland freien Handel zu treiben, und es ein Vierteljahrhundert später sogar die Stadtrechte verliehen bekam, lag das heutige Staatsgebiet der Niederlande noch auf dem Boden des Heiligen Römischen Reiches Deutscher Nation.

Das war zu jener Zeit jedoch noch kein national geprägtes Staatsgebilde, sondern ein durch die von Kaiser und Krone personifizierte Reichsidee verbundener Zusammenhalt von Herzogtümern, Grafschaften und Bischofssitzen. So teilten sich damals das Herzogtum Nieder-Lothringen, das sich später in Brabant umbenannte, die Grafschaften Holland, Hennegau, Namur, Geldern und Seeland sowie die Bischofssitze Lüttich, Utrecht und Cambrai das Territorium der nördlichen und südlichen Niederlande bzw. der erst Jahrhunderte später gebildeten Nationalstaaten Niederlande und Belgien. Gleichwohl war es seit Beginn des 13. Jahrhunderts zu zunehmenden Unabhängigkeitsbestrebungen der lokalen Eliten gekommen, wobei die Geschicke der nördlichen Niederlande (des heutigen Nationalstaates Niederlande) vor allem von den Grafen von Holland gelenkt werden sollten.

Knapp zwei Jahrzehnte nach der Stadtgründung übernahm Graf Wilhem III. von Holland 1317 die Statthalterschaft von Amsterdam, dessen wirtschaftliche Bedeutung zunächst vornehmlich auf dem Fischfang beruhte. Ab 1368 fungierte die junge Stadt als Zollstation der Hanse, und ihre Handelsaktivitäten nahmen stetig zu. Allerdings lag ihr wirtschaftliches Potential noch lange hinter dem der damals führenden flandrischen Städte Gent, Brügge, Brüssel und Antwerpen zurück. Insbesondere Letztere erlebte in jenen Jahren einen bemerkenswerten Aufschwung und behauptete bis zur Mitte des 15. Jahrhunderts die wirtschaftliche Spitzenposition in der damaligen holländisch-flandrischen Städtelandschaft. Ihre enorme Wirtschaftskraft und kulturelle Blüte hatte sich nicht zuletzt unter dem Einfluss des Hauses Burgund entfaltet, das dort durch die Eheschließung des Herzogs von Burgund mit der Tochter des Grafen von Flandern seit 1363 die Reichsgewalt repräsentierte und seine Machtssphäre wenig später auch nach Norden ausdehnte.

Wiederum via Einheiratung, und zwar in das Geschlecht der bayerischen Wittelsbacher, denen die (nord)niederländischen Grafschaften und Städte 1345 zugefallen waren, avancierten die Herzöge von Burgund (Philipp der Gute, Karl der Kühne) seit 1433 zu den Herren der gesamten Niederlande und strebten deshalb an, deren Verwaltung zu zentralisieren. Während Philipp der Gute in diesem Bemühen recht erfolgreich war – 1464 war es ihm in Brügge gelungen, die „Generalstaaten" (Landesherren) aller niederländischen Lande zu einem „Großen Rat" zu vereinigen –, stieß sein Nachfolger Karl der Kühne (1467–1477) diesbezüglich auf wenig Resonanz. Nach seinem Tod (1477) und der Eheschließung seiner Tochter Maria mit dem Habsburger und späteren deutschen Kaiser Maximilian I. lenkten die Habsburger die Geschicke Burgunds und damit die der nördlichen und südlichen Niederlande. Als Maximilians Sohn Philipp der Schöne 1496 die Tochter Ferdinands von Aragon heiratete, geriet das Gebiet schließlich unter spanische Herrschaft.

Frühe Neuzeit

Unter Philipps Sohn Karl V. (1500–1555) wurde die politische Einheit der Niederlande weiter vorangetrieben. Gleichzeitig nahm die wirtschaftliche Bedeutung ihrer späteren Hauptstadt merklich zu.

Amsterdamer Stadtwappen

Da sich die niedrig gelegenen nordniederländischen Regionen auf die Viehhaltung konzentriert hatten und gleichzeitig Bevölkerungswachstum, Urbanisierung und Gewerbeentwicklung voranschritten, war man auf die zunehmende Einfuhr von Getreide angewiesen. Von dieser Entwicklung profitierte die verkehrstechnisch günstig gelegene Hafenstadt Amsterdam: Zum einen führte von hier ein relativ sicherer Seeweg durch die Zuidersee und entlang der deutschen Küste in die Ostsee, zum anderen konnten von Amsterdam die übrigen Regionen und Städte der Niederlande über Binnengewässer angesteuert werden. Infolgedessen mauserte sich die Stadt bereits in den ersten Jahrzehnten des 16. Jahrhunderts zu einem wichtigen Umschlagplatz für importiertes Getreide, aber auch für vornehmlich aus Norwegen eingeführtes Holz sowie für Teer, Flachs und Hanf. Daneben wurden via Amsterdam Güter aus England und Frankreich verschifft, die in der wachsenden Zahl der örtlichen Lagerhäuser, Speicher und Vorratskeller zwischengelagert und anschließend auf die europäischen Märkte verteilt wurden. Eine solche Lager- und Vermittlungsfunktion war in einer Zeit, in der direkte Kontakte zwischen den einzelnen Märkten durch Klima, Kriege oder eingeschränkte Transportmöglichkeiten behindert wurden, von enormer ökonomischer Bedeutung. Der Amsterdamer Stapelmarkt entwickelte sich deshalb zu einem internationalen Handels- und Verkehrsknotenpunkt, worauf die Bevölkerungszahl der Stadt zwischen 1500 und 1580 von 10.000 auf 30.000 emporschnellte. Obgleich das 16. Jahrhundert keine Periode kontinuierlichen wirtschaftlichen Wachstums darstellte, schuf der Stapelmarkt die infrastrukturellen Voraussetzungen für den wenig später einsetzenden kometenhaften Aufstieg Amsterdams zur wichtigsten See- und Handelsstadt Europas.

Der vollzog sich zeitgleich mit den geistig-religiösen Wirren der Reformation. Während die Lutheraner in den Niederlanden kaum Fuß fassen konnten, sorgte die von Karl V. unerbittlich verfolgte Bewegung der Wiedertäufer für einiges Aufsehen. Die meisten Anhänger fanden jedoch die Lehren Johann Calvins (1509–1564), die insbesondere in Adelskreisen auf große Resonanz stießen. Obgleich die Mehrheit der Niederländer im 16. Jahrhundert noch katholisch blieb, erhielt die calvinistische Reformierung immer schärfere Konturen. Ihr Sprachrohr war Wilhelm von Oranien, ein glühender Verfechter religiöser Toleranz, der 1533 auf dem Stammschloss des Grafengeschlechtes Nassau im deutschen Dillenburg geboren worden war. Nach einer lutherisch geprägten Erziehung war er aus machtpolitischen Gründen zwischenzeitlich zum Katholizismus konvertiert, um sich schließlich dem Calvinismus zu verschreiben.

Nachdem Karl V. sich 1555 zurückgezogen und seinen Sohn Philipp von Spanien als Nachfolger benannt hatte, verknüpfte sich die calvinistische Bewegung immer enger mit den Unabhängigkeitsbestrebungen der 17 niederländischen Provinzen, die gegen die wachsenden Zentralmachtansprüche der Spanier gerichtet waren. Da Philipp II., der inzwischen seine Halbschwester und Ehefrau Margarete von Parma als Generalstatthalterin in den Niederlanden eingesetzt hatte, eine absolutistische und dezidiert antiprotestantische Herrschaft ausübte, geriet er 1566 ins Kreuzfeuer der Kritik der lokalen Eliten: Der hohe Adel unter Führung ihres Statthalters Wilhelm von Oranien verlangte mehr Mitsprache an den Regierungsgeschäften, und die über die Einführung der Inquisition verärgerten Exponenten des niederen Adels baten die Generalstatthalterin, die Generalstände einzuberufen, um ihrer Forderung nach Religionsfreiheit auf niederländischem Boden Nachdruck zu verleihen, weshalb sie als *geuzen* (Bettler) in die Geschichte eingegangen sind.

Nachdem noch im selben Jahr calvinistische Eiferer mit der Zerstörung und Plünderung katholischer Kirchen ihre Forderung nach Religionsfreiheit untermauert hatten und auf der Synode in Antwerpen die calvinistische Kirche begründet worden war, schlug die spanische Zentralmacht brutal zurück. Als Reaktion auf den Bildersturm zog der als neuer Statthalter eingesetzte Herzog Alba mit einem Heer in die Niederlande ein, fällte zahlreiche Todesurteile und verhängte drakonische Strafen über die Bilderstürmer.

Albas brachiales Vorgehen schürte den Widerstand der niederländischen Landesherren, der vom rechtzeitig geflohenen und in Dillenburg im Exil lebenden Wilhelm von Oranien koordiniert wurde und sich ab 1568 zum 80-jährigen niederländisch-spanischen Krieg ausweitete. In seinem Verlauf gewannen die Niederländer um den Preis der Trennung der nördlichen und der südlichen Niederlande (heute Belgien) allmählich die Oberhand. Während in den südlichen Niederlanden der spanische Einfluss konsolidiert und eine Rekatholisierung eingeleitet wurde, setzten die Mitglieder der 1579 formierten „Union von Utrecht" ihren Kampf gegen die Spanier fort. Sie proklamierten im Jahre 1588 die „Republik der Vereinigten Niederlande" unter Einschluss der Provinzen Geldern, Holland, Zeeland, Utrecht, Friesland, Overijssel und Groningen, schworen König Philipp von Spanien ab und einigten sich 1619 nach anfangs kontroversen Diskussionen auf die Staatsreligion eines toleranten Calvinismus, der die Freiheit Andersgläubiger implizierte. Das definitive Ende des zwischenzeitlich durch einen Waffenstillstand beruhigten Krieges wird mit dem Westfälischen Frieden des Jahres 1648 datiert, als die Unabhängigkeit der Niederlande sowohl von deutscher als auch von spanischer Seite offiziell anerkannt wurde.

Nachgebaut: Das Original erlitt 1749 Schiffbruch

Das Goldene Jahrhundert

Die Teilung der nördlichen und südlichen Niederlande und die Unabhängigkeitserklärung der niederländischen Republik markierten den Aufbruch ins Goldene Jahrhundert, dessen Glanz in Amsterdam besonders hell erstrahlte. Historiker bezeichnen damit die Periode zwischen 1585 und 1672, in der die heutige niederländische Hauptstadt zur bedeutendsten europäischen See-, Handels- und Kolonialmacht avancierte, eine beispiellose wirtschaftliche und kulturelle Blüte erlebte und ihren bis heute gültigen Ruf als Metropole religiöser und kultureller Toleranz begründete.

Die schon Jahrzehnte zuvor geschaffene Infrastruktur wurde ausgebaut, bereits bestehende Handelsbeziehungen mit dem Ostseeraum wurden intensiviert, und schon bald weitete sich der Aktionsradius der Amsterdamer Kaufleute auf andere Teile Europas und schließlich auch auf andere Kontinente aus. Ihre Schiffe befuhren nun das Mittel- und Nordmeer, segelten nach Indien und zum südostasiatischen Archipel, nach Mittel-, Süd- und Nordamerika, erreichten West- und Südafrika. Insbesondere der Import und die Verarbeitung von Tabak, exotischen Gewürzen wie Pfeffer, Muskatnüssen, Zimt und Nelken, aber auch Geschäfte mit dem

Sklavenhandel katapultierten die nunmehr frühkapitalistisch organisierten, städtisch bzw. staatlich gestützten holländischen Kaufleute in die erste Reihe der europäischen Kolonialmächte. Die bis dahin führenden Länder Spanien und Portugal fielen gleichzeitig auf die hinteren Plätze zurück.

Tragenden Rollen bei dieser Entwicklung spielten die im Januar 1602 gegründete „Vereenigte Oostindische Compagnie" (VOC), die den Asienhandel abwickelte, und die im Jahre 1621 ins Leben gerufene „Westindische Compagnie" (WIC), die für die Handelsbeziehungen mit dem (süd)amerikanischen und afrikanischen Raum zuständig war.

Bei der Erstgenannten, deren Zusammenschluss maßgeblich auf die Initiative des Ratspensionärs Johan van Oldebarnevelt und des Statthalters Moritz von Oranien zurückging, handelte es sich um eine Art frühe Aktiengesellschaft, die auf die Ausschaltung der als gewinnmindernd erkannten gegenseitigen Konkurrenz und stattdessen auf den Aufbau eines weltweiten Handelmonopols der niederländischen Kaufleute setzte. Zu diesem Zweck und als verlängerter Arm der antispanischen Politik im südostasiatischen Archipel wurde die VOC mit staatlichen Kompetenzen ausgestattet: Sie war befugt, mit anderen Staaten Verträge auszuhandeln und abzuschließen, konnte Gouverneure einsetzen, Soldaten rekrutieren und letztlich über Krieg und Frieden entscheiden. Geleitet wurde sie von einem Gremium von „17 Heren" *(Heren Zeventien),* das sich aus acht Amsterdamer Kaufleuten und Vertretern Zeelands, Delfts, Rotterdams, Hoorns und Enkhuizens zusammensetzte.

Ihre Anteilseigner gehörten mehrheitlich der wohlhabenden Amsterdamer Kaufsmannsschicht an, die Anteilsscheine wurden an der Amsterdamer Börse gehandelt und die Gewinne seit 1640 ausschließlich in Geld ausgeschüttet. Zu den Bediensteten der VOC gehörten neben Kaufleuten Seeleute und Soldaten aus ganz Europa, Ärzte und calvinistische Prediger. Sie bildeten die Mannschaften der Schiffe, erkämpften und verteidigten in den Kolonien, v. a. in Niederländisch-Indien (heute Indonesien) zum Teil mit militärischen Mitteln und brutaler Gewalt gegen konkurrierende Mächte und einheimische Eliten die niederländische Monopolstellung im Gewürz- und Luxusgüterhandel. Daneben bemühten sie sich um die Beteiligung an innerasiatischen Geschäften, v. a. mit Japan und China.

War die bis zum Ende des 19. Jahrhunderts existierende VOC in erster Linie eine Handelsgesellschaft, die die Kolonisierung außereuropäischer Völker und Gewalt gegen europäische Konkurrenten als Mittel zum Zweck billigend in Kauf nahm, so war die bereits 1791 wieder aufgelöste „Westindische Compagnie" von vornherein auf die Ausschaltung der spanischen und portugiesischen Gegner sowie Kolonienbildung angelegt. Sie war anfangs auf Kaperfahrten spezialisiert, von denen die Überwältigung der spanischen Silberflotte unter der Führung des bis heute als Helden gefeierten Piet Heyn im Jahre 1628 eine der spektakulärsten war. Später engagierte sich die WIC insbesondere in den Geschäftszweigen Plantagenwirtschaft, Gold- und Sklavenhandel. Dabei war ihr besonders an der massenhaften Zuckerproduktion in Brasilien und in Niederländisch-Guayana (heute Surinam) gelegen, das die Niederländer 1667 im Tausch gegen die von ihnen im Jahre 1625 gegründete nordamerikanische Niederlassung New Amsterdam, später New York, von den Briten erhalten hatten.

Zur Rekrutierung der Arbeitskräfte für die Zuckerplantagen fuhren die mit

Wichtige Anlaufstelle für Stadthistoriker: Stadtarchiv De Bazel

Tauschwaren bepackten Westindiensegler zunächst von Amsterdam an die westafrikanische Küste, um Sklaven an Bord zu nehmen. Von dort ging es weiter in die Karibik, wo man die menschliche Fracht ablieferte, die produzierten Erzeugnisse einlud und sie zurück nach Holland verschiffte. Gewissermaßen als Nebenerwerb verkaufte die WIC auch Sklaven nach Nordamerika und beschäftigte sich mit der Vermarktung westafrikanischen Goldes.

Nah- und Fernhandel beflügelten die Entwicklung nahezu aller Wirtschaftszweige vom Schiffsbau über den Stapelmarkt und die Veredelung und Produktion von Halb- und Fertigprodukten bis hin zum Kleinhandel auf lokalen und regionalen Wochenmärkten. Nicht zuletzt, weil die Stadtverwaltung die ortsansässigen Gewerbetreibenden durch die Einrichtung von Börsen, einer Wechselbank, öffentlicher Waagen und Markthallen infrastrukturell unterstützte, übte der Standort Amsterdam große Anziehungskraft auf kapitalkräftige Investoren aus. Deren Unternehmungen schufen einen enormen Arbeitskräftebedarf, sodass die Stadt zur Destination einer massenhaften Zuwanderung aus nah und fern wurde und im Jahre 1650 bereits 200.000 Einwohner zählte.

Kapitalanhäufung und Bevölkerungsexplosion erforderten die Ausdehnung des städtischen Territoriums und den Neubau von Wohnungen, sodass man seit 1606 damit begann, die Stadt um den berühmten Grachtengürtel mit Heren-, Keizers- und Prinsengracht für die wohlhabenden Bürger und das Volksviertel Jordaan für die weniger Betuchten zu erweitern (siehe auch „Stadtentwicklung" auf S. 36 f.).

Unter den kapitalstarken und geschäftssinnigen Einwanderern befand sich eine Reihe jüdischer Kaufleute aus Antwerpen, das – u. a. durch die Sperrung der verkehrstechnisch wichtigen Scheldemündung seitens der niederländischen Aufständischen – seine ökonomische Vormachtstellung inzwischen eingebüßt hatte. Angesichts der spanischen

Besatzung und der damit einhergehenden Rekatholisierung fürchteten die dort auf der Flucht vor der Inquisition aus Spanien und Portugal zugewanderten Juden nun, vom Regen in die Traufe gelangt zu sein. Deshalb fanden viele von ihnen ihre dritte Heimat in Amsterdam, wo sie nun ihr beachtliches Vermögen, kommerzielles Know-how und kulturelles Potential einbrachten. Neben den Juden aus den südlichen Niederlanden und denen, die unmittelbar von der Iberischen Halbinsel in die holländische Hafenstadt gezogen waren, hatten sich auch ihre Glaubensbrüder aus Deutschland und Osteuropa auf den Weg in das „Jerusalem des Westens“ gemacht.

Wenngleich die Juden in jener Zeit auch in Amsterdam nicht vollständig gleichberechtigt waren und etwa aus Zünften ausgeschlossen blieben, so wurden sie doch nicht wie anderswo in Europa in Ghettos ausgegrenzt oder gar an Leib und Leben bedroht. Auf diesem Hintergrund entwickelte sich seit dem beginnenden 17. Jahrhundert ein reges jüdisches Gemeindeleben, das mit dem Bau mehrerer großer Synagogen steinern dokumentiert ist und dessen alltagskulturelle Spuren trotz des Holocaust bis heute ablesbar sind.

Außer den Juden waren Hugenotten und anderweitig religiös oder politisch Verfolgte nach Amsterdam gekommen, wo sich ja nicht zuletzt aus wirtschaftlichen Erwägungen – einige der mächtigen Kaufleute und Welthandelspartner waren schließlich selbst Katholiken – die tolerante Variante des Calvinismus durchgesetzt hatte und selbst Katholiken geduldet waren. Allerdings durften die ihre Gottesdienste nicht öffentlich abhalten, sodass sie ihre Messen in einer Reihe von sog. „Schlupf-“ oder „Speicherkirchen“, sprich hinter verschlossenen Türen oder auf Dachböden zelebrieren mussten.

Der enorme Wohlstand und die Weltläufigkeit der Amsterdamer Kauf- und Seeleute und die für die damalige Zeit ungewöhnliche weltanschauliche und religiöse Toleranz schufen ein Klima, in dem Malerei, Musik, Theater, Architektur und Literatur, Wohn- und Esskultur, Naturwissenschaft und Philosophie vielfarbig erblühten. Dafür stehen große Maler wie Rembrandt van Rijn und Frans Hals, der portugiesischstämmige Philosoph Baruch Spinoza, der Völkerrechtler Hugo Grotius, der berühmte französische Exilant René Descartes, der in Köln geborene „niederländische Goethe“ Jost van den Vondel, der aus Antwerpen zugewanderte Kartograph Willem Jansz Bleau oder der Architekt des Goldenen Jahrhunderts Jacob van Campen, von denen an anderer Stelle noch ausführlicher die Rede sein wird.

Vom Goldenen Jahrhundert zur Industrialisierung

Seit dem letzten Drittel des 17. Jahrhunderts bremsten innen- und außenpolitische Konflikte die rasante wirtschaftliche und kulturelle Entwicklung, sodass Amsterdam seine exponierte Stellung als Handelsplatz allmählich einbüßte und erst mit der einsetzenden Industrialisierung einen erneuten Aufschwung erlebte.

Bereits seit der Jahrhundertmitte schwelende Zwistigkeiten mit dem Statthalter Wilhelm II. von Oranien hatten dazu geführt, dass nach dessen Tod zwischen 1650 und 1672 kein neuer Statthalter eingesetzt wurde und stattdessen der Ratspensionär Johan de Witt die Geschicke der Republik lenkte. Unterdessen war es infolge der sog. „Navigationsakte“ des englischen Parlaments, die den englischen Handel stark begünstigte, zu zwei Seekriegen mit England gekommen. Während die Niederländer in der ersten Auseinandersetzung (1652–1654) unterlagen, gingen sie aus dem zweiten Krieg (1665–1667) dank des deshalb zum Nationalhelden avancierten Admirals de Ruyter siegreich hervor und schlossen anschließend in Breda Frieden mit England. Das Arrangement der beiden Mächte war jedoch nur von kurzer Dauer. Es endete, als die Engländer die französischen Truppen Ludwigs XVI. in ihrem Bemühen unterstützten, die spanischen Niederlande zu erobern, und in diesem Zusammenhang im Jahre 1672 auch Utrecht einnahmen. Innenpolitisch mündeten diese Ereignisse in die Ermordung Johan de Witts und die erneute Machtübernahme der Oranier, sodass 1672 Wilhelm III. von Oranien Statthalter und Oberbefehlshaber von Heer und Flotte wurde. Letztere zog von 1672 bis 1674 unter dem bewährten Kommando der Admirale de Ruyter und Tromp mit erfolgreichem Abschluss in den dritten Seekrieg mit England, dem eine Phase der Gleichgewichtspolitik zur gemeinsamen niederländisch-englischen Abwehr der französischen Bedrohung folgte.

Die Oranier hatten vorerst wieder ausgedient, als nach dem Spanischen Erbfolgekrieg (1701–1714) die ehemals spanischen Niederlande an Österreich gefallen und die Republik das Fürstentum Oranien an Frankreich abtreten musste, sodass sich ab 1702 eine weitere statthalterlose Periode anschloss. Zunehmende Misswirtschaft und Korruption mündeten jedoch 1747 ein weiteres Mal in eine Volksbewegung zugunsten des Oraniers Wilhelm IV. Gleichwohl war der wirtschaftliche und politische Verfall der niederländischen Republik nicht mehr aufzuhalten, zumal sie sich im vierten Seekrieg mit England (1780–1784) eine desaströse Niederlage leistete.

Als die französischen Truppen 1795 die seither „Belgien“ genannten österreichi-

Grachtenvilla der Willet-Holthuysens (heute Museum)

schen Niederlande annektiert hatten und sich anschließend gen Holland bewegten, floh der inzwischen nachgerückte Wilhelm V. nach England. Das unter dem geistigen Einfluss von Aufklärung, amerikanischer Unabhängigkeitsbewegung und Französischer Revolution zur „Patriotenbewegung“ formierte und bis dahin von Wilhelm V. in Schach gehaltene Bürgertum rief derweil die „Batavische Republik“ aus. Obwohl sie in den folgenden Jahren von zahlreichen Staatsstreichen erschüttert wurde, brachte die neu geschaffene Republik eine Reihe von demokratischen Reformen auf den Weg, darunter Wahlen zur Nationalversammlung, die Trennung von Staat und Kirche und die volle rechtliche Gleichstellung der jüdischen Bürger.

Die „Batavische Republik“ hatte bis 1805 Bestand. Dann ließ Napoleon ihre Verfassung ändern, um zunächst dem Ratspensionär die alleinige Macht zu erteilen und ein Jahr später seinen Bruder Ludwig als „König von Holland“ zu inthronisieren. Als der sich jedoch bei seinen Untertanen allzu beliebt machte und zu ihrem Wohle auf eine Blockadepolitik gegen England verzichten wollte, gliederte Napoleon die Niederlande kurzerhand dem französischen Kaiserreich an.

Engagiert für Demokratie: Rudolf Thorbecke

Nach dem gesamteuropäischen Machtverlust der Franzosen legten die Holländer ihr Schicksal ein weiteres Mal in die Hände der Oranier und riefen den Sohn des letzten Statthalters, Prinz Wilhelm VI., aus dem englischen Exil zurück. Am 2. Dezember 1815 ernannten sie ihn sogar zum König Wilhelm I. der – infolge der antifranzösischen Beschlüsse des Wiener Kongresses – mit Belgien wiedervereinigten und um das Territorium der Grafschaft Limburg (heute Luxemburg) erweiterten Niederlande. Doch die holländischen Dominanzbestrebungen in Sprach- und Glaubensfragen stießen in den südlichen Niederlanden schon bald auf heftigen Widerstand, sodass im Jahre 1830 eine Allianz belgischer Katholiken und Liberaler die Unabhängigkeit Belgiens proklamierte. Da sich die Abspaltung Belgiens unter der Protektion Englands und des wiedererstarkten Frankreich vollzog, mussten sie die Niederlande nach anfänglicher militärischer Gegenwehr („Zehntägiger Feldzug“) notgedrungen akzeptieren.

Industrialisierung

Nachdem König Wilhelm I. im Jahre 1840 seinem Sohn die Regierungsgeschäfte übertragen hatte, wandelten sich die Niederlande unter dem Druck der Liberalen von einer absolutistischen zu einer konstitutionellen Monarchie.

Unter der Regie des Leidener Professors Rudolf Thorbecke war ein neues Grundgesetz erarbeitet worden, das die Rechte des Königs erheblich einschränkte und mit einem Zweikammersystem, Religions-, Presse- und Versammlungsfreiheit etc. demokratische Strukturen etablierte. Auf dieser gesetzlichen Grundlage konstituierten sich in der zweiten Hälfte des 19. Jahrhunderts liberale, konfessionelle (darunter nun auch wieder katholische) und sozialistische Gewerkschaften und Parteien, wohingegen sich die Kommunisten erst zu Beginn des 20. Jahrhunderts organisierten.

Durch die beginnende Industrialisierung ging es in ökonomischer Hinsicht wieder steil bergauf, sodass Amsterdam seither erneut eine exponierte Stellung unter den europäischen Metropolen einnahm. Der Hafen von Amsterdam profitierte nicht zuletzt von den Gründerjahren im 1871 konstituierten Deutschen Reich, vor allem durch seine Nähe zu dessen industriellem Ballungsraum Ruhrgebiet. Zur reibungslosen Abwicklung lukrativer Transportgeschäfte und Handelsaktivitäten wurde der Erweiterung des Verkehrsnetzes besondere Aufmerksamkeit geschenkt. Nachdem schon 1839 die erste Bahnlinie zwischen Amsterdam und Haarlem gezogen worden war, wurden zwischen 1860 und 1870 Schienen nach Deutschland und Belgien verlegt. 1876 folgte dann die Eröffnung des Nordseekanals.

Die Finanzierung der Verkehrswege erfolgte auf dem Rücken der verbliebenen Kolonien, v. a. in Niederländisch-Indien (Indonesien). Seit man dort 1830 das sog. „Kultursystem“ eingeführt hatte, mussten die Bauern, die bis dahin für die Nutzung von Grund und Boden Pachtzinsen an die niederländische Regierung entrichtet hatten, nun ein Fünftel des Landes mit zudem teuer zu versteuernden Exportprodukten bebauen. Die wurden von den Niederländern profitabel vermarktet, während die Menschen in den Kolonien infolge der monokulturell geprägten Landwirtschaft – wieder zum Wohle der Niederländer sowie lokaler Eliten – von der Einfuhr von Industrieprodukten abhängig wurden.

Als man dieses Vorgehen einige Jahrzehnte später zugunsten des Prinzips der freien Arbeit 1870 wieder abschaffte, profitierten ein weiteres Mal die Privatunternehmer der Kolonialmacht. Erst als sich die Bewohner Sumatras im „Atjeh-Krieg“ (1873–1904) gegen die koloniale Ausbeutung erhoben, schwenkte man im Mutterland auf die sog. „ethische Politik“ um und erweiterte die politischen Mitspracherechte der Kolonien.

In den Niederlanden selbst und v. a. im Ballungsraum Amsterdam kamen unterdessen die negativen Begleiterscheinungen der Industrialisierung zum Tragen. Überlange Arbeitszeiten, Kinderarbeit, Landflucht und städtische Überbevölkerung, Mangel an Wohnraum und entsprechend elende Lebensverhältnisse führten zu Unmut in der Bevölkerung. Daraus resultierende soziale Unruhen wie der Amsterdamer „Aalaufstand“ (siehe S. 184), und Gewerkschaftsproteste zwangen die Regierung zur Verabschiedung von Sozialgesetzen und die Stadtverwaltung Amsterdams zur Lösung der brennenden

Zu Ehren der Opfer des Zweiten Weltkriegs: Nationaal Monument

Wohnungsprobleme. Nachdem bereits im ausgehenden 19. Jahrhundert der Bau neuer Arbeiterviertel forciert worden war, schuf das im Jahre 1901 in Den Haag verabschiedete holländische Volkswohnungsbaugesetz die Voraussetzungen für den seit 1902 unter der Federführung des Architekten Hendrik Petrus Berlage eingeleiteten „Erweiterungsplans Süd“. Das in den folgenden Jahren von den Architekten der „Amsterdamer Schule“ weiterentwickelte Konzept eines sozialen Wohnungsbaus erlangte europäischen Modellcharakter (siehe auch S. 38 u. 45). Es nahm konkrete Gestalt an, während man anderswo auf dem Kontinent den Schutt des Ersten Weltkriegs abräumte.

Vom Ersten zum Zweiten Weltkrieg

Während die Niederlande aufgrund ihrer außenpolitischen Neutralität vom Ersten Weltkrieg weitgehend verschont geblieben waren, wurden sie von den Folgen der Weltwirtschaftskrise ebenso hart getroffen wie das übrige Europa. Eine enorm hohe Arbeitslosigkeit von 33 Prozent rief auch hier extreme Parteien von rechts und links auf den Plan. Eine davon war die 1931 von Anton Mussert gegründete, ideologisch zunächst am italienischen Faschismus orientierte „Nationaal-Socialistische Beweging“ (NSB). Schon bei der Provinzialwahl von 1935 konnte sie einen erklecklichen Wahlerfolg verzeichnen und acht Prozent der Stimmen auf sich vereinigen, worauf sie sich radikalisierte und allmählich einen antisemitischen Kurs einschlug. Angesichts der inzwischen verbesserten Wirtschaftslage und infolge einer Reihe antifaschistischer Kampagnen büßte sie allerdings schon bald wieder an Bedeutung ein, bis sie sich nach dem Einmarsch der Deutschen als deren wichtigster Kollaborationspartner profilierte.

Jedes Jahr eine Million Besucher: Anne Frank Huis

Der deutsche Einmarsch erfolgte am 10. Mai 1940, und zwar ungeachtet der Tatsache, dass die Niederlande nach wie vor ihre Neutralität bekundeten. Die damals amtierende Königin Wilhelmina floh nebst Regierung am 13. Mai ins englische Exil, und bereits zwei Tage später folgte die Kapitulation der unvorbereiteten und schlecht ausgerüsteten niederländischen Truppen.

Weil die Niederländer als „germanisches Brudervolk“ galten und man von ihrer raschen Nazifizierung ausging, sah die Besatzungsmacht von der Etablierung einer Militärverwaltung ab und betraute den zivilen „Reichskommissar“ Arthur Seyss-Inquart mit der „nationalsozialistischen Überzeugungsarbeit“ vor Ort. Sie verzichtete zunächst auch auf Parteienverbote und die Einschränkung der Pressefreiheit und ließ während des Einmarsches inhaftierte Kriegsgefangene sofort wieder frei.

Das jüdische Museum dokumentiert Freud und Leid der Amsterdamer Juden

Als diese Zurückhaltung nicht den gewünschten Erfolg einbrachte und stattdessen die Amsterdamer Arbeiter im Februar 1941 aus Protest gegen die Diskriminierung und ersten Gefangennahmen jüdischer Mitbürger in den Generalstreik traten, setzte man die bekannte Unterdrückungs- und Vernichtungsmaschinerie mit Parteienverboten, Pressezensur, Verhaftungen, standrechtlichen Erschießungen, der gewaltsamen Rekrutierung von Zwangsarbeitern und der massenhaften Deportation von Juden und Oppositionellen in Gang. Unter den Opfern befanden sich auch deutsche Juden, Schriftsteller und Intellektuelle, die seit 1933 in Amsterdam Zuflucht gesucht hatten, u. a. die Frankfurterin Anne Frank, der aufgrund ihres international bekannt gewordenen Tagebuches postum das Mitgefühl der Welt gilt. Sie wurden gemeinsam mit ihren holländischen Glaubensbrüdern und Gesinnungsgenossen im Theatergebäude der Hollandsche Schouwburg zusammengetrieben und anschließend über das Lager Westerbork in die deutschen Konzentrationslager abtransportiert. Dabei wurden „Hitlers willige Vollstrecker“ von Anton Mussert und der ca. 20.000 Mitglieder zählenden NSB sowie der „Niederländischen Union“, einer aus landesweit ca. 800.000 niederländischen Bürgern formierten nationalsozialistischen Sammlungsbewegung, unterstützt.

Auf der anderen Seite formierten sich zahlreiche Widerstandsgruppen unterschiedlicher weltanschaulicher Ausrichtung. Sie druckten und verteilten illegale Zeitungen, Flugschriften und Lebensmittelmarken, beschafften den Verfolgten falsche Papiere, verübten kleinere Sabotageakte und organisierten größere Streiks. Daneben bewiesen viele Niederländer im Stillen ihre Solidarität mit jüdischen Nachbarn und Freunden, indem sie diese in ihren Häusern versteckten und versorgten. Die Deutschen beantworteten den starken

Widerstand zur Jahreswende 1944/45 u. a. mit einem Lebensmittelembargo über die großen Städte, das 10.000 Niederländer mit dem Leben bezahlten. Nach dem „Hungerwinter“ sollte es noch ein knappes halbes Jahr dauern, bis der Schrecken ein Ende hatte, die kanadischen Befreier in Amsterdam einzogen und die Deutschen am 5. Mai 1945 kapitulierten.

Von den 140.000 Juden, die vor dem Zweiten Weltkrieg in Amsterdam gelebt und gearbeitet hatten, waren 105.000 deportiert und bis auf 5000 Überlebende ermordet worden. Deswegen erinnern heute neben den Gedenkstätten, Mahnmalen und Museen nur noch wenige zum Gebet genutzte Synagogen, koschere Restaurants, Bäcker oder Metzger daran, dass die niederländische Hauptstadt gut dreihundert Jahre lang als das „Jerusalem des Westens“ galt.

Job Cohen trägt derzeit die Bürgermeisterkette

Von 1945 bis heute

Kurz nach Ende des Zweiten Weltkriegs wurden die Niederländer, die im eigenen Land unter den deutschen Besatzern gelitten, gegen sie opponiert, aber auch mit ihnen kollaboriert hatten, ihrerseits als Besatzer gebrandmarkt und bekämpft. Der Schauplatz war Niederländisch-Indien, das 1942 für einige Jahre von den Japanern eingenommen worden war, nach 1945 aber wieder an die niederländische Kolonialmacht zurückfiel. In einem von 1942 bis 1948 andauernden Guerillakrieg erhoben sich die Menschen in Niederländisch-Indien zunächst gegen die Japaner und dann gegen die zurückgekehrten Niederländer. Nachdem sie 1945 die Indonesische Republik ausgerufen hatten, versuchten die niederländischen Truppen mit gewaltsamer Vehemenz, doch letztlich erfolglos, den Status quo zu erhalten.

Obgleich die Niederlande 1949 die Unabhängigkeit Indonesiens anerkannten und sich die Beziehungen zwischen den beiden Ländern inzwischen normalisiert haben, sind bestimmte Vorbehalte gegenüber den ehemaligen Kolonialherren bis heute nicht ausgeräumt. Ähnliches gilt für das Verhältnis der Niederländer zu den Deutschen, auch wenn es nach Ende des Krieges trotz anfänglicher Eiseskälte relativ schnell zu einer Aussöhnung der beiden Staaten kam. So gründeten die unmittelbar nach dem Krieg zur Wirtschaftsunion Benelux formierten Länder Belgien, Niederlande und Luxemburg gemeinsam mit Italien, Frankreich und der Bundesrepublik Deutschland bereits im Jahre 1951 die „Europäische Gemeinschaft für Kohle und Stahl“. Außerdem stimmten die Niederländer, die 1949 zu den Gründungsmitgliedern der NATO gehörten, auch der Aufnahme der Bundesrepublik ins westliche Verteidigungsbündnis

Geert Mak – Amsterdams Stadtbiograf und moralische Instanz

„Der Journalist ist in den Niederlanden nicht nur ein Bestsellerautor – er ist eine moralische Instanz“, heißt es in einem TAZ-Artikel (18.12.2005) über Geert Mak, nachdem die deutsche Fassung seines umstrittenen Buches „Der Mord an Theo van Gogh. Geschichte einer moralischen Panik“ (2005) erschienen war.

Jedenfalls ist Geert Mak, 1946 als Sohn eines Predigers der Reformierten Kirche im niederländischen Vlaardingen geboren, studierter Jurist, Journalist, Schriftsteller und Literaturkritiker zweifellos eine Amsterdamer Persönlichkeit, deren historische Schriften „De engel van Amsterdam“ (1992) und „Een kleine geschiedenis van Amsterdam“ (1997) den Lesern unserer eigenen kleinen Stadtgeschichte als vertiefende Lektüre wärmstens empfohlen seien.

Während sich Maks stadthistorisches Erstlingswerk, in dem er gleichsam die soziale Anatomie seiner Wahlheimatstadt erklärt, nur denjenigen erschließt, die der niederländischen Sprache mächtig sind, liegt seine kleine Stadtgeschichte unter dem Titel „Amsterdam. Biographie einer Stadt“ auch in deutscher Übersetzung vor. In flott-feuilletonistischer Manier geschrieben, trägt sie ebenso kenntnisreich wie kurzweilig zum Verständnis der Amsterdamer Geschichte und Gegenwart bei.

In Letzterer spielt ihr Autor selbst eine gewichtige intellektuelle Rolle, weil er das aktuelle Stadtgeschehen stets engagiert kommentiert und bisweilen auch polarisiert, wie mit seinem eingangs erwähnten Buch, in dem er vielen niederländischen Politikern und Medien eine hysterische Islamophobie attestiert. Für noch mehr Widerspruch sorgte allerdings die darin aufgestellte These, dass einzelne Sequenzen aus van Goghs letztem Film „Submission“ sich der Stilmittel nazistischer Propagandafilme bedienten, wobei einige Kritiker unterstellten, Mak habe diese Aussage auf den gesamten Film bezogen (siehe auch S. 204).

Obwohl sie sich nicht exklusiv mit Amsterdam beschäftigen, seien schließlich noch Geert Maks literarische Familiengeschichte „Das Jahrhundert meines Vaters“ (1999) und seine Essaysammlung „In Europa“ empfohlen, in der Amsterdams „Stadtbiograf“ und „moralische Instanz“ auf gewohnt informativ-unterhaltsame Weise die Geschichte des gesamten Kontinents Revue passieren lässt. Wer noch mehr über Maks Leben und Werk erfahren möchte, findet auf seiner Homepage stets aktualisierte Informationen über den im Frühjahr 2008 mit dem Leipziger Buchpreis zur Europäischen Verständigung ausgezeichneten Autor (www.geertmak.nl).

(1955) zu, und 1957 wurden beide Länder Partner in der „Europäischen Wirtschaftsgemeinschaft" (EWG). Dass die deutschen Besatzer wenige Jahre zuvor nicht nur einen großen Teil der niederländischen Bevölkerung (v. a. der Amsterdamer) ausgelöscht, sondern auch Fabriken demontiert, zerstörten Wohnraum und überflutete Landstriche zurückgelassen hatten, wurde von der Bevölkerung verständlicherweise dennoch nicht so schnell zu den Akten der Geschichte gelegt. So verwundert es kaum, dass die 1965 angekündigte Eheschließung der derzeitigen niederländischen Königin Beatrix mit dem Deutschen Claus von Amsberg heftige Proteste auslöste.

Das Aufbegehren gegen die Verlobung der Thronfolgerin mit dem deutschen Diplomaten markierte die Politisierung des Amsterdamer „Provokariats", einer bis dahin hinsichtlich ihrer Ziele eher diffusen jugendlichen Protestbewegung gegen das Establishment. Sie war von dem militanten Nichtraucher Robert Jasper Grootveld ins Leben gerufen worden und hatte sich mit spektakulären Happenings inszeniert, bis sie sich am Vorabend der Hochzeit mit anarchistischen Kreisen um den Studenten und späteren „Chefideologen" der „Amsterdamer 68er" Roel van Duyn zusammentat, um den Hochzeitszug durch die Amsterdamer Innenstadt am 10. März 1966 mit Rauchbombenexplosionen zu begleiten.

In den folgenden Jahren demonstrierten die „Provos" mit einer Reihe ebenso lautstarker wie phantasievoller Aktionen gegen die Monarchie und andere staatliche Autoritäten, gegen calvinistische Moral und Konsumorientierung und zogen 1970 organisiert als „Partij Amsterdam Kabouterstad" mit anderen linken Gruppierungen, darunter die Kommunisten, eine Zeit lang sogar ins Stadtparlament ein.

Mit, neben und nach „Provos" und „Kaboutern" artikulierten die Friedens-, Frauen-, Schwulen-, Lesben- und Hausbesetzerbewegung im Verlauf der 70er und 80er Jahre ihre Interessen und Forderungen, während Hippies aus aller Welt nicht zuletzt wegen der liberalen niederländischen Drogenpolitik nach Amsterdam strömten. Das hatte zu jener Zeit seine herausragende Bedeutung als Hafenstadt eingebüßt und rangiert(e) hinter Rotterdam nur noch an zweiter Stelle, um sich fortan auch über das äußere Erscheinungsbild als Finanz-, Handels-, Dienstleistungs- und Touristenmetropole zu profilieren.

Den alternativen politischen Gruppen gelang es, die städtebauliche Diskussion hinsichtlich der Pflege und des Erhalts der historischen Bausubstanz nachhaltig zu beeinflussen, sodass der ursprünglich geplante Abriss ganzer Stadtviertel zugunsten einer behutsamen Sanierung innerstädtischen Wohnraums mancherorts wieder verworfen wurde.

Die Glas- und Stahlpaläste von Banken und Versicherungen, die Niederlassungen von internationalen Konzernen sowie Technologie- und Messezentren, die die aktuelle Wirtschaftsstruktur Amsterdams dokumentieren, wurden mehrheitlich in die Außenbezirke verbannt. Sie stehen z. B. am Rand der inzwischen als (soziale) Bausünde eingestuften, in den 60er Jahren hochgezogenen Trabantenstadt Bijlmer, wo ein großer Teil der „Allochthonen" – so die offizielle Bezeichnung für Bürger nicht niederländischer Herkunft – lebt. Deren Nationalitätenspektrum wurde infolge von Arbeitsimmigration und weiterer Entkolonialisierung von den 1960er bis 1980er Jahren um weitere ethnische Gruppen erweitert, u. a. um Türken, Marrokaner und Surinamer.

Nachdem ihr toleranter Umgang mit Einwanderern den Befürwortern einer multikulturellen Gesellschaft in ganz Europa jahrzehntelang als Vorbild gedient hatte, machen ausgerechnet die Niederlande seit der Jahrtausendwende Schlagzeilen in Sachen Fremdenfeindlichkeit, restriktive Migrationspolitik und gewaltsam ausgetragene interkulturelle Konflikte.

Dem beachtlichen Erfolg der Partei des kurz vor den Wahlen im Mai 2002 ermordeten Rechtspopulisten Pim Fortuyn folgte das harte einwanderungspolitische Regiment der „Eisernen Rita", wie die ein Jahr später vom christdemokratisch geführten Parlament Balkenede berufene Ministerin für Integration und Einwanderung Rita Verdonk genannt wird. Die in den Niederlanden gleichermaßen populäre wie umstrittene Politikerin der gemäßigt rechten VVD (Volkspartei für Freiheit und Demokratie) begeisterte und schockierte europaweit mit ihrer unnachgiebigen Haltung gegenüber Flüchtlingen und Asylbewerbern, die schon länger in den Niederlanden leben. Sie setzte das Mindesteinwanderungsalter auf 21 Jahre herauf und führte einen Aufnahmetest für Migranten (März 2006) ein, in dem diese ihre niederländischen Sprachkenntnisse und ihr Wissen über die kulturellen Werte der Aufnahmegesellschaft unter Beweis stellen müssen.

Der in Amsterdam verübte, islamistisch motivierte Mord an dem provokant islamkritischen Filmenacher Theo van Gogh (2.11.2004), dem landesweite Attacken auf Moscheen und Kirchen folgten, goss Wasser auf die Mühlen dieser rigiden Einwanderungspolitik und löste eine bis heute andauernde kontrovers geführte Debatte über den Umgang mit muslimischen Einwanderern aus. Zu ihren intellektuellen Antipoden zählen die Amsterdamer Schriftsteller Leon de Winter und Geert Mak, wobei Letzterer seinen Kontrahenten

Hier waren die „Kraker" kreativ

eine irrationale Islamophobie attestiert und gelassen feststellt, dass die multikulturelle niederländische Welt, zumal in Amsterdam, zwar erschüttert, im Großen und Ganzen aber noch in Ordnung ist (siehe Kasten, S. 204).

Amsterdam aus der Vogelperspektive

Stadtentwicklung

Der ursprüngliche Siedlungskern der im „Herbst des Mittelalters" (Johan Huizinga) gegründeten Stadt entwickelte sich rund um den alten Hafen, dessen inneres Becken, der Damrak, seinerzeit bis zum Marktplatz, dem heutigen Dam, reichte.

1481 war die Stadt, die zu dieser Zeit ca. 5000 Einwohner zählte, bis zum Singel ausgeweitet. Etwa hundert Jahre später hatte sich das dem Wasser abgetrotzte Stadtgebiet erneut verdoppelt, und die Einwohnerzahl war auf 12.000 angewachsen. Doch erst mit dem kometenhaften Aufstieg der Niederlande zur führenden europäischen See- und Kolonialmacht nahm das Gesicht ihrer späteren Hauptstadt seine charakteristischen Züge an.

Westerweiterung

Angesichts der rasch florierenden Wirtschaft und der damit einhergehenden rasanten Bevölkerungszunahme erhielt die Stadtentwicklung im 17. Jahrhundert einen entscheidenden Schub, indem eine rege Bautätigkeit zur Erweiterung der Warenlager- und Wohnraumkapazitäten einsetzte. So errichtete man im Verlauf des Goldenen Jahrhunderts vielerorts – etwa an der bereits Jahrzehnte zuvor ausgehobenen Brouwersgracht im Nordwesten Amsterdams – sukzessive große Speicherhäuser und erschloss jenseits des Singel neues Bauland. Während die Einwohnerzahl Amsterdams zwischen 1600 und 1650 von 50.000 auf 200.000 emporschnellte, entstanden westlich der Altstadt der halbmondförmige Grachtengürtel mit Heren-, Keizers- und Prinsengracht für die oberen und mittleren und der heutige Stadtteil Jordaan für die untersten Gesellschaftsschichten.

Die inzwischen weltberühmten baumbestandenen innerstädtischen Wasseradern wurden ab 1606 ausgehend von der Brouwersgracht in südlicher Richtung per Hand ausgegraben. Ihre aufgeschütteten Ufer wurden parzelliert und an mehr oder minder zahlungskräftige Interessenten verkauft, wobei der soziale Status der späteren Radialgrachtenanrainer gen Westen sank.

In Anbetracht der hohen Grundstückspreise galt die damals ausschließlich als Wohngebiet für die wohlhabende Amsterdamer Kaufmanns- und Regentenschicht konzipierte und nach ihr benannte zentrumsnahe Herengracht als vornehmste Adresse, was im Übrigen noch heute der Fall ist. Etwas erschwinglicher, doch gleichermaßen den Bessersituierten vorbehalten waren die Bauplätze an der Keizersgracht, die ihren Namen dem Habsburger Kaiser Maximilian I. verdankt. Allein in den Seitenstraßen und an der Prinz Willem von Oranien gewidmeten Prinsengracht durften mittlere Handwerksbetriebe und kleinere Geschäfte eröffnen und sich auch etwas weniger betuchte Amsterdamer niederlassen. Jenseits der Prinsengracht entstanden mit dem seinerzeit „Het Nieuwe Werk“, später „Jordaan“ getauften Arme-Leute-Viertel zwischen Brouwers-, Lijbans- und Leidsegracht die Wohnquartiere für die Unterschichten.

Erwartungsgemäß haben die mit Macht und Wohlstand gesegneten Amsterdamer Kaufleute, Seefahrer und Regenten des Goldenen Jahrhunderts ihren Nachfahren darüber hinaus eine Reihe stadtbildprägender weltlicher und sakraler Repräsentationsbauten hinterlassen. Dazu gehören z. B. das ehemalige Rathaus am Dam, in dem heute die königliche Familie residiert, sowie die Wester- und die Zuiderkerk.

Ausdehnung in alle Himmelsrichtungen

Nachdem diese Phase der Stadterweiterung Ende des 17. Jahrhunderts weitgehend abgeschlossen und mit der gut 150 Jahre andauernden ökonomischen eine relative demographische und städtebauliche Stagnation gefolgt war, geriet die urbane Entwicklung im Zuge der Industrialisierung wieder in Bewegung. Da Amsterdam seit dem letzten Drittel des 19. Jahrhunderts erneut eine exponierte Position unter den europäischen Hafenstädten bekleidete, weil die Anbindung an See- und Landwege dank Nordseekanal und ausgebautem Eisenbahnnetz optimiert worden war, stieg die Einwohnerzahl bis 1900 auf 500.000 und bis 1925 sogar auf 700.000 an. Wirtschaftlicher Aufschwung und Bevölkerungsexplosion veränderten das Bild der holländischen Metropole, die sich bis zum Vorabend des Zweiten Weltkriegs großflächig und dicht bebaut in alle Himmelsrichtungen ausdehnte.

Bereits vor der Jahrhundertwende war es mit dem Bau des Hauptbahnhofs (1881–89) zu einer Trennung von Innenstadt und Hafen gekommen.

Einst Grenze zwischen Arm und Reich: Prinsengracht

Vom Warenspeicher zum Wohnhaus: Entrepotdok

Darüber hinaus waren der Vondelpark (1865) angelegt und eine Reihe von Grachten aus verkehrstechnischen oder hygienischen Gründen zugeschüttet worden, darunter die Rozen- und die Lindengracht im Jordaan. Des Weiteren hatte man die Stadt um einige imposante Großbauten wie Rijksmuseum, Börse und Hauptpost bereichert und die Arbeiterstadtteile De Pijp, Dapper-, Oosterpark-, Kinker- und Staatsliederbuurt vergrößert.

Als Reaktion auf den weiter ansteigenden Wohnraumbedarf trat im ersten Drittel des 20. Jahrhunderts der auf der Grundlage des 1901 verabschiedeten Gesetzes zum Volkswohnungsbau und zur Volksgesundheit erarbeitete „Erweiterungsplan Süd" *(Uitbreidingsplan Zuid)* in Kraft. Dieses Großprojekt der Amsterdamer Stadtentwicklung, das die bauliche und landschaftsgestalterische Erschließung des Areals zwischen Amstel und Vondelpark implizierte und in die Anlage der Bezirke Zuid und Rivierenbuurt mündete, erlangte Modellcharakter für den europäischen Volkswohnungsbau.

Der „Stadterweiterung Süd" folgte 1934 mit dem Bau der Siedlung Bos en Lommer eine weitere Ausdehnung gen Westen. Federführend war der Architekt C. van Eesteren, der bis in die 60er Jahre hinein großen Einfluss auf die Amsterdamer Stadtplanung haben sollte. Er favorisierte das Konzept der Gartenstadt: eine Kombination moderner Wohnblocks und großzügiger Grünanlagen. Parallel dazu wurde im Rahmen einer Arbeitsbeschaffungsmaßnahme, die die Folgen der Weltwirtschaftskrise abfedern sollte, der als Naherholungsgebiet genutzte Amsterdamer Stadtwald *Amsterdamse Bos* im Süden der Stadt gestaltet.

Während das Bauprojekt Bos en Lommer noch vor dem Zweiten Weltkrieg realisiert wurde, entstanden die südwestlichen Gartenvorstädte Geuzenveld/Slotermeer, Slotervaart und Osdorp erst in den 50er Jahren. Ein Jahrzehnt später folgte der Bau der gigantischen und umstrittenen Trabantenstadt Bijlmermeer im äußersten Südosten Amsterdams.

Altstadtsanierung

Danach konzentrierte sich die offizielle Amsterdamer Stadtplanung im Wesentlichen auf den erweiterten Innenstadtbereich, wobei zu Beginn in erster Linie an eine Kahlschlagsanierung zugunsten von Autobahn-, Metro- und Wohnsilobau und den Abriss ganzer historischer Stadtteile gedacht war. Dieses Ansinnen stieß auf den wachsenden Widerstand derjenigen, die die zentrumsnahen Altstadtviertel renoviert und als Wohngebiete erhalten wissen wollten. So wurden die Stadtentwicklungsmaßnahmen der 70er und 80er Jahre von heftigen Bürgerprotesten und zum Teil auch von Hausbesetzungen begleitet. Letztlich hatten diese Proteste Erfolg, denn einige alte „Volksviertel" wurden vor der Abrissbirne gerettet und saniert.

Das neue Amsterdam – Wohnen am Wasser

Seit Anfang der 1990er Jahre richtet(e) sich die besondere Aufmerksamkeit der Amsterdamer Stadtplanung auf das mit dem Niedergang der Schifffahrts- und -bauindustrie obsolet gewordene, unterdessen spektakulär be- und umgebaute östliche Hafengebiet und die innovative Wohn- und Gewerbebebauung des ihm vorgelagerten künstlichen Archipels. Dazu zählen neben den bereits in den 1990er Jahren bebauten Docklands Borneo, Sporenburg, KNSM- und Java-Eiland das erst zur Jahrtausendwende dem Wasser abgetrotzte und der neuen Straßenbahnlinie 26 ans alte Stadtzentrum angebundene Ijburg, wo bis 2012 knapp 20.000 Menschen leben werden. Parallel dazu wurden/werden die Mietskasernen des Problemstadtteils Bijlmermeer im Südosten Amsterdams sozial um- und zurückgebaut. Der Südwesten der Stadt (Zuidas) wird zudem mit neuen Residenzen für Banken, Büros und Universitätsinstitute als Bildungs- und Businesszentrum akzentuiert und wahrscheinlich ab 2013 mittels der neuen Nord-Süd-Metrolinie an das historische Stadtzentrum und Amsterdam-Noord angebunden, wo derzeit mehrere Wohn- und Geschäftszentren und der neue Noorderpark Form und Gestalt annehmen. Weil für den U-Bahnbau das Areal rund um den Hauptbahnhof und große Teile der Altstadt unterhöhlt und überbaut werden müssen, zeigt sich das historische Herz Amsterdams derzeit nicht gerade von seiner Schokoladenseite. Das städtische Department für Infrastruktur, Verkehr und Transport wirbt dafür in zahlreichen Hochglanzprospekten und einem aufwendig gestalteten Informationszentrum im Gebäude des Hauptbahnhofs um Verständnis.

Grachtenhäuser von heute: Java-Eiland

Heute geben Stahl und Glas den architektonischen Ton an: Muziekgebouw

Architektur

Das Bauen in der holländischen Metropole ist seit jeher mit erheblichem Aufwand verbunden. Da der morastige Untergrund der Polderlandschaft erst 10 bis 20 Meter unter der Oberfläche die Verankerung fester Fundamente erlaubt, ist dort ebenso wie in Venedig die seit der Antike bekannte Pfahlbauweise vorherrschend. Bis in die 1940er Jahre wurden die meisten Gebäude mit hölzernen Pfählen im tiefer liegenden Erdreich fixiert, seither werden Betonkonstruktionen verwendet.

Holz war bis ins späte Mittelalter auch das bevorzugte Baumaterial für die Häuser selbst. Erst nachdem die Stadt in der Mitte des 15. Jahrhunderts von zwei verheerenden Bränden heimgesucht worden war, wurde sein Einsatz gemäß einer Verordnung aus dem Jahre 1521 nur noch für die Gestaltung von Giebeln und Dachstühlen zugelassen. Für den Korpus des Gebäudes war fortan die Verwendung von gebrannten Ziegeln und Sandstein zwingend vorgeschrieben. Das nunmehr feste Mauerwerk wurde auf einer Bretterschicht über einer mehr oder minder großen Anzahl von Pfählen aufgebracht. Während für ein durchschnittliches Kaufmannshaus ca. 40 Stämme in die tragenden Erdschichten gerammt wurden, mussten für die großzügigen Patriziervillen und die imposanten Repräsentationsbauten des Goldenen Jahrhunderts Hunderte bzw. sogar mehrere Tausend Bäume, vornehmlich Fichten, gefällt werden. Unter dem Eindruck der regen Bautätigkeit des 17. Jahrhunderts merkte der zeitgenössische Dichter Joost van den Vondel (1587–1679) deshalb an, dass Amsterdam, würde man es umdrehen, einem Wald gliche.

Grachtenhäuser, Patriziervillen und Warenspeicher

Das mit diesem unterirdischen Wald in den Amsterdamer Himmel gewachsene architektonische Ensemble ist maßgeblich von schmalen Grachtenhäusern geprägt. Dieser traditionelle, vier bis sechs Meter breite Gebäudetyp wurde etwa von der Mitte des 15. bis zum Beginn des 17. Jahrhunderts gebaut und ist meistens in ein *voorhuis* und ein *achterhuis* (Vor- und Hinterhaus) unterteilt. Beide Gebäudeteile sind zwar seitlich durch einen schmalen Flur miteinander verbunden, jedoch insgesamt durch einen Hof voneinander getrennt. Ihrer ursprünglichen Nutzung für Wohn- und Gewerbezwecke entsprechend sind die Grachtenhäuser in der Regel drei- bis viergeschossig gebaut und nicht unterkellert. Im Parterre befanden sich Geschäfte und Werkstätten, von denen über enge und steile Treppen der Wohntrakt im ersten und gegebenenfalls zweiten Stock sowie die Lagerräume unter dem Dach erreicht werden konnten.

Großzügigere Grundrisse weisen die seinerzeit ausschließlich dem Wohnen vorbehaltenen Patriziervillen des Goldenen Jahrhunderts an der Heren- und Keizersgracht auf. Sie verfügen über ein Souterrain *(onderhuis)* mit separatem Eingang unterhalb des Straßenniveaus. Hier waren die Küche und die Wohnräume für die Dienstboten untergebracht. Vom Souterrain gelangte man über eine Freitreppe zur Beletage mit geräumigen Salons, über denen im zweiten und dritten Stock weitere Wohn- sowie Schlaf- und Ankleideräume lagen. Hinter den Herrenhäusern, in denen heute oft Banken, Versicherungen oder Computerfirmen residieren, verbergen sich bisweilen parkähnliche Gartenanlagen, begrünte Innenhöfe oder gesonderte Gebäude mit repräsentativen Sälen. Ihre Handelsgüter lagerten die Eigentümer dieser außen vornehm-zurückhaltend wirkenden und innen oft prunkvoll dekorierten Villen in eigens für gewerbliche Zwecke errichtete mehrstöckige Speicherhäuser *(pakhuis)* aus.

Die Fassaden von durchschnittlichen Grachtenhäusern werden in den unteren, die mondäner Patriziervillen auch noch in den oberen Etagen von hohen, manchmal bleiverglasten Sprossenfenstern durchbrochen. Die Warenlager haben dagegen in der Regel dichte Backsteinfronten mit relativ kleinen, meistens abgerundeten, bisweilen mit Holzläden lichtgeschützten Fensteröffnungen.

Giebel

Ein auffälliges Gestaltungsmerkmal aller Amsterdamer Wohn- und Gewerbebauten der vorindustriellen Ära sind ihre Giebelabschlüsse, die je nach Geschmack und Geldbeutel ihrer Erbauer bzw. zeitgenössischem Baustil vielfältig geformt und verziert sind. Sie lassen sich grob sechs Typen zuordnen:

Wohl am ältesten und weit verbreitet ist der **Treppengiebel** (1580–1665), der sich bei den Bauherren des ausgehenden 16. und 17. Jahrhunderts großer Beliebtheit erfreute. Währenddessen setzte sich seit den 1620er Jahren beim Bau der funktionalen Speicherhäuser der vergleichsweise schmucklose **Schnabelgiebel** durch, ein beiderseits schräg zulaufender Dachabschluss mit einem kleinen rechteckigen Aufsatz. Für Wohnhäuser favorisierte man dagegen schon bald den etwas pompöser wirkenden **Halsgiebel** (1640–1770), der gleichermaßen wie der **Glockengiebel** (1660–1790) noch das gesamte 18. Jahrhundert hindurch ein bestimmendes Stilelement der Amsterdamer Architektur bleiben sollte. Während Treppen- und Schnabelgiebel die Fassade allmählich nach oben verjüngen, ragen der rechteckige Giebelhals und die an den Seiten abgerundete Giebelglocke in der Mitte des Hauses empor und werden oft von üppigem Stuckwerk flankiert und eingerahmt. Die Besitzer der breiten hochherrschaftlichen Patriziervillen des 17. bis 19. Jahrhunderts dokumentierten ihren Reichtum und Kunstverstand durch sog. Kronenleisten (18. Jh.) oder **Leistengiebel** (17.–19. Jh.), die die gesamten Häuserfronten mit barock oder klassizistisch gehaltenen Stuckarbeiten krönen.

Bis zum Ende des 17. Jahrhunderts ersetzten die **Giebelsteine,** meist aus Sandstein gefertigte „Schilder", auf denen durch kleine Bildchen und Symbole der Beruf des Besitzers angedeutet war, eine Nummerierung der Häuser. Viele dieser oft liebevoll gestalteten Accessoires sind bis heute erhalten und informieren die Vorübergehenden über die früheren Bewohner.

Handtuchschmal: typische Grachtenhäuser

Nahezu an allen Dachfirsten finden sich die mal rein funktionalen, mal ebenfalls dekorierten **Hebebalken,** die angesichts der oft extrem engen Treppenhäuser unentbehrlich sind. An ihnen werden die Seile befestigt, mittels derer Waren, Möbel und Hausrat nach dem Flaschenzugprinzip durch die Fensteröffnungen in das Innere der Häuser befördert werden. Damit dieses Hebegut beim Transport in höhere Etagen nicht gegen die Wände schlägt, wurden die Häuser übrigens oft leicht schräg, d. h. mit einer geringen Neigung zur Straße gebaut.

Stararchitekten des Goldenen Jahrhunderts

Stilistisch betrachtet ist die Amsterdamer Baukunst des 16. bis 18. Jahrhunderts vornehmlich der holländischen Renaissance bzw. dem barocken oder holländischen Klassizismus zuzuordnen. Weil sie mit Attributen wie schlicht, nüchtern, streng, klar gegliedert, sachlich oder nobel-zurückhaltend zu charakterisieren ist, führt der gelegentlich wohl mehr als historische denn als ästhetische Kategorie verwendete Begriff „barocker Klassizismus" ein wenig in die Irre. Die verspielte bis schwülstige Formensprache des Barock, die in den Ländern des sinnesfreudigen und katholischen Europa Akzente setzte, fand nämlich im protestantisch geprägten und geschäftstüchtigen Amsterdam schon im 17. Jahrhundert kaum Gehör. Folglich könnte man sagen, dass die holländischen Baumeister den anderswo auf dem Kontinent erst ein Jahrhundert später zum Durchbruch gelangten Klassizismus vorweggenommen haben. Zu den Exponenten dieses „holländischen Klassizismus", die wegen ihrer Entwürfe für die repräsentativen Herrenhäuser oder als Schöpfer einer Reihe von öffentlichen Profan- und Sakralbauten in die internationale

Auffälliges Gestaltungsmerkmal: Giebel

Architekturgeschichte eingegangen sind, gehören Hendrick de Keyser, Jacob van Campen, Philipp Vingboons, Adriaan Dortsman, Otten Husly und Abraham van der Hart.

Hendrick de Keyser (1565–1621), der 1594 zum Stadtbaumeister und -bildhauer Amsterdams ernannt wurde, zeichnet u. a. für das Dreigrachten- und Bartolottihaus, die Zuider- und die Westerkerk verantwortlich. Er wurde von zeitgenössischen Fachleuten als Vertreter einer „Architectura Moderna" (Salomon de Bray, 1631) gefeiert, weil die von ihm erdachten protestantischen Kirchenbauten durch eine für jene Zeit außergewöhnliche nüchterne Zweckmäßigkeit bestechen.

Sein Nachfolger, **Jacob van Campen** (1595–1657), reüssierte in Amsterdam mit dem Bau des damaligen Rathauses und heutigen Königspalastes auf dem Dam. In sein kreatives Repertoire integrierte er auch Motive des italienischen Renaissance-Architekten Andrea Palladio (1508–1580), so z. B. tempelartige Vorbauten.

Die Bauten von **Philipp Vingboons** (1607–1678), darunter zahlreiche Patrizierhäuser an der Herengracht, dokumentieren ein eindeutiges künstlerisches Bekenntnis zu einem strengen und sachlichen Klassizismus, dem sich auch **Adriaan Dortsman** (1625–1682) verpflichtet fühlte. Zu dessen steinernen Vermächtnissen zählt die schmucklose Sandsteinfassade des innenarchitektonisch äußerst opulent ausgestatteten heutigen Museums van Loon an der Keizersgracht, die als typisches Beispiel für die holländische Variante des Klassizismus gilt.

Ungeachtet vorübergehender französischer Einflüsse, die etwa bei **Otten Huslys** (1738–1797) palastartigem Felix Meritis an der Keizersgracht ins Auge fallen, überdauerte die holländische klassizistische Architektur auch das 18. Jahrhundert. Mit Architekten wie **Abraham van der Hart** (1747–1820),

Die architektonische Handschrift der Amsterdamer Schule

der das gänzlich ornamentlose Maagdenhuis am Spui entworfen hat, blieb sie bis in das industrielle Zeitalter hinein richtungweisend.

19. Jahrhundert

Auch die besonders seit den 1870er Jahren in ganz Europa aufkommende Mode, Gebäude im historistischen bzw. eklektizistischen Stil zu errichten (d. h. verschiedene historische Baustile nachzuahmen bzw. miteinander zu vermischen), fand in Amsterdam nur wenig Anhänger. Gleichwohl zählen die einer gemäßigten Variante dieser Architekturströmung zugeschriebenen Bauten, nämlich der an Renaissance und Gotik orientierte Hauptbahnhof (1881–1889) und das ähnlich gestaltete Rijksmuseum (1876–1885), zu den bekanntesten der niederländischen Hauptstadt. Beide stammen von **Petrus J. H. Cuypers** (1827–1921), der ihretwegen als bedeutendster holländischer Baumeister des 19. Jahrhunderts gehandelt wird und internationale Anerkennung erlangte.

Ähnlich verhielt es sich mit Jugendstil und Art déco, den um die Jahrhundertwende aufkommenden künstlerischen Gegenbewegungen zum Historismus. Obgleich oder vielleicht gerade weil sie in der Grachtenstadt ebenso wenig stadtbildprägend wirkten, gehören die wenigen Bauwerke dieser Strömung, z. B. das von **W. Kromhout** und **H. G. Jansen** zwischen 1899 und 1902 errichtete Hotel American oder das erst 1922 eröffnete, von **H. L. de Jong** und **A. Tuschinski** entworfene Kino Tuschinski zu den architektonischen Wahrzeichen Amsterdams.

Die im Zuge der Bevölkerungsexplosion im ausgehenden 19. Jahrhundert rasch gewachsenen, in „Billigbauweise" hochgezogenen Arbeiterstadtteile sind hinsichtlich ihrer architektonischen Merkmale nicht besonders hervorzuheben. Allerdings stimulierten die dort herrschenden katastrophalen Lebensverhältnisse die zeitgenössische Diskussion über humanes Bauen.

Aufbruch ins 20. Jahrhundert

Die sozial ambitionierte Amsterdamer Stadtentwicklung des heraufziehenden 20. Jahrhunderts ist untrennbar mit **Hendrik Petrus Berlage** (1856–1934) verbunden, der mit dem Bau der Warenbörse (Beurs van Berlage) in den Jahren 1896 bis 1903 eine innovative Entwicklung im Amsterdamer Städtebau einleitete. Indem Berlage bei deren Entwurf zwar auf historische Baustile wie die frühmittelalterliche Romanik rekurrierte, sich aber dennoch deutlich vom Historismus des 19. Jahrhunderts abhob, etablierte er eine neue Architekturauffassung, die in den folgenden Jahrzehnten (Amsterdamer) Schule machen sollte. Berlages asketischer Umgang mit Materialien (Backstein, Stahl und Glas), Form und Farbe und seine in der Fachwelt gefeierte „Wiedereroberung der ebenen Fläche" (S. Giedion) sind als ästhetische Markenzeichen der Amsterdamer Börse in die internationale Architekturgeschichte eingegangen. Sein wenig später vorgelegter Plan für die „Stadterweiterung Süd" machte gleichermaßen Furore und bot einer Reihe von jungen Architekten die Möglichkeit, sich in seinem Dunstkreis als **„Amsterdamer Schule"** (1914–1940) zu profilieren.

Zu den Architekten, die in den 1920er und 1930er Jahren den groß angelegten Sozialwohnungsbau im Amsterdamer Süden realisierten, für die Gestaltung der nordwestlichen Hafenarbeiterquartiere im Spaarndammerbuurt sowie eine Reihe von öffentlichen Gebäuden und Brücken verantwortlich zeichnen, gehören **Michel de Klerk** (1884–1923), **Pieter Lodewijk Kramer** (1881–1961) und **Johan Melchior van der Mey** (1878–1949). Daneben ist der Bildhauer **Hildo Krop** (1878–1949) zu nennen, der ihnen oft in enger interdisziplinärer Zusammenarbeit zur Seite stand.

Der Wohnungsbau der „Amsterdamer Schule" zeichnete sich dadurch aus, dass nicht das einzelne Haus, sondern

Vom Zeichentisch des deutschen Stararchitekten Hans Kollhoff: Piräushaus

eine urbane Gesamtkonzeption im Mittelpunkt ihres Interesses stand. Insbesondere in seiner frühen Phase kreierte der avantgardistische Architektenzirkel lediglich von Straßen und Grünflächen entzerrte kompakte Wohnblocks mit eigenwillig geformten, unverputzten Backsteinfassaden. Mit ihren Auswölbungen und -höhlungen, runden Erkern, abgerundeten Einzelfenstern, gebogenen Giebeln oder aufgesetzten

Alte Mauern, neues Glas: Entrepotdok

Türmchen, um nur einige der vielen Gestaltungselemente zu nennen, wirken sie wie monumentale abstrakte Plastiken. Hinsichtlich ihres Baustils etwas weniger spektakulär und vor allem durch ihre Dichte und Gleichförmigkeit bestechend sind dagegen die später entstandenen Häuserzeilen am südlichen Rand des Stadtteils Rivierenbuurt.

Nachkriegsarchitektur

Da die nächste Architektengeneration es schwer hatte, sich gegen die übermächtigen Väter und Großväter zu behaupten, und zudem die Nachwirkungen des Zweiten Weltkriegs den Amsterdamer Bauboom dämpften, sind für die 1950er bis 1970er Jahre keine bahnbrechenden Entwicklungen zu vermelden. Zu erwähnen sind die architektonisch eher unspezifischen Gartenvorstädte und die umstrittene Trabantensiedlung Bijlmer und hervorzuheben das 1972 nach fast zehnjähriger Bauzeit fertig gestellte Van Gogh Museum, an dessen Entwurf der international bekannte Architekt und „Stuhldesigner" **Gerrit Rietveld** (1888–1964) beteiligt war.

In den 1980er Jahren konzentrierten sich die Amsterdamer Baumeister auf die Sanierung alter Stadtviertel, konkret auf die Renovierung und Umnutzung historischer Bausubstanz – darunter Gewerbebauten, z. B. Speicherhäuser – und die Integration neuer Wohnbebauung. Die vielerorts recht gelungene Harmonisierung alter und neuer Bausubstanz demonstriert, dass holländischen Architekten ein gewisses handwerkliches Geschick und ästhetisches Gespür offenbar in die kulturelle Wiege gelegt worden sind. Diese Qualitäten stellen sie seit Beginn der 1990er Jahre auch im östlichen Hafengebiet unter Beweis, dessen Neubebauung ihnen schon jetzt einen Platz in der Architekturgeschichte des 21. Jahrhunderts sichert.

Geschichtsbewusste Zukunftsarchitektur

Inspiriert von der Grachtenarchitektur des 17. Jahrhunderts entstanden auf den östlichen Docklands Java- und KNSM-Eiland, Borneo und Sporenburg

Amsterdamer Architektur hat Modellcharakter

vom Wasser umspülte und von Kanälen geäderte neue Wohnviertel. Für deren Bau zeichnen neben niederländischen, auch namhafte ausländische Architekten verantwortlich. Ihre in eine variationsreiche Formen-, Farben- und Materialsprache übersetzten „urbanen Visionen vom Leben am Wasser" (Kerstin Schweighöfer) sind nur ein Teil des von „Stadtbaumeister" **Rem Kohlhaas** angeregten gigantischen Bebauungsplans, der 1995 unter dem metaphorischen Arbeitstitel „Ankers in Het IJ" vom Amsterdamer Stadtrat verabschiedet worden war. Zu den städtebaulichen „Ankern" des 21. Jahrhunderts zählen darüber hinaus das vom italienischen Stararchitekten **Renzo Piano** entworfene futuristische Gebäudeschiff „New Metropolis", das schon seit 1997 im Oosterdok angelegt hat, das imposante stahl-gläserne Gebäudetrio IJ-Toren, Passengers Terminal (beide Hellmuth, Obata & Kassabaum) und Muziekgebouw (Nielsen, Nielsen & Nielsen) an der Westspitze der Oostelijke Handelskade und das konservendosengleiche Domizil des Architekturzentrums Arcam an der Prins Hendrikkade (R. van Zuuk). Nur einen Steinwurf vom alten Hauptbahnhof entfernt beeindruckt Jo Coenens 88 Millionen Euro schwere und 28000 Quadratmeter große nagelneue Amsterdamer Stadtbibliothek (Oosterdokkade), die im Sommer 2007 ihrer Bestimmung übergeben wurde. Unter den architektonischen Neuzugängen anderer Stadtteile werden der kunterbunte, übereinander gestapelten Schiffscontainern nachempfundene Wohnkomplex Silodam im westlichen Hafengebiet (Büro MVRDV), ein tubenartiges Zukunftshaus namens „Living Tomorrow" am Arena Boulevard in Amsterdam Südost (UN Studio) und der Bahnhof Amsterdam Bijlmer ArenA besonders gefeiert, während die Umbauten von Rijks- und Stedelijkmuseum (2010, 2009) allmählich Gestalt annehmen und auf Computerbildern und Modellen ihre architektonisch spektakulären Schatten vorauswerfen.

Aufwartung bei den alten Meistern

Malerei: Rembrandt & Co(BrA)

Betrachtet man „niederländisch“ als nationalstaatliche Kategorie, so ist es gerechtfertigt, die Geburt der großen niederländischen Malerei auf das 17. Jahrhundert zu datieren. Das, was kunsthistorisch unter altniederländischer Malerei firmiert, z. B. das Werk von Hieronymus Bosch (1450–1516) oder Pieter Brueghel (1525–1569), wurde nämlich auf flämischen Boden auf Leinwand gebannt und wäre damit aus heutiger Sicht als belgische Nationalkunst einzuordnen.

Die Geschichte der niederländischen Malerei beginnt mit einem Motivwechsel. Da mit dem Durchbruch der calvinistischen Reformierung schmückende Gemälde aus den Kirchen entfernt wurden, fanden Heiligendarstellungen und Bibelszenen kaum noch Absatz, sodass die zeitgenössischen Künstler ihre bis dahin unternommenen Inspirationsreisen nach Italien einstellten und in der kalten Heimat blieben. Dort gab es aber dennoch genug zu tun, da die wohlhabenden Kaufleute der holländischen See- und Handelsmacht ihren Reichtum zwar nicht nach außen, wohl aber in den eigenen vier Wänden zur Schau stellten. Die wurden mit wertvollen Gemälden dekoriert, auf denen entweder die eigene Person, gleich die ganze Familie oder Kaufmannsgilde sowie Natur- und Alltagsszenen – von der unheilsschwangeren Gewitterwolke bis zum derben Trinkgelage – zu sehen waren. Da sich einige zeitgenössische niederländische Maler auf bestimmte Themen spezialisierten und etwa vornehmlich (Gruppen-)Porträts, Landschaften (Jacob van Ruisdal) oder gar Haustiere (Paulus Potter) „zu Papier" brachten, spricht man in diesem Zusammenhang von der Entstehung der Genremalerei.

Ein 1642 vollendetes Gruppenporträt, nämlich das der Büchsenschützen-Kompanie des Hauptmanns Frans Banning Cocq, besser bekannt unter dem Titel „Die Nachtwache", ist auch das meistbewunderte Gemälde des prominentesten Vertreters der holländischen Malerei des Goldenen Jahrhunderts **Rembrandt Harmenszoon van Rijn** (1606–1669). Der Titel „Nachtwache" kam erst im 19. Jahrhundert auf, als die Firnisschichten des Bildes derart stark nachgedunkelt waren, dass man das dargestellte Geschehen als Nachtszene deutete. Rembrandt hatte übrigens zu Beginn seiner Karriere mit der realistischen künstlerischen Übersetzung von (biblischer) Geschichte reüssiert und ist deshalb auch als Historienmaler in die Kunstgeschichte eingegangen.

Ähnlich große internationale Anerkennung wie Rembrandt, der 1606 in Leiden geboren wurde und ab 1631 in Amsterdam lebte und arbeitete, ernteten seine Zeitgenossen **Frans Hals** (1588–1666) und **Jan Vermeer** (1632–1675), deren Gemälde wie die von Rembrandt im Rijksmuseum zu bestaunen sind. Beide hatten sich auf (Gruppen-)Porträts verlegt, wobei Vermeer als Experte für die „Ausleuchtung" von Innenräumen gilt.

Rembrandts Schüler sowie andere niederländische Maler des 17. Jahrhunderts sind im Ausland weniger bekannt, begegnen Amsterdambesuchern aber gewissermaßen auf Schritt und Tritt, weil sie für viele Straßennamen der Grachtenmetropole Pate standen. Als Beispiele seien des Meisters Lehrlinge Govert Flinck (1615–1660) und Ferdinand Bol (1616–1680) sowie Paulus Potter (1625–54) und Albert Cuyp (1620–1691) genannt.

Einen Künstler von Weltruf brachten die Niederlande erst wieder im 19. Jahrhundert hervor. Da sich **Vincent van Gogh** (1853–1890) auf dem Höhepunkt seiner nur zehnjährigen Schaffensperiode allerdings wieder im Süden inspirieren ließ, heben sich Farbgebung und Pinselstrich seiner Bilder – man denke an die berühmten „Sonnenblumen" – strahlend hell von dem eher düsteren Oeuvre seiner großen Landsleute ab. Van Gogh, dessen Spätwerk stilistisch dem Expressionismus zugeschlagen wird, verbrachte mehr als die Hälfte seines künstlerischen Lebens fern der Heimat und wohnte ab 1886 in Frankreich. Gleichwohl sind die Niederländer stolz auf ihren großen, zu Lebzeiten verkannten, verarmten und schließlich „verrückt gewordenen" Sohn, von dessen Nachlass die Stadt Amsterdam jeden Tag aufs Neue profitiert.

Den nächsten Meilenstein in der Geschichte der niederländischen Malerei setzt die Künstlergruppe **„De Stijl"**, allen voran deren Gründungsmitglied **Piet Mondrian** (1872–1944). Gerade Linien, rechteckige, schwarz gerahmte Farbflächen in den Grund- und Nichtfarben Rot, Gelb, Blau und Weiß kennzeichnen Mondrians konstruktivistisches Vermächtnis, das teilweise im Stedelijk Museum der Nachwelt präsentiert wird.

Während der 1916 formierte avantgardistische Zirkel, dem außerdem die Maler **Theo van Doesburg** (1883–1931) und **Bart van der Leck** (1876–1958), aber auch Bildhauer und Architekten angehörten, eine rein niederländische Verbindung war, handelte es sich bei der kurz nach Ende des Zweiten Weltkriegs konstituierten Malerinitiative **CoBrA** um eine internationale Schaffensgemeinschaft. Die Bezeichnung „CoBrA“ setzt sich aus den Initialen der Hauptstädte der europäischen Länder zusammen, aus denen die Exponenten der Anfang der 50er Jahre bereits wieder aufgelösten Gruppe stammten. Zu ihnen gehörten u. a. der Däne **Asgar John,** der Belgier **Corneille** sowie die Holländer **Karel Appel** und **Konstant.** Ihre Werke, die stilistisch einem abstrakten Expressionismus zugeschrieben werden, hängen im gleichnamigen CoBrA-Museum im Amsterdamer Vorort Amstelveen und im Stedelijk Museum.

Was niederländische Künstler seitdem auf Leinwand gebannt, auf Papier gezeichnet, auf Bildschirme projiziert, in Stein gehauen und in Räumen installiert haben, ist in zahlreichen Galerien und natürlich auch im Stedelijk Museum zu erfahren, wobei der jeweils letzte künstlerische Schrei in dessen Dependance in der Rozenstraat (Stedelijk Museum Bureau Amsterdam) ausgestoßen wird.

Die beiden Fotografiemuseen Huis Marseille und FOAM schließen den Amsterdamer Bilderkreis.

Amsterdams meistbetrachtetes Gemälde: Rembrandts Nachtwache

Amsterdam ist von April 2008 bis April 2009 (UNESCO) „Welthauptstadt des Buches"

Literatur: Dichter, Denker und Verleger

Auch die literarische Produktion der Grachtenmetropole und damit die des gesamten Landes profitierte schon früh von Amsterdams Status als klassische Einwanderungsstadt. So wirkten hier bereits im „goldenen" 17. Jahrhundert neben einheimischen Dichtern und Denkern wie G. A. Bredero, P. C. Hooft und Hugo de Groot zahlreiche Exilanten der ersten und zweiten Generation, darunter der Flame Joost van den Vondel, der Franzose René Descartes, der in Amsterdam seine wichtigsten philosophischen Werke schrieb, oder Baruch de Spinoza, ein in Amsterdam geborener Nachfahre portugiesischer Juden.

Dass ihre Wahl gerade auf Amsterdam fiel, war kein Zufall: Die Stadt galt unter Intellektuellen als äußerst tolerant, denn hier wurden schon im 17. Jahrhundert Schriften publiziert, die andernorts in Europa auf dem Index standen. Dabei stellte sich schon bald eine „gelungene Symbiose von Geld und Buchstabe" (Jos van Waterschoot) ein.

Weil in der Hafen- und Handelsstadt die Gedanken frei und die materiellen und infrastrukturellen Voraussetzungen günstig waren (genügend Kapital und Rohstoffe, technisches und kaufmännisches Know-how, gut erschlossene Verkehrswege und Absatzmärkte), entwickelte sich in der damals schon multikulturellen Stadt ein programmatisch breit gefächertes, international dimensioniertes Verlagswesen.

Zu den Exponenten der Branche, deren Produkte zu den wichtigsten Exportartikeln der frühkapitalistischen Metropole zählten, gehörten der jüdische

Gelehrte und Verleger Menasseh ben Israel, der später mit seinem christlichen Berufskollegen Hendrick Laurensz. Spiegel fusionierte, sowie deren Nachfolger Emmanuel Benveniste und Joseph Athias. Weltruhm erlangten ferner die Verlegerdynastie Blaeu, die flämischen Ursprungs war und sich mit der Redaktion und Publikation von Globen, Atlanten und Seekarten einen Namen machte, sowie die Familie Elsevier, die sich anfangs auf zeitgenössische „moderne Autoren", später auf die Veröffentlichung französischsprachiger Bücher spezialisiert hatte.

Flankierend entwickelten sich aus periodisch herausgegebenen Nachrichtensammlungen für Kaufleute, die von internationalen „Agenten" zusammengetragen wurden, die ersten Zeitungen. Die erschienen bald mehrmals wöchentlich und wurden auch ins Ausland ausgeliefert.

Angesichts der vielen Druckerzeugnisse, die in der Stadt produziert und aus ihr exportiert wurden, expandierte und florierte auch deren Vermarktung vor Ort, sodass in Amsterdam im Jahre 1653 bereits 105 Buchhändler registriert wurden. Auch wenn die niederländische Kapitale heute nicht mehr als „blühendes Zentrum der Buchwelt" (Jos van Waterschoot) gehandelt wird, verweisen außergewöhnlich viele Buchhandlungen auf diese geistige, literarische und verlegerische Tradition. Die erlaubte es selbst Eduard Douwes Dekker alias Multatuli, seinen kolonialkritischen Roman „Max Havelaar" 1859 in seiner Heimat zu veröffentlichen (siehe S. 145), und zog im ersten Drittel des 20. Jahrhunderts von den Nationalsozialisten verfolgte deutsche Schriftsteller und Intellektuelle nach Amsterdam.

Literarische Größen des Goldenen Jahrhunderts

Gerbrandt Adriansz. Bredero (1585–1618), Pieter Cornelisz. Hooft (1581–1647) und Joost van den Vondel (1587–1679) sind die wichtigsten niederländischen Dichter des Goldenen Jahrhunderts.

Bredero, Sohn eines Amsterdamer Schumachers, schrieb Gedichte, Volkslieder, Lustspiele und Possen und bediente sich dabei der Sprache des einfachen Volkes. Dabei befasste er sich schon damals mit den Problemen einer multikulturellen Gesellschaft, indem er – z. B. in „Der spanische Brabander" – sowohl das Verhalten der Immigranten als auch das der Aufnahmegesellschaft kritisch beleuchtete.

Sein Zeitgenosse, P. C. Hooft, Abkömmling eines Regentenhaushalts, war zu Beginn seiner Laufbahn Lyriker und schrieb dann Dramen, um schließlich zum anerkannten Historiker zu avancieren. Sein Hauptwerk, die „Niederländischen Historien", gilt als eine der besten Prosaschriften des 17. Jahrhunderts. Wegen seiner literarisch-wissenschaftlichen Verdienste ist er Namenspatron des bedeutendsten niederländischen Literaturpreises.

Joost van den Vondel schließlich hat ungeachtet seiner flandrischen Herkunft für die Niederländer den Stellenwert, den Dante für die Italiener und Goethe für die Deutschen haben und wird von ihnen respektvoll „Prinz der Dichter" genannt. Sein Meisterstück „Gijsbrecht van Amstel" (1637), inhaltlich ein Loblied auf die holländische Seefahrt und ihre Helden, spielt im Amsterdam des 17. Jahrhunderts und gehört zur Pflichtlektüre niederländischer Schüler und zum Standardrepertoire klassischer Bühnen.

Auch für diese Zeit ist wieder von der fruchtbaren Kooperation namhafter Exilanten und einem Amsterdamer Verlag zu berichten. Zu Ersteren gehörten u. a. Heinrich und Klaus Mann, Hermann Kesten und Joseph Roth. Der Verlag hieß nach seinem Besitzer (Emanuel) „Querido" und veröffentlichte neben den Schriften der in Amsterdam gestrandeten deutschen Dichter und Denker auch Bücher von Lion Feuchtwanger, Ernst Toller oder Bertold Brecht.

Nach dem Einmarsch der Deutschen im Jahre 1940 ging es für oppositionelle Intellektuelle, v. a. für jüdische, weniger ums Publizieren denn ums nackte Überleben. Gleichwohl wurde selbst unter diesen schwierigen Bedingungen mit dem 1944 von Geert Lubberhuizen gegründeten und bis heute existierenden Verlag „De Bezige Bij" („Die fleißige Biene") der Unterdrückung des freien Wortes getrotzt.

Die Ereignisse während der deutschen Besatzung, die Judenpogrome und die Widerstandsbewegung sollten später ein beherrschendes Thema der niederländischen Nachkriegsliteratur werden, z. B. in Maurits Dekkers Roman „Der Stiefel im Nacken" (1945) oder in Marga Mincos Erzählung „Das Bitterkraut" (1957). Auch im Oeuvre zeitgenössischer niederländischer Autoren spielen sie noch eine zentrale Rolle. Anders als die literarische Produktion der unmittelbaren Nachkriegszeit beschäftigen die sich jedoch zunehmend mit der Frage der niederländischen Kollaboration, wie das z. B. in Harry Mulischs Romanen „Das Attentat" (1982) und „Die Entdeckung des Himmels" (1992) der Fall ist, die beide (1986 bzw. 2001) verfilmt wurden.

Harry Mulisch, als Sohn einer deutschen Jüdin und eines Österreichers in Harleem geboren, feierte 2007 seinen 80. Geburtstag und ist neben Cees

In den 1930ern Treffpunkt von Exilanten: Café Americain

Nooteboom einer der beiden großen alten Herren der niederländischen Gegenwartsliteratur, der er gut 60 Titel, darunter Gedichte und Novellen, Romane, Opernlibretti und politische Reportagen, bescherte.

Cees Nooteboom, Jahrgang 1933, stammt aus Den Haag, ist wie Mulisch Wahlamsterdamer und erlangte seinen großen literarischen Durchbruch mit dem Roman „Rituale" (1985), dem weitere international beachtete Werke, zuletzt „Paradies verloren" (2004), folgten. Er reüssierte als (Reise)Journalist und Literaturkritiker und wurde in den Niederlanden 2004 mit dem P.C. Hooft Preis (s. o.) für sein Lebenswerk geehrt.

Zur Generation von Mulisch und Nooteboom gehört auch Jan Willem van de Wetering (geb.1931), der in den 1970er Jahren durch eine Serie von Kriminalromanen, darunter „Outsider in Amsterdam“ (1975), europaweit Furore machte.

Unter den in andere Sprachen übersetzten Kriegs- und Nachkriegskindern der niederländischen Literatur sind Margriet de Moor (geb. 1941) und Maarten `t Haart (geb.1944) besonders hervorzuheben.

Die Erste ist vor allem wegen ihrer Erzählbände (z. B. „Rückenansicht“ 1988, dt. 1993) bekannt geworden, schrieb später aber auch mehrere Romane, als Letzten 2005 „Sturmflut“.

Der Zweite, gelernter Biologe und Verhaltensforscher und streng calvinistisch erzogen, reflektiert in seinen Romanen, darunter sein Bestseller „Das Wüten der ganzen Welt“ (1997), nicht zuletzt seine Kindheit und Jugend in der niederländischen Provinz.

Ein Jahr nach ihm (1945) wurde Anna Enquist geboren, die Gedichte und Romane, jüngst einen historischen über das Leben des englischen Forschers James Cook (Letzte Reise, 2007) veröffentlichte.

Tessa de Loo, Jahrgang 1946, gab mit einer Geschichte namens „Die Mädchen von der Süßwarenfabrik“ ihr literarisches Debüt (1983), wurde im deutschsprachigen Raum aber vor allem mit ihrem Roman „Die Zwillinge“ (1995) bekannt. Schließlich gehören in diese Altersgruppe auch der Schriftsteller, Essayist und Amsterdamer „Stadthistoriker“ Geert Mak (geb. 1946, siehe S. 33), und die feministische Autorin Anja Meulenbelt, die mit ihrem Buch „Die Scham ist vorbei“ (1976) einen Klassiker der europäischen Frauenbewegung geschrieben hat.

Erst in den wirtschaftswunderbaren 1950er Jahren erblickten Connie Palmen (geb. 1955), Leon de Winter (geb.1954) und Thomas Rosenboom (geb.1956) das Licht der Welt, um sich im ausgehenden 20. Jahrhundert zu international beachteten Exponenten der niederländischen Gegenwartsliteratur zu entwickeln.

Die Wahlamsterdamerin Connie Palmen ist die derzeit wohl berühmteste niederländische Schriftstellerin. Sie sorgte mit ihren mitunter sehr stark autobiografisch geprägten, fiktiv-philosophischen Texten, darunter „Die Gesetze“

Schauplatz Amsterdamer Literaturgeschichte: Multatulis Geburtshaus

Amsterdam galt einst als Stadt des Buches

(1993), „Die Freundschaft“ und „Idole und Mörder“ (2004/2005) über die Niederlande hinaus für Aufsehen.

Letzteres gilt auch für Leon de Winter, der in deutschsprachigen Landen mit seinem Roman „Hoffmans Hunger“ (1994) auf sich aufmerksam machte, während Thomas Rosenboom seinen Erfolg auf seinen unlängst auch in deutscher Sprache erschienenen Roman „Neue Zeiten“ begründete. Der spielt im Amsterdam des ausgehenden 19. Jahrhunderts und eignet sich ebenso wie Geert Maks kurzweilige Stadtgeschichte „Amsterdam. Biographie einer Stadt“ – hervorragend als einführende Reiselektüre.

Zwischen allen Stühlen – Baruch de Spinoza

Der Kaufmannssohn Baruch de Spinoza (1632–1677) wurde in Amsterdam geboren und von seinem Vater, einem sephardischen Juden, in jüdischem Glauben erzogen. Dennoch besuchte er eine christliche Lateinschule unter Leitung des Jesuiten Franciscus van den Enden, bis er nach dem Tod des Vaters 1654 dessen Trockenobstimport übernahm. Als die Geschäfte schlecht liefen, wandte er sich an derselben Schule wieder der Wissenschaft zu. Seine katholische Ausbildung ließ ihn sowohl bei der sephardischen Gemeinde als auch bei den orthodoxen Calvinisten in Ungnade fallen. Weil er jedweder Religion ihre wahrheitsstiftende Kraft absprach und stattdessen auf eine eher naturwissenschaftlich begründete Erkenntnis setzte, verbannte ihn die sephardische Gemeinde und veranlasste den Amsterdamer Magistrat, ihn aus der Stadt zu verweisen. Spinoza ist v. a. wegen seiner „Theologisch-politische Abhandlung“ und seiner „Ethik“ in die Philosophiegeschichte eingegangen.

I amst

Amsterdam – praktische Infos

Vom Hauptbahnhof geht's in andere europäische Metropolen

Anreise nach Amsterdam

Wer mit dem **Auto** anreist, sollte sein Fahrzeug schon wegen der immens hohen innerstädtischen Parkgebühren in einem der Parkhäuser an der Peripherie (s. u. „Park & Ride") abstellen und von dort auf das hervorragend ausgebaute öffentliche Verkehrssystem umsteigen (siehe dazu „Unterwegs in Amsterdam" ab S. 61 f.).

Die zugelassene **Höchstgeschwindigkeit** beträgt auf niederländischen Autobahnen 120 km/h, auf Landstraßen 80 km/h und innerhalb geschlossener Ortschaften 50 km/h; die **Promillegrenze** liegt bei 0,5.

Bahnreisende können in täglich verkehrende EuroCity-, IC- und ICE-Züge einsteigen, die die niederländische Hauptstadt mit Berlin, Frankfurt/M., Leipzig, Köln, Hamburg und Basel verbinden. Außerdem eilt siebenmal täglich ein ICE von Frankfurt nach Amsterdam und retour.

Mit den *DB Sparpreisen 25 und 50 Europa* kann man den regulären Preis um 25 % senken, wenn man die Fahrkarte spätestens drei Tage vor Abfahrt löst, und sogar 50 % sparen, wenn zwischen Hin- und Rückfahrt eine Übernachtung von Samstag auf Sonntag liegt. Zudem erhalten bis zu vier Mitreisende einen Mitfahrerrabatt von bis zu 50 %. (Preisbeispiel: Wer zu zweit von Frankfurt nach Amsterdam und retour mit dem Sparpreis Europa 50 reist, zahlt 72 € pro Person.) Noch preisgünstiger reisen diejenigen, die an der ICE-Strecke Frankfurt–Amsterdam wohnen, weil man mit einem – allerdings ausschließlich online und für Direktzüge buchbaren – Angebot namens *Europa Spezial* gegebenenfalls für nur 19 € (einfache Fahrt) in die niederländische Hauptstadt gelangt.

Schließlich ist die niederländische Hauptstadt in Nachtzügen, z. B. mit der Schweizer CityNightLine auf den Strecken Zürich bzw. München–Amsterdam, auch im Schlaf zu erreichen (Buchung in DB-Reisezentren und -büros, telefonisch unter 01805/141514 von Deutschland, 01508/300 von Österreich und 0900/300300 von der Schweiz aus oder online unter www.citynightline.ch). Man kann zwischen Sitz-, Liege- und Schlafwagenplatz wählen und gegen einen Aufpreis von 10 € sein Fahrrad mitnehmen.

Flugreisende landen auf dem internationalen Flughafen Schiphol im Südwesten der Stadt, der täglich von allen wichtigen europäischen Airports angeflogen wird. Dort angekommen, kann man die etwa 15 Kilometer zum Stadtzentrum von 5 Uhr morgens bis 1 Uhr nachts viertelstündlich, danach im Stundentakt in etwa 20 Minuten in einem Schnellzug zurücklegen oder mit dem Bus Nr. 370 (Interliner) anfahren. In der Zeit zwischen 6 Uhr und 21 Uhr verkehrt zudem etwa alle 20 Minuten der blaue Connexxion Airport Hotel Shuttle, der von Bahnsteig A7 vis-à-vis der Ankunftshalle 2 abfährt und 100 Hotels in und um Amsterdam abklappert (Infos und Tickets in Halle 2, telefonisch unter 020/4056506 oder online unter www.schipholhotelshuttle.nl).

Eine Taxifahrt ins Zentrum kostet ca. 40 €.

Schließlich schickt die *Deutsche Touring GmbH* mehrmals wöchentlich von verschiedenen deutschen Städten **Busse** nach Amsterdam und retour. Von München zahlt man z. B. hin und zurück pro Person ca. 120 €, wobei die Gesellschaft Kinder- und Frühbucherrabatte gewährt (Kinder unter 12 J. die Hälfte).

Park & Ride

Die unten aufgeführten Parkhäuser an Amsterdams Peripherie sind rund um die Uhr geöffnet und bieten allesamt preisgünstiges Parken für 5,50 € für 24 Stunden an. Im Preis inklusive sind zwei Tickets für öffentliche Verkehrsmittel für die Hin- und Rückfahrt ins Stadtzentrum. Man muss die Tickets der öffentlichen Verkehrsmittel sowohl bei der Hin- als auch Rückfahrt abstempeln und sie beim Bezahlen im Parkhaus vorlegen. Ungestempelt oder bei Verlust fallen die regulären Parkgebühren an (im Arena-Parkhaus z. B. 1,90 € pro Stunde, max. 19 € pro Tag).

P+R Transferium/ArenA: Parkhaus unter dem Stadion von Ajax Amsterdam, von den Autobahnen A 1, A 2 und A 9 gut ausgeschildert. Ein minütlich verkehrender Kleinbus befördert die Parkkunden zur nahe gelegenen Metrostation und liest sie bei ihrer Rückkehr dort auch wieder auf. Eingeschränkte Parkkapazitäten bei Fußballspielen. (Infos: www.amsterdamarena.nl).

P+R Stadionsplein (Olympisch Stadion): Im Südwesten Amsterdams, von der stadt-

Geldschlucker Parkuhr

umrundenden A 10 über die Ausfahrt S 108 zu erreichen und die Straßenbahnlinien 6, 16, 24 ans Stadtzentrum angebunden.

RaiParkingNL: Mammutparkhaus mit 2600 Stellplätzen, ebenfalls im Südwesten, über die A 10 anzufahren. Tagespreis: 12 €. Die Tickets für Straßenbahn (4), Busse (66 und 99) oder Metro (50 und 51) müssen extra bezahlt werden. Haltestelle des Nachtbusses 354 vom Leidseplein nach Amstelveen. (www.raiparking.nl).

P+R Sloterdijk: im Nordwesten, A 10 Ausfahrt S 102, Zug oder Bus Nr. 48 ins Zentrum, Tram 12 zum Van Gogh Museum oder Albert Cuyp Markt.

Bahnhöfe

Außer dem Hauptbahnhof *(Centraal Station)* gibt es noch neun Vorortbahnhöfe, darunter Südbahnhof, RAI neben dem gleichnamigen Kongresszentrum, Bijlmer ArenA, Amstel und Sloterdijk.

Zwei wichtige Verkehrsmittel: Fiets und Fähre

Infos für Bahnreisende

Fahrkarten gibt es in Amsterdam an Fahrkartenschaltern (bei kleineren Bahnhöfen Shops oder Kioske), im Touristenbüro am Flughafen Schiphol und bei Bezahlung mit Eurocard oder Münzgeld an Automaten. (Ersparnis von 0,50 €). Informationen zum deutsch-niederländischen bzw. internationalen Zugverkehr:

Nederlandse Spoorwegen (NS): bzgl. internationaler Verbindungen unter ✆ 0900/9296, Zugfahrten innerhalb der Niederlande unter ✆ 0900/9292 (gebührenpflichtig), im Internet unter www.ns.nl.

Deutsche Bahn (DB): Reise-Service unter ✆ 11861 (gebührenpflichtig), automatische Fahrplanauskunft unter ✆ 0800/1507090 (kostenlos). www.bahn.de.

Fahrradmitnahme

Die grenzüberschreitende Mitnahme eines Fahrrads ab Deutschland ist mit dem Kauf einer Internationalen Fahrradkarte zum Preis von 10 € grundsätzlich, aber nicht in allen Zügen möglich. Für den Rückweg ist in Amsterdam erneut eine Internationale Fahrradkarte für 12 € zu lösen (einen Stellplatz für den Drahtesel kann man dagegen schon von Deutschland aus reservieren). Eine Fahrradfahrkarte für den niederländischen Binnenverkehr kostet 6 €. Informationen zum Reisen mit Rad und Bahn in Europa unter www.railpassenger.info.

Infos für Flugreisende

Amsterdam Airport Schiphol, Postbus 7501, 1118 ZG Schiphol Airport. Auskünfte in niederländischer und englischer Sprache von den Niederlanden aus unter ✆ 0800/0900–72447465 (gebührenpflichtig) oder 020/6019111 (Hauptbüro), aus dem Ausland unter 0031/207940800 oder unter www.schiphol.nl. Weitere Informationen sind direkt bei der **KLM** bzw. deren deutscher Niederlassung zu erfragen: ✆ 01805/007772 oder ✆ 01805/214201.

Infos für Busreisende

Deutsche Touring GmbH, Am Römerhof 17, 60486 Frankfurt, ✆ 069/7903-501, ℻ 069/7903219, www.touring.de.

Verkehrsknotenpunkt Muntplein

Unterwegs in Amsterdam

Da die Sehenswürdigkeiten der niederländischen Hauptstadt so nah beieinander liegen wie in keiner anderen europäischen Metropole, kann man Amsterdam sehr gut zu Fuß erkunden. Wer das nicht möchte, kann auf ein gut ausgebautes öffentliches Verkehrsnetz zurückgreifen oder es den Holländern gleichtun und sich aufs (gemietete) Fahrrad schwingen. Von einer Fortbewegung mit dem eigenen oder geliehenen Auto ist dagegen schon wegen der hohen innerstädtischen Parkgebühren dringend abzuraten.

Öffentlicher Nahverkehr

Da das gesamte Stadtzentrum der holländischen Metropole mit Straßenbahnschienen geädert ist, rangiert die **Tram** an erster Stelle der öffentlichen Verkehrsmittel. Die Straßenbahnen verkehren auf 16 Linien von 6 Uhr morgens bis 0.30 Uhr.

Die Stadtteile, die nicht an das Straßenbahnnetz angeschlossen sind, können mit vier **Metro-**, 40 **Buslinien** oder **Fähren** (z. B. Amsterdam-Noord und Java-Eiland) angesteuert werden. Letztere legen an der De Ruijterskade hinter dem Hauptbahnhof ab (einfache Fahrt: 1 €) und stellen ihren Betrieb teilweise früher ein als Busse oder U-Bahnen, deren Verkehrszeiten denen der Straßenbahnen entsprechen. (Mit der neuen Noord-Zuidlijn kann man voraussichtlich ab 2013 in nur 16 Metro-Minuten von Amsterdam Noord nach Amsterdam Zuid eilen).

Darüber hinaus huscht ein weißer Kleinbus mit der Aufschrift **„De Opstapper"** von Montag bis Samstag zwischen 7.30 Uhr und 18.30 Uhr die Prinsengracht entlang. Der Achtsitzer, der alle 10 Minuten via Brouwers- und

Prinsengracht zwischen Hauptbahnhof und Stopera hin- und herpendelt, hält auf Handzeichen und kostet pauschal 1,60 € pro Fahrt, die auf Wunsch auch direkt im Bus zu bezahlen sind. Wer ein 24-96-Stundenticket (s. u.) besitzt, hat die Fahrt mit dem „Opstapper" inklusive.

Schließlich lesen zwölf **Nachtbusse** fußfaule Nachtschwärmer zwischen 0.30 Uhr und 6.30 Uhr nahe den Zentren des Nachtlebens auf (etwa am Leidse- oder Rembrandtplein).

Straßenbahn- und U-Bahn-Linien, Busrouten und Fährverbindungen sind auf den meisten Stadtplänen grob verzeichnet. Wem das zu ungenau ist, dem sei die detaillierte **Übersichtskarte des GVB** *(gvb-lijnennetkart)* empfohlen, die fast alle nötigen Informationen zum öffentlichen Nahverkehr liefert und in der Geschäftsstelle des GVB am Stationsplein erhältlich ist. Hilfreich ist auch die jährlich aktualisierte, in mehreren Sprachen abgefasste kostenlose Broschüre **„Public transport Amsterdam – Tourist Guide"**, die beim GVB, in Touristenbüros und den meisten Hotels ausliegt.

Tarifsystem

Das Amsterdamer Stadtgebiet ist in mehrere Tarifzonen (auf Faltplänen und an Haltestellen eingezeichnet) aufgeteilt, wobei ein **Einzelfahrschein** für Ziele innerhalb des Zentrums (1 Zone) 1,60 und in die Randstadtteile (2 Zonen) 2,40 € kostet. Teurere Sondertarife gelten für die Nachtbusse, in denen eine Fahrt mit 3 €, ein 12-Fahrten-Ticket mit 25 € zu vergüten ist, wobei Inhaber eines (Mehr)Tagestickets nicht extra zahlen müssen. In Straßenbahnen, Bussen und im Kleinbus „De Opstapper" löst man die Fahrkarten direkt beim Fahrer bzw. Schaffner, für die Metro stehen an den Haltestellen entsprechende Automaten bereit.

Preisgünstiger als der Kauf eines Einzeltickets sind verschiedene Typen von Mehrfahrtenkarten, die bei den unten genannten Verkaufsstellen (siehe Information/Fahrkarten), in Tabakläden, Postämtern, Touristenbüros oder den Filialen der Supermarktkette Albert Heijn zu erwerben sind. Abgesehen von Wochen-, Monats- und Jahreskarten gibt es die **Strippenkaart** und die **24–96 Uurskaart**. Die Erste ist bis zu einem Format von 45 Streifen zu haben (Preisbeispiel: 15 Streifenkarte im Vorverkauf 6,80 €). Jede Person muss für sich selbst und für jede befahrene Tarifzone jeweils einen Streifen abstempeln (durchfährt man also zu zweit zwei Tarifzonen, sind das insgesamt sechs Streifen). Die Zweite erlaubt für 24, 48, 72 oder 96 Stunden (6,50, 10,50, 13,50 bzw. 16,50 €) beliebig viele Fahrten mit Tram, (Nacht-) Bus, „De Opstapper", Metro oder Fähre. Sie muss bei der ersten Fahrt abgestempelt werden (Schwarzfahrerbußgeld: 37,40 €.). Die derzeit in der Metro (seit 2006) und den Straßenbahnen und Bussen Amsterdams (ab Mitte 2007) erprobte, perspektivisch in allen öffentlichen Verkehrsmitteln der Niederlande einsetzbare, aufladbare „OV-Chipkarte" ist für Touristen (bislang) noch nicht von Interesse, zumal bis zur endgültigen Einführung der Chipkarte alle anderen Fahrkarten gültig sind.

Schließlich kann man sich noch mit dem **All Amsterdam Transport Pass** zum Preis von 23 € ausstatten. Er gilt ab Kauf bis 12 Uhr mittags des darauf folgenden Tages, schließt neben der Nutzung von Metro, Tram, Bus und Fähre die freie Fahrt mit dem Canalbus (s. u.) sowie Ermäßigungen in einigen Museen mit ein.

Information/Fahrkarten

Informationen und Fahrkarten des GVB:

Mo–Fr 7–21 Uhr, Sa/So 10–18 Uhr im **Büro am Stationsplein** gegenüber dem Hauptbahnhof;

an der Station Zuid (Mo–Fr 7–18 Uhr) und Bijlmer Arena (Mo–Fr 7–18, Sa 10–18 Uhr), in der **Hauptgeschäftsstelle des GVB**, Arlandweg 100 (Mo–Fr 9–16 Uhr);

in den Filialen des **Amsterdam Tourist Board** (Adressen siehe Wissenswertes von A bis Z, S. 99);

online unter www.gvb.nl.

Canalbus, Museumsboot & Co

Der gasbetriebene **Canalbus** gleitet täglich von 10 bis 19 Uhr auf drei Linien durch die Amsterdamer Grachten und

Touristisches Pflichtprogramm: Grachtenrundfahrt

das östliche Hafengebiet. Er verkehrt von März bis September täglich im 25-Minuten-Takt, den Rest des Jahres mit niedrigerer Frequenz. Eine Tageskarte für alle drei Linien kostet für Erwachsene 18 €, für Kinder unter 13 Jahren 12 €, die Fahrten auf einzelnen Linien sind entsprechend billiger.

Nur am Wochenende (Freitag–Sonntag) macht sich der neue elektrobetriebene **Canal-Hopper** auf den Wasserweg zwischen Innenstadt und Westerpark bzw. Innenstadt und den östlichen Docklands, wobei die jeweils zweistündigen Ausflüge 12,50 € pro Nase kosten. Der Canal-Hopper für maximal 12 Personen ist (inklusive Skipper) auch für private Touren zu mieten.

Eine ähnliche Strecke wie der Canalbus absolviert das **Museumsboot,** das von April bis Oktober zwischen 9.30 und 18 Uhr, im Winter von 10–17 Uhr alle 30–40 Minuten 15 Museen miteinander verbindet. Das Tagesticket zu 17 € für Erwachsene und 10 € für Kinder inkludiert einen bis zu 50 % ermäßigten Eintrittspreis für die Museen.

Wer über das Wasser „radeln" möchte, kann sich ein **Canalbike** ausleihen. Bei diesen „Kanalfahrrädern" (auch *grachtenfiets* genannt) handelt es sich um viersitzige Tretbote, die selbst bei Regenwetter zu benutzen sind: Dann nämlich werden die Boote mit einem Dach überzogen.

Schließlich kann man sich mit dem **Wassertaxi** über die Grachten chauffieren lassen oder sich ein Motorboot mieten. Die Taxiboote fassen 8–44 Personen, können am zentralen Anlegeplatz am Stationsplein 8 bestiegen werden und kosten z. B. für ein 1–8-Personen-Boot 60 € für die erste, und 40 € für jede weitere halbe Stunde. Ein Motorboot für maximal 6 Personen kostet 50 € pro Stunde (2 Std. 90, 3 Std. 120 €).

Information/Fahrkarten

Canalbus und Canal-Hopper: Die wichtigsten Haltestellen des Erstgenannten sind Rijksmuseum, Leidseplein, Centraal Station, Westerkerk, Anne Frank Huis, Rembrandthuis, NEMO, Schifffahrtsmuseum, Zoo und Tropenmuseum. Informationen – etwa über ermäßigte Gruppenfahrten und spezielle Arrangements sowie die Touren des Canal-Hopper – erhält man bei: Canal Company, Weteringschans 24, ✆ 020/6239886, ℻ 020/6241033, www.canal.nl.

Informationen zum **Museumsboot**, das ebenfalls an den o. g. Haltestellen zu besteigen ist, erteilt die Rederij Lovers, Prins Hendrikkade 25–27, ✆ 020/5301090, www.lovers.nl.

Canalbike: Viersitzer zum Preis von 8 € pro Person und Stunde bei einer Belegung mit bis zu zwei Personen und 7 € pro Person bei vollem Boot. Zu mieten über: Canal Company, Weteringschans 24, ✆ 020/6239886, ℻ 020/6241033, www.canal.nl. Abzuholen und abzugeben am Rijksmuseum, am Anne Frank Huis, an der Keizersgracht/Ecke Leidsestraat oder am Leidseplein (Singelgracht). Öffnungszeiten: April bis Ende Okt. 10–18.30 Uhr, im Sommer bis 21.30 Uhr; im Winter nur am Rijksmuseum von 10–17 Uhr.

Motorboote: Informationen und Reservierung bei Canal Motorboats, Zandhoek 10 a, ✆ 020/4227007.

Wassertaxi: Amsterdamse Watertaxi Centrale b.v., Stationsplein 8, ✆ 020/5356363, ℻ 020/5356369, www.water-taxi.nl

Ein gutes Amsterdamer Geschäft: Fahrradverleih

Mit dem Fahrrad

Dass die Niederlande für Radfahrer vergleichsweise paradiesische Bedingungen bieten, ist hinlänglich bekannt, und auch ihre Hauptstadt macht in dieser Hinsicht keine Ausnahme. Fast überall stehen den Radlern eigene Fahrspuren – teilweise mit gesonderter Ampelschaltung – zur Verfügung, und weiß-rote Hinweisschilder zeigen ihnen die günstigsten Radwege zu zentralen Punkten der Stadt. Es gibt bewachte Parkplätze für die Drahtesel, und die Radfahrer genießen sogar gewisse Privilegien hinsichtlich der Straßenverkehrsordnung: Manche Einbahnstraßen dürfen sie in beiden Richtungen benutzen, worauf ein weißes Schild mit einem Fahrradsymbol und einem Pfeil nach oben verweist.

Gleichwohl verlangt das Radfahren wegen des regen Straßenbahn- und Autoverkehrs sowie der bisweilen unachtsam umherschlendernden Touristengruppen erhöhte Aufmerksamkeit (Vorsicht ist übrigens auch wegen der bisweilen recht forschen einheimischen Radler geboten, auch aus der Fußgängerperspektive).

Bewachte Fahrradparkplätze findet man u. a. am Stationsplein 12–33 (6–24 Uhr), an den Vorortbahnhöfen und beim P+R Olympisch Stadion.

Fahrradverleih

Einige Anbieter offerieren nicht nur die robusten, ein- bis dreigängigen Hollandräder, sondern auch Mountainbikes, Rennräder und Tandems sowie Kindersitze und Fahrradtaschen. Die Preise sinken mit zunehmender Mietdauer und steigen mit der Anzahl der Gänge. Für einfache Räder bewegen sie sich um 3,50 € pro Stunde, 7–12 € pro Tag und 40 € pro Woche. In der Regel ist eine Kaution von ca. 25–50 € zu hinterlegen. Wenn im Folgenden nicht anders angegeben, haben die Verleiher täglich von 9 bis 18 Uhr geöffnet.

Holland Rent a Bike, Damrak 247, ✆ 020/6223207.

Rent a Bike Damstraat, Damstraat 20–22, ✆ 020/6255029, www.bikes.nl.

MacBike, MacBike hat einige interessante Radtouren komponiert, kartografiert und kommentiert. Die Karten sind für 1 € bei Mac Bike selbst, in den Touristenbüros und im Architekturzentrum Arcam zu haben. Ausleihstationen (teilweise mit Reparaturwerkstatt) Mr. Visserplein 2, Marnixstraat 220 (So zu), Weteringschans 2, Stationsplein 5, ✆ 020/6200985; ✆ 020/6242263, www.macbike.com, 9–17.45 Uhr.

Yellow Bike, Nieuwezijds Kolk 29, ✆ 020/6206940, www.yellowbike.nl.

Mike's Bike Tours, Kerkstraat 134, ✆ 020/6227970, www.mikesbiketoursamsterdam.com.

Orange Bike, Singel 233, ✆ 020/5289990, www.orangebike.nl.

Bike City, Bloemgracht 68–70, ✆ 020/6263721, ✆ 020/4223326, www.bikecity.nl.

Frédéric Rent a Bike, Brouwersgracht 78, ✆ 020/6245509, www.frederic.nl. Täglich 9–12 Uhr und 13–18 Uhr.

Auch **Inline-Skater** können sich mit dem entsprechenden Equipment ausstatten: bei **De Vondeltuin Rent a Skate** zahlen Erwachsene 5 € pro Stunde und 15 € pro Tag (Vondelpark 7, Eingang Amstelveenseweg, ✆ 020/6645091, www.vondeltuin.nl).

Mit dem (Velo)Taxi

Taxistände befinden sich an allen wichtigen Stellen der Stadt, also an Bahnhöfen, Museen, großen Hotels oder bei den Zentren des Nachtlebens am Leidse- oder Rembrandtplein. Der Basispreis beträgt maximal 5,12 €, bei vier und mehr Personen 8,33 €, pro Kilometer kommen maximal 1,94 bis 2,23 € bei größeren Gruppen hinzu. (Preisbeispiel: Centraal Station – Museumsplein 13 €).

Taxizentrale Amsterdam, Wisseloordplein 2, ✆ 020/6777777, ✆ 020/6506585.

Wer sich mit menschlicher Muskelkraft durch Amsterdam befördern lassen möchte, kann ein **Velotaxi** der 1997 in Berlin gegründeten Velotaxi GmbH besteigen, die in Europa insgesamt 1000 der „überdachten" dreirädrigen Fahrräder und Werbeträger im Einsatz hat. Drei Minuten Fahrt kosten ca. 1 € pro Person. (www.velotaxi.de).

Mit dem Auto

Allgemeine Informationen übers Parken, Straßenbauarbeiten etc. sind unter www.bereikbaar.amsterdam.nl abzurufen. Das 2002 eingeführte Amsterdamer Parkleitsystem, das mittels entsprechender Leuchtsignale („vrij" oder „vol") an oder über der Straße anzeigt, ob das gerade angesteuerte Parkhaus noch freie Kapazitäten hat, erleichert die Parkplatzsuche. Die enormen Parkgebühren erspart es freilich nicht.

Das Stadtgebiet ist in die Parkzonen A (1–4), B und C aufgeteilt, wobei der touristisch relevante Bereich natürlich gänzlich der teuersten Kategorie A zugeordnet ist. Dort kostet das Parken von Montag bis Samstag zwischen 9 und 24 Uhr sowie sonntags von 12 bis 24 Uhr je nach Standort 3,60–4,60 € pro angefangener Stunde (in den Zonen B und C sind es immerhin noch 2,10 bzw. 1,10 € pro Stunde).

Bei der zuständigen Behörde namens „Stadstoezicht" kann man eine Tages- oder Wochenkarte für das gesamte Stadtgebiet erwerben, auf der das Kennzeichen des Autos eingetragen wird. Sie kostet für die Zonen A 1 und 2 26,40 und 20,40 € bzw. 158,40 € (Wochenkarte für die ganze Stadt). Daneben verkaufen einige Hotels Touristenparkkarten an ihre Gäste (Tagesticket für

Die „wielklem" (Radklemme) ist dran: Jetzt wird es teuer!

Zone A1: 39,60 €, A 2–A 4: 30,60 €, Dreitagesticket A 1: 110,90, A2–A4: 85,60, B u. C: 54 €).

Angesichts der unnachgiebigen Ahndung von Parksündern sind die Vorschriften strikt einzuhalten, wenn man sein Auto nicht mit einer Radklemme wiederfinden will. Ist das Auto einmal mit der gefürchteten *wielklem* fixiert, muss man 105 € Bußgeld blechen, bevor die „Kralle" wieder abgenommen wird. Wenn das Auto nach einem deutlichen Überschreiten der Parkzeit gar abgeschleppt worden ist, drohen wahrhaft astronomische Summen, die sich durchschnittlich auf 150 € belaufen.

Parkhäuser

Die teilweise eingeschränkten Öffnungszeiten beziehen sich auf die Einfahrt, ausfahren kann man immer.

Markenhoven: 24 Stunden geöffnet, 9–24 Uhr 3,30 €, 0–9 Uhr 1,80 € pro Stunde, 30 € am Tag. Anne Frankstraat

Waterlooplein: 7–1 Uhr, 3,40 bzw. 40 €. Valkenburgerstraat 238 (Höhe Jodenbreestraat). Ausfahrt Stadtautobahn S 100.

Byzantinum: Mo–Fr 8.30–18 Uhr, Sa/So 24 Stunden geöffnet, 3,40 bzw. 36 €. Tesselschadestraat 1/G. Ausfahrt S 108.

Museumsplein: Mo–Do, So 7–1 Uhr, Fr/Sa 7–2.30 Uhr, 3,40 € pro Stunde, am Tag 36 €. Museumsplein. Ausfahrt S 108.

De Bienenkorf: 24 Stunden geöffnet, 3,40 € pro Stunde, 47,50 am Tag. Dam 1. Ausfahrt S 100.

Heinekenplein: Mo–Sa 7.30–0 Uhr. 2,50 € pro Stunde, 25 € pro Tag. Eerste van der Helsstraat 6, Ausfahrt S 109 oder S 100.

Muziektheater/Stadhuis: 24 Stunden geöffnet. 9–19 Uhr 3,20 € pro Stunde, 34 € am Tag. Waterlooplein 1, Ausfahrt S 100.

De Kolk: 24 Stunden geöffnet. 3,80 € pro Stunde, 40,40 € pro Tag. Nieuwezijds Kolk, Ausfahrt S 100.

Europarking: Mo–Mi 6.30–1 Uhr, Do–Sa 7–1 Uhr, So 7–1 Uhr. 2,60 € pro Stunde, 27,50 € pro Tag. Marnixstraat 250, Ausfahrt S 105.

PTA (Passenger Terminal Amsterdam): Täglich 7–1 Uhr. 2 € pro Stunde, 20 € pro Tag. Oostelijke Handelskade 1, Ausfahrt S 114.

Mehr Details zu den Amsterdamer Parkhäusern unter www.parkeergebouwen.amsterdam.nl.

Auto- und Motorradverleih

Budget, Klokkenbergweg 19, ✆ 020/3118282; Flughafen Schiphol (Ankunftshalle), ✆ 020/6041349, www.budget.nl.

Hertz, Overtoom 333, ✆ 020/61224; Flughafen Schiphol (Ankunftshalle), ✆ 020/6041566, www.hertz.nl.

Europcar, Overtoom 197, ✆ 020/6832123, www.europcar.nl.

Amsterdam Moped Rental, Marnixstraat 208, ✆ 020/4220266, ✆ 020/4222152.

Parkbehörde

Die zentrale Telefonnummer für alle u. g. Dienstellen der Parkbehörde lautet: ✆ 020/5530300, www.stadstoezicht.amsterdam.nl.

Weesperstraat 105 A: Mo–Fr 8–16.30 Uhr.

Daniel Goedkoopstraat 7: Hier kann man rund um die Uhr die Gebühren für das Abschleppen von Fahrzeugen und das Entfernen von Radklemmen bar bezahlen. (Metro 53, 54, Sneltram 51 Haltestelle Spaklerweg).

Beukenplein 50, Mo–Fr 9–17.30 Uhr.

De Clerqstraat 42–44, Mo–Sa 8–16.30 Uhr.

Klemhulp („Pay and go Service"): Wenn das Fahrzeug mit der Klemme versehen ist, können Sie – falls Sie mit Kreditkarte zahlen wollen – unter der Servicenummer 020/5530700 rund um die Uhr Hilfe heranholen.

Organisierte Touren

Die Touristenmetropole Amsterdam offeriert ihren Gästen vielfältige Angebote zur Stadterkundung zu Fuß, per Boot, Bus und Kutsche oder auch mit dem beliebtesten Fortbewegungsmittel der Holländer, dem *fiets* (Fahrrad).

Die Gemeinde selbst hat sechs Rundgänge durch das Stadtzentrum auf einem beim Niederländischen Tourismusverband erhältlichen Stadtplan farbig eingezeichnet und vor Ort durch entsprechend kolorierte Wegweiser markiert. Wer ihnen folgt, passiert die wichtigsten historischen Monumente und bedeutendsten Museen.

Wer allein, aber dennoch ge- und begleitet von ortskundigen Kommentaren durch die Stadt streifen möchte, kann sich bei den Amsterdamer Touristenbüros einen sog. „Audio-Tourist" ausleihen oder für durchschnittlich 3 € kleine Broschüren mit (mehrsprachig) beschriebenen Rundgängen durch einzelne Stadtteile erwerben.

Denjenigen, die Amsterdam lieber nicht auf eigene Faust erkunden oder ganz spezifische Aspekte der lokalen Geschichte und Kultur entdecken möchten, bieten zahlreiche Veranstalter und Stadtführer ihre mehrsprachigen Dienste an. Mit ihnen kann man die Stadt sowie die nähere Umgebung sowohl per pedes oder mit dem Bus als auch auf dem Sattel eines Fahrrads oder dem Kutschbock kennen lernen.

Auf den von diversen Reedereien veranstalteten Grachten- und Hafenrundfahrten ist Amsterdam aus der Perspektive des Wassers zu betrachten. Alternativen zur klassischen Grachtenrundfahrt sind die bereits vorgestellten Touren im Museumsboot oder dem Canalbus (s. o.), die Fahrten mit dem „Artis-Express" vom Hauptbahnhof zum Zoo, Architekturfahrten ins östliche Hafengebiet und auf die Docklands und neuerlich Literaturtouren in Kooperation mit der Stadtbibliothek Amsterdam.

Information

Über fast alle o. g. und u. g. Möglichkeiten der Stadterkundung, Termine und Preise informieren das ATCB (Amsterdam Tourism and Convention Board, ✆ 0900/4004040 für 55 Cent pro Minute, www.amsterdamtourist.nl) und seine über die Stadt verteilten, unter A–Z aufgelisteten Filialen. Dort können die in einer jährlich aktualisierten Broschüre mit dem Titel „Amsterdam Excursions" aufgelisteten Arrangements auch gebucht werden.

Stadtführungen zu Fuß

SANDEMANs New Amsterdam Free Tour, dreistündige Stadtführungen zum Nulltarif. Die jungen Stadtführer im Dienste der SANDEMANs New Europe GmbH warten am Tourismusbüro gegenüber dem Hauptbahnhof täglich um 11 und 15 Uhr auf interessierte Stadtwanderer. Sie sind an ihren knallroten T-Shirts zu erkennen und kommentieren das Gesehene in englischer Sprache. Gegen eine Gebühr von 10 € (Studenten 8 €) führen sie vom selben Treffpunkt aus jeden Abend um 18.45 Uhr auch durchs Rotlichtviertel. www.neweurope tours.eu.

Amsterdam City-Walks, ein wechselndes Monatsprogramm listet die „stadswandelingen" für Gruppen von mindestens 10 Personen auf (z. B. Neumarkt- und Rotlichtviertel, Jüdisches Amsterdam), die durchschnittlich 1,5 Stunden dauern und pro Nase ca. 8 € kosten. Für Individualreisende bietet die Agentur in Zusammenarbeit mit dem Historischen Museum an jedem letzten Samstag im Monat von 12.30–13.30 und 14–15.30 Uhr zum Preis von 15 € englischsprachige Führungen durch die Altstadt an. (Treffpunkt Historisches Museum) Die Anmeldung für die thematischen (Gruppen)Spaziergänge erfolgt telefonisch unter 06/18257014 oder per E-Mail info@ amsterdamcitywalks.com, www.amster damcitywalks.com.

Berühmt-berüchtigt: Rotlichtviertel De Wallen

Zoom Amsterdam Citywalk, die Teilnehmer der zwei- bis dreistündigen, englisch kommentierten Stadtrundgänge durch die Altstadt (v. a. Rotlichtviertel) treffen sich täglich um 17 Uhr im VOC-Café an der Prins Hendrikkade (im Schreierstoren). Die Rundgänge kosten 15 € pro Nase. Die Buchung kann über das Touristenbüro oder direkt beim Veranstalter erfolgen, der auf Wunsch auch individuell bzw. auf Kleingruppen abgestimmte Touren anbietet. Neben diesen täglichen Rundgängen bietet Zoomtours in Kooperation mit dem Restaurant-Café „De Waag" so genannte „historische Arrangements" an (mit Lunch, Nachmittagscafé oder Diner kombinierte Besichtigungstouren auf den Spuren des Mittelalters und des 17. Jahrhunderts). Je nach Arrangement 35–83 € pro Person, www.inde waag.nl/en/arr/htm). ✆ 020/6236302, www. zoomamsterdam.com.

Arti & Tulipani Tours & Travels, thematisch (z. B. literarisch, historisch, architektonisch oder musikalisch) orientierte niveauvoll kommentierte Touren in deutscher und niederländischer Sprache. Scheldestraat 12, ✆ 020/4713133, ☏ 020/6709526, www.artitulipani.com.

Let's go, thematische Spaziergänge durch Amsterdam, z. B. die ca. zweistündige „Mystery Tour" durch Rotlichtviertel und Altstadt oder der Eineinhalbstunden-Spaziergang unter dem Motto „Rembrandt Mysteries" durch Rotlicht- und Judenviertel. Die Touren finden auf Vereinbarung statt und kosten bei Gruppen bis zu 15 Teilnehmern 150 €, also günstigsten Falls 10 € pro Person. Sie sind bei der Agentur selbst, aber auch im Touristenbüro zu buchen. ✆ 020/6001809, www.letsgo-amsterdam.com.

Amsterdam Redlight-Tours (Rob van Hulst Producties), der langjährige Bewohner des Rotlichtviertels Rob van Hulst hat über die „Wallen" geschrieben, referiert und Dokumentarfilme gedreht und schließlich eine Agentur namens „Rob van Hulst Producties"

Fahrradtour mit ortskundiger Begleitung

gegründet, die ihn selbst und inzwischen 32 Mitarbeiter als kenntnisreiche Stadtführer durchs Milieu empfiehlt. Die führen bei Tag oder Nacht, inklusive Restaurant-, Bar- und Clubbesuch etc. durchs legendäre Rotlichtviertel. (ab 27,50 € pro Person). Die speziellen Sightseeing-Arrangements sind auf den u. g. Websites auszuwählen und bei Rob van Hulst Producties, Postbus 619, 5000 AP Tilburg, telefonisch (✆ 06/15437240 oder 013/5784280) oder online unter info@robvanhulst.nl zu buchen. www.redlight-tours.com. bzw. www.robvanhulst.nl.

Canal Houses Guided Garden and Interior Tours, dreistündiger, in Englisch kommentierter Spaziergang durch Grachtengärten und -häuser vom 15.4. bis zum 10.10., freitags um 10.15, samstags 11.15 und sonntags 12.15 Uhr. Treffpunkt (nahe Rembrandtplein) wird bei Buchung bekanntgegeben. Kosten: 25 € (inklusive Drink und Sandwich). Reservierungen: Urban Home and Garden Tours, ✆ 020/6881243, info@uhgt.nl, www.uhgt.nl.

Walking Red Light District, einstündige „Rotlichtexkursion" unter englischsprachiger Leitung der ehemaligen Prostituierten und Gründerin des PIC (Prostitution Information Centre, siehe S. 139) Mariska Majoor (12,50 €). Mi 19 Uhr und Sa 17 Uhr (max. 4 Personen) Treffpunkt PIC, Enge Kerksteeg 3, ✆ 020/4207328, www.pic-amsterdam.com. Bei Gruppen über vier Personen gesonderte Terminvereinbarung.

Stadswandelkantoor, Führungen (auch in deutscher Sprache) durch das östliche Hafengebiet und Altstadt. Buchung telefonisch oder online. ✆ 020/4190022, www.stadswandelkantoor.nl.

> Einen thematisch orientierten Stadtrundgang bietet auch Jos van Waterschoot, der Kurator des Multatuli-Museums, an. Siehe S. 146.

Fahrradtouren

Yellow Bike, kommentierte Stadtrundfahrten in englischer, für Gruppen wahlweise auch in deutscher Sprache. Von April bis Oktober täglich um 9.30 bzw. 13 Uhr, samstags um 14 Uhr. Dauer: ca. 3 Stunden, Preis: inklusive Rad und Regenkleidung 19,50 €. Als Alternative bietet Yellow Bike täglich um 11 Uhr eine sechsstündige Radtour in die ländliche Umgebung der Grachtenmetropole an (27,50 €). Startpunkt: Nieuwezijds Kolk 29, ✆ 020/6206940, www.yellowbike.nl.

Mike's Bike Tours, in Englisch kommentierte Touren von drei- bis vierstündiger Dauer. Der Treffpunkt ist (während der Renovierungsarbeiten desselben) hinter dem Rijksmuseum zwischen Café Cobra und Museumsshop, und zwar vom 1.3. bis 15.5 täglich um 12.30, vom 16.5. bis 31.8. um 11 und 16 und vom 1.9. bis 30.11. um 12.30 Uhr. Die Kosten (nur Barzahlung) betragen 22 bzw. 19 € (Studenten), wenn man sein eigenes Fahrrad dabeihat. In der Zeit vom 1. Juni bis 31. August bietet derselbe Veranstalter dienstags bis sonntags um 12 Uhr eine kombinierte Bike&Boat Tour zum Preis von 29 bzw. 25 € pro Person (Kinder 20 €). Seit 2006 stehen von Freitag bis Sonntag jeweils um 12 Uhr auch winterliche (Dezember bis Februar) Stadtrundfahrten auf dem Programm. ✆ 020/6227970 oder (mobil) 06/25400218, www.mikesbiketoursamsterdam.com.

Orange Bike Tours, geführte historische Stadt- und Architekturrundfahrten, aber auch „Beach Tour", „Gay Tour" oder Landpartien in die nähere Umgebung von Amsterdam sowie maßgeschneiderte thematische Touren auf Kundenwunsch. Informationen über Angebote, Termine und Kosten im Orange-Bike-Shop, telfonisch oder online. Singel 233, ✆ 020/5289990, www.orangebike.nl.

Grachtenrundfahrten

Blue Boat Company, April–September 10–19 Uhr, Oktober–März 10–17 Uhr. Erwachsene 10 €, Kinder 6 €. Stadhouderskade 30, ✆ 020/6791370, ✆ 020/6754362, www.blueboat.nl.

Rederij Lovers, Erwachsene 9 €, Kinder 6 €, Grachtenrundfahrt bei Kerzenlicht 25 €, mit Dinner 69 €, Architekturrundfahrt (April–Oktober sonntags 14.30 Uhr, im Winter 13.30 Uhr, 20 bzw. 15 €), Artis-Express: Erwachsene 20 €, Kinder 17 € (inklusive Zoo-Eintritt). An jedem dritten Sonntag im Monat gibt es eine literarische Grachtenrundfahrt in Kooperation mit der neuen Amsterdamer Stadtbibliothek, die Autoren und Gastredner an Bord schickt, die das Gesehene literarisch (in Niederländisch) kommentieren. Das Ganze kostet 20 bzw. 15 €, Reservierung erbeten. Prins Hendrikkade 25–27, ✆ 020/5301090, www.lovers.nl.

Holland International Canal Cruises, täglich zwischen 9 und 18 Uhr alle 15, zwischen 18 und 22 Uhr alle 30 Minuten Grachtenrundfahrten (Erwachsene 11 €, Kinder 6 €). Grachtenrundfahrt bei Kerzenlicht 27,50 €, täglich um 11 und 13 Uhr in Englisch kommentierte Architekturfahrten (Erwachsene 17,50 €, Kinder 10 €.). Prins Hendrikkade 33 a, ✆ 020/6253035, ✆ 020/6201021, www.hir.nl.

St. Nicolaas Boat Club, das Non-Profit-Unternehmen bietet ca. 1,5-stündige Touren für maximal zehn Personen. Die Anmeldung für die Fahrten, für die gern eine Spende entgegengenommen wird, erfolgt zwischen 12 und 17 Uhr im Comedy Café Boom Chicago am Leideseplein 12. (ein bis zwei Tage, am besten eine Woche vor der Bootstour). Im Winter starten nachmittags täglich ein bis zwei, im Sommer drei bis vier Boote. ✆ 065/0805348, www.amsterdamboatclub.com.

Bustouren

Best of Holland, Stadtrundfahrten und Ausflüge in die Umgebung, z. B.: täglich um 10, 12 und 14.30 Uhr zweieinhalbstündige Stadtrundfahrten in Kombination mit einer Grachtenrundfahrt. Start am Damrak 34. ✆ 020/4204000, www.thebestofholland.nl.

Lindbergh Excursions, ähnliche Angebotspalette wie der der o. g. Veranstalter. Damrak 26, ✆ 020/6222766, www.lindbergh.nl.

Martin's Funbus, thematische Kleinbustouren mit Reiseführerservice – auf Wunsch auch in deutscher Sprache. Angeboten werden z. B. die „Churches & Towers Citytour" (24 €) oder die „Amsterdam Pub Citytour" (33 €), aber auch Kombinations- und nach Kundenwunsch komponierte Touren (ab 4 Stunden Dauer, für 2–4 Personen 49 € pro Stunde). Kinder unter 12 Jahren reisen preisgünstiger. Martin's Funbus fährt am Hauptbahnhof ab, holt Sie auf Wunsch aber auch im Hotel oder an jedem anderen Treffpunkt ab. Anmeldung und Buchung: ✆ 020/6943930, www.martins-funbus.nl.

Hier logieren die Reichen und Schönen: Traditionshotel Amstel

Übernachten

Die Touristenmetropole Amsterdam bietet ihren Gästen zahlreiche und vielfältige Unterbringungsmöglichkeiten aller Kategorien und Standards, wobei das Preisniveau generell relativ hoch ist. Wegen der großen Besucherzahlen ist eine rechtzeitige Buchung zu jeder Jahreszeit empfehlenswert und in der Hauptsaison von April bis September sogar dringend anzuraten.

Das Amsterdamer Touristenbüro *(Amsterdam Tourism & Convention Board)* ist seinen Kunden sowohl vor Reiseantritt als auch bei der Ankunft bei der Zimmersuche behilflich. Wer sich dennoch lieber persönlich einen Überblick verschaffen und die Reservierung in Eigenregie vornehmen möchte, kann dies via Internet tun, beim *Niederländischen Büro für Tourismus (NBT)* anzufordernde Unterkunftsverzeichnisse durchforsten oder die von uns getroffene Auswahl sichten. Letztere enthält Übernachtungsvorschläge für jeden Geschmack, wobei sie einen Schwerpunkt auf die unteren Hotel-Kategorien legt, d. h. im teuren Amsterdam auf Häuser mit Doppelzimmerpreisen zwischen 90 und 160 €. Jugendlichen, weniger anspruchsvollen oder finanzkräftigen Lesern und Leserinnen werden preisgünstigere Lösungen in Gestalt von Hostels bzw. Jugendherbergen vorgestellt. Schließlich werden Möglichkeiten zum Anmieten von Hausbooten, Privatzimmern und -wohnungen aufgezeigt und stadtnahe Campingplätze genannt.

Hotels

Selbstverständlich wartet die Metropole Amsterdam mit einer Reihe luxuriöser Grandhotels mit antikem bis postmodernem Interieur auf. Zu den mit vier bis fünf Sternen dekorierten

Nobelherbergen gehören solche mit Tradition wie das „Amstel“ oder „American“, das in einer mondänen historischen Grachtenvilla untergebrachte „stylische“ Dylan-Hotel oder das jüngst (Juni 2007) im Amsterdamer Architekturdenkmal Scheepvaarthuis eröffnete Grand Hotel Amrath.

Während man in den Häusern der obersten Kategorien durchweg mit einer gehobenen Ausstattung und ausgesuchtem Service rechnen darf, klaffen die Qualitätsstandards bei einem durchschnittlichen Doppelzimmerpreis von 160 € eine Klasse darunter schon deutlich auseinander.

Wahre Überraschungen sowohl positiver als auch negativer Art hält die breite Masse der Zwei- und Einsterne-Hotels bereit, deren Preisniveau zwischen 90 und 120 € für zwei Personen liegt. Einige sind liebevoll eingerichtete und sympathisch geleitete Familienhotels, andere eher schmuddelige Absteigen, nicht wenige warten mit Zimmern auf, in denen man sich kaum umdrehen kann.

Die Übernachtungskosten für Alleinreisende bzw. Einzelzimmer sind wie fast überall unverhältnismäßig hoch. Familien und Gruppen, die bereit sind, sich Drei- oder Vierbettzimmer zu teilen, bietet sich dagegen in relativ vielen Häusern die Gelegenheit, ihren Aufenthalt durch näheres Zusammenrücken etwas preisgünstiger zu gestalten. Kostengünstiger ist es auch unter der Woche, wenn viele Hotels ihre Übernachtungspreise senken und in der Wintersaison, wenn eine Reihe von ihnen mit besonderen Arrangements lockt. Das gilt auch und ganz besonders für Vier- und Fünfsternehäuser, deren Übernachtungstarife mitunter erheblich schwanken und bei der konkreten (Online)Buchung abzufragen sind, sodass die hier angegebenen Preise nur als grobe Orientierung zu lesen sind.

Hinsichtlich der Zahlungsmodalitäten sei angefügt, dass die meisten Hotels bei der Buchung eine Vorauszahlung oder die Angabe der Kreditkartennummer verlangen und beim Begleichen der Abschlussrechung via Kreditkarte einen Aufschlag von drei bis fünf Prozent erheben. Ebenfalls mit fünf Prozent schlägt die „city tax“, eine Art Kurtaxe, zu Buche, die bei einigen Hotels zusätzlich in Rechnung gestellt wird.

In der Annahme, dass die meisten Reisenden ihre Unterkunft in erster Linie nach ihren finanziellen Möglichkeiten aussuchen, ist die Hotelauswahl ab S. 73 nach Preiskategorien und nicht nach Stadtteilen geordnet. Damit Sie sich dennoch ein Bild von der jeweiligen Umgebung machen können, wird in der Regel auf die entsprechenden

Niederländisches Büro für Tourismus & Convention (NBT): Bebilderte und kommentierte Unterkunftsverzeichnisse mit Hotels aller Kategorien erhält man bei:

NBT Deutschland/Österreich/Schweiz, Postfach 270580, 50511 Köln, ✆ (Deutschland) +49(0)1805/343322 (0,14 € pro Minute); ✆ (Schweiz) 0800/880580 (gratis); ✆ (Österreich) 0800/888580 (gratis); 📠 +49(0)1805/343320 (0,14 € pro Minute), Mo–Fr 9–17 Uhr; www.niederlande.de, info@niederlande.de

Amsterdam Tourism & Convention Board Reservation Department: Mo–Fr 9–17 Uhr postalische, telefonische oder Online-Buchung unter: Postbus 3901, NI-1001 AS Amsterdam, in den Niederlanden ✆ 0900/4004040 (0,40 € pro Minute) oder aus dem Ausland +31(0)20/5512525, 📠 +31(0)20/2018850, www.amsterdamtourist.nl, reservations@atcb.nl.

Internet: Unter www.all-hotels-in-amsterdam.com kann man sich ein Adressenverzeichnis von Ein- bis Fünf-Sterne-Hotels auf den Computer laden. Darüber hinaus führen Links zu den Homepages der einzelnen Häuser (soweit vorhanden).

Stadtplanausschnitte der folgenden Kapitel verwiesen. Wenn nicht anders angegeben, schließen die Hotelpreise das Frühstück ein.

Jugendherbergen (Hostels)

Die für Amsterdamer Verhältnisse recht günstigen Übernachtungstarife in Jugendherbergen (Hostels) resultieren meistens daraus, dass mehrere Personen in einem Zimmer untergebracht werden, wobei der Preis mit wachsender Belegungszahl sinkt.

Das Anmieten eines Zweibettzimmers mit Bad oder gar eines Einzelzimmers ist dagegen in einem Hostel kaum billiger als in manchen Einsternehäusern.

Luxushotels

***** **Amstel (4)**, → Karte S. 224, das berühmteste Haus am Platz (genauer am Amstelufer) bietet unter allen Aspekten – Lage, Ausstattung, Service, Qualität des hauseigenen Sterne-Restaurants „La Rive" und Ruf – Spitzenklasse. Wer mit den Schönen und Reichen der Welt unter einem Dach logieren möchte, muss es sich allerdings auch leisten können. EZ und DZ ab 450 €, (ohne Frühstück). Prof. Tulpplein 1, ✆ 020/6226060, 📠 020/6225808, amstel@ichotelsgroup.com, www.amsterdam.intercontinental.com.

***** **Amrath (6)**, → Karte S. 192, im Juni 2007 eröffnete Luxusherberge im monumentalen Scheepvaarthuis, einem Architekturdenkmal der Amsterdamer Schule. Durch elegante Marmorflure erreicht man ebensolche (163) Zimmer und (25) Suiten, deren Interieur im Jugendstil gestaltet ist. Selbstverständlich bietet das Haus in Hauptbahnhofnähe neben viel historischer Atmosphäre allen erdenklichen Komfort vom Wellnesscenter bis zum französisch-mediterran bekochten Edelrestaurant namens „Seven Seas". DZ 450–850 €, EZ 450–850 € (ohne Frühstück). Prins Hendrikkade 108–114, ✆ 020/5520000, 📠 020/5520900, www.amsterdamamrath.nl.

***** **Pulitzer (23)**, → Karte S. 142/143, das in einer Reihe von Grachtenhäusern aus dem 17. und 18. Jahrhundert untergebrachte Hotel gilt vielen als das schönste der Niederlande. Es verfügt über mehrere edel eingerichtete Salons und Speisesäle, ein nobles Restaurant, eine Kunstgalerie, gepflegte Gartenanlagen und einen hoteleigenen „Saloon Cruiser". Unter den 230 luxuriösen Gästezimmern befinden sich einige repräsentative Suiten. DZ 270–475 €, EZ 245–450 € (ohne Frühstück). Prinsengracht 315–331, ✆ 020/5235235, 📠 020/6276753, www.pulitzer.nl.

***** **NH Grand Hotel Krasnapolsky (16)**, → Karte S. 110/111, das anlässlich der Weltausstellung 1883 zum Hotel umgebaute ehemalige Café-Restaurant mit Pfannkuchenspezialitäten ist vor allem wegen seines 1885 eröffneten Wintergartens bekannt

Hinter der Tür wartet erlesener Hotelkomfort

geworden. Die Luxusherberge liegt mitten im Amsterdamer Getriebe zwischen Damplatz und Rotlichtviertel De Wallen. Wer es sich nicht erlauben kann, eines der 330 Zimmer zu mieten, darf dennoch einen Blick in den legendären Wintergarten werfen bzw. bei einem kleinen Imbiss auch länger dort verweilen. DZ ab 203 €, EZ ab 159 € (ohne Frühstück), Suite ab 360 €. Dam 9, ✆ 020/5549111, ℻ 020/6228607, nhkrasnapol sky@nh-hotels.com, www.nh-hotels.com.

Stilvoll: Lobby des Hotels American

***** **Marriott (33)**, → Karte S. 156/157, in der Nähe der großen Museen, des Kasinos und des Leidseplein wartet das Amsterdamer Marriott auf gut betuchte Gäste. Selbstverständlich sind die Zimmer auch hier mit allem Nötigen (zwei Telefone, Bügeleisen und -brett, Modemanschluss etc.) ausstaffiert. DZ und EZ ab 230 € (ohne Frühstück). Stadhouderskade 12, ✆ 020/6075555, ℻ 020/6075511, www.marriott.com.

***** **Dylan Hotel (29)**, → Karte S. 142/143, die 1999 in einer großzügigen, eleganten Grachtenvilla aus dem 17. Jahrhundert als „Blakes" eröffnete, damals gänzlich in asiatischem Design gehaltene Nobelherberge firmiert seit 2005 unter „Dylan" und hat unlängst ein erneutes „Face-Lifting" erfahren. Sie gehört zweifellos zu den bemerkenswertesten Häusern der obersten Kategorie. Die Hotelzimmer bestechen durch ihre geschmackvolle Farbgebung und nach wie vor japanisch inspiriertes, modern-minimalistisches Interieur, während die Lobby und das nun französisch bekochte Restaurant unterdessen wieder in schlichter europäischer Eleganz erstrahlen. Das Hotel wartet mit einem schönen Garten auf, bietet Fitnessraum, klassisch-schicke Leihfahrräder (25 € pro Tag) und organisiert auf Wunsch private Bootstouren. DZ 435–925 €, EZ 325 €, Suite 1100–1200 € (ohne Frühstück) Keizersgracht 384, ✆ 020/5302010, ℻ 020/5302030, www.dylanamsterdam.com.

***** **Hotel American (23)**, → Karte S. 156/157, das in einem der wenigen Art-déco-Bauten der niederländischen Hauptstadt untergebrachte Luxushotel hat nicht zuletzt wegen des dazugehörigen Grand Cafés als Literatentreffpunkt von sich reden gemacht. Doch auch als Feriendomizil ist das äußerlich gerade neu bzw. nach historischem Vorbild herausgeputzte elegant eingerichtete, mit entsprechenden Serviceleistungen auch auf Geschäftsreisende zugeschnittene Traditionshaus nicht zu verachten. DZ ab 230 €, EZ 180 € (ohne Frühstück). Leidsekade 97, ✆ 020/5563000, ℻ 020/5563001, www.americanhotelofamsterdam.com.

**** **Die Port van Cleve (14)**, → Karte S. 110/111, dort, wo heute gut situierte Touristen und Geschäftsreisende absteigen, war 1870 eine ordinäre Kneipe eröffnet worden. Inzwischen zählt das mitten im Getriebe des alten Stadtkerns (hinter dem königlichen Palast und neben dem Einkaufszentrum Magna Plaza) gelegene Hotel zu den ersten Häusern der Stadt. DZ 235–350 €, EZ 210–295 € (ohne Frühstück). Nieuwezijds Voorburgwal 176–180, ✆ 020/7189013, ℻ 020/7189001, www.dieportvancleve.com.

**** **NH Doelen (59)**, → Karte S. 124/125, das in einem imposanten Gebäude aus dem 17. Jahrhundert untergebrachte Hotel am Ufer der Amstel, in dessen erster Etage Rembrandt seine berühmte „Nachtwache" malte, hat Stil, strahlt Grandezza aus und ist dafür relativ preisgünstig. DZ 150–230 €, EZ 150–190 € (ohne Frühstück). Nieuwe Doelenstraat 24, ✆ 020/5540600, www.nh-hotels.com.

**** **NH Schiller Hotel (27)**, → Karte S. 170, Das Nobelhotel mit integriertem Grand Café am rund um die Uhr (touristisch) belebten Rembrandtplein erweist nicht etwa dem berühmten deutschen Dichter, sondern seinem früheren Besitzer, einem Maler, die (Namens-)Ehre. DZ ab 230 €, EZ 190 €. Rembrandtplein 26–36, ✆ 020/5540700, www.nh-hotels.com.

****** Jolly Carlton Hotel (48)**, → Karte S. 110/111, 1928 erbautes Großstadthotel mit 224 Zimmern, in dessen Untergeschoss das Grand Café „Carlton Corner" und das italienische Edelrestaurant „Caruso" Hotel- und auswärtige Gäste zu Tisch bitten. Doppelglasfenster sollen den Straßenlärm der quirligen Vijzelstraat und das Geschnatter der zum nahen Blumenmarkt pilgernden Touristenmassen abschirmen. DZ 360–480 €, EZ 265–440 € (ohne Frühstück). Vijzelstraat 4, ✆ 020/6222266, 020/6266183, www.jollyhotels.nl, www.jollyhotels.it.

–**Lloyd-Hotel (14)**, → Karte S. 232/233, vom Fünfsternestandard abwärts bis zum Einsterneniveau rangieren die allesamt von niederländischen Topdesignern originell gestalteten Zimmer des im November 2004 in einem ehemaligen Transithotel für Emigranten eröffneten Lloyd-Hotels im östlichen Hafengebiet. Neben diesem ungewöhnlichen Hotelkonzept, viel historischem Flair und kreativ gestylten Zimmern bietet das Hotel ein helles Restaurant-Café namens „Snel" und eine sog. „Cultural Embassy", in der man sich print und online über die Kunst- und Kulturszene der Stadt informieren kann. Je nach Größe, Ausstattung und Design DZ u. EZ 95–450 € (ohne Frühstück). Ostelijke Handelskade 34, ✆ 020/5613636, 020/5613600, www.lloydhotel.com.

****** Hotel Toren (12)**, → Karte S. 142/143, romantische und geschichtsträchtige Grachtenvilla mit ebensolcher Inneneinrichtung: stuckverzierte Decken, Kronleuchter, kostbare Teppiche auf Marmorböden etc. Außerdem steht ein Garten zur Verfügung. Den Namen verdankt die Villa, in der im 17. Jahrhundert der berühmte Landschaftsmaler Albert Cuyp lebte und die bis 1968 zu den Gebäuden der Amsterdamer Universität zählte, nicht etwa seiner Nähe zum Westertoren (Westerkerk), sondern der Familie, die sie nach Auszug der Universität kaufte. Das Hotel, zu dem ein weiteres Gebäude in derselben Straße gehört, verströmt eine freundliche Atmosphäre und ist für seinen hohen Standard relativ preisgünstig. DZ 100–260 €, EZ 90–240 €, Dreibettzimmer 125–310 €, Suite 190–460 €. (ohne Frühstück). Keizersgracht 164, ✆ 020/6226033, www.hoteltoren.nl.

Geschichtsträchtige Unterkunft: Lloyd-Hotel

Mittelklassehotels

***** Canal House Hotel (10)**, → Karte S. 142/143, Nomen est Omen: Wohnen in zwei historischen Grachtenhäusern mit antik eingerichteten komfortablen Zimmern mit Gracht- oder Gartenblick. DZ 150–190 €, EZ 140 €, Dreibettzimmer 210 €. Keizersgracht 148, ✆ 020/6225182, 020/6241317, www.canalhouse.nl.

***** Hotel Orlando (42)**,→ Karte S. 170, fünf helle, in einem geschmackvollen modern-antiken Stilmix möblierte Zimmer in einer Grachtenvilla aus dem 17. Jahrhundert am Südzipfel der Prinsengracht. DZ 100–145 €, EZ 85–130 €. Prinsengracht 1099, ✆ 020/6386915, 020/6252123, www.hotelorlando.nl.

*** **Hotel Nova (27)**, → Karte S. 110/111, außen alt, innen modern, mitten im Zentrum. DZ 165 €, EZ 120 €. Nieuwezijds Voorburgwal 276, ✆ 020/6230066, 📠 020/6272026, www.novahotel.nl.

*** **The Bridge Hotel (3)**, → Karte S. 224, gepflegtes Haus am Fluss in ruhiger Lage nahe der historischen Magere Brug. DZ 120–160 €, EZ 110 €, Dreierzimmer 175 €. Amstel 107–111, ✆ 020/6237068, 📠 020/6241565, www.thebridgehotel.nl.

*** **Tulip Inn Dam Square (12)**, → Karte S. 110/111, das gepflegte kleine Hotel mit modern eingerichteten, komfortablen Zimmern ist in den Gebäuden einer ehemaligen Schnapsdestille untergebracht, woran das unmittelbar angeschlossene Probierstübchen „De Drie Fleschjes" erinnert. Dass es sich sehr nah am touristischen Getriebe des Damplatzes befindet, mögen die einen als Vor-, andere als Nachteil empfinden. DZ ab 165 €, EZ ab 145 €. Gravenstraat 12–16, ✆ 020/6233716, 📠 020/6381156, www.tulipinndamsquare.nl.

*** **Amstel Botel (3)**, → Karte S. 192, der Name lässt bereits erahnen, dass dieses Hotel seine Gäste nicht in einem festen Haus, sondern auf einem Boot empfängt. Das moderne, vierstöckige Hotelschiff mit 176 sehr zweckmäßig möblierten Zimmern liegt unweit des Hauptbahnhofs vor Anker. Abgesehen davon, dass man aus ca, der Hälfte der Zimmer vom Bett aufs Wasser blicken kann, strahlt die eher nüchterne Unterkunft keine besondere Atmosphäre aus. (Auch Dreibettzimmer) DZ 80–94 €, EZ ab 89–94 € (ohne Frühstück) Osterdokskade 2–4, ✆ 020/6264247, 📠 020/6391952, www.amstelbotel.nl.

*** **Best Western Eden Hotel (6)**, → Karte S. 170, von vielen Reisegruppen frequentiertes, modern eingerichtetes 330-Zimmer-Haus mit normalem Dreisternestandard am Amstelufer unweit des touristischen Treibens auf dem Rembrandtplein. DZ 190 €, EZ 160 € (ohne Frühstück). Amstel 144, ✆ 020/5307878, 📠 020/6233267, www.edenhotelgroup.com.

*** **Rho Hotel (42)**, → Karte S. 124/125, gepflegtes Hotel mit privaten Parkmöglichkeiten in der Theatergasse Nes im alten Stadtzentrum, auch Dreibettzimmer. DZ 115–165 €, EZ 85–110 €. Nes 5–23, ✆ 020/6207371, 📠 020/6207826, www.rhohotel.com.

*** **Hotel Nes (58)**, → Karte S. 124/125, mit modernen Möbeln ausstaffiertes Haus in ruhiger und dennoch zentraler Lage in Universitätsnähe, auch Vierbettzimmer. DZ 80–225 €, EZ 70–160 €. Kloveniersburgwal 137–139, ✆ 020/6244773, 📠 020/6209842, info@hotelnes.nl, www.hotelnes.nl.

*** **Hotel Residence Le Coin (57)**, → Karte S. 124/125, gepflegtes und schlicht-geschmackvoll eingerichtetes, auf sieben historische Häuser aufgeteiltes Hotel, in dem jedes Zimmer bzw. Apartment aufgrund der baulichen Vorgaben eine eigene Raumatmosphäre ausstrahlt. DZ 132–147 €, EZ 112 €, Zustellbett 35 €. Das Frühstück kostet 8 € extra und wird im Café Katoen serviert. Nieuwe Doelenstraat 5, ✆ 020/5246800, 📠 020/5246801, www.lecoin.nl.

*** **Hotel Eureka (60)**, → Karte S. 124/125, die Besonderheit dieses hübschen, kleinen, weiß getünchten Hotels mit normalem Dreisternestandard, in dem die meisten der 16 Zimmer Kanalblick haben, ist, dass man hier bis 12 Uhr frühstücken kann. Übernachtung/Frühstück ab 45 € pro Person. 's Gravelandseveer 3–4, ✆ 020/6246607, 📠 020/6241346, www.amsterdamhouse.com.

*** **Hotel de Filosoof (37)**, → Karte S. 156/157, der Name ist Programm! In dem freundlichen Hotel mit Garten, ansprechender Lounge und gemütlicher Bar am Rande des Vondelparks sind alle Zimmer unterschiedlich eingerichtet und in ihrer Dekoration jeweils einem bestimmten philosophischen Motto gewidmet. Auch Dreibettzimmer. DZ 95–165 €, EZ 70 €. Anna van den Vondelstraat 6, ✆ 020/6833013, 📠 020/6853750, www.hotelfilosoof.nl.

Hotels der unteren Mittelklasse

** **Seven Bridges (40)**, → Karte S. 170, sympathisches kleines Hotel an der hübschen Reguliersgracht. Es hat nur acht unterschiedlich große und verschieden eingerichtete Zimmer, die unlängst frisch renoviert wurden. Der Geschäftsführer ist Deutscher. DZ 110–260 €, EZ 90–220 €, Drei- und Vierbettzimmer 180–320 €, im November Preisnachlass. Reguliersgracht 31, ✆ 020/6231329, www.sevenbridgeshotel.nl.

** **Hotel Agora (46)**, → Karte S. 110/111, gerade frisch renoviertes, hübsches Hotel mit Garten in zentraler, aber gleichwohl ruhiger Lage am Singel. DZ 132–145, EZ 115–132 €, Drei- bzw. Vierbettzimmer 172 bzw. 200 €. Singel 462, ✆ 020/6272200, 📠 020/6272202, www.hotelagora.nl.

** **Arena (21)**, → Karte S 200, zum Hotel aufgewertetes ehemaliges Sleep-in in einem ehemaligen Kloster, etwas abgelegen zwischen Tropenmuseum und Amstel, aber dennoch bei jungen Leuten sehr beliebt. Im hauseigenen Club TONIGHT ist nämlich am Wochenende regelmäßig Party. Zwei- bis Achtbettzimmer. DZ ab 120 € (je nach Größe). 's Gravesandestraat 51, ✆ 020/8502400, ℻ 020/8502405, www.hotelarena.nl.

** **Des Arts (43)**, → Karte S. 110/111, stilvoll renoviertes, atmosphärisch angenehmes Hotel mit 22 Zimmern unter der freundlichen Leitung einer ehemaligen Tänzerin und eines Choreographen. Dass das Haus nur mit zwei Sternen dekoriert ist, liegt allein daran, dass es hier keinen Aufzug und weder Fernseher noch Telefon im Zimmer gibt. Allerdings stehen den Gästen ein öffentlicher Fernsprecher sowie ein Computer mit Internetanschluss zur Verfügung. Auch Drei- und Vierbettzimmer DZ 90–150 €, EZ 95–150 €, die niedrigeren Preise gelten von So–Mi. Rokin 154–156, ✆ 020/6201558, ℻ 020/6249995, www.hoteldesarts.nl.

** **Hotel Cordial (29)**, → Karte S. 110/111, hinsichtlich der Lage, Einrichtung und der Atmosphäre unspektakuläres, jedoch von der Ausstattung her akzeptables Hotel am sehr belebten Rokin. DZ 94–145 €, EZ 79–105 €. Rokin 62–64, ✆ 020/6264411, ℻ 020/6235744, www.cordialhotel.nl.

** **ITC (45)**, → Karte S. 170, hübsches (Schwulen-)Hotel in einem historischen Grachtenhaus aus dem 18. Jahrhundert, in ruhiger, aber zentraler Lage nahe der Gay-In-Lokale am Rembrandtplein. Zimmer mit und ohne Bad. An Feiertagen wie Silvester, Ostern, Königinnentag und Gaypride Mindestaufenthalt 4 Nächte, kein Auschecken am Sonntag. DZ 65–115 €, EZ 50–99 €, Frühstück 7,50 € (bis 12 Uhr, sonntags sogar bis 13 Uhr). Prinsengracht 1051, ✆ 020/6230230, ℻ 020/4204369, www.itc-hotel.com.

** **Rembrandt (12)**, → Karte S. 200, geschmackvolles kleines Stadthotel mit Garage an einer relativ belebten Straße im grünen Plantagenviertel im Osten Amsterdams, das wegen seiner geräumigen Zimmer auch bei Familien sehr beliebt ist. DZ 95–115 €, EZ 75 €. Plantage Middenlaan 17, ✆ 020/6272714, ℻ 020/6380293, info@hotelrembrandt.nl, www.hotelrembrandt.nl.

** **De Stadhouder (5)**, → Karte S. 224, sehr einfach möbliertes, atmosphärisch angenehmes Haus mit teilweise sehr kleinen und – je nach Lage – straßenlärmbelasteten Zimmern nahe dem Rijksmuseum. Es verfügt über einen Aufzug, was in dieser Preisklasse eher selten ist. DZ 75–95 €, EZ 45–69 €. Stadhouderskade 76, ✆ 020/6718428, ℻ 020/6647410, hotel@hotelstadhouder.A2000.nl.

** **Amsterdam Wiechmann (32)**, → Karte S. 142/143, nettes und geschmackvoll antik eingerichtetes Hotel in schöner und zentraler Lage am Rande des Stadtteils Jordaan an der Prinsengracht. Nichtraucherhotel. DZ 140–160 €, EZ 85–105 €, Vierbettzimmer 220 €. Prinsengracht 328–332, ✆ 020/6263321, ℻ 020/6268962, www.hotelwiechmann.nl.

Klein, aber fein: Hotel des Arts

** **The Waterfront (44)**, → Karte S. 110/111, akzeptable Unterkunft in ruhiger und doch zentraler Lage. DZ 135–159 €. Singel 458, ✆/℻ 020/4216621, info@hotelwaterfront.nl, www.hotelwaterfront.nl.

* **Luckytravellers Fantasia Hotel (17)**, → Karte S. 200, kleines, freundliches Grachtenhaushotel in absolut ruhiger und dennoch zentraler und verkehrsgünstiger Lage. Die

unterschiedlich großen Zimmer verteilen sich auf fünf, allerdings nur durch steile Treppen miteinander verbundene Stockwerke. Sie sind einfach, aber liebevoll und in verschiedenen Farben gestaltet. (meistens gelten die höheren Preise!) DZ 49–98 €, EZ 39–67 €. Nieuwe Keizersgracht 16, ☏ 020/6238259, 📠 020/6223913, www.fantasia-hotel.com.

* **De Admiraal (32)**, → Karte S. 170, kleines, kitschig-gemütliches Haus an der Herengracht unweit des Trubels rund um den Rembrandtplein. DZ 50–90 €, EZ 45–65 €, Frühstück 5 €. Herengracht 563, ☏ 020/6262150, 📠 020/6234625.

* **De la Poste (36)**, → Karte S. 170, schlichtes Grachtenhotel nahe dem Rembrandtplein. Auch Drei- und Vierbettzimmer DZ 100 €, EZ 50 €. Reguliersgracht 5, ☏ 020/6237105, www.hotel-de-la-poste.nl.

* **Acacia (16)**, → Karte S. 180/181, einfach, aber gemütlich eingerichtetes Hotel im nördlichen Jordaan, das auch Studios und Hausboote auf der einen Steinwurf entfernten Lijbansgracht vermietet. DZ 80 €, EZ 80 €, auch Drei-, Vier- und Fünfbettzimmer (100–130 €). Lindengracht 251, ☏ 020/6221460, 📠 020/6380748, www.hotelacacia.nl.

* **Adolesce (16)**, → Karte S. 200, freundliches Grachtenhaus mit 18 Zimmern in sehr ruhiger, gleichwohl zentraler Lage. Von Januar bis März geschlossen. DZ 85–110 €, EZ 65–85 €. Nieuwe Keizersgracht 26, ☏ 020/6263959, 📠 020/6274249.

* **De la Haye (3)**, → Karte S. 156/157, atmosphärisch freundliches, einfaches Hotel in ruhiger Lage am Rande des bunten Kultur- und Nachtlebens des Leidseplein. Auch Drei- bis Fünfbettzimmer. DZ mit Bad 70–110 €, DZ ohne Bad 60–95 €, EZ (ohne Bad) 40–60 €. Leidsegracht 114, ☏ 020/6244044, 📠 020/6385254, www.hoteldelahaye.nl.

* **Hegra (25)**, → Karte S. 142/143, solides und ruhiges kleines Familienhotel in einem vergleichsweise schlichten Grachtenhaus an der vornehmen Herengracht. DZ 65–95 €, EZ 45–75 €, Drei- und Vierbettzimmer 100–130 € bzw. 140 €. Herengracht 269, ☏ 020/6237877, 📠 020/6238159, www.hegrahotel.com.

* **Ostade Bicycle Hotel (19)**, → Karte S. 224, mit entsprechenden Serviceleistungen (z. B. Fahrradverleih) speziell auf Radfahrer eingestelltes Hotel im Randstadtteil De Pijp. DZ mit und ohne Bad 45–115 €, EZ mit und ohne Bad 35–95 €, Dreibettzimmer 70–180 €. Van Ostadestraat 123, ☏ 020/6793452, 📠 020/6715213, www.bicyclehotel.com.

* **Prinsenhof (46)**, → Karte S. 170, winziges, hübsch gestaltetes und freundlich geführtes Hotel in ruhiger Lage in einem schlichten Grachtenhaus am südwestlichen Ende der Prinsengracht und dennoch nur ein paar Schritte vom Nightlife des Rembrandt- und Thorbeckeplein entfernt. Ein angesichts der angenehmen Atmosphäre durchaus erträglicher Nachteil ist, dass nicht alle Zimmer über ein eigenes Bad verfügen. DZ mit und ohne Bad 69–89 €, EZ mit und ohne Bad 49–84 €, Dreibettzimmer 99 (ohne Bad) bzw. 119 € (mit Bad), Vierbettzimmer 110 bzw. 140 € (ohne bzw. mit Bad). Prinsengracht 810, ☏ 020/6231772, 📠 020/6383368, info@hotelprinsenhof.com, www.hotelprinsenhof.com.

* **Keizersgracht (5)**, → Karte S. 142/143, einfach ausgestattetes und ein wenig „kaputt renoviertes" Haus in schöner Grachtenlage. DZ 85 €, EZ 70 €, Drei- und Vierbettzimmer 99 bzw. 124 €. Keizersgracht 15–17, ☏ 020/6251364 oder 020/6247012, 📠 020/6207347, www.hotelkeizersgracht.nl.

* **Van Onna (34)**, → Karte S. 180/181, sehr freundliches Nichtraucherhotel unter Leitung des sympathischen (älteren) Herrn van Onna (der übrigens sehr gut Deutsch spricht) und seines jungen Teams an einer kleinen Gracht mitten im ebenso freundlichen wie beschaulichen Stadtteil Jordaan. Der Preis für eine Übernachtung mit Frühstück beträgt unabhängig von der Zimmergröße 45 € pro Person, bezahlen kann man nur in bar. Bloemgracht 102/104/108, ☏ 020/6265801, www.hotelvanonna.com.

Ramenas (8), → Karte S. 216, einfache Unterkunft (auch größere Schlafsäle) mit angeschlossenem freundlichem Eetcafé an einer sympathisch alltagsbelebten Straße im weniger touristisch berührten Nordosten der Stadt. Familien und Rucksacktouristen sind hier gleichermaßen willkommen. DZ 60–130, EZ 45 €. Harlemmerdijk 61, ☏ 020/6246030, 📠 020/4202261, www.hotelramenas.nl.

Arrivé (13), → Karte S. 216, schlichtes, aber gerade frisch renoviertes kleines Hotel im westlichen Hafengebiet. DZ 69–89 €, EZ (ohne Bad) 39–45 €, Dreibettzimmer 99–109 €. Harlemmerstraat 65–67, ☏ 020/6221439, 📠 020/6221983, www.quentinhotels.com.

Chic & basic Amsterdam (4), → Karte S. 142/143, sehr gepflegtes, hübsches kleines Hotel in romantischer und verkehrstechnisch idealer Grachtenlage. Der Hauptbahnhof und der nette Stadtteil Jordaan sind von dort in wenigen Gehminuten erreicht. DZ 115–150 €, EZ 90–120 €. Herengracht 13–19, ✆ 020/5222345, 📠 020/5222389, www.chicandbasic.com.

The Winston Hotel (23), → Karte S. 124/125, Hotel direkt neben dem gleichnamigen Musikklub, in dem mehrere Künstler innenarchitektonische Hand angelegt haben. Es liegt am Rande des Rotlichtviertels und ist genau die richtige Unterkunft für passionierte Nachtschwärmer. Ein- bis Achtbettzimmer. Übernachtung ab 20 € pro Nase. Warmoesstraat 129, ✆ 020/6231380, 📠 020/6392308, www.winston.nl.

Freeland Hotel (6), → Karte S. 156/157, akzeptables, an einer recht belebten Straße postiertes kleines Hotel in der Nähe des Leidseplein, in dem Schwule besonders willkommen sind. DZ 80–120 €, EZ 60–70 €. Marnixstraat 386, ✆ 020/6227511, 📠 020/6267744, www.hotelfreeland.com.

Unterkunft für den schmalen Geldbeutel

Jugendherbergen und Hostels

Stayokay Vondelpark (35), → Karte S. 156/157, modern eingerichtete, gepflegte Jugendherberge mit 475 Betten in Zwei- bis Zwanzigbettzimmern, vielen Serviceleistungen, z. B. Fahrradverleih, Touristeninformation und Ticketverkauf, Gepäckschließfächer, Internetanschlüsse, Restaurant und Café mit Blick auf den Vondelpark. Eine Übernachtung (inklusive Frühstück und Bettwäsche) im Vierbettzimmer kostet z. B. 25–35 € pro Nase, ein DZ 64–89 €, am Wochenende zahlt man pro Kopf 1 € mehr, Mitglieder von Hostelling International zahlen 2,50 € weniger. Zandpad 5, ✆ 020/5898996, 📠 020/5898955, www.stayokay.nl.

Stayokay Stadsdoelen (55), → Karte S. 124/125, Jugendherberge im alten Stadtzentrum, in der man Bettplätze in größeren und kleineren Schlafsälen einnehmen kann. Eine Übernachtung (inklusive Frühstück und Bettwäsche) ist ab 22 € zu haben. Kloveniersburgwal 97, ✆ 020/6246832, 📠 020/6391035, www.stayokay.nl.

Stayokay Zeeburg, im Sommer 2007 in einer alten Schule aus dem 19. Jahrhundert eröffnete Jugendherberge, die sich das Gebäude mit einem Café sowie einem Kino- und Theatersaal teilt. Obgleich nicht ganz so zentral am östlichen Rand des Stadtzentrums gelegen, ist Letzteres in 15 Rad- oder Straßenbahnminuten erreicht. Mehrbett- und Doppelzimmer (inklusive Frühstück und Bettwäsche). Übernachtung ab 22 €. Timorplein 21, ✆ 020/5513190, 📠 020/6234986, www.stayokay.nl.

The Flying Pig Downtown (6), → Karte S. 110/111 Jugendhotel in der Amsterdamer Altstadt, in dessen Eingangshalle bunt gekleidete, gepiercte oder tätowierte Jugendliche aus aller Welt friedlich auf dem Boden lagern und bei Gitarrenklängen oder musikalischer Untermalung aus den hauseigenen Lautsprechern den Joint kreisen lassen. Das ausgeflippte Hotel, in dem manchmal auch ein DJ verpflichtet wird und die Nutzung des Internets gratis ist, bietet Zimmer und Schlafsäle für 2 bis 30 Personen. DZ und Mehrbettzimmer je nach Belegungszahl und Saison pro Person 14–40 €. Nieuwendijk 100, ✆ 020/4206822, www.flyingpig.nl.

Flying Pig Uptown (38), → Karte S. 156/157, etwas spartanischer als das „Flying Pig Downtown" ausgestattetes Hostel in der Nähe des Vondelparks. Es bietet Schlafplätze in Zwei- bis Zwölfbettzimmern an. Schlafplatz im 2-, 3-, 4-, 6-, 8-, 10- oder 12-Bett-Zimmer absteigend von 30 bis 14 €. Vossiusstraat 46, ✆ 020/4004187, www.flyingpig.nl.

The Shelter Jordan (Eben Haezer) (41), → Karte S. 180/181, Jugendherberge mit christlichem Hintergrund, in der es einige Regeln gibt. Die kleinsten Schlafsäle müssen sich vier Personen gleichen Geschlechts miteinander teilen, Alkohol, Nikotin und Drogen sind verboten. Wenn man keinen Schlafsack dabeihat, kann man Decken und Handtücher ausleihen. Die Bereitschaft zur Askese und zum Zusammenrücken spart Geld. Eine Übernachtung kostet je nach Saison von 16 (am Wochenende 20) bis 24 € pro Person. Bloemstraat 179, ✆ 020/6244717, ℻ 020/6276137, www.shelter.nl.

The Shelter City (41), → Karte S. 124/125, christlich geprägte Jugendherberge, in der Alkohol, Nikotin und Drogen tabu sind und die Haustür um 2 Uhr nachts abgeschlossen wird. Eine Übernachtung kostet je nach Saison von 16 (am Wochenende 20) bis 24 € pro Person. Baarndesteeg 21–25, ✆ 020/6253230, ℻ 020/6232282, www.shelter.nl.

Meetingpoint Youthhostel (8), → Karte S. 124/125, in diesem Hostel am Rande des Rotlichtviertels übernachten Jugendliche und junge Erwachsene aus aller Welt. Übernachtungsmöglichkeit im großen Schlafsaal oder Vier-, Fünf- und Sechsbettzimmern (18–25 €, pro Nacht und Nase). Warmoesstraat 14, ✆ 020/6277499, ℻ 020/3304774, www.hostel-meetingpoint.nl.

The Bulldog Hotel (37), → Karte S. 124/125 Hostel mit Hotelkomfort mitten im Rotlichtviertel, in dem man sowohl in Schlafsälen nächtigen als auch in Suiten logieren kann, wobei man hier wie dort vom fast legendären, cool-flippigen Bulldog Flair umweht wird. Schlafsaalbett 18–28 €, DZ 80–95 €, EZ 61–75 €, Suite 110–240 €. Oudezijds Voorburgwal 216–220, ✆ 020/6203822, ℻ 020/6271612, www.bulldoghotel.com.

Bob's Youth Hostel (7), → Karte S. 110/111, nichts für zukünftige Yuppies, sondern mehr für frühere Hippies bzw. deren jugendliche Fans. Lockere Atmosphäre zum „Abhängen" mitten im Stadtzentrum. Schlafsaalbett (zusammen mit 4–16 Personen) 21 €, DZ 70–90 €. Nieuwezijds Voorburgwal 92, ✆ 020/6230063, ℻ 020/6756446, www.bobsyouthhostel.nl.

Privatzimmer und -wohnungen zu Land und zu Wasser

INTAS (International Accommodation Service), die Agentur mit Sitz in Berlin vermittelt Privatwohnungen und -zimmer sowie Mitwohngelegenheiten in Privathaushalten für 2 bis 28 Tage in verschiedenen europäischen Metropolen, darunter auch Amsterdam. Auf Nachfrage besteht u. U. auch die Möglichkeit, nur einen Tag oder länger als einen Monat am Zielort zu bleiben. Da die niederländische Hauptstadt zu den beliebtesten Destinationen gehört, empfiehlt es sich, mindestens zwei bis drei Wochen vor der Abreise Kontakt aufzunehmen und seine Übernachtungswünsche (Personenzahl, abgeschlossene Wohnung oder Mitwohngelegenheit etc.) mitzuteilen. Die Mitarbeiter von INTAS schicken daraufhin prompt entsprechende Angebote, die teilweise äußerst attraktiv sind. Bürozeiten: Mo–Fr 10–13 Uhr, Di u. Do 17–21 Uhr, Sa 15–19 Uhr. INTAS (Petra Jahn-Draskoczy), Brahestr. 37, 10589 Berlin, ✆ 030/349933-1 und 030/3458329, ℻ 349933-8, INTAS_Berlin@compuserve.com.

Amsterdam House, teilweise luxuriöse Einbis Dreibett-Apartments u. Hausboote. Zweier-Apartment 135 €, Zweier-Hausboot 165 €, Vierer-Hausboot 325 €. 's Gravelandseveer 7, ✆ 020/6262577, ℻ 020/6262987, www.amsterdamhouse.com.

Wohnstudios und Hausboote am Hotel Acacia, über die Rezeption des gleichnamigen Hotels können auch Wohnstudios und Hausboote mit Kochgelegenheit angemietet werden. Die Ausstattung der auf der Lijbansgracht schwimmenden Zimmer entspricht der normaler Hotelzimmer. Sowohl in den Studios als auch auf den Booten gibt es Kochgelegenheiten zur Zubereitung kleiner Mahlzeiten. Es gibt Studios für zwei bis drei Personen (90–105 €) und Hausboote für zwei bis vier Personen (95–130 €). Lindengracht 251, ✆ 020/6221460, ℻ 020/6380748, www.hotelacacia.nl.

Frédéric Rent a Bike, der Fahrradverleih an der Brouwersgracht vermittelt auch Zimmer und Wohnungen für 2 bis 15 Personen, insbesondere an der schönen Brouwersgracht und im Jordaan, z. B. direkt am Noordermarkt. Man trifft Frédéric und/oder seine Mitarbeiter(innen) von 9–12 und von 13–18 Uhr an. Der sympathische Frédéric, der übrigens recht gut deutsch spricht, hat insgesamt ca. 80 Betten im Angebot und berechnet ca. 40 € pro Nacht und Nase, ein Zweier-Apartment kostet um 140 €. Brouwersgracht 78, ✆ 020/6245509, info@frederic.nl, www.frederic.nl.

Wohnen auf dem Wasser

Campingplätze

„Altfreaks", die schon lange nicht mehr in Amsterdam waren und weiland unter freiem Himmel mit Gleichgesinnten zum Nulltarif im legendären Vondelpark übernachtet haben, sei gleich mitgeteilt, dass diese Möglichkeit schon seit vielen Jahren nicht mehr besteht. Wer sich auch nächtens die frische holländische Brise um die Nase wehen lassen will, muss heutzutage auf Campingplätze an der Peripherie der Stadt ausweichen.

Vliegenbos, vornehmlich von Jugendlichen frequentierter Platz im Amsterdamer Norden, der per Bus oder Fähre von der Innenstadt aus zu erreichen und vom 1. April bis zum 30. September geöffnet ist. Wer kein Zelt dabei hat, kann eine so genannte „trekkershut", ein kleines Holzhäuschen, beziehen. Preisbeispiele: 8 € pro Person, Zelt je nach Größe 1–4 €, Auto 8 €, Holzhäuschen für 4 Personen 67 €. Meeuwenlaan 138, ✆ 020/6368855, 020/6322723, www.vliegenbos.com.

Het Amsterdamse Bos, der recht schön gelegene, unter städtischer Regie betriebene Camping „Amsterdamer Wald" liegt bereits auf dem Territorium der Gemeinde Amstelveen im Südosten Amsterdams und ist per Busverbindung mit der Hauptstadt verbunden. Er ist vom 1. April bis zum 31. Oktober geöffnet, wurde 2001 mit neuen Sanitäranlagen versehen und offeriert seinen Gästen ein Pfannkuchenhaus, ein Lebensmittelgeschäft und eine Bar. Preisbeispiele: Personen 5 €, Zelt 3–5 €, Auto 3,50 €, Wohnwagen 4,50 €, Camper 7 €, auch hier Holzhütten, die für 2 Personen 23–60 € kosten, Kleine Noorddijk, 1432 Amstelveen, ✆ 020/6416868, 020/6402378, info@campingamsterdamsebos.com, www.campingamsterdamsebos.nl.

Gaaspercamping, am Naherholungsgebiet Gasperplas Park im Südosten Amsterdams, durch die Metrolinie 53 (Haltestelle Gasperplas) ans Stadtzentrum angebunden. Vom 15. März bis 1. November geöffnet. Preisbeispiele: 5 € pro Person, Zelt je nach Größe 6–7 €, Auto 4,50 €, Wohnwagen 6,50 € Loosdrechtdreef 7, ✆ 020/6967326, 020/6967326, www.gaaspercamping.nl.

Zeeburg (15), → Karte S. 232/233, „Inselcamping" auf Zeeburg im Nordosten des Zentrums. Das ganze Jahr hindurch geöffnet, Busverbindungen ins Zentrum. Preisbeispiele: 3–5 € pro Person, Zelt je nach Größe 2,50–5 €, Auto 3–4,50 €, Wohnwagen inklusive Auto und 2 Pers. 13,50–26 €. Zuider Ijdijk, ✆ 020/6944430, 020/6946238, www.campingzeeburg.nl.

Kaffee und Kuchen am Kloveniersburgwal: De Engelbewaarder

Essen und Trinken

Wollte man die komplette Speisekarte der Grachtenmetropole präsentieren, müsste man ein Kapitel über die Küchen der Welt schreiben. Deswegen werden hier allein die Seite mit den Speisen, Getränken und Essgewohnheiten, die als typisch holländisch gelten, sowie das Inhaltsverzeichnis des internationalen Amsterdamer Kochbuchs aufgeschlagen.

Wie die meisten anderen Mitteleuropäer starten die Niederländer mit einem recht üppigen, mit Kaffee oder Tee und einem Glas Fruchtsaft heruntergespülten **Frühstück** (*ontbijt*) in den Tag. Neben sehr weichen Weiß- und ebenso zahnfreundlichen Vollkornbrotscheiben oder -brötchen werden in der Regel Zwieback und Honigkuchen gereicht. Dazu gibt's Butter, Marmelade, Käse- und Wurstaufschnitt, ein meist hart gekochtes Ei sowie bunte Zucker- und Schokoladenstreusel.

Das **Mittagessen** besteht oft nur aus einem Imbiss. Der wird – wenn nicht in den eigenen vier Wänden – in einem *koffiehuis*, einem *eetcafé* oder einer der zahlreichen Snackbars eingenommen (z. B. in einer Filiale der Fastfood-Kette Febo, in denen man sein Essen nach Geldeinwurf aus kleinen Schließfächern „aus der Mauer" ziehen kann).

Die bieten z. B. *broodjes* oder *stokbrood* (Baguette) mit Käse, Schinken, Ei und Tomate, eine Sechser- oder Zwölfer-Garnitur *bitterballen* (kleine, frittierte Frikadellen), ein paar Kartoffel- oder Fleischkroketten, eine Bratwurstvariante namens *frikandel*, *kaassoufflé*, deftige *erwtensoep* oder Pommes Frites an.

Restauranttipps für jeden Geschmack

(In den Spaziergangskapiteln finden Sie weitere Cafés und Kneipen, in denen man *auch* essen kann!)

Altholländisch

De Keuken van 1870 → S. 119
Haesje Claes → S. 119
De Roode Leeuw → S. 119
't Zwaantje → S. 151
Claes Claesz. in de Jordaan → S. 186
Eetcafé Roserijn → S. 220
De Duvel → S. 228
Brasserie Pucky → S. 228

Neuholländisch

De Vijff Vlieghen → S. 119
Red → S. 164
Kapitein Zeppos → S. 136
Getto → S. 136
Werck → S. 153
De Jaren → S. 137
Lust → S. 151
Envy → S. 153
Szmulewicz → S. 174
Kitsch → S. 176
Lof → S. 220
De Kroon → S. 176
Foodware → S. 187
Greetje → S. 198
Hotel Arena ToDine → S. 212
Bloem → S. 212
Mercurius → S. 219
Elkaar → S. 212
Bickers a/d Werf → S. 220
Vorbij het Einde → S. 238
In de Keuken → S. 174
De Ondeugd → S. 228
Helden → S. 228
Panama → S. 238
Snel → S. 238
ONoordwest → S. 186

Pfannkuchen

Upstairs → S. 135
The Pancake Bakery → S. 151
Pancake Corner → S. 165

Fisch

Lucius Visrestaurant → S. 120
Sluizer → S. 174
Seafoodhouse Albatros → S. 186

Vegetarisch

MAOZ (vegetar. Imbisskette) → S. 120, 165, 176
Getto → S. 136
De Boelhoed → S. 151
Golden Temple → S. 174
De Vliegende Schotel → S. 186
De Waaghals → S. 228

Schweizerisch

Café Bern → S. 136

Indonesisch

Kantijl en de Tijger → S. 120
Cilubang → S. 151
Selecta → S. 164
Puri Mas → S. 165
Bojo's → S. 165
Tempo Doeloe → S. 174
Long Pura → S. 186
Don Julio → S. 198

Indisch

Koh-I-Noor → S. 119
Koh-I-Noor → S. 151
Guru of India → S. 165
Meghna → S. 174
Memories of India → S. 174

Thailändisch

Bird → S. 135
Chao Phraya → S. 135
De Kooning van Siam → S. 136
Take Thai Restaurant → S. 174
Rakang → S. 186
Krua Thai Classic → S. 212
Best Thai → S. 188
Wok to walk → S. 136

Chinesisch/Tibetanisch

Hoi Tin → S. 135
Tibet → S. 136

Unter der Schirmherrschaft von Kultkoch Jamie Oliver: Restaurant Fifteen

Letztere werden bei *Vlaamse friets* sogar aus frischen Erdäpfeln zubereitet. Als begleitendes Getränk wird gern ein Glas Milch, Buttermilch oder chocomel, ein dickflüssiger Kakao, gewählt.

Zum **Nachmittagstee oder -kaffee** – mit Kandis bzw. stark und schwarz oder als Milchkaffee (*verkeerd*) – wird nahezu in jedem Café und in jeder Kneipe Amsterdams wie überall in Holland das obligatorische *apelgebak* (Apfelkuchen) mit oder ohne *slagroom* (Schlagsahne) serviert. Dass man sich dieser süßen Versuchung – ebenso wie den *poffertjes,* kleinen, mit Puderzucker bestreuten Kugeln aus Pfannkuchenteig – natürlich auch zu anderen Tageszeiten hingeben kann, versteht sich von selbst.

Die **abendliche Hauptmahlzeit,** die übrigens in vielen Amsterdamer Restaurants und Eetcafés bereits ab 17 Uhr und nur bis 21 oder 22 Uhr zu bestellen ist, besteht traditionellerweise aus warmen Gerichten auf der Basis von Fleisch, Fisch, Gemüse und Kartoffeln. Zu den typisch holländischen Spezialitäten zählen der *stamppot,* ein gestampfter Eintopf aus Kartoffeln, Grünkohl und Wurst, oder der *hutspot,* dessen Zutaten Zwiebeln und Mohrrüben sind.

Zu den Highlights der niederländischen Nationalküche gehören fangfrische Fischspezialitäten. Vom „Arme-Leute-Fisch“ Hering, der an mehreren über die Stadt verteilten Verkaufsständen direkt von der Hand in den Mund befördert wird, über gebratenen oder geräucherten Aal, Scholle und Seezunge bis hin zu feinen Krusten- und Schalentieren hat die Meeresspeisekarte für jeden Geschmack und Geldbeutel etwas zu bieten.

Auf jeden Fall ist jedoch der Verzehr eines pfannenheißen *pannekoeken* zu empfehlen, weil die Holländer in dieser kulinarischen Disziplin kaum zu über-

Orientalisches Flair in einer ehemaligen Kirche: Restaurant-Café Bazar

treffen sind. Hinsichtlich seines Belages sind der Phantasie fast keine Grenzen gesetzt, sodass man in einem guten *pannekoekenhuis* aus einer breiten Palette herzhafter und süßer Kreationen wählen kann.

Den kulinarischen Trends in anderen mitteleuropäischen Ländern entsprechend ist auch in den Niederlanden die Herausbildung einer „neuholländischen“ Küche im Sinne einer mediterran und/oder asiatisch inspirierten, kalorien- und cholesterinärmeren

Abwandlung traditioneller Gerichte weit verbreitet, sodass typisch holländische Restaurants in Amsterdam schon fast die Ausnahme sind.

Internationale Spezialitäten

Die Esskulturen der ehemaligen Kolonien und überseeischen Handelspartner nehmen mindestens ebenso großen Einfluss auf den kulinarischen Stadtplan Amsterdams wie die Nationalküche des Mutterlandes. Man hat die Qual der Wahl zwischen indonesischen, chinesischen, surinamischen, antillanischen, indischen, thailändischen und – derzeit besonders „hip“ – japanischen Restaurants und Imbissstuben. Infolgedessen gehört der Genuss einer Reistafel in einem chinesischen oder indonesischen Restaurant, einem „Chicken Tandoori“ beim Inder nebenan oder eines surinamischen Roti (Teigfladen mit Fleisch oder Gemüse) eigentlich genauso zu einem Amsterdambesuch wie die Einkehr in einem Pfannkuchenhaus.

Ihr schmecken die Tapas

Dazu kommen die Herkunftsküchen der südeuropäischen und nordafrikanischen Arbeitsimmigranten, die in nicht minder zahlreichen italienischen, türkischen, portugiesischen, spanischen, griechischen und marokkanischen Restaurants zu Tisch bitten. Darüber hinaus hat man in Amsterdam die Gelegenheit, tibetanische, persische, mexikanische oder peruanische Spezialitäten kennen zu lernen oder koscher essen zu gehen. Obendrein kann man sich in einer Reihe von französisch orientierten Lokalen die kulinarischen Offenbarungen der „Haute Cuisine“ kredenzen lassen oder in diversen vegetarischen Restaurants fleischlos – in manchen davon zudem rauchfrei – glücklich werden.

Fastfood und Take aways

Bemerkenswert an der Amsterdamer Fastfood-Kultur ist, dass sie sich keineswegs in den meist ungesunden und fetttriefenden Angeboten von McDonald's, Burger King oder den Benelux-Varianten Febo und Vlaamse Friets erschöpft, sondern in unzähligen orientalischen Imbissstuben auch vollwertige vegetarische Gerichte offeriert. Besonders beliebt sind die mit frischem Salat und schmackhaften Kräuter- und Knoblauchsoßen garnierten Kichererbsenbällchen namens *Falafeln* (übrigens ein hebräisches Wort), die man in der niederländischen Hauptstadt an jeder Ecke bekommt. Die

Preisgünstig und gesund: Falafeln

besten – zudem mit so viel Salat und Soße, wie man möchte – gibt es meiner Erfahrung nach in den Filialen der Kette MAOZ.

Daneben gibt es eine wachsende Zahl von kulinarisch attraktiven, relativ preisgünstigen „Take Aways“, deren Speisenauswahl und -qualität bisweilen durchaus mit der von Restaurants konkurrieren kann. Einige von ihnen, z. B. „Wok to walk“, „Noodle and go“ oder „Da portare via“ (Holzofenpizza) sind gleich an mehreren Standorten präsent, manche haben ein oder zwei Tische, an denen mein sein Essen bei nicht all zu großem Andrang auch stationär verzehren darf.

Bier, Schnaps und Likör

Unter den Alkoholika rangieren verschiedene helle und dunkle Biersorten nationaler oder belgischer Herkunft (zu den niederländischen zählt die Weltmarke Heineken, die bis 1988 in der Hauptstadt selbst gebraut wurde) an erster Stelle. Die belgischen Biere, z. B. Grolsch und Drommelsch, sind in Amsterdam so beliebt, dass es mehrere belgische Kneipen gibt, die ausschließlich den Gerstensaft aus dem Nachbarland ausschenken.

An Hochprozentigem sind der klare oder mittels Zugabe von Johannisbeeren rot gefärbte und aromatisierte Wacholderschnaps Genever bzw. Bessemgenever oder die farbenfrohen Liköre und der Damrak-Gin der Traditionsdestille Bols hervorzuheben. Schließlich müssen auch Weinliebhaber oder Cocktailfans nicht auf einen guten Tropfen oder eine exotische Mischung verzichten, weil die Getränkeauswahl der Weltstadt ansonsten ebenso international ist wie ihre Speisekarte.

Die Ruhe täuscht: Amsterdam bietet ein reges Nachtleben

Nachtleben

Ebenso vielfältig wie die Speise- und Getränkekarte der Grachtenstadt ist ihr Nachtleben. Es pulsiert in unzähligen (Musik-)Kneipen, Grand Cafés, Coffeeshops, (Erotik-)Bars, Clubs und Lounges, Diskotheken und Kulturzentren, findet bei wärmeren Temperaturen auch auf Straßen, Plätzen und Grachten statt und konzentriert sich an einigen Stellen der Stadt in besonders großer Dichte.

Lokaltypen

Ein Glas Bier oder Genever bekommt man bis 1 Uhr nachts fast überall in Amsterdam, da die sog. **„Bruinen Cafés"** flächendeckend über die gesamte Stadt verteilt sind. Bei den unzähligen meist relativ kleinen und verrauchten Lokalen, die mehrheitlich mit dunkelbraunen Tischen und Stühlen möbliert, mit allem erdenklichen Nippes dekoriert oder mit Fotos und Ansichtskarten tapeziert sind, handelt es sich um Stadtteilkneipen. Zwar kann man dort auch Kaffee trinken, in der Regel den obligatorischen Apfelkuchen sowie einige herzhafte Kleinigkeiten und bisweilen sogar ein komplettes Menü bestellen – vornehmlich aber wird in den „Bruinen Cafés" getrunken und nicht selten ausgiebig gezecht. Einige von ihnen genießen wegen ihres regelmäßig veranstalteten Musikprogramms oder ihrer als besonders urig gepriesenen Atmosphäre einen stadtweiten Ruf. Dazu gehören Kneipen, in denen regelmäßig Jazzcombos aufspielen, das sog. „Amsterdamer Lebenslied" – ein Reigen volkstümlicher Lobeshymnen auf Amsterdam – intoniert oder vor der akustischen Kulisse afrikanischer und karibischer Klänge getrunken und gegessen wird (zum „Amsterdamer Lebenslied" siehe auch S. 182).

Neben den „Bruinen Cafés“ erfreut sich insbesondere seit Beginn der 1990er Jahre eine Reihe von vornehm und edel-antik eingerichteten bis postmodern gestylten **Grand Cafés** zunehmender Beliebtheit. Eines mit Tradition, das schon seit vielen Jahrzehnten als Treffpunkt von Literaten gilt, ist das *Café Americain* im gleichnamigen Hotel, unter den neueren sind das *De Jaren* oder *Plancius* hervorzuheben. Sie alle sind ganztägig geöffnet und fungieren gleichzeitig als kulinarisch meist mediterran orientierte Restaurants.

Diejenigen, die sich gern bei einem Joint entspannen, können das in Amsterdam auf Schritt und Tritt und noch dazu ungestraft tun. Die in ganz Europa ebenso berühmten wie berüchtigten **Coffeeshops** bieten fast in jeder Straße ihre qualitätskontrollierten „Rauchwaren“ (sprich Haschisch und Marihuana) und mit den *spacecakes* manchmal auch entsprechend aromatisierte Süßigkeiten an.

An den Wochenenden oft bis in die frühen Morgenstunden geöffnete **Cocktailbars, Erotikclubs und Diskotheken** mit unterschiedlichen Besuchergruppen, Kleiderordnungen und Musikrichtungen sowie die Gastronomiebetriebe von **Theatern, Kinos** und (alternativen) **Kulturzentren** runden das gastronomische Angebot ab.

Zentren des Nachtlebens

Im alten Stadtzentrum, auf dem **Dam** und in dessen Nebenstraßen, konzentrieren sich – gemeinsam oder nach Szenen separiert – die „Nutzlosen der Nacht“ (Jacques Brel). Dort machen nicht nur einige der Amsterdamer In-Locations der Yuppie-Szene, z. B. *BEP, DIEP, Café Zyon* oder *Bitterzoet,* sondern auch das **Rotlichtviertel De Wallen** von sich reden: Nur einen Steinwurf vom königlichen Palast auf dem Dam entfernt vergnügen sich in den (Leder) Bars der Warmoestraat v. a. Schwule, während ein paar Meter weiter in schmalen Schaufenstern nebeneinander aufgereihte halbnackte Prostituierte auf ihre Freier warten. Dazwischen preisen Erotiktheater und Peepshows ihr sensationelles Programm an, dringen süßlich duftende Rauchschwaden aus flippigen Coffeeshops und bierseliges Gegröle aus zünftigen Eckkneipen. Die ebenfalls bis tief in die Nacht belebte Straße, die

Ein Feierabendbierchen auf der Gracht

das „Milieu“ an Bahnhof und Hafengebiet anbindet, heißt Zeedijk und wird von zahlreichen Kneipen und –

Wallfahrtsstätte für Alt-68er und Ex-Hippies

vornehmlich chinesischen – Restaurants gesäumt. Sie mündet in südlicher Richtung auf den **Nieuwmarkt,** der von kleinen, gemütlichen (Musik-)Kneipen und Restaurants eingerahmt wird und ab dem späten Nachmittag allmählich zum Leben erwacht.

Kulturbeflissene mit niederländischen Sprachkenntnissen oder diejenigen, die bei einem Glas Bier oder Wein das Flair der entsprechenden Theaterszene erleben möchten, kommen unmittelbar südlich des Rotlichtviertels in der **Theatergasse Nes** auf ihre Kosten, wo sich mehrere kleine Musentempel nebst angeschlossenen Gastronomiebetrieben niedergelassen haben. Intellektuelle oder solche, die sich dafür halten, trinken, essen und diskutieren mit Vorliebe in den Kneipen, Grand Cafés und Restaurants am **Spuiplatz** und Umgebung.

Die großräumigen, im Sommer durch Außenterrassen erweiterten Grand Cafés und Restaurants am **Rembrandtplein** sind rund um die Uhr recht gut besucht, füllen sich aber rapide, wenn die Happy Hour schlägt, um dann bis spät in die Nacht von immer neuen Gästen angesteuert zu werden. Auf dem Platz zwischen Binnenamstel und südlicher Herengracht und in seinen Seitenstraßen befinden sich nämlich mit *Escape, Exit, Sinners in Heaven* und *You II* die größten und angesagtesten Diskotheken der Stadt sowie die In-Lokale der örtlichen Schwulen- und Lesbenszene. Die sind ebenso wie entsprechend frequentierte Hotels, Restaurants, Clubs und Bars in anderen Stadtteilen auf der in Touristenbüros, Hotels und Kneipen ausliegenden, jährlich aktualisierten „Gay Map" eingezeichnet.

Den Singel überschreitend, füllen sowohl kulturell ambitionierte als auch ausschließlich auf das leibliche Wohl bedachte Nachtschwärmer den **Leidseplein** und die umliegenden Straßen und Plätze. Dort finden mehrere Theater, Kinos, die alternativen und fast schon legendären Kulturzentren *Melkweg* und *Paradiso,* derzeit als besonders „hip" gehandelte Clubs wie *Zebra Lounge* und

Jimmy Woo sowie Straßenkünstler unterschiedlicher Genres und Nationalitäten ihr Publikum. Das wiederum strömt nach Ende der Vorstellungen in die zahlreichen Straßen- und Theatercafés, Kneipen, Restaurants und Imbissbuden. Letztere sind in der **Korten** und **Langen Leidsedwaarsstraat** wie auf eine bunte Perlenschnur aufgezogen, und viele von ihnen haben bis spät in die Nacht ihre Töpfe, Pfannen und Woks auf dem Feuer, ihre Grills, Fritteusen, Drehspieße und Pizzaöfen in Betrieb.

Wer es auch am Abend etwas ruhiger und beschaulicher mag, dem sei eine Kneipentour durch den nur dezent touristisch heimgesuchten, gleichwohl lebendigen **Jordaan** empfohlen. Entlang seiner östlichen Grenze, der Prinsengracht, seinen Hauptstraßen und -plätzen Rozen- und Lindengracht, Westerstraat und Noordermarkt laden zahlreiche gemütliche „Bruine Cafés", kleine Restaurants jeglicher kulinarischer Couleur, die eine oder andere Musikkneipe oder die minimalistisch gestylte In-Location *Werck* neben der Westerkerk zum Essen, Trinken und Tanzen ein. In einigen von ihnen wird an bestimmten Wochentagen live zu Jazz, Flamenco oder „Volksmusik" aufgespielt. Obwohl ein großer Teil der alteingesessenen „Jordaanesen" den Stadtteil inzwischen verlassen und Studenten, Künstlern und gut situierten Singles Platz gemacht hat, kann man hier bisweilen noch immer an der ursprünglichen, herzlich-bierseligen *gezelligkeit* der „einfachen" Amsterdamer teilhaben.

Ursprünglicher im Sinne von weniger touristisch geht es auch in den Lokalen im traditionellen und multikulturell geprägten Arbeiterviertel **De Pijp** zu. Da der Stadtteil, der früher ebenfalls den einfachen Leuten vorbehalten war, sich in jüngster Vergangenheit auch bei anderen Bevölkerungsschichten (darunter viele Studenten) zunehmender Beliebtheit erfreut, wird er atmosphärisch bisweilen mit dem Pariser Quartier Latin verglichen. Seine rund um den Albert Cuypmarkt gewachsene Kneipenlandschaft wirkt erfrischend alltäglich, gibt sich international, jung und unspektakulär und ist für diejenigen, die ihr Bier lieber abseits vom Touristenrummel trinken, durchaus einen etwas längeren Abendspaziergang oder eine Straßenbahn- bzw. Busfahrt wert.

Letztere sind auch in Kauf zu nehmen, wenn man das Kulturzentrum **Westergasfabriek** nebst dem ihm angeschlossenen Kneipenrestaurant Pazific Parc am nordwestlichen Rand der Stadt, das von den „Happy Few" aus Werbe- und Economy-Branche bevorzugte **Panama** oder die Gastronomie des **Lloyd Hotel** im östlichen Hafengebiet kennen lernen möchte. Auf dem Weg dorthin könnte man noch im **Club 11** östlich des Hauptbahnhofs vorbeischauen, nicht zuletzt, um aus dessen Fensterfronten das nächtliche Amsterdam – an Wochenenden bis vier Uhr morgens – gleichsam aus der Vogelperspektive (das Lokal liegt im 11. Stock) zu betrachten.

Ebenfalls in dezentraler Lage, gleichwohl gut frequentiert und „trendy" sind die Mammutdisko **The Power Zone** im Südwesten, das **Vak Zuid** am Olympiastadion oder der **Club Arena** am östlichen Rand der Stadt.

> Detailliertere Informationen über einzelne Lokalitäten bzw. konkretere Anhaltspunkte für die Planung des Abendprogramms liefern die kommentierten Kneipen-, Restaurant- und Diskotipps, die den einzelnen Stadtspaziergängen zugeordnet sind.

Amsterdams neuester Musentempel: Muziekgebouw

Theater, Konzerte, Kinos

In Amsterdam heben sich allabendlich in Hunderten von größeren und kleineren Theatern, Kinos, Konzertsälen, Kirchen, Kneipen und Kulturzentren die Vorhänge für klassische Dramen und Konzerte, Opern und Musicals, Kabarett und Varieté, experimentelle Theatervorstellungen und Tanzperformances, Rock- und Weltmusikevents, internationale Filme und avantgardistische Videoinstallationen.

Während der Sommermonate verwandeln sich zudem Straßen und Plätze, Parks und Grachten in Bühnen und Zuschauerränge für regelmäßig oder einmalig veranstaltete Theater- und Musikfestivals oder spontan agierende Kleinkünstler und Straßenmusikanten.

Theater

Als erste Adresse für klassisches Sprechtheater gilt die **Stadsschouwburg** am Leidseplein, wo sich die Crème de la Crème der Amsterdamer Gesellschaft schon seit mehr als 200 Jahren zur kulturellen Erbauung versammelt. Nachdem das erste Domizil des bereits 1638 gegründeten Nationaltheaters an der Keizersgracht 1772 einem Brand zum Opfer gefallen war, wurde am Leidseplein zunächst ein hölzernes Provisorium errichtet, bevor im Jahre 1894 an gleicher Stelle der heutige palastartige Musentempel erbaut wurde.

Neben dem Traditionstheater haben die weitaus bescheidener ausgestatteten kleinen Häuser **De Engelenbak** und **Frascati** außer modernen bisweilen auch klassische Stücke, darunter auch altholländische Schwänke im Stil der italienischen Commedia dell'Arte in ihrem Repertoire. Direkt nebenan versteht sich das belgische Theater- und

Kulturzentrum **De Brakke Grond** als Botschafter flämischer Kultur auf holländischem Boden, und vis à vis strapazieren im **Comedy Theater** seit April 2007 (regelmäßig auch englischsprachige) „stand-up-comedians“ die Lachmuskeln der Besucher. Alle vier präsentieren ihr Programm in der Nes, einer schmalen Nebengasse des Damplatzes, wo im unlängst auf das Gelände der Westergasfabriek umgezogenen **Cosmic** bis vor Kurzem auch schwarze Niederländer aus Surinam und von den Antillen inszenierten.

Avantgardistischer und experimenteller geben sich die beiden Studentenbühnen **Universitätstheater** und **Crea,** während sich die Inszenierungen von **De Krakeling** und **Ostade-Theater** speziell an ein jugendliches Publikum wenden.

Im **Tropentheater** werden ausschließlich Produktionen von Migranten aus der sog. Dritten Welt zur Aufführung gebracht, und Kleinkünstler und Kabarettisten reüssieren u. a. in der **Kleinen Komedie** an der Amstel.

Vielseitig Theaterinteressierten sei darüber hinaus ein Blick ins aktuelle Programm der diversen Kulturzentren, darunter *Felix Meritis, Melkweg, Paradiso, De Roede Hoed, De Balie* oder *Westergasfabriek,* empfohlen, auf deren Bühnen regelmäßig Gastspielensembles auftreten.

Kultureller Veranstaltungsort mit Tradition

Oper, Musical, Konzert und Ballett

Die renommiertesten Häuser in den Sparten Oper, Musical, Konzert und Ballett sind das Muziektheater am Waterlooplein (Stopera), der Concertgebouw am Museumsplein, der nagelneue Muziekgebouw aan't IJ, die Beurs van Berlage, das Koninklijk Theater Carré am Amstelufer sowie das Bellevue in der Nähe des Leidseplein.

In der **Stopera** prägen das Ensemble der Niederländischen Oper und das Nationalballett das künstlerische Profil. Der rein äußerlich gleichermaßen repräsentative **Concertgebouw** wird wegen seiner exzellenten Akustik von namhaften Dirigenten und Orchestern international geschätzt, und in den Konzertsälen in der **Beurs van Berlage** ist das Niederländische Philharmonische Orchester beheimatet. Diejenigen, die ein Faible für zeitgenössische Musik haben, kommen im architektonisch wie musiktechnisch innovativen **Muziekgebouw aan't IJ** auf ihre Kosten, in dem Repertoire und Veranstaltungsmanagement des legendären Amsterdamer Zentrums für experimentelle Musik De Ijsbreker aufgegangen sind, aber auch Konzerte anderer (klassischer) Genres zu hören sind.

Stets gut besucht: das Grachtenfestival im August

Das außen wie innen gleichermaßen nobel gestaltete **Koninklijk Theater Carré** nimmt die Spitzenposition unter den Opern- und Musicalbühnen ein, präsentiert weltberühmte Zirkus- und Varietékünstler und die bekanntesten Kabarettisten.

Musical und Kabarett prägen auch das Programm des **Bellevue,** das fusioniert mit dem derzeit geschlossenen Nieuwe de La Mar Theater landesweite Anerkennung genoss.

Jazz, Rock- und Weltmusik

Von den zahlreichen Jazzlokalen (z. B. Casablanca oder Alto), die Amsterdam den Ruf einer europäischen Metropole des Jazz eingetragen haben, sei hier das **Bimhuis** hervorgehoben, dessen neues Domizil an den Muziekgebouw aan't IJ „angedockt" ist. Liebhaber von Rock- und Weltmusik werden u. a. auf die Programme von **Melkweg, Paradiso, De Badcuyp, Pakhuis Wilhelmina, Sugar Factory** oder **Maloe Melo** verwiesen und Fans internationaler Popstars sollten schließlich wissen, dass die in Amsterdam vornehmlich in der **Heineken Music Hall** neben dem Ajax-Stadion auftreten.

Kino

In Amsterdam können auch ausländische Cineasten ihrer Leidenschaft frönen, da in niederländischen Kinos die Filme ausschließlich in Originalsprache über die Leinwand flimmern. Eines der schönsten und geschichtsträchtigsten ist das frisch herausgeputzte **Tuschinski** in der Nähe des Rembrandtplein. Es gehört ebenso wie eine Reihe anderer großer Filmtheater, z. B. City Theater oder Arena, zur Kette Pathé, deren Häuser vor allem die aktuellen internationalen Kassenschlager präsentieren.

Besondere cineastische Leckerbissen bekommt man in einer Reihe ambitionierter Programmkinos zu sehen, etwa im **Rialto** in De Pijp, **The Movies** am Harlemmerdijk, **Het Ketelhuis** in und **Filmhuis Cavia** nahe der Westergasfabriek, im **Kriterion** im Plantagenviertel sowie den Kinosälen von **Melkweg, Filmmuseum, Tropentheater** und **De Balie.**

> Detailliertere Informationen über Theater und Kinos liefern die kommentierten Tipps, die den einzelnen Stadtspaziergängen zugeordnet sind.

(Fast) nie ohne Hut: Königin Beatrix auf dem Weg ins neue Stadtarchiv

Kulturfestivals (Auswahl)

April

World Press Award, Preisverleihung für die weltbesten Pressefotos in der Oude Kerk.

Königinnentag, in den gesamten Niederlanden zu Ehren des Geburtstags der Königin veranstaltetes Volks- und Straßenfest (30. April). Weil die amtierende Königin im kalten Januar Geburtstag hat, wurde der Geburtstagstermin ihrer verstorbenen Mutter beibehalten. Der Königinnentag wird von der Amsterdamer Schwulenszene besonders ausgiebig gefeiert.

Juni

Hollandfestival, ein bunter Reigen niveauvoller Darbietungen in den Bereichen Theater, Oper, Musik und Tanz, der in den letzten drei Juniwochen an wechselnden Spielorten ausgerichtet wird.

Parallel dazu erklingen auf dem **Amsterdam Roots Festival** (u. a. im Kulturzentrum Melkweg, im Tropenmuseum, im Vondel- und Oosterpark) ca. eine Woche lang weltmusikalische Rhythmen.

Anfang Juni beginnt im Vondelpark die Freiluftsaison, sprich das gratis zu erlebende **Openluchttheater** mit Musik, Theatervorführungen etc. Die Veranstaltungen finden bis Ende August statt.

Juli

In Bijlmermeer steht der Juli im Zeichen des **Kwakoe Festivals,** das von den Bewohnern surinamischer Herkunft ausgerichtet wird und an sechs Wochenenden bei Sport und Spiel, Literatur, Tanz und Theater, Essen und Trinken karibische Gefühle aufkommen lässt.

Ab Mitte Juli zieht es die Amsterdamer übers Wasser auf die NDSM-Werft nach Amsterdam-Noord, wo das meist thematisch orientierte Theater- und Musikevent **Over Het IJ Festival** präsentiert wird.

Auf dem Leidseplein und um ihn herum wird derweil der **Julidans,** ein seit 15 Jahren gefeiertes Festival des zeitgenössischen Tanzes, ausgerichtet.

Schrill und fröhlich: Schwulen- und Lesbenparade

August

Anfang August gehören Prinsengracht, Reguliersdwaarsstraat und Kerkstraat für einige Tage den Lesben und Schwulen, die dann im Rahmen einer Parade namens **Amsterdam bzw. Gay Pride** in bunten Umzügen über Straßen und Grachten ziehen.

Ebenfalls Anfang des Monats beginnt das zweiwöchige multikulturelle Musik-, Tanz-, Theater- und Akrobatik-Spektakel **De Parade,** das traditionell den Martin Luther King Park mit Leben erfüllt.

Mitte August findet jeweils für knapp eine Woche das **Grachtenfestival** statt, das auf und an Grachten sowie in grachtensäumenden Kulturstätten vornehmlich klassische Orchester- und Solistenkonzerte bietet.

Verabschiedet wird der Kultursommer mit einem Ausblick auf das Amsterdamer Kulturprogramm der Herbst- und Wintersaison: In dem Ende des Monats alljährlich in den Kulturstätten rund um den Leidseplein und auf dem Platz selbst ausgerichteten **Uitmarkt,** auf dem die Amsterdamer Kulturschaffenden verschiedener Sparten und Häuser mit kleinen Darbietungen und Informationsständen über ihr kommendes Programm informieren, sehen manche sogar das größte Kulturereignis der Niederlande.

September

Anfang September ziehen blumengeschmückte Prunkwagen von Aaalsmeer nach und durch Amsterdam und formieren den **Bloemencorso.**

Mit dem **Jordaanfestival** (www.jordaan festival.nl) feiert der Stadtteil Jordaan Mitte des Monats sich selbst und das „Amsterdamer Lebenslied" (siehe Kasten, S. 182).

Oktober–Dezember

Zu den Herbst- und Winterevents gehören z. B.:

das **World Wide Video Festival,** das früher in Den Haag ausgerichtet wurde und seit 1997 im Kulturzentrum Melkweg und im Stedelijk Museum stattfindet (Mitte Oktober bis Mitte November);

das **Crossing Border Festival,** das an verschiedenen Orten der Stadt Musik, Literatur und Film bietet (Ende Oktober);

der **High Times Cannabis Cup,** auf dem Mitte November die beste Ernte prämiert wird;

das **International Documentary Festival (IDFA)** Ende November, das rund um den Leidseplein organisiert wird und zu den weltgrößten Dokumentarfilmfestivals gehört (www.idfa.nl).

Information

Einen Überblick darüber, was gerade wo, wann und von wem inszeniert und intoniert oder auf Kinoleinwände projiziert wird, liefern eine Reihe von **Kulturszenemagazinen** in niederländischer bzw. englischer Sprache. Das bekannteste und ergiebigste heißt **Uitkrant** und liegt fast überall in der Stadt, in Museen, Kneipen und Hotels kostenlos aus. Obgleich das Heft in Niederländisch abgefasst ist, erschließen sich Struktur und Inhalt auch denjenigen, die die Landessprache nicht beherrschen.

In englischer Sprache informieren das vom Amsterdamer Touristenverband monatlich publizierte **„Day by Day"**, **„Amsterdam Weekly"** und das Magazin **„Boom"**, das von dem Comedy Theater Boom Chicago herausgegeben wird. Alle drei sind kostenlos und liegen in zahlreichen Lokalen und neben Tausenden von Programmprospekten und -broschüren einzelner Veranstalter beim **Amsterdamer Uitburo (AUB)** am Leidseplein/Ecke Marnixstraat aus, wo auch die Eintrittskarten für die beworbenen kulturellen Events erhältlich sind. Dort residiert ferner der Last Minute Ticket Shop, in dem am Tag der Veranstaltung selbst ein limitiertes Kontingent an Eintrittskarten für die meisten Theater und Konzerthallen zum halben Preis vorgehalten wird. Anders als die regulären Karten müssen diese Schnäppchen allerdings persönlich abgeholt werden und können weder telefonisch vorbestellt noch online gekauft werden. Das AUB ist von Montag bis Samstag zwischen 10 und 19.30 und Sonntag von 12 bis 19.30 Uhr, der Last Minute Ticketshop täglich von 12 bis 19.30 Uhr geöffnet.

Wer sein abendliches Kulturprogramm schon von zu Hause aus planen oder seinen Reisetermin auf ein bestimmtes Konzert oder Festival abstimmen möchte, kann sich beim **Niederländischen Büro für Tourismus** informieren und ein entsprechendes Jahresprogramm anfordern (Adresse siehe S. 199). Digitale Informationsalternativen sind z. B. folgende **Internetseiten**:

www.uitburo.nl, www.aub.nl,
www.amsterdamtourist.nl,
www.lastminuteticketshop.nl,
www.amsterdamhotspots.nl,
www.amsterdamarts.org,
www.underwateramsterdam.com,
www.whatsonwhen.com.

Amsterdam weltmusikalisch

Nicht nur in Sachen Dessous: Amsterdam ist ein Einkaufsparadies

Wissenswertes von A bis Z

Amsterdam-Pass

Für diejenigen, die ein möglichst ausgiebiges Besichtigungspensum absolvieren wollen, lohnt sich der in den Touristen-Büros erhältliche Amsterdam-Pass auf jeden Fall. Er heißt seit 2004 gemäß dem damals neu eingeführten, inzwischen omnipräsenten schwarz-weiß auf knallrotem Untergrund aufgebrachten Stadtmarketingmotto „I Amsterdam-Card", ist mit einer Gültigkeit von 1, 2 oder 3 Tagen zu haben und kostet 33, 43 bzw. 53 €. Er erlaubt eine Grachtenrundfahrt, die Benutzung der öffentlichen Verkehrsmittel, freien oder deutlich ermäßigten Eintritt zu fast allen Museen, dem Holland Casino sowie der Amsterdam Diamond Group und gewährt Rabatt in einer Reihe von Restaurants und Geschäften.

Ärztliche Hilfe

Ärztliche Hilfe erhalten Sie rund um die Uhr beim **Centrale Doktersdienst**, den Sie tagsüber unter ✆ 020/5923434 und rund um die Uhr unter ✆ 020/5923333 erreichen können.

Die **GG & GD**, ein Dienst der Gemeinde Amsterdam, bietet Reisenden die Möglichkeit, sich ohne Terminabsprache von montags bis freitags zwischen 8 und 10 Uhr zur ärztlichen Untersuchung vorzustellen. Nieuwe Achtergracht 100, 4. Stock, ✆ 020/5555911, www.gggd.amsterdam.nl.

Krankenhäuser: Academisch Medisch Centrum, Meibergdreef 9, Amsterdam-Zuidoost, ✆ 020/5669111.

VU Medisch Centrum, De Boelelaan 1117, ✆ 020/4444444.

Boven IJ Ziekenhuis, Statenjachtstraat 1, ✆ 020/6346346.

Slotervaart Ziekenhuis, Louwesweg 6, ✆ 020/5129333.

Onze Lieve Vrouwe Gasthuis, Oosterpark 9, ✆ 020/5999111.

St. Lucas Andreas Ziekenhuis, Jan Tooropstraat 164, ✆ 020/5108911.

Diplomatische Vertretungen

Die Botschaften befinden sich am Regierungssitz Den Haag, in Amsterdam residieren nur Konsulate:

Deutsches Konsulat, Honthorststraat 36–38, ✆ 020/5747700, ℻ 020/6766951.

Schweizerische Botschaft Den Haag, das

schweizerische Konsulat in Amsterdam wurde 2006 geschlossen, deshalb die Adresse der Botschaft: Lange Voorhout 42, Den Haag, ✆ 070/3642831/32

Österreichisches Honorargeneralkonsulat, c/o Fresacher Advocaten, De Boelelaan 7, ✆ 020/4712438.

Ermäßigungen

Kindern, Jugendlichen unter 18 Jahren, Senioren über 65 und Gruppen werden in Museen, bei Rundfahrten etc. in der Regel Ermäßigungen von durchschnittlich einem Drittel des normalen Eintrittspreises gewährt. Hotels zeigen sich oft für längeren Aufenthalt erkenntlich.

Feiertage

Gesetzliche Feiertage, an denen Banken und Geschäfte geschlossen haben, sind Neujahr, Weihnachten (25./26.12.), Karfreitag, Ostern, Pfingsten, Christi Himmelfahrt und der Geburtstag der (verstorbenen) Königin (Juliana) am 30. April sowie der 5. Mai, an dem der Opfer des Zweiten Weltkriegs und der Befreiung vom Nationalsozialismus gedacht wird. Die meisten Museen machen dagegen lediglich am ersten Weihnachtstag und an Neujahr eine Pause.

Weitere wichtige Fest- und Gedenktage – allerdings ohne gesetzliche Reglementierungen – sind Sinterklaas (Nikolaus) am 5. Dezember und der 25. Februar in Erinnerung an den Amsterdamer Hafenarbeiterstreik im Jahr 1941.

Information für Touristen

Wer sich schon vor der Reise informieren möchte, kann auf ein umfangreiches Internet-Angebot zurückgreifen oder sich an das Niederländische Büro für Tourismus (NBT) wenden, das von Köln aus auch österreichische und schweizerische Reisende telefonisch, postalisch und online betreut. Vor Ort hilft das Amsterdam Tourist Board in mehreren Zweigstellen täglich mindestens von 9 bis 17 Uhr weiter (genaue Öffnungszeiten der einzelnen Filialen s. u.).

Niederländisches Büro für Tourismus & Convention (NBTC), Postfach 270580, 50511 Köln, ✆ aus Deutschland für 14 Cent pro Minute unter 01805/343322, aus Österreich und der Schweiz gratis unter ✆ 0800/888580 bzw. 0800/880580, 📠 01805/34332, www.niederlande.de, info@niederlande.de.

Amsterdam Tourism & Convention Board/ VVV-Büros: Stationsplein 10 (gegenüber vom Hauptbahnhof, So–Mi 9–17, Do–Sa 9–20 Uhr); direkt im Hauptbahnhof am Bahnsteig 2 B (Mo–Sa 8–20, So 9–17 Uhr); Stadthouderskade 1 (nahe Leidseplein) (Mo–Sa 9–19, So 9–17 Uhr); Flughafen Schiphol in der Ankunftshalle 2 (täglich 7–22 Uhr).

Amsterdam Tourism & Convention Board (Zentrale), De Ruyterskade 5, Postbus 3901, 1001 AS Amsterdam (9–17 Uhr), ✆ 020/ 5512585, www.atcb.nl.

Internet

www.amsterdamtourist.nl
www.niederlande.de
www.visitamsterdam.nl
www.holland.com
www.noord-holland-tourist.nl
www.amsterdamhotspots.nl
www.jordaanweb.com.
www.switchboard.nl (Infos über die Lesben- und Schwulenszene)

Für Informationen zur Buchung von Hotels und zu öffentlichen Verkehrsmitteln siehe die Kapitel „Übernachten" bzw. „Unterwegs in Amsterdam".

Hier gibt's Konzert- und Theaterkarten: Ticketshop am Leidseplein

Konflikte mit den Ordnungshütern

Klima und Reisezeit

In Amsterdam herrscht ein typisches Seeklima mit relativ kühlen Sommern (durchschnittlich 25 °C) und milden Wintern (selten unter 0 °C). Vor- oder auch Nachteil des Seewetters ist seine Wechselhaftigkeit. So muss einem ein heftiger Sommerregenschauer am frühen Morgen nicht unbedingt die Urlaubsstimmung vermiesen, da nicht selten wenig später schon wieder die Sonne lacht. Da ihr das aber auch in kürzester Zeit wieder vergehen kann, kommt es vor, dass man im Verlauf eines Sommertages mehrmals zwischen Frösteln und Schweißausbrüchen hin- und herschwankt.

Trotz dieser Widrigkeiten ist wie fast überall in Mitteleuropa die Periode von April bis September hinsichtlich des Wetters die angenehmste Reisezeit, zumal die zahlreichen Straßencafés und die von Juni bis August stattfindenden „Openlucht"-Veranstaltungen (Freiluft-Veranstaltungen) die Stadt fröhlich beleben und ihr ein fast mediterranes Flair verleihen. Reisekassenschonender sind dagegen die übrigen Monate, in denen die Übernachtungskosten in vielen Hotels sinken und einige Häuser und Reiseveranstalter besonders preisgünstige Sightseeingarrangements offerieren.

Kriminalität

Wie in allen touristisch stark frequentierten Städten sollte man auch in Amsterdam keine Wertsachen mit sich herumschleppen und das Auto am besten nur auf bewachten Parkplätzen abstellen, da Taschendiebe und Autoknacker recht aktiv sind. Im Rotlichtviertel sind zu nächtlicher Stunde die Hauptvergnügungsmeilen vorzuziehen und die kleinen Verbindungssträßchen zu meiden. Dass man auf der Straße keine Drogen – auch keine „Soft Drugs" – kaufen darf, versteht sich von selbst; dass dort auch der Erwerb von Fahrrädern verboten ist, verwundert vielleicht (es handelt sich wohl um eine Präventionsmaßnahme gegen den „schnellen Fahrradklau" und den sofortigen Verkauf der Ware an den nächstbesten Passanten).

Literatur

Belletristik: Anne Frank: Das Tagebuch der Anne Frank. Fischer-Taschenbuch 1992.

John Irving: Witwe für ein Jahr. Diogenes Verlag 2000.

Harry Mulisch: Das Attentat. Rowohlt-Taschenbuch, 1989 f.

Harry Mulisch: Die Entdeckung des Himmels. Rowohlt-Taschenbuch 1995.

Marga Minco: Das bittere Kraut. Konkret Literaturverlag 1991.

Cees Nooteboom: Rituale. Btb 2001.

Cees Nooteboom: Die Form des Zeichens, die Form der Stadt. In: ders. (Hg.): Die Dame mit Einhorn. Europäische Reisen. Suhrkamp-Taschenbuch 1997, S. 9 ff.

Thomas Rosenboom: Neue Zeiten. Rowohlt-Taschenbuch 2006

Grete Weil: Tramhalte Beethovenstraat. Nagel und Kimche 1992.

Jan Willem van de Wetering: Outsider in Amsterdam. Rowohlt-Taschenbuch 1998.

Leon de Winter: Hoffmanns Hunger. Diogenes 1994.

Sachbuch: Geert Mak: Amsterdam. Biographie einer Stadt.

Geert Mak, Der Mord an Theo van Gogh. Geschichte einer moralischen Panik, Suhrkamp-Taschenbuch, 2005

Notruf

Die allgemeine Notrufnummer für Polizei, Feuerwehr und Notarzt ist die **112**, die man kostenlos anwählen kann. Nach Angabe Ihres Standorts und der Art des Notfalls werden Sie mit der jeweils zuständigen Abteilung weiterverbunden.

Öffnungszeiten

Die (meisten) **Geschäfte** sind dienstags bis freitags von 9 bis 18 Uhr, montags von 13 bis 18 Uhr, donnerstags bis 21 Uhr und samstags von 9 bis 17 Uhr geöffnet. Manche sind auch am Montagvormittag, die Geschäfte im Zentrum am Sonntag von 12 bis 17 Uhr geöffnet. Viele **Supermärkte**, z. B. die über die gesamte Stadt verteilten Filialen der Albert-Heijn-Kette, bieten werktäglich von 8 bis 20 Uhr, die im Zentrum auch am Sonntagnachmittag ihre Waren an.

Banken und **Postämter** bedienen ihre Kunden dienstags bis freitags von 9 bis 17 Uhr, am Montag von 13 bis 17 Uhr. Letztere öffnen manchmal auch donnerstags bis 20 Uhr und samstags von 10 bis 12 Uhr (z. B. das Hauptpostamt am Singel 250).

Die Öffnungszeiten der **Museen**, **Restaurants** und **Gaststätten** entnehmen Sie bitte den Spaziergangskapiteln, wobei vorausgeschickt sei, dass die meisten Museen schon um 17 Uhr und viele Restaurants spätestens um 22 Uhr schließen, während die Sperrstunde normaler Kneipen um 1 Uhr, am Wochenende um 3 Uhr nachts schlägt.

Polizei

Die zentrale Telefonnummer der Polizei lautet **0900/8844**. Polizeidienststellen in der Innenstadt befinden sich an folgenden Adressen:

Lijbaansgracht 219; Nieuwezijds Voorburgwal 104–108; Nieuwmarkt/Keizersstraat 3; Prinsengracht 1109; Marnixstraat 148; Beursstraat 33.

Post

Die Hauptpost befindet sich am Singel 250, kleinere Postämter sind über die ganze Stadt verteilt (Öffnungszeiten s. o.). Briefkästen sind rot und haben zwei Schlitze. In den einen kommen innerstädtische Sendungen, in den anderen, beschriftet mit

Wissenswertes über das schwul-lesbische Amsterdam: Kiosk am Westermarkt

„overige bestemmingen", die Briefe und Karten nach auswärts. Briefmarken gibt es in Postämtern, Tabakläden und fast überall dort, wo es Ansichtskarten gibt.

Nicht gelb, sondern rot

Sprache/Sprachschulen

Obgleich viele Holländer Deutsch verstehen und manche es auch recht gut sprechen, sollte man sie nicht wie selbstverständlich auf Deutsch ansprechen und zumindest – wenn möglich auf Englisch – vorher höflich nachfragen. Englisch ist auch die Sprache, mit der man in Amsterdam bestens zurechtkommt, da es nahezu jede/r beherrscht.

Natürlich gibt es in Amsterdam auch eine Reihe von Sprachschulen, in denen man die Landessprache erlernen kann. Exemplarisch seien zwei vom Amsterdamer Touristenbüro empfohlene genannt:

Language Express, Pretoriusstraat 78 II, ✆ 020/4284478, www.alanguageexpress.com.

Easy Dutch Plus, Leidsestraat 32, ✆ 020/4221906, www.easydutchplus.com.

Telefon

Die Ländervorwahl für die Niederlande lautet 0031, danach ist die Ortsvorwahl ohne die Null (für Amsterdam also die 20) zu wählen. Bei Ort-zu-Ort-Telefonaten innerhalb der Niederlande muss die komplette Ortsvorwahl gewählt werden (für Amsterdam also die 020), innerhalb eines Ortes reicht die Nummer des Teilnehmers.

Von den Niederlanden aus ist für Deutschland 0049, für Österreich 0043 und die Schweiz 0041 vorzuwählen.

Öffentliche Fernsprecher können nur noch mit Karten bedient werden. Die sind im Touristenbüro, am Bahnhof, in Postämtern und einigen Zeitschriftengeschäften sowie Hotels zum Preis von 5 bzw. 10 € erhältlich.

Themenjahr(e)

„Amsterdams Geheimnisse" (Amsterdam Hidden Treasures) lautet das Motto für das touristische Themenjahr 2008, in dem auf die eher unbekannten landschaftlichen, kulturellen und gastronomischen Reize abgehoben werden soll. Zudem sollen die kommenden drei Jahre auch im (Werbe) Zeichen der Wiedereröffnung von Amsterdams jahrelang um- und augebauten Supermuseen stehen.

Zeitungen und Zeitschriften

Deutschsprachige Zeitungen und Zeitschriften gibt es in vielen Zeitungsläden und Kiosken, auf jeden Fall aber am Hauptbahnhof, auf dem Damrak und am Spui.

Von den niederländischen Zeitungen seien hier der konservative „De Telegraaf", die linksliberale „Volkskrant" und das liberale „Algemeen Dagblad" genannt und Amsterdams wichtigste Zeitung „Het Parool" besonders hervorgehoben. Letztere erschien zum ersten Mal – damals in Gestalt eines Flugblatts – am 25. Juli 1940 und musste seinerzeit heimlich unters Volk gebracht werden, weil sie den Widerstand gegen die deutsche Besatzung propagierte. Die Entstehungsgeschichte der linksorientierten Zeitung ist im Widerstandsmuseum an der Plantage Kerklaan dokumentiert (siehe S. 210). Heute erscheint sie in einer Auflage von knapp 100.000 Exemplaren, wobei ihre Berichterstattung und Kulturbeilagen sehr stark auf die Stadt Amsterdam zugeschnitten sind. Die „Amsterdam Times" erscheint jeden Freitag in englischer Sprache, liegt kostenlos in vielen Lokalen aus und kommentiert das Amsterdamer Stadtgeschehen, desgleichen das Wochenblatt „Amsterdam Weekly", das einen ausführlichen Kultur- und Veranstaltungskalender integriert.

Schwimmende Ausstellung (Woonbootmuseum)

See a
houseboat
inside

Amsterdam – Stadtspaziergänge und Ausflüge

Viele Stadtspaziergänge führen ans oder übers Wasser

Stadtspaziergänge

„Die Stadt ist ein Buch, der Spaziergänger sein Leser. Er kann auf jeder beliebigen Seite beginnen, vor- und zurückgehen in Raum und Zeit. Das Buch hat vielleicht einen Beginn, aber noch lange kein Ende. Seine Wörter sind Giebelsteine, Baugruben, Namen, Jahreszahlen, Bilder ... und die Vorstellungskraft lässt den Spaziergänger sehen, was die Geschichte ihm erzählt hat."

(Cees Nooteboom: Die Form des Zeichens, die Form der Stadt. In: ders.: Die Dame mit Einhorn. Europäische Reisen. Frankfurt/M. 2000, S. 13)

Die hier angeregten **11 Stadt(teil)spaziergänge,** die an zentralen bzw. verkehrtechnisch gut angebundenen Plätzen starten und enden, geleiten zu den wichtigsten Sehenswürdigkeiten Amsterdams. Ihre Beschreibung ist jeweils in vier Abschnitte gegliedert:

Der erste informiert darüber, wohin der Spaziergang führt und vermittelt einen ersten Eindruck von den historischen und atmosphärischen Charakteristika des jeweiligen Stadtausschnitts.

Der zweite Abschnitt (Spaziergang) beschreibt – optisch unterstützt durch eine Markierung auf dem passenden Stadtplanausschnitt – seinen Verlauf, benennt und kurzkommentiert die am Weg gelegenen Sehens- und Erlebenswürdigkeiten.

Der dritte Abschnitt (Sehenswertes) liefert detaillierte Informationen zu einzelnen Bauwerken, Museen oder Straßenzügen. Er greift diejenigen Sehenswürdigkeiten auf, die unter der Rubrik

„Spaziergang“ mit einem → Pfeil gekennzeichnet sind.

Der letzte Teil schließlich (Praktische Infos) widmet sich mit Restaurant- und Kneipentipps dem leiblichen Wohl der Spaziergänger und stellt gegebenenfalls das jeweilige (Nacht-)Kulturprogramm und die eine oder andere Einkaufsadresse des Rundgangsbezirks vor.

Die **Rundgänge 1, 2 und 3** sind streckenmäßig relativ kurz, angesichts der Anzahl und (historischen) Bedeutung der am Weg gelegenen Bauten und Museen jedoch recht besichtigungsintensiv und kommentierungsbedürftig, sodass ihre Beschreibung entsprechend umfangreich ausfällt.

Genau umgekehrt verhält es sich mit den **Rundgängen 9, 10 und 11,** für die allein drei bis vier (gemächliche) Lauf-, dafür aber nur wenige Museumsstunden einzuplanen sind.

Den größten Zeitaufwand erfordern – vorausgesetzt, man will alle aufgeführten Museen besuchen – die **Rundgänge 4 und 8,** für die allerdings nur ca. zwei Stunden reine Gehzeit zu veranschlagen sind.

Dass die reisepraktischen Informationen zum **Rundgang 5** im Verhältnis zum Kommentar zur Wegstrecke und den Sehenswürdigkeiten sehr umfangreich sind, verweist darauf, dass man sich von diesem Teil der Stadt in relativ kurzer (ca. eineinhalb Stunden) Zeit einen Eindruck verschaffen, aber auch in vielen Cafés, Restaurants und Kneipen stundenlang verweilen und „versacken“ kann.

Weil der Reiz des Jordaan eher in seinem atmosphärischen Erleben als im Absolvieren eines quasi obligatorischen Besichtigungsprogramms liegt, verbirgt sich hinter **Rundgang 6** ausnahmsweise keine festgesteckte Route, sondern ein kurzes, um die Aufzählung besonders sehens- und erlebenswürdiger Straßen und Plätze ergänztes Stadtteilporträt.

Für **Rundgang 7** braucht man ohne Museumsbesuche etwa eineinhalb Stunden.

Das Kapitel **„Am (Stadt-)Rande notiert“** präsentiert mit Bijlmermeer und Amsterdam-Noord zwei sowohl geografisch als auch touristisch eher „abgelegene“ Stadtteile der Grachtenmetropole; Spaziergänge werden hier nicht vorgeschlagen.

Hauptschlagader Amsterdamer Lebens: Damrak

Wer sich schließlich noch außerhalb der Grachtenmetropole umsehen will, findet eine Reihe von Anregungen im abschließenden Kapitel **„Ausflugstipps für die nähere Umgebung“.**

Und wer gar keine Lust zum langen Lesen/Spazierengehen hat, möge sich vom Index bzw. den praktischen Infos unter den einzelnen Stadtteilkapiteln inspirieren lassen.

Auf dem Dam sind fast immer Straßenkünstler in Aktion

Rund um den Dam

Auf dem vom Königspalast dominierten Dam schlägt seit jeher das Herz Amsterdams – entsprechend pulsieren rund um den historischen Marktplatz die Hauptschlagadern des städtischen Lebens.

Diejenigen, die den Dam einst in nördlicher Richtung mit dem Tor zur Welt verbanden, heißen Damrak, Nieuwendijk und Nieuwezijds Voorburgwal und sind von unzähligen Cafés, Bars, Hotels und Geschäften gesäumt. Sie enden nunmehr am Hauptbahnhof, dessen imposantes Domizil das Hafengebiet seit Ende des 19. Jahrhunderts vom Stadtzentrum abtrennt.

Die südlich abzweigenden Straßen, sprich die Verlängerung des Nieuwezijds Voorburgwal sowie die durch kleine Gassen miteinander verzahnten Shoppingmeilen Kalverstraat und Rokin münden in Spui bzw. Muntplein und sind tagsüber vom Gedränge einheimischer und auswärtiger Kauflustiger erfüllt. Inmitten dieses großstädtischen Getriebes vebirgt sich mit dem von hohen Mauern eingefriedeten Begijnhof ein seltenes Relikt aus der mittelalterlichen Geschichte Amsterdams und eine fast unwirklich anmutende Oase der Stille.

Auf dem ihm südlich benachbarten Spui, der von Universitätsinstituten, Buch- und Musikalienhandlungen, Restaurants und Cafés umgeben ist, schwillt der Geräuschpegel wieder deutlich an. Gleichwohl gibt sich der Platz, auf dem das Amsterdamer „Provokariat" in den 1960er Jahren seinen Marsch durch die Straßen und später die Institutionen startete, im Vergleich zum nahen Muntplein geradezu beschaulich.

Der von Binnenamstel und Singel umspülte Verkehrsknotenpunkt für Straßenbahnen und Touristenkarawanen liegt zu Füßen eines gleichnamigen Turmes, der 1490 als Teil der damaligen Stadtmauer erbaut wurde und bis zur Anlage des Grachtengürtels zu Beginn des 17. Jahrhunderts die Südgrenze der Stadt markierte. Heute wird unter der Obhut des Munttoren ein Blumenmarkt abgehalten, dessen schwimmende Marktstände stets von eifrig fotografierenden Urlaubergruppen aus der ganzen Welt belagert werden.

Spaziergang

Der Rundgang durch das westliche Stadtzentrum beginnt am Hauptbahnhof bzw. seinem Vorplatz, dem Stationsplein. Beide befinden sich seit Beginn des neuen Jahrtausends im wahrsten Wortsinne im Auf- und Umbruch, weil hinter, unter und neben ihnen die Bauarbeiten zur neuen Kanalisierung der öffentlichen Verkehrsströme auf Hochtouren laufen. Demnächst werden Straßenbahnen, Busse und Taxis an den Rand des Stationspleins bzw. hinter das Bahnhofsgebäude verbannt. Der Platz selbst wird dann den Fußgängern vorbehalten sein, die sich von dort zu den Haltestellen der künftigen Nord-Süd-Metrolinie unter der Centraal Station bewegen. Das **Information Centre North/Southline** im Ostflügel des Hauptbahnhofs bewirbt multimedial die umstrittene U-Bahn zwischen Amsterdam-Noord und Amsterdam-Zuid, die voraussichtlich 2013 ihren Betrieb aufnehmen wird (Di–Fr 10–17 Uhr, So 11–16 Uhr). Trotz dieser aktuellen Beeinträchtigungen lohnt sich ein aufmerksamer Blick auf das architektonisch ansprechende, bis zum Erscheinen dieses Buches wahrscheinlich wieder von Baugerüsten befreite und dann frisch herausgeputzte Bahnhofsgebäude, z. B. vom Touristenbüro direkt vis-à-vis, das zusammen mit „Smits Koffiehuis" in einem hübschen Holzpavillon am Wasser residiert.

Nach einem informativen Vorstoß in das Innere des Touristenbüros und/oder die Verkaufsstelle der öffentlichen Verkehrsbetriebe (GVB) gleich nebenan, wo man sich vorsorglich und gratis mit übersichtlichen Einzelfahrplänen der Tram-, Metro- und Fährlinien versorgen kann, geht es im Getümmel der Menschenmassen aus aller Herren Länder, die die → **Centraal Station** fast rund um die Uhr ausspuckt und aufsaugt, über den Damrak in Richtung Innenstadt. Wenn man nicht gleich in einem der dicht an dicht gedrängten, vornehmlich von touristischer Laufkundschaft frequentierten Lokale einkehren möchte, findet man nach wenigen Metern mit dem → **Venustempel** ein erstes Objekt der (Besichtigungs-)

Zugang zur Stadtgeschichte (Historisches Museum)

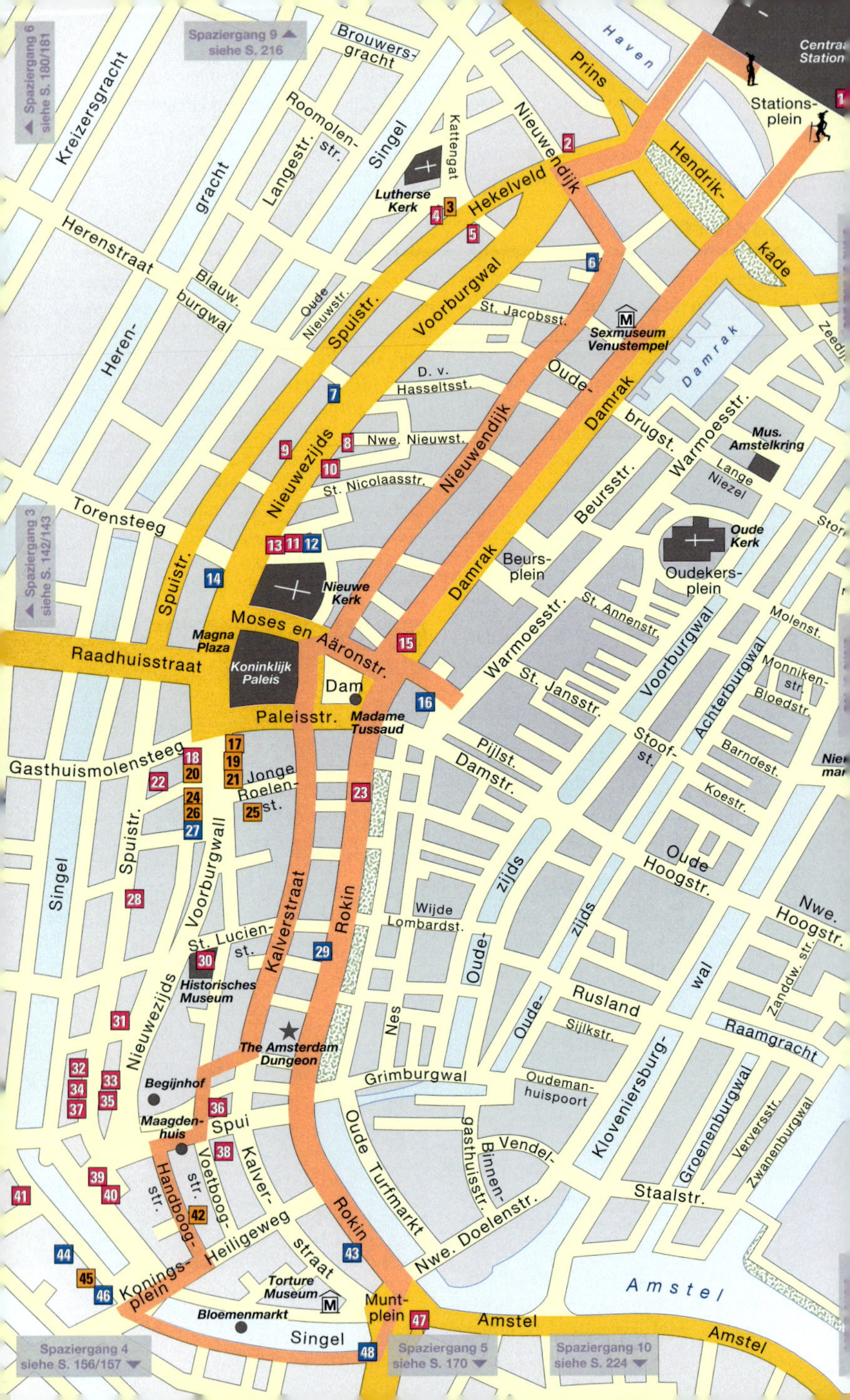
Spaziergang 6
siehe S. 180/181
Spaziergang 9
siehe S. 216
Brouwers-
gracht
Haven
Prins
Central
Station
Stations-
plein
Kreizersgracht
Roomolen-
str.
Singel
Kattengat
Lutherse
Kerk
Nieuwendijk
Hendrik-
kade
gracht
Langestr.
Hekelveld
Herenstraat
Blauw.
burgwal
Oude
Nieuwstr.
Spuistr.
Voorburgwal
St. Jacobsst.
Sexmuseum
Venustempel
Damrak
Zeedijk
Heren-
D. v.
Hasseltsst.
Oude-
brugst.
Warmoesstr.
Mus.
Amstelkring
Nwe. Nieuwst.
Nieuwendijk
Nieuwezijds
Lange
Niezel
St. Nicolaasstr.
Beursstr.
Torensteeg
Oude
Kerk
Stormsteeg
Spaziergang 3
siehe S. 142/143
Damrak
Beurs-
plein
Oudekers-
plein
Spuistr.
Nieuwe
Kerk
Moses en Aäronstr.
Warmoesstr.
St. Annenstr.
Molenst.
Magna
Plaza
Raadhuisstraat
Koninklijk
Paleis
Dam
Voorburgwal
Achterburgwal
Monniken-
str.
Bloedstr.
St. Jansstr.
Madame
Tussaud
Paleisstr.
Pijlst.
Stoof-
st.
Barndest.
Nieuwmarkt
Gasthuismolensteeg
Jonge
Roelen-
st.
Damstr.
Koestr.
Spuistr.
Voorburgwall
Singel
Oude
Hoogstr.
zijds
Kalverstraat
Rokin
Wijde
Lombardst.
zijds
Nwe.
Hoogstr.
St. Lucien-
st.
Oude-
Historisches
Museum
Zanddw. str.
Nieuwezijds
wal
Rusland
Nes
Oude-
Sijlkstr.
Raamgracht
The Amsterdam
Dungeon
Grimburgwal
Oudeman-
huispoort
Kloveniersburg-
Begijnhof
Groenenburgwal
Verversstr.
Zwanenburgwal
Maagden-
huis
Spui
gasthuisstr.
Binnen-
Vendel-
Oude Turfmarkt
Handboog-
str.
Voetboog-
str.
Kalver-
straat
Staalstr.
Heiligeweg
Rokin
Nwe. Doelenstr.
Konings-
plein
Torture
Museum
Munt-
plein
Amstel
Bloemenmarkt
Amstel
Amstel
Singel
Spaziergang 4
siehe S. 156/157
Spaziergang 5
siehe S. 170
Spaziergang 10
siehe S. 224
1
2
3
4
5
6
7
8
9
10
11
12
13
14
15
16
17
18
19
20
21
22
23
24
25
26
27
28
29
30
31
32
33
34
35
36
37
38
39
40
41
42
43
44
45
46
47
48

Übernachten
6 Flying Pig Downtown (S. 79)
7 Bob's Youth Hostel (S. 80)
2 Tulip Inn Dam Square (S. 76)
4 Die Port van Cleve (S. 74)
6 Krasnapolsky (S. 73/74)
7 Hotel Nova (S. 76)
9 Cordial (S. 77)
3 Des Arts (S. 77)
4 The Waterfront (S. 77)
6 Agora (S. 76)
8 Jolly Carlton (S. 75)

Essen & Trinken (S. 119 – 121)
1 Grand Café 1e Klas
2 De Karpershoek
4 De Keuken van 1870
5 Ankara
8 Kobe House
9 Marrakech
0 Homegrown Fantasy
1 De Drie Fleschjes
3 Côte Ouest
5 De Roode Leeuw
8 Scheltema
22 Café Schuim
23 Koh-I-Noor
28 Lucius Visrestaurant
30 David und Goliath
31 Haesje Claes
32 De Vijff Vlieghen
33 Kantijl en de Tijger
34 Dante
35 Tapas Bar Català
36 Esprit
37 De Zwart
38 Tokyo
39 Hoppe
40 Luxembourg
41 La Casa di David
47 MAOZ
48 Caruso

Nachtleben (S. 121 – 122)
3 Bitterzoet
17 Absinthe
19 NL Lounge
20 Getaway
21 Club Zyon
24 Diep
25 Supperclub
26 Bep
42 Dansen bij Jansen
45 Odeon

30 m

Spaziergang 1

Begierde. Das freizügige Erotikmuseum, von dessen Besuch allzu zart Besaiteten allerdings eher abzuraten ist, befindet sich schräg gegenüber der ehemaligen Börse, der nach ihrem Architekten benannten → **Beurs van Berlage,** die als Baudenkmal des heraufziehenden 20. Jahrhunderts gewürdigt wird.

Wer mag, kann direkt nebenan im **Traditionskaufhaus De Bijenkorf** über das auf mehreren Etagen ausgebreitete Warenangebot staunen, bevor er die historischen Monumente und das bunte Treiben auf dem Dam auf sich wirken lässt.

Dort warten vor der imposanten Kulisse des aus dem Goldenen Jahrhundert datierenden ehemaligen Rathauses nostalgische Pferdekutschen auf Touristen, produzieren sich bei schönem Wetter Akrobaten und Straßenmusikanten, kursieren Eis- und Getränkewagen, drehen sich Karussells oder formulieren politische Gruppen lautstark ihre Positionen. Neben dem historischen Rathaus, das heute als repräsentative Amsterdamer Residenz des niederländischen Königshauses fungiert und deshalb → **Koninklijk Paleis** heißt, erhebt sich mit der → **Nieuwe Kerk** ein architektonisches Zeugnis des Spätmittelalters. Zwischen dem Koninklijk Paleis und der zweitältesten Kirche der Stadt, die heute beide vornehmlich musealen Zwecken dienen, bleibt der Blick auf einem ebenfalls sakral anmutenden Bauwerk am Nieuwezijds Voorburgwal haften. In das tatsächlich stets profan genutzte Gebäude zog um die vorletzte Jahrhundertwende die Amsterdamer Hauptpost und am Vorabend der letzten (1992) ein schickes Einkaufszentrum namens → **Magna Plaza** ein.

Gegenüber vom Königspalast ragt das hinsichtlich seiner Form an einen Phallus erinnernde → **Nationaal Monument** in den Himmel. Dahinter erstreckt sich das mondäne **Grandhotel Krasnapolsky,** das Ende des 19. Jahrhunderts von

Tour 1
Karte S. 110/111

Amsterdamer Filiale des berühmten Londoner Wachsfigurenkabinetts (Dam)

einem polnischstämmigen deutschen Einwanderer aus der niedersächsischen Provinz gegründet wurde.

Letzte Station unserer Runde über den Dam ist das mehrstöckige Domizil von → **Madame Tussaud's Scenerama** (Ecke Rokin), an dessen Fassade in historische Kostüme gewandete stattliche Mannsbilder für die Amsterdamer Filiale des berühmten Londoner Wachsfigurenkabinetts werben. Hinter der biegen wir links ab und verlassen den wohl bekanntesten Amsterdamer Platz über die Kalverstraat.

Die tagsüber äußerst belebte Einkaufsmeile wird vornehmlich von den Filialen europaweit verbreiteter Ketten wie Foot Locker, Benetton, Street One oder Douglas geprägt. Hervorzuheben ist allenfalls das **Einkaufszentrum Kalvertoren,** das allerdings weniger durch sein Sortiment denn durch seine Glas- und Stahlkonstruktion und den Panoramablick aus dem Café-Restaurant im obersten Stockwerk besticht.

Inmitten des kommerziellen Getriebes fordert – vom Dam kommend nach wenigen Metern – ein Schild dazu auf, „Een Kwarter voor God", also eine Viertelstunde für Gott, zu reservieren. Es hängt neben dem Eingangsportal der katholischen **Kirche De Papagaai,** einer ehemaligen „Schlupfkirche", in der Amsterdamer Katholiken seit Ende des 16. Jahrhunderts – gezwungenermaßen – unter Ausschluss der calvinistischen Öffentlichkeit ihren religiösen Pflichten nachkamen. Ihren kuriosen Namen verdankt sie übrigens einem inzwischen entfernten Giebelstein, den ein Papagei zierte.

Einige Schritte weiter regt das überaus sehenswerte → **Amsterdams Historisch Museum** erneut dazu an, dem schnöden Mammon für eine Weile zu entsagen. Wir betreten und verlassen es durch einen (u. a. mit dem Amsterdamer Wappen) üppig verzierten Torbogen aus dem 16. Jahrhundert.

Der Kalverstraat weiter gen Süden folgend, zweigt rechter Hand schon bald ein kleines, romantisch anmutendes Sträßchen namens Begijnensteeg ab. An dessen Ende sticht der kleine Friseursalon von Figaro Pasquale ins Auge, der außen mit internationalen Zeitungsartikeln über den als Amsterdamer Original eingemeindeten mediterranen *kapper* (Friseur) dekoriert ist. Direkt dahinter liegt, hinter einer Mauer verborgen der idyllische mittelalterliche → **Begijnhof.**

Nur eine „Mauerbreit" von ihm getrennt ruft der bis heutige quirlige **Spui** Erinnerungen an politisch bewegte Zeiten wach. In der Mitte des Platzes, der bis zur territorialen Erweiterung der Stadt im letzten Drittel des 15. Jahrhunderts Amsterdams südliche Grenze markierte, steht **Het Lievertje** eine 1961 von der Zigarettenfabrik Hunter gestiftete Statue in Gestalt eines Amsterdamer Gassenjungen. 1964 fanden rund um

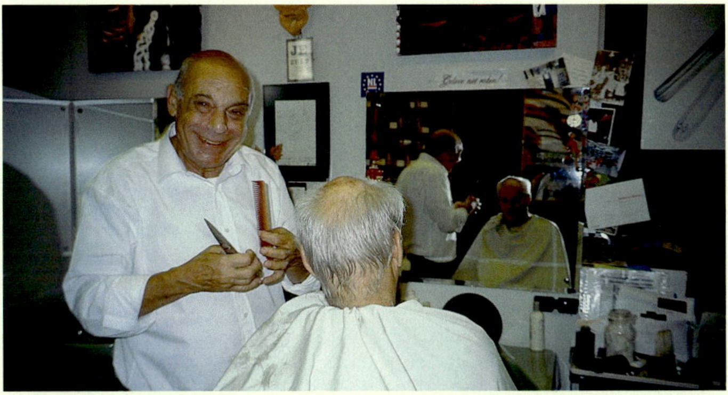

Friseur der Seele

Pasquale Capone, 1935 in Sorianello, einem kleinen Dörfchen im tiefsten italienischen Süden geboren, geriet vor gut 40 Jahren – in Liebe für eine Holländerin entflammt – in die Grachtenmetropole, wo er 1965 am Begijnensteeg 10 einen kleinen Friseursalon eröffnete. Dort, im unverändert gebliebenen Interieur und mit Schere, Pinsel und Rasiermesser aus den 1950er Jahren, geht er noch heute seinem Beruf oder besser seiner Berufung nach. Das Ausüben des Friseurhandwerks bedeutet für ihn nämlich weit mehr als Haareschneiden und Rasieren. Überzeugt davon, dass „die Haare die Antennen der Seele sind" und Friseure nicht nur einen handwerklichen, sondern gleichermaßen einen sozialen Auftrag haben, massiert er nicht nur die Kopfhaut seiner Kunden, sondern eben auch deren Seelen. Das heißt konkret, dass „Figaro Pasquale" – während er shampooniert und frisiert – auch philosophiert, Espresso serviert, therapiert und schwadroniert. Da das sehr zeitaufwendig ist, arbeitet er nur mit fester Terminabsprache und bedient maximal drei Kunden am Tag. Das kann er sich deshalb leisten, weil er nicht irgendein Friseur, sondern für viele seit Jahrzehnten *der* „Kapper van Amsterdam" ist, sodass der Bürgermeister sein Konterfei anlässlich seines 50-jährigen Berufsjubiläums sogar in Bronze gießen ließ.

Zu seinen Kunden zähl(t)en Prominente aus Politik, Sport und Film, darunter z. B. die niederländischen Fußballlegenden Johan Cruijff und Arie Haan. Weil der „Friseur der Seele" und Meister der Selbstinszenierung seinen Salon aber auch als Treffpunkt begreift, bittet er auch neugierige Passanten hinein, um ihnen seine in mehreren Sprachen zu Papier gebrachte Lebensphilosophie mit auf den Weg zu geben.

das frech-provokativ dreinblickende „Früchtchen" die ersten (zunächst gegen das Rauchen gerichteten) Protest-Happenings von Robert Jasper Grootfeld, dem „Vater" der Amsterdamer „Provos", statt. Fünf Jahre später beobachtete der in Bronze gegossene Rotzbengel das aufsässige Treiben der Amsterdamer Studenten, als die die Universitätsverwaltung im klassizistischen **Maagdenhuis** am Spui besetzten und zu ihrem Hauptquartier erklärten. Einige bunt bemalte, mit entsprechenden Parolen versehene Häuser in der nördlich abzweigenden Spuistraat dokumentieren, dass auch die Amsterdamer Hausbesetzerszene der 1980er Jahre, unter ihrer niederländischen Bezeichnung *kraker* in einschlägigen Kreisen europaweit bekannt, rund um den Spui aktiv war. Letzterer gilt übrigens nach wie vor als Treffpunkt für kritische Intellektuelle, die heute jedoch eher seine gut sortierten Buchhandlungen und den freitäglichen Büchermarkt frequentieren oder in den Cafés „Dante", „Hoppe" oder „De Zwart" debattieren, statt auf offener Straße zu demonstrieren.

Von dem Platz mit der revolutionären Aura geht es den Singel überquerend zum berühmten **Bloemenmarkt**, wo Hunderte von Touristen aus aller Welt entzückt von der farbenfrohen Blumenpracht eifrig fotografierend an Ständen mit frischen Schnitt- und Topfblumen, Tulpenzwiebeln, Saatgut und allerlei Nippes vorbeidefilieren.

Nachdem die auf dem Singel schwimmenden Blumengeschäfte abgeschritten sind, finden wir uns auf dem Muntplein mit dem spätmittelalterlichen → **Munttoren** wieder. Von dem zweigen mehrere verkehrsreiche Straßen ab. Wir wählen eine namens Rokin und bewegen uns entlang der derzeit zur Großbaustelle für die neue Nord-Süd-Metro-Linie mutierten Binnenamstel zum Dam. Dabei passieren wir neben Hotels, Restaurants und Geschäften, darunter das Amsterdamer Mekka für Pfeifen- und Zigarrenraucher **Hajenius** oder das **Amsterdam Diamond Center** (siehe Kasten S. 203), mit der hochtechnisierten „Geisterbahn" → **The Amsterdam Dungeon** eine der jüngsten Touristenattraktionen der Grachtenstadt.

Vom Dam geht es, flankiert von Boutiquen, Kneipen und Coffeeshops, über den Nieuwendijk oder wahlweise vorbei an einigen, vornehmlich nachtaktiven „trendy bars" wie *Club Zyon, Diep oder Absinthe* über den Nieuwezijds Voorburgwal zurück zum Stationsplein.

Sehenswertes

Centraal Station: Das zwischen 1881 und 1889 nach einem Entwurf von Petrus J. H. Cuypers (1827–1889) errichtete schlossähnliche Gebäude aus Backstein, Gusseisen und Glas wird stilistisch der niederländischen Neorenaissance zugeordnet. Seine Fassade ist mit Sandsteinreliefen verziert, auf denen u. a. die Köpfe antiker Gottheiten zu sehen sind. Darüber hinaus trägt sie die Wappen von Amsterdam sowie einer Reihe europäischer Städte, darunter Brüssel, Hamburg, Paris und Rom, mit der die holländische Metropole Eisenbahnverbindungen unterhält. Der Standort des Bahnhofs war seinerzeit heftig umstritten, weil der gigantische Bau die Innenstadt optisch vom Hafen abtrennte und den Amsterdamern den seit Jahrhunderten genossenen freien Blick vom Marktplatz auf das Wasser versperrte. Doch selbst das Veto des damaligen Amsterdamer Stadtrats vermochte den von der Regierung in Den Haag angeordneten tiefen Einschnitt in das Stadtbild nicht zu verhindern.

Beliebtes Fotomotiv: Blumenmarkt am Singel

Tour 1
Karte S. 110/111

Sexmuseum Venustempel: Das angeblich erste Erotikmuseum Europas präsentiert eine sehr freizügige und fast tabulose Darstellung aller erdenklichen Sexualpraktiken von der „Missionarsstellung“ bis zur Sodomie. Zu sehen gibt's sowohl gut dokumentierte historische Fotografien, Gemälde und Figuren als auch Videofilme wild kopulierender Paare und meist klamaukhafte interaktive Inszenierungen – darunter ein finster wirkender Exhibitionist, der auf Knopfdruck den berühmten Mantel lüftet.
⌚ 10–23.30 Uhr. Eintritt 3 €. Damrak 18.

Beurs van Berlage: Die aus 9 Millionen Backsteinen auf 4880 Pfählen zwischen 1897 und 1903 erbaute Börse ist das Meisterstück von Hendrik Petrus Berlage (1856–1934), dem Vater der „Amsterdamer Schule“. Sie gilt nicht nur als das „wichtigste architektonische Denkmal des Jahrhunderts in den Niederlanden“, sondern europaweit als steinernes Dokument einer modernen Architekturauffassung. Die findet ihren Ausdruck sowohl in der Auswahl der Materialien – (unverputzter) Backstein, Glas und Stahl – als auch in den klaren Formen und sichtbaren Konstruktionen des nach aufwendiger Renovierung inzwischen als Kultur- und Konferenzzentrum sowie Domizil des Niederländischen Philharmonischen Orchesters genutzten Gebäudes.

Während seine Auftraggeber danach trachteten, mit dem Neubau der Börse die im Zuge der Industrialisierung wiedererstarkte ökonomische Macht der holländischen Metropole zu demonstrieren, wollte Berlage selbst sie als Reminiszenz an den Florentiner Palazzo Vecchio als „Palazzo Pubblico“ und materiellen Ausdruck seiner demokratischen Überzeugung verstanden wissen. Auf dem Hintergrund eines Gesellschaftsbildes, in dem Arbeit und Kapital keine Widersprüche mehr bilden, sondern sich zu einem harmonischen Ganzen zusammenfügen sollten, war ihm daran gelegen, ein auch für das einfache Volk zugängliches Gesamtkunstwerk zu schaffen.

Mit der Umwandlung zum Kulturzentrum ist die Börse erstmals in ihrer Geschichte tatsächlich zum „Palazzo Pubblico“ geworden. Seit der reguläre

Hier hängen viele „alte Schinken" (Schützengalerie des Historischen Museums)

Museumsbetrieb vor einigen Jahren eingestellt wurde, ist die Besichtigung ihrer Säle allerdings nur noch im Rahmen von Ausstellungen und Konzerten oder einer vorab gebuchten Führung, die Besteigung ihres 39 Meter hohen Turmes gar nicht mehr möglich. Eine gute Tasse Kaffee mit Blick auf die Wandbilder des Jugendstilkünstlers Jan Toorop im **BvB Café** (Mo–Sa 10–18, So 11–18 Uhr) in der ehemaligen Börsenvorhalle mag darüber hinwegtrösten.

Damrak/Beursplein 1, ✆ 020/5304141, www.beursvanberlage.nl. Geführte Rundgänge in sechs Sprachen offeriert die Agentur Bureau Artifex Travel, ✆ 020/6208112, www.artifex-travel.nl.

Koninklijk Paleis: Das zwischen 1648 und 1655 unter der Federführung von Jacob van Campen und Daniel Stalpaert als Rathaus errichtete Gebäude mit streng klassizistischer Fassade diente seinem ursprünglichen Zweck, bis Napoleons Bruder Louis 1808 als König von Holland in das administrative Zentrum der Hafenstadt einzog. Nach dem Ende der französischen Periode fiel es für kurze Zeit an die Stadt zurück, wurde bald darauf wegen zu hoher Unterhaltungskosten an das niederländische Königshaus veräußert, um 1935 wieder zurückgekauft zu werden. Gleichwohl blieb die jeweilige Königin Hausherrin, sodass die prunkvoll gestalteten, mit Marmor ausgelegten und mit (Decken)-Gemälden der Rembrandtschüler Ferdinand Bol und Govert Flinck sowie Cornelius Holsteyn verzierten Innenräume nach wie vor den Repräsentationszwecken der Monarchen dienen. Daneben fungiert es als Museum, in dem bisweilen Sonderausstellungen, Konzerte und Lesungen veranstaltet werden. Seit gut zwei Jahren wegen Renovierung geschlossen, soll das historische Rathaus voraussichtlich ab Frühjahr 2008 wieder für die Öffentlichkeit zugänglich sein.

⌚ Juli–September täglich, sonst Di–Do, Sa und So 12.30–17 Uhr. Eintritt 5 €. ✆ 020/6204060, www.koninklijkhuis.nl. (Ob es bei diesen Vorrenovierungsdaten bleibt, war bis Redaktionsschluss nicht in Erfahrung zu bringen).

Nieuwe Kerk: Die Bauarbeiten zur Nieuwe Kerk, die bereits 1408 begonnen wurden, kamen wegen zweier zerstörerischer Brände in den Jahren 1421 und 1452 erst 1514 zu ihrem Abschluss. Das außen gotische, innen barock gehaltene Gotteshaus fungiert seit 1814 als Krönungskirche und verdankt der Inthronisation von Königin Beatrix am 30. April 1980 seine letzte Grundrenovierung. Inzwischen wird es jedoch nicht mehr für religiöse Feierlichkeiten, sondern als Veranstaltungsort für Ausstellungen und Konzerte genutzt. Eine Ausnahme bildete die Trauung des niederländischen Kronprinzen Willem-Alexander und seiner argentinischen Verlobten Máxima Zorreguieta im Februar 2002. Im Inneren der Kirche kann man sich u. a. eine aufwendig gestaltete Barockkanzel sowie die Grabstätten des

Amsterdamer Seehelden Admiral de Ruyter und des Dichters Joost van den Vondel anschauen.

⌚ Während der Ausstellungsperioden täglich von 10 bis 18 Uhr, Do bis 22 Uhr, sonst unregelmäßige Öffnungszeiten. ✆ 020/ 6386909, www.nieuwekerk.nl.

Magna Plaza: Das monumentale, von C. H. Peters im klassizistischen Stil entworfene und 1899 von der Hauptpost bezogene Gebäude ist 1992 zu einem mondänen Einkaufszentrum umfunktioniert worden, das auch ohne konkrete Kaufabsichten unbedingt sehens- und erlebenswert ist. Zahlreiche gut sortierte Geschäfte mit Kleidung und Schuhen, Kosmetika, Schreibwaren, Stoffen und edlem Geschirr, aber auch Galerien, Cafés und Restaurants säumen die auf drei Etagen verlaufenden Säulengänge, die von einer lichten Glaskuppel überspannt werden.

Nationaal Monument: Um den 1956 als Mahnmal für die Opfer des Zweiten Weltkriegs enthüllten, 22 Meter hohen Obelisken gruppieren sich nicht nur Skulpturen des Bildhauers John Raedecker, sondern Jugendliche aus aller Welt. Das war vielen Bürgern in den wilden 1960er und -70er Jahren, als das Nationaldenkmal Tag und Nacht von kiffenden Hippies belagert und zudem wiederholt als Kundgebungsort der verschiedenen außerparlamentarischen Bewegungen auserkoren wurde, ein Dorn im Auge. Inzwischen hat sich die Lage weitgehend beruhigt, auch wenn das Denkmal, an dem die niederländische Königin alljährlich am 4. Mai einen Kranz zu Ehren der Opfer des Nationalsozialismus niederlegt, bis heute ein Schauplatz öffentlichen Protests geblieben ist und zu seinen Füßen hin und wieder ein friedlich kreisender Joint seinen süßlichen Duft verströmt.

Madame Tussaud's Scenerama: Die erste ausländische Filiale des berühmten Londoner Wachsfigurenkabinetts wurde 1970 zunächst in der Kalverstraat eröffnet. 1991 zog sie in ihr mehrstöckiges Domizil direkt am Damplatz um, um 2002 für gut vier Millionen Euro renoviert und um interaktive Besichtigungserlebnisse ergänzt zu werden.

Gegen den stolzen Eintrittspreis von 19,95 € (Kinder 14,50 €) führt der in Gruppen unternommene Rundgang zunächst durch die wachsgeformte Geschichte Amsterdams mit Straßenszenen und Sequenzen aus dem Leben berühmter Persönlichkeiten des Goldenen Jahrhunderts. Danach geht es durch ein technisch hoch gerüstetes stationäres Horrorkabinett in die Prominentenabteilung, in der man neben internationalen Politikern, Film- und Popstars natürlich auch der niederländischen „Royal Family“ seine Aufwartung machen kann.

⌚ 10–18.30 Uhr, im Juli und August 9.30–20.30 Uhr. Eintritt 19,95 €. Dam 20, ✆ 020/ 5230623, www.madame-tussauds.com.

Amsterdams Historisch Museum: „Die junge Stadt“ (1350–1550), „Die mächtige Stadt“ (1550–1815) und „Die moderne Stadt“ (1815–2000) heißen die drei Hauptausstellungsbereiche, die wiederum in diverse zeitlich und thematisch definierte Unterabteilungen gegliedert sind. Unterschiedlich geartete Exponate, darunter alte Gemälde, Landkarten, architektonische Modelle, Fotos, Möbel, Gebrauchsgegenstände, Tondokumente und Filmsequenzen vermitteln ein äußerst lebendiges Bild der Stadtentwicklung. Außer dieser methodisch kreativ aufbereiteten stadtgeschichtlichen Dauerausstellung mit interaktiven Komponenten und regelmäßig veranstalteten Sonderausstellungen präsentiert das Museum in einem Nebentrakt, der sog. Schützengalerie, aus dem 16. und 17. Jahrhundert stammende Gruppenporträts wohlhabender Amsterdamer Kaufleue. Ein ihm angeschlossenes Café-Restaurant namens „David und Goliath“, an dessen Eingang

Tour 1 Karte S. 110/111

das von Albert Jansz. Vinckelbrinck 1660 gestaltete Holzfigurenensemble „David, Goliath und sein Landsknecht" die Gäste begrüßt, ist ein weiterer guter Grund dafür, das Stadtmuseum zu besuchen. Es serviert seine Spezialitäten bei schönem Wetter in einem der lauschigen Innenhöfe des ehemaligen Waisenhauskomplexes aus dem 16. Jahrhundert, in dem Amsterdams Historisch Museum 1975 seine Pforten eröffnete.

⌚ Mo–Fr 10–17 Uhr, Sa/So 11–17 Uhr. Eintritt 6 €. Das Museum ist sowohl von der Kalverstraat 92 als auch vom Nieuwezijds Voorburgwal 357 zugänglich. ✆ 020/5231822, www.ahm.nl.

Begijnhof: Die Beginenbewegung entstand gegen Ende des 13. Jahrhunderts in Flandern und weitete sich später auch auf andere europäische Regionen aus. Begründet wurde sie von ledigen oder verwitweten Frauen, die sich auf der Suche nach außerklösterlichen spirituellen Lebensformen zu ordensähnlichen Wohn- und Arbeitsgemeinschaften zusammenschlossen. Die Beginen widmeten sich vornehmlich der Armen- und Krankenpflege, mussten kein lebenslanges Armuts- und Keuschheitsgelübde ablegen und konnten die Gemeinschaft jederzeit wieder verlassen.

Mitten im großstädtischen Getriebe: Begijnhof

Der Begijnhof präsentiert sich als idyllische Wohn- und Gartenanlage mitten im trubeligen Stadtzentrum. Die Gemeinschaft hatte sich hier bereits 1346 zu einem gottgefälligen Leben zusammengefunden, doch fiel der erste Hof in der Mitte des 15. Jahrhunderts den damals grassierenden Großbränden zum Opfer. Deswegen sind die Wohnhäuser, die heute den grünen, blumenbepflanzten Innenhof einrahmen, fast ausschließlich weit jüngeren Datums und stammen bis auf eines, das auf das Jahr 1470 zurückgeht, aus dem 17. Jahrhundert. Nur die Kirche datiert noch aus dem Jahr 1392. Als die katholischen Beginen das Gotteshaus im Zuge der Reformation Ende des 16. Jahrhunderts an die Calvinisten abtreten mussten, richteten sie zwei nebeneinander liegende Wohnhäuser als Geheimkirche ein, die später zum normalen Gotteshaus zu Ehren des Hl. Johannes und der Hl. Ursula umgebaut wurden. Trotz der Kirchenübernahme konnten die Frauen übrigens weiterhin auf dem Gelände wohnen bleiben und ihrer karitativen Arbeit nachgehen.

⌚ 9–17 Uhr. Danach ist der Begijnhof nur vom Spui aus zugänglich. (Katholische) Begijnhofkapel: Mo 13–18.30, Di–Fr 9–18.30, Sa/So 9–18 Uhr. www.begijnhofamsterdam.nl.

Munttoren: Das steinerne Fundament des Munttoren stammt aus dem späten Mittelalter (1490) und war damals Teil der Stadtmauer. Der Aufbau und die hölzerne Spitze wurden erst 1619 nach Plänen von Hendrick de Keyser hinzugefügt. Ursprünglich hieß der Turm Regulierstoren, wurde dann aber umbenannt, weil hier im letzten Drittel des

17. Jahrhunderts Münzen geprägt wurden. Neben den Münzen klangen bzw. klingen im Munttoren seit Mitte des 17. Jahrhunderts die 29 Glocken eines Carillons, das der seinerzeit berühmte lothringische Glockengießer François Hemony dort installierte.

Torture Museum: Ein kulturgeschichtliches Museum der besonderen Art, das mittelalterliche Folterinstrumente aus verschiedenen europäischen Ländern (z. B. Daumenschrauben oder Stachelstuhl) ausstellt und mit Text und Bild – auch in deutscher Sprache – über deren „fachgerechte" Anwendung informiert.
⌚ 10–23 Uhr. Eintritt 5 €. Singel 449, ✆ 020/3206642, www.torturemuseum.com.

The Amsterdam Dungeon: Nach dem Gruselkabinett in Madame Tussaud's Scenerama und Foltermuseum der dritte und jüngste Schauplatz inszenierten Horrors in Amsterdam. Die im Herbst 2005 eröffnete, in ihrem Interieur am Amsterdam des 17. Jahrhunderts orientierte Filiale der Dungeon-Kette (Dungeon bedeutet Verlies), die ihre Besucher außerdem in York, Edinburgh und Hamburg das Fürchten lehrt, lädt zu einer Geisterbahnfahrt ein, auf der man das raue Leben auf einem VOC-Schiff, Pest oder Folter „bis ins grausigste Detail" (Website) nachempfinden kann. Sie arbeitet mit interaktiven Shows, Special Effects und dem Auftritt von Schauspielern aus Fleisch und Blut und bietet ihren Fahrgästen seit 2007 zudem die fürchterliche Illusion, von Hexen und Geistern gejagt zu werden.
⌚ 12–17 Uhr. Eintritt 18,95 €, Studenten 16,95 €, Kinder 13,95 €. Rokin 78, ✆ 020/5308500, www.theamsterdamdungeon.nl.

Hier trafen sich in den 1960ern die Provos (Het Lievertje am Spui)

Tour 1
Karte S. 110/111

Praktische Infos

Restaurants

De Keuken van 1870 (4), große Portionen deftiger holländischer Hausmannskost, z. B. stamppot, und wechselnde Tagesgerichte. Mo–Sa 16–22.30 Uhr. Spuistraat 4, ✆ 020/6204018.

Haesje Claes (31), feine holländische Küche in rustikalem Interieur, die (v. a. bei Reiseveranstaltern) einen so guten Ruf genießt, dass eine Reservierung angeraten ist. 12–22 Uhr. Spuistraat 275, ✆ 020/6249998.

De Roode Leeuw (15), gepflegt-gemütliches Traditionsrestaurant mit hier seit 1911 kredenzten, typisch holländischen Menüs, Snacks und Likören. 12–23 Uhr. Damrak 93–94, ✆ 020/5550666.

De Vijff Vlieghen (32), neuholländische Gaumenfreuden der obersten Preiskategorie (Haupgericht 35 €) im Goldenen-Jahrhundert-Ambiente hinter den Fassaden fünf historischer Grachtenhäuser. 17.30–22 Uhr. Spuistraat 294, ✆ 020/5304060.

Koh-I-Noor (23), eines von zwei stets gut besuchten Restaurants gleichen Namens und gleicher Küche (das andere befindet sich am Westermarkt), die eine breite Palette indischer Spezialitäten servieren. 17–23 Uhr. Rokin 18, ✆ 020/6272118.

Lucius Visrestaurant (28), sowohl hinsichtlich der von Fisch und Meeresfrüchten dominierten Speisekarte als auch bezüglich des Interieurs ansprechend, was allerdings seinen Preis (Hauptgericht 35 €) hat. 17–24 Uhr. Spuistraat 247, ✆ 020/6241831.

Kantijl en de Tijger (33), hier kann man zu einem durchschnittlichen Preis von 25 € ein passables indonesisches Dreigängemenü ordern. 16.30–23 Uhr. Spuistraat 291–293, ✆ 020/6200994.

Kobe House (8), frischer Fisch und zartes Fleisch von chinesischen Köchen auf japanische Art zubereitet. (Menü 30 €). 17– 24 Uhr. Nieuwezijds Voorburgwal 77, ✆ 020/6226458.

Marrakech (9), Couscous und andere nordafrikanische Spezialitäten in relativ kleinen Portionen, deren Verzehr von nordafrikanischer Musik akustisch untermalt wird. 17–22 Uhr, Mi Ruhetag. Nieuwezijds Voorburgwal 134, ✆ 020/6235003.

Ankara (5), authentische türkische Küche und Atmosphäre (Hauptgerichte 25 €). 17–23 Uhr. Eingänge an Spuistraat 3 a und am Nieuwezijds Voorburgwal 16, ✆ 020/6236110.

Intellektuellentreffpunkt: Büchermarkt am Spui

Tapas Bar Català (35), beliebtes katalanisches Lokal mit gutem Preis-Leistungs-Verhältnis (Hauptgericht 10, Menü 30 €). Mo–Fr 16–24 Uhr, Sa/So 13–1 Uhr. Spuistraat 299, ✆ 020/6231141.

Tokyo (38), Kombination aus Café, Restaurant, Snack-, Cocktail- und Sushibar. Mehrere mehrgängige Menüs zur Auswahl, für die man durchschnittlich 25 € investieren muss. Im Sommer wird vor der Tür direkt am Spuiplatz gedeckt. 12–22.30 Uhr. Spui 15, ✆ 020/4897918.

La Casa di David (41), kulinarisch überzeugende, allerdings auch recht teure italienische Spezialitäten, darunter raffinierte Vorspeisen und Holzofenpizza, in gepflegtedlem Ambiente. 17–23 Uhr. Singel 426, ✆ 020/6245093.

Caruso (48), großes italienisches Restaurant-Café (Hauptgericht 40 €) im Untergeschoss des Hotels Jolly Carlton. 10–24 Uhr. Singel 555, ✆ 020/6238320.

Côte Ouest (13), oben (rauchfreies) französisches Restaurant, unten Espresso- und Baguette-Bar mit französischem Flair. Viele Zutaten, darunter die Muscheln, sollen stets frisch aus der Bretagne eingeflogen werden. 17–24 Uhr. Mo Ruhetag. Gravenstraat 20, ✆ 020/3208998.

MAOZ (47), eine der fünf aus gutem Grund – die Kichererbsenbällchen mit Salat und Soßen nach Wahl ab 3,90 € sind hier wirklich besonders gut – immer proppenvollen Amsterdamer Falafel-Buden der MAOZ-Kette. Muntplein 1.

Kneipen, Cafés, Coffeeshops

Grand Café 1e Klas (1), gepflegtes Café-Restaurant im Jugendstil direkt in der Centraal Station. Gleis 2b. 9.30–22 Uhr.

De Drie Fleschjes (11), traditionelle kleine Probierstube mit gepflegtem „bruinen" Dekor, in der man aus weit mehr als „drie fleschjes" probieren kann. Mo–Sa 12–20.30 Uhr. So 15–19 Uhr. Gravenstraat 18, ✆ 020/6248443.

De Karpershoek (2), eine der ältesten Kneipen der Stadt, in der angeblich schon 1629 – von Seeleuten – gezecht worden sein soll. 10–1 Uhr. Maartelaarsgracht 2, ✆ 020/6247886.

Scheltema (18), die typische Amsterdamer Kneipe bewirtet seit 1840 Gäste mit kleinen herzhaften Speisen, Kaffee, Kuchen und v. a. Getränken. Traditionell kehren hier vornehmlich Journalisten der früher an dieser Straße konzentrierten Zeitungsredaktionen ein. 11–22 Uhr, Sa ab 8 Uhr. Nieuwezijds Voorburgwal 242, ✆ 020/6232323.

David und Goliath (30), wegen des hübschen und ruhigen Standorts im Hof des Historischen Museums insbesondere im Sommer besuchenswertes Café-Restaurant. Es serviert u. a. schmackhaftes *apelgebak*, Crêpe- und Pfannkuchenspezialitäten. 9–18 Uhr. Kalverstraat 92, ✆ 020/6236736.

Hoppe (39), schon ab mittags gut besuchte Traditionskneipe mit gemischtem, vornehmlich jedoch fein gewandetem akademischem Publikum. 8–1 Uhr, Fr/Sa 8–2 Uhr. Spui 18–20, ✆ 020/ 4204420.

De Zwart (37), direkt nebenan mit ähnlichem Ambiente und denselben Öffnungszeiten. Spuistraat 334.

Luxembourg (40), stets gut frequentiertes Grand Café mit gepflegt-urbaner Atmosphäre, leckerem Kaffee und Kuchen und ebenso wie die beiden o. g. mit Wintergarten bzw. Sommerterrasse auf dem Spuiplatz. 8–1 Uhr. Spui 22–24, ✆ 020/62062264.

Dante (34), Bar, italienisches Restaurant und moderne Kunstgalerie in einem. Es hütet die Sammlung des Rockmusikers Hermann Brood, der hier Stammgast war, bevor er sich im Frühsommer 2001 das Leben nahm. So–Do 11–1 Uhr, Fr/Sa bis 3 Uhr. Spuistraat 320, ✆ 020/6388839.

Esprit Café (36), rundum verglastes und deshalb angenehm helles Grand Café, das sich bei schönem Wetter auf den Spuiplatz ausbreitet. Mo–Sa 10–18 Uhr, Do 10–22 Uhr, So 12–18 Uhr. Spui 10, ✆ 020/6221967.

Café Schuim (22), nettes Kneipen-Café mit der Atmosphäre einer Studentenkneipe der 1970er und 80er Jahre. Ab 11 Uhr open end, So Ruhetag. Spuistraat 189.

Homegrown Fantasy (10), der Coffeeshop gilt hinsichtlich seiner „Speisekarte" als einer der besten der Stadt. Mo–Do 12–23, Fr–So 12–24 Uhr. Nieuwezijds Voorburgwal 87 a, ✆ 020/6275683.

Clubs und Diskotheken

Absinthe (17), mystisch-orientalisch angehauchte Bar, in der das gleichnamige Getränk ausgeschenkt wird, das schon van Gogh das Hirn vernebelt haben soll. Mit DJ-präsentierter Musikbegleitung. 20–3 Uhr, Fr/Sa bis 4 Uhr. Nieuwezijds Voorburgwal 171, ✆ 020/3206780.

Ort der Entspannung: Café am Historischen Museum

Getaway (20), in der „trendy bar" gibt es am Wochenende Tanzmusik. 20–3 Uhr, Fr–So bis 4 Uhr. Nieuwezijds Voorburgwal 250.

Bep (26), in unmittelbarer Nachbarschaft des eben genannten Clubs und von demselben jungen urbanen Publikum frequentiert. 11–1 Uhr, Fr/Sa bis 3 Uhr. Nieuwezijds Voorburgwal 260, ✆ 020/6265649.

Diep (24), obwohl im „bruinen" Ambiente altholländischer Kneipen gehalten, finden sich auch hier die trendy Barhopper aus der Kunst-, Medien- und IT-Szene ein. So–Do 17–1 Uhr, Fr/Sa bis 3 Uhr. Nieuwezijds Voorburgwal 256, ✆ 020/4202020.

Odeon (45), ursprünglich einmal Brauerei, im 19. Jahrhundert der erste Konzertsaal der Stadt, später viele Jahre Diskothek auf drei Etagen, wechselte das Grachtenhaus aus dem 17. Jahrhundert 2003 den Besitzer, der es 2005 unter gleichem Namen, aber mit neuem „Café-Restaurant-Cocktailbar-Club"-Konzept wiedereröffnete. Café-Restaurant 11–1 Uhr. Club (im historischen Theatersaal) Do 23–3 Uhr, Fr–Sa 23–5 Uhr. Singel 460, ✆ 020/5218555 www.odeonamsterdam.nl.

Dansen bij Jansen (42), abtanzen zu Disco, Pop oder House, traditionell im Kreise vieler Studenten. 22–4, Fr/Sa bis 5 Uhr. Handboogstraat 11, ✆ 020/6201779, www.dansenbijjansen.nl.

Club Zyon (21), House, Techno, Trance und Hip-Hop, aufgelegt von DJs aus der ganzen Welt. Das Ganze auf zwei Ebenen,

Shopping-Paradies Magna Plaza

im futuristisch gestylten Zyon 1 oder dem eher konventionell eingerichteten Zyon 2. Nieuwezijds Voorburgwal 163. Aktuelles Programm siehe www.clubzyon.nl.

Supperclub (25), cooler und teurer Club mit alternativ-anarchistischen Wurzeln, in dem man sich trendy und hip kleidet – auf Wunsch auf einer Couch liegend –, gut essen und trinken und von DJs präsentierte Musik genießen kann. Jonge Roelensteeg 21, ✆ 020/3446400.

NL Lounge (19), Roter Samt, sanftes Licht und thailändische Snacks als Unterlage für Cocktails, Wein und Bier, am Wochenende Tanz. Mo–Do 20–3 Uhr, Fr/Sa 20–4 Uhr. Nieuwezijds Voorburgwal 169.

Bitterzoet (3), niveauvolle Adresse der Amsterdamer Club- und Diskoszene. Abwechslungsreiches Programm mit neuen Bands, engagierten DJs, manchmal Theater oder Lesungen etc. So–Do 20–3 Uhr, Fr/Sa 20–4 Uhr; 21–23 Uhr: „Happy Wine Hour" (Glas Wein für 1 €). Spuistraat 2, ✆ 020/5213001, www.bitterzoet.com.

Shopping

Auf dem Rundgang passiert man neben den großen Einkaufszentren wie z. B. **Magna Plaza**, **Kalvertoren** und **De Bijenkorf** unzählige Läden aller Art, z. B.:

Kantenhuis, Tischdecken, Servietten – seit hundert Jahren Spitze! Kalverstraat 124.

Lush, ein äußerst farb- und duftintensiver Laden für handgemachte Kosmetik, die man „lose" kaufen kann, z. B. Seife, Gesichtsmasken, Bade- und Massageöl etc. Kalverstraat 98.

Soap Treatment Store, Kosmetische Behandlungen, Maniküre und ausgesuchte Hautpflegeprodukte in hygienisch-elegantem, schneeweißen Interieur. Spuistraat 281.

American Book Center, englischsprachige Publikationen, Spiele, Kalender, Zeitschriften etc. Im November 2006 nach fast 35 Jahren im kommerziellen Getriebe der Kalverstraat ins passendere Ambiente umgezogen. Spui 12. ✆ 020/6255537.

Waterstone's, auch hier gibt es englischsprachige Bücher und Zeitschriften in großer Auswahl. Kalverstraat 152, ✆ 020/6383821.

Athenaeum, niederländische und englische Bücher sowie internationale Zeitungen und Zeitschriften. Spui 14–16, ✆ 020/6226248.

Hajenius Tabak, das mit edlem Art-déco-Mobiliar ausgestattete Paradies für ambitionierte Zigarren- und Pfeifenraucher gilt als eines der besten Tabakgeschäfte weltweit. Rokin 92–96.

Dam Square Souvenirs, außer den üblichen Hollandandenken gibt es hier die ganze Kollektion der recht flott designten leuchtend-roten Amsterdam-Werbeträger mit dem schwarz-weiß aufgedruckten Stadtmotto „IAmsterdam", also Tassen, Tüten, Taschen, T-Shirts, Schirme etc. Dam 13/17.

Amsterdam Diamond Center, sie gehören zu Amsterdam wie Tulpen und Grachten: Diamanten. Hier werden sie geschliffen und verkauft. Rokin 1–5, ✆ 020/6245787.

Märkte

Bloemenmarkt am Singel, Mo–Sa 9–17 Uhr.

Büchermarkt am Spui, diverse Bücherstände mit (antiquarischer) Literatur aller Sparten und Sprachen. Fr 10–16 Uhr.

Kunstmarkt am Spui, Originale direkt vom Produzenten, organisiert von der „Amsterdamer Stiftung Internationaler Künstler". März–Dezember So 10–18 Uhr. www.artplein-spui.nl.

Am Rande von Chinatown: Nieuwmarkt

Rotlicht-, Chinesen- und Universitätsviertel

In dem hinsichtlich seiner Bausubstanz ältesten Teil Amsterdams zwischen Warmoesstraat, Zeedijk und Oude Hoogstraat florieren auch das sprichwörtlich älteste und mit dem illegalen Drogenhandel zudem eines der gefährlichsten Gewerbe der Welt. Gleichwohl sind „De Wallen" (auch „Walletjes" genannt) nach wie vor ein Wohngebiet, in dem auch beruflich anderweitig engagierte Amsterdamer leben und arbeiten.

Wo heute in schmalen Schaufenstern nebeneinander aufgereihte Prostituierte, Erotikbars, Peepshows, Sex- und Coffeeshops, aber auch gewöhnliche Stadtteilkneipen, Restaurants und Geschäfte das Straßenbild prägen, lebten im 17. Jahrhundert vornehmlich gut betuchte Patrizierfamilien. Eine davon war die des wohlhabenden katholischen Kaufmanns Jan Hartmann, der angesichts des calvinistischen Verbots öffentlich abgehaltener katholischer Messen im Obergeschoss seines Hauses die einzige noch im Originalzustand erhaltene Amsterdamer „Schlupfkirche" einrichtete. Werden dort hin und wieder noch Hochzeits- oder Weihnachtsmessen gefeiert, so dient die inzwischen von Fensterprostituierten eingekreiste älteste Amsterdamer Kirche, die ab 1306 erbaute Oude Kerk, heute ausschließlich Ausstellungs- und Kulturveranstaltungszwecken.

Regelmäßig gebetet oder besser meditiert wird dagegen im größten buddhistischen Tempel Europas am Zeedijk. An der im 13. Jahrhundert als Schutzwall gegen die Fluten der Zuiderzee aufgeschütteten Straße, die den Rotlichtbezirk im Nordosten einrahmt und an

Spaziergang 9 siehe S. 216
Spaziergang 6 siehe S. 180/181
Spaziergang 3 siehe S. 142/143
Spaziergang 4 siehe S. 156/157
Spaziergang 5 siehe S. 170
Spaziergang 10 siehe S. 224
St. Jacobs-st.
Spuistr.
Voorburgwal
Nieuwezijds
D. v. Hasselts-st.
Oude-brugst.
Damrak
Nwe. Nieuwst.
Nieuwendijk
St. Nicolaasstr.
Graven-str.
Eggert-str.
Zout-st.
Beursstr.
Beurs-plein
Warmoesstr.
Moses en Aäronstr.
Dam
Paleisstr.
National Monument
St. Jansstr.
Pijlst.
Damstr.
Jonge Roelen-st.
P. Jacobszstr.
Kalver-straat
Rokin
Lombardst.
Nes
Oude-zijds
Oudezijds
Agnieten-kapel
Spinhuis Steeg
Rusland
Sijlkstr.
Grimburgwal
Haus an den drei Grachten
Oudemanhuispoort
Universiteit
Vendel-
Binnen-gasthuisstr.
Allard Pierson Mus.
Oude Turfmarkt
Nwe. Doelenstr.
Kloveniersburg-wal
Staal-str.
Groenenburgwal
Verversstr.
Zwanenburgwal
Amstel
Munt-plein
Singel
Reguliersbreestr.
Waterlooplein
Nwe.brugst.
St. Olofs-poort
Zeedijk
Oude-
Vreden-burgerst.
Mus. Amstelkring
Lange Niezel
T'Mandje
Korte Niezel
Storm-st.
Oude Kerk
Oudekers-plein
Erotik-museum
Molenst.
Voorburgwal
Achteburgwal
Tempel
Gelderse-
De Waag
Nieuw-markt
Kor-str.
Keize-
Stoof-st.
Barndest.
Hasch- und Marihuana-Museum
Oude Hoog-str.
Oostindisch Huis
Trippenhuis
Nwe. Hoogstr.
St. Antoniesbreestr.
Dijkstr.
Zanddw. str.
Raamgracht
Jo-bree
1 2 3 4 5 6 7 8 9 10 11 12 13 14 15 16 17 18 19 20 21 22 23 24 25 26 27 28 29 30 31 32 33 34 35 36 37 38 39 40 41 42 43 44 45 46 47 48 49 50 51 52 53 54 55 56 57 58 59 60

Hauptbahnhof und Hafen anbindet, pulsiert auch sonst vor allem fernöstliches Leben. Nachdem sich hier bereits Ende der 1920er Jahre chinesische Seeleute häuslich und geschäftlich niedergelassen hatten, zogen auch später folgende Landsleute an den südlichen Zeedijk und seine Nebenstraßen und eröffneten Restaurants, Ex- und Importgeschäfte, Friseursalons und Arztpraxen (die chinesische Community Amsterdams zählt inzwischen ca. 60.000 Seelen).

In den 1970er und 80er Jahren geriet der Zeedijk allerdings hauptsächlich als Dorado des illegalen Drogenhandels in Verruf. Wegen des damit einhergehenden Gefahrenpotentials für Bewohner und Besucher schlossen damals einige traditionsreiche Bars und Kneipen ihre Pforten. Im Zuge gemeinsamer Anstrengungen der Gemeinde Amsterdam, örtlicher Polizeikräfte und privater Investoren ist der Zeedijk inzwischen zu neuem Leben erwacht. Gänzlich eingedämmt werden konnte die Drogenkriminalität damit freilich nicht. Das war einer der Gründe für eine erneute, im Jahre 2004 eingeleitete kommunale Offensive zur Steigerung der Lebensqualität und Sicherheit in dem berühmt-berüchtigten Amsterdamer Stadtteil. Die integriert die Installation von Überwachungskameras, den verdichteten Einsatz von Polizeikräften und Quartiersmanagern, aber auch die Renovierung von verwahrlosten Häusern, die Verbreiterung von Straßen und den Austausch maroder Abwasserleitungen, sodass auch das Rotlichtviertel derzeit im wörtlichen und übertragenen Sinne im Auf- und Umbruch ist.

Am südlichen Ende des Zeedijk öffnet sich mit dem Nieuwmarkt ein weitläufiger Platz, auf dem mit der monumentalen „De Waag" der älteste Profanbau Amsterdams steht. Südwestlich davon sind zwischen dem „Red Light District"

Tour 2
Karte S. 124/125

Übernachten
8 Meetingpoint Youthhostel (S. 80)
3 Winston Hotel (S. 79)
7 The Bulldog Hotel (S. 80)
1 The Shelter City (S. 80)
2 Rho Hotel (S. 76)
5 Stayokay Stadsdoelen (S. 79)
7 Hotel Residence Le Coin (S. 76)
8 Hotel Nes (S. 76)
9 NH Doelen (S. 74)
0 Hotel Eureka (S. 76)

Essen & Trinken (S. 135 – 138)
1 In't Aepchen
2 Het Elfde Gebod
3 Skek
4 De Roode Baron
6 Kam Yin
7 Wau Maleis Saté Restaurant
9 The Queen's Head
1 De Portugees
2 Getto
3 Tibet
4 De Bakkerswinkel
5 De Kooning van Siam
6 Wok to walk
8 Bird
1 Zeevaart
2 Durty Nelly's Irish Pub
7 Eat Mode
8 Hoi Tin
9 Café Latei
0 't Breugeltje
1 Café de Zon
2 The Bulldog
3 Café Cuba
4 In De Waag
5 Chao Phraya
6 Cotton Club
8 Café Bern
9 Poco Loco
0 Wijnand Fockinck
3 Café Fonteyn
4 De Bekeerde Suster
5 Rest. Ijssalon Tofani
8 De Engelbewaarder
9 Brasserie Harkema
2 Kapitein Zeppos
3 t' Gasthuys
4 Upstairs
6 De Jaren

Nachtleben (S. 138)
5 Stablemaster
0 Casablanca
7 The Eagle
9 Cockring
0 Argos
4 Winston International
5 Bananabar
6 Casa Rosso

Sonstiges (S. 138)
6 De Brakke Grond
7 Frascati
0 Comedy Theater
1 De Engelenbak

70 m

Spaziergang 2

im Norden und der Binnenamstel im Süden gleich mehrere geschichtsträchtige und architektonisch bemerkenswerte Gebäude in äußerst grachtenromantischer Umgebung platziert. Zu den historischen Monumenten, die die große Vergangenheit der holländischen See-, Handels- und Kolonialmacht dokumentieren, gehören das Oostindisch Huis oder das ehemalige Altersheim Oudemannshuis, in denen heute der akademische Nachwuchs ein und aus geht.

Spaziergang

Der Rundgang startet am Nationaal Monument auf dem Dam und führt – vorbei am Hotel „Krasnapolsky" – in die Warmoesstraat, in der man(n) sich allmählich auf das „Milieu" einstimmen kann. In der hinsichtlich Farbe, Form, Geschmacksrichtung und Verpackung gut sortierten **Condomerie Het Gulden Vlies** herrscht stets großer Andrang. Ebenso gut frequentiert sind die dort konzentrierten Schwulenlokale, wobei insbesondere Männer mit einer Vorliebe für Lack und Leder in der **Warmoesstraat** auf ihre Kosten kommen. Mit dem alteingesessenen Kaffee- und Teegeschäft **Geels & Co,** das in einem kleinen hauseigenen **Museum** über die Kulturgeschichte der aromatischen Getränke informiert, gibt es hier allerdings auch eine Sehens- und Erlebenswürdigkeit ganz anderer Art. Hinter dem außen wie innen höchst dekorativen Laden wechseln wir über die kleine Gasse Lange Niezel auf den Oudezijds Voorburgwal. Direkt an ihrer Einmündung gewährt das → **Museum Amstelkring** Einblicke in die repräsentativen Wohnräume der katholischen Kaufmannsfamilie Hartmann und die darüber liegende Dachbodenkirche, die den passenden Namen „Ons' Lieve Heer op Solder" („Unser Herrgott unterm Dach") trägt.

Der ansonsten „sündigen Meile" folgend erreicht man nach wenigen Metern die → **Oude Kerk,** auf deren Vorplatz sich schon lange keine Kirchgänger, sondern potenzielle Freier und neugierige Touristen versammeln. Die begutachten und begaffen die mehrheitlich dunkelhäutigen Frauen, die rund um das mittelalterliche Gotteshaus ihre von rotem Licht weichgezeichneten Körper anbieten. Wer etwas mehr über ihre Lebens- und Arbeitsverhältnisse wissen möchte, kann sich im **Prostitution Information Center (PIC)** schlau machen, das 1994 von einer ehemaligen Prostituierten gegründet wurde. Um seine Arbeit finanziell abzusichern, hat das PIC mit dem Souvenirshop „De Wallenwinkel" fusioniert, sodass man in dem kleinen Ladenlokal nahe der Kirche sowohl allerlei pikante Andenken als auch Auskünfte aus fachfraulichem Munde und mehrere Publikationen erhält, die über Geschichte und Gegenwart des bekannten Rotlichtviertels aufklären. Zu Letzteren gehört der jährlich aktualisierte „Pleasure Guide", in dem man z. B. (in niederländischer oder englischer Sprache) erfährt, dass man die Frauen in den Fenstern auf keinen Fall fotografieren darf. Schließlich lohnt sich auf dem zweckentfremdeten Kirchplatz noch ein Blick nach unten, genauer aufs Pflaster, in das direkt vis-à-vis vom Hauptportal der Kirche mit der Bronzeskulptur einer weiblichen Brust mit Hand wohl eines der am ungewöhnlichsten platzierten Kunstwerke Amsterdams eingelassen ist.

Nach der Umrundung der ältesten Kirche der Stadt finden wir uns auf dem Oudezijds Voorburgwal wieder. Von dem zweigen unmittelbar südlich der Oude Kerk Trompetter- und Dolle Begijnensteeg ab. Während der erste, eine handtuchschmale Gasse, ins Rotlicht der angrenzenden Fenster getaucht ist, ist der zweite, noch engere Durchgang

Von respektablen historischen Bauwerken flankiert: Kloveniersburgwal

Tour 2
Karte S. 124/125

fensterlos und wandflächendeckend mit bunten Graffitis übersät. Die zieren auch das erste, 1975 eröffnete Marihuana-Lokal der inzwischen zur Coffeeshop- und Hotelkette ausgeweiteten Unternehmensgruppe „The Bulldog" (www.bulldog.nl), mit dem man einige Meter weiter südlich erneut einen historischen Schauplatz passiert. Vorbei an dem farbenfrohen Treffpunkt für Kiffer aus aller Welt geht es über die Gracht bzw. den Stoofsteeg auf den Oudezijds Achterburgwal. Dem folgen wir zunächst ein Stück in südlicher Richtung, um uns dort im → **Hash en Marijuana Museum** über die kulturgeschichtlichen Hintergründe des Softdrogenkonsums schlau zu machen.

Anschließend geht es wieder nordwärts zum bekanntesten, dem Vernehmen nach zu einem Drittel von weiblichen Besuchern frequentierten Erotiktheater der Stadt namens **Casa Rosso,** vor dessen Tür ein phallusverzierter Brunnen plätschert. Nicht minder eindeutig ist der Eingangsbereich des wenige Meter dahinter liegenden **Erotikmuseums** gestaltet, in dem die lebensgroße Puppe einer wohlgeformten Frau auf einem entsprechend ausgerüsteten Hollandrad offenbar höchst erregt in die Pedale tritt. In seinem Innern dokumentieren Gemälde, Zeichnungen, Fotos, Filme und Figuren die Freude an der „schönsten Sache der Welt". Darüber hinaus können pozentielle Freier hier vor der nachgestellten Kulisse der Amsterdamer Fensterprostitution per Knopfdruck Informationen über die „Verkehrsregeln" in De Wallen abrufen.

Auf der gegenüberliegenden Grachtseite wartet die **Bananabar,** die in einschlägigen Kreisen einen internationalen Ruf genießen soll, auf (sensations) lüsterne, ausschließlich männliche Gäste. Von dort führt der Spaziergang über das nördliche Ende des Oudezijds Achterburgwal und den Korte Stormsteeg mitten auf den Zeedijk.

Auf dessen dem Bahnhof bzw. dem Hafen zugewandten Nordflanke genossen bis in die 1950er Jahre hinein Seeleute aus aller Welt die ersten und letzten Stunden an Land. Einige der dort aufgereihten ehemaligen Hafenkneipen, z. B. „In't Aepjchen", „Casablanca", „The Queens Head" oder „'t Mandje", haben auf unterschiedliche Weise Geschichte(n) geschrieben. **In't Aepjchen** ist am Zeedijk Nr. 1 in einem der ältesten Wohnhäuser der Stadt (Mitte 16. Jahrhundert) gegenüber der aus dem 15. Jahrhundert datierenden → **St. Olofskapel** untergebracht. Es bekam seinen Namen „Im Äffchen", weil man hier früher die Zeche auch in Naturalien, konkret mit einem aus Übersee mitgebrachten lebendigen Affen, bezahlen konnte. Im **Casablanca,** derzeit eine Musikkneipe, trafen sich in den 1950er Jahren in Deutschland stationierte amerikanische Soldaten zum feucht-fröhlichen Wochenendvergnügen. **The Queens Head,** dessen Fenster jahrelang mit einer bunten Schar wohlgeformter männlicher Barbiepuppen dekoriert waren, wurde im Jahre 1999 zur besten neuen Schwulenbar gekürt. Das **'t Mandje** schließlich ist nicht mehr in Betrieb und nur noch als gastronomiehistorischer Schauplatz erhalten, weil drinnen die 1967 verstorbene, bekanntermaßen lesbische und allseits geschätzte Bet van Beeren hinter dem Tresen stand. Eine Hommage an die legendäre Wirtin findet sich übrigens im Historischen Museum, das die Inneneinrichtung ihres Lokals als typisches Beispiel eines „Bruinen Cafés" in seine kulturgeschichtliche Ausstellung integriert hat.

Sex and Drugs …

Der südliche Zeedijk gilt als Zentrum des **Chinesenviertels,** sodass dieser Straßenabschnitt in fernöstliche Klänge, Farben und Düfte eingetaucht ist: chinesische Schriftzüge über bunt sortierten Läden und Restaurants, aus denen das Aroma exotischer Gewürze strömt und in deren Fenstern Kolonnen gebratener Enten hängen. Mittendrin erhebt sich der am 15. September 2000 in Gegenwart von Königin Beatrix eröffnete orange-rote → **Fo Guang Shan He Hua Tempel,** in dessen Innern die Anhänger der gleichnamigen (Fo Guang Shau) Glaubensrichtung des chinesischen Buddhismus meditieren.

Amsterdams Chinatown erstreckt sich bis zum Nieuwmarkt, der von der ehemaligen Stadtwaage → **De Waag** dominiert und von vielen kleinen Geschäften, Restaurants und Kneipen eingerahmt wird. Der einst bedeutende Marktplatz, auf dem seit 1614 u. a. Fisch und Stoffe feilgeboten wurden, wird heute nur noch von einigen wenigen Obst-, Gemüse- und Blumenhändlern regelmäßig beschickt und erwacht allein samstags und sonntags (Bauern- bzw. Antiekmarkt) zu nennenswertem kommerziellen Leben. Mitte der 1970er

Sex and Drugs

Die Geschichte der charakteristischen Fensterprostitution geht bis ins 17. Jahrhundert zurück, wobei diese Variante der käuflichen Liebe in Amsterdam sowie an acht anderen Orten der Niederlande seit 1911 qua Gesetz erlaubt, die Anzahl der „bewirtschafteten" Fenster allerdings genau festgeschrieben ist. Dagegen war das Betreiben üblicher Bordelle bis zum Oktober 2000 verboten. Zugelassen wurden solche Etablissements erst im Rahmen einer Gesetzesinitiative, mit der der Beruf der Prostituierten offiziell anerkannt wurde. Ob die neuen gesetzlichen Regelungen die Arbeitssituation der in Amsterdamer Rotlichtvierteln aktiven ca. 10.000 Prostituierten verbessern und die illegale Beschäftigung von Frauen aus Asien, Afrika oder osteuropäischen Ländern eindämmen, sei dahingestellt. Obgleich viele Frauen von einem Zuhälter „betreut" werden, gibt es durchaus Prostituierte, die ihr für ca. 100–150 € pro Achtstundenschicht gemietetes Fenster als selbst gemanagten „Einfraubetrieb" führen. Die dort gebotenen „Dienstleistungen", im Jargon „suck and fuck" genannt, sind ab ca. 50 € und nur mit Kondom in Anspruch zu nehmen. Männer exponieren ihre Reize übrigens nicht im „Schaufenster", nachdem ein 1995 gestartetes „Pilotprojekt" männlicher Fensterprostitution gescheitert ist. Allerdings sollen einige wenige Transvestiten – übrigens in blau illuminierten Fenstern – in „De Wallen" zu Diensten stehen. Zwischen rot beleuchteten Fenstern und eindeutig beworbenen Sexclubs und -theatern bieten allein in „De Wallen" 39 Coffeeshops ihre „Rauchwaren" an. Obwohl die holländische Drogenpolitik im Vergleich zu der anderer europäischer Länder außergewöhnlich liberal ist und sich gegenüber dem Genuss von „Soft Drugs" recht tolerant zeigt, ist auch in „Swinging Amsterdam" diesbezüglich keineswegs alles erlaubt: Harte Drogen, also alles außer Haschisch, Marihuana sowie einigen halluzinogenen Pilzen, die in so genannten „Smart Shops" verkauft werden, sind wie überall auf der Welt strikt verboten. Nachdem im Frühjahr 2007 eine junge Französin nach dem Konsum derartiger Pilze auf einen solchen Horrortrip kam, dass sie sich währenddessen das Leben nahm, wird allerdings neuerlich erwogen, auch die „magic mushrooms" auf den Index zu setzen oder ihren Verkauf zumindest strenger zu kontrollieren. Während der Besitz geringer Mengen solcher „Soft Drugs" in Holland straffrei bleibt, ist ihr Konsum keineswegs nicht immer und überall geduldet. Allein in den 280 Coffeeshops, in denen die Gäste statt der Getränke- eine „Rauchkarte" mit den Spezialitäten des Hauses (v. a. in den Niederlanden selbst angebaute, unter „homegrown" firmierende Sorten etc.) vorgelegt bekommen, können Menschen ab 18 Jahren ungestraft bis zu 5 Gramm Haschisch oder Marihuana pro Person erwerben und „verzehren". Voraussetzung ist allerdings, dass deren Betreiber die gesetzlichen Auflagen erfüllen, was ebenfalls in Zukunft weitaus strenger unter die Lupe genommen werden soll. So darf in den Lokalen weder Alkohol ausgeschenkt noch mit harten Drogen gehandelt und selbst für die „Soft Drugs" nicht explizit geworben werden. Ambiente und Publikum der Coffeeshops sind recht verschieden, sodass man in fröhlich-flippigen, düster-heruntergekommenen, holländisch-gemütlichen oder edel-gestylten Coffeeshops seinen Joint rauchen, einen Kaffee trinken und manchmal etwas essen kann.

Jahre tobten hier heftige Krawalle, weil dem Ausbau der U-Bahn-Strecke zum Vorort Bijlmer mehrere alte Häuser des Nieuwmarkt-Viertels geopfert werden sollten. Im Zuge dieser gewaltsamen Auseinandersetzungen, die in der Metro-Station Nieuwmarkt fotografisch dokumentiert sind, standen sich im März 1975 mit Farbbeuteln ausgerüstete Demonstranten und mit Wasserwerfern und Tränengas bewaffnete Polizisten gegenüber. Der Häuserkampf forderte zahlreiche Verletzte auf beiden Seiten und mündete in die Verhaftung von Aufständischen und Anzeigen gegen die Ordnungshüter. Den Abriss der Häuser für die Anlage der U-Bahn-Trasse vermochten die Proteste nicht zu verhindern, wohl aber den für die flankierend anvisierte Schnellstraße, sodass die alte Bausubstanz rund um den historischen Marktplatz zumindest teilweise erhalten geblieben ist.

Wir verlassen den Nieuwmarkt über den baumbestandenen Kloveniersburgwal, auf dem wir uns (vom Nieuwmarkt kommend) auf der rechten Grachtseite in südwestlicher Richtung bewegen. Unterwegs bleibt der Blick zunächst auf einem imposanten Palast jenseits des Wassers haften, bei dem es sich um das sog. → **Trippenhuis** handelt, mit dem die Patrizierfamilie Trip im 17. Jahrhundert ihren Wohlstand demonstrierte.

Als Zeichen des Wohlstands jener Ära muss auch das → **Oostindisch Huis** gelesen werden, dessen meterlange Seitenfront wir nach Überqueren der Oude Hoogstraat diesseits des Kanals passieren. Das Eingangsportal der respektablen Machtzentrale der frühen Aktiengesellschaft „Oostindische Kompanie" öffnet sich an der Oude Hoogstraat selbst, wobei ein Haus im Miniaturformat gleich nebenan die gigantischen Ausmaße des (kolonial)geschichtsträchtigen Gebäudes akzentuiert.

Doch zurück auf den Kloveniersburgwal, von dem wir nach Abschreiten des gewaltigen Mauerriegels rechterhand in den Spinhuissteg ausscheren. Das Sträßlein trägt diesen Namen, weil an seiner Einmündung in den Oudezijds Achterburgwal das historische Schwererziehbarenheim **Spinhuis** steht, in dem im 17. Jahrhundert „gefallene Mädchen" durch harte Arbeit an Spinnrad und Webstuhl geläutert werden sollten. An seiner Fassade gemahnt(e) eine entsprechend übersetzbare Inschrift des berühmten zeitgenössischen Dichters Pieter Cornelisz. Hooft (1581–1647) die Insassinen, ihre Arbeitsanstrengungen nicht als Strafe, sondern Chance zu begreifen.

Wir halten uns am Spinhuis links und folgen dem Oudezijds Achterburgwal, bis sich dessen Grachtenwasser mit dem von Oudzijds Voorburgwal und Grimburgwal vereint. Genau über dem Zusammenfluss dieser drei innerstädtischen Wasseradern wurde im Jahre 1610 nach Entwürfen des damaligen Stadtbaumeisters Hendrick de Keyser mit dem treppengiebeligen **Huis an de drie Grachten** eines der heutigen Wahrzeichen Amsterdams gebaut.

Einen Steinwurf von dem bilderbuchreifen Backsteinhaus entfernt breitet sich zwischen Oudezijds Achterburg- und Kloveniersburgwal ein aus Alt- und Neubauten komponierter Gebäudekomplex der Amsterdamer Universität aus. Wir durchqueren ihn durch die Oudemanshuisport („Altmännerpforte"), einen von hölzernen Verkaufstischen und -kisten mit antiquarischen Druckwerken gesäumten Arkadengang. In dem zweigt wiederum ein weiterer Gang ab, durch den man früher einmal ein Männeraltenheim und heute die darin untergebrachte juristische Fakultät erreicht(e). Der „Büchertunnel" führt uns zurück auf den Kloveniersburgwal, dem wir rechterhand bis zu seiner Mündung in die Nieuwe Doelenstraat folgen. Von dort sind das imposante Domizil des Doelen-Hotels und das zweistöckige Grand Café „De Jaren“ mit seinen Terrassen über der Binnenamstel zu betreten. Gleich um die übernächste Straßenecke, am Oude Turfmarkt, spucken gewöhnlich voll beladene Touristenbusse unablässig Fahrgäste für hier startende Rundfahrtboote oder Besucher des archäologischen → **Museums Allard Pierson** aus. Weil das touristische Treiben derzeit durch die sich täglich weiterfressende Metrobaustelle empfindlich gestört wird, bewegen wir uns mit deshalb eventuell erforderlichen kleinen Umwegen über den Grimburgwal in die Theatergasse Nes, durch die wir zum Dam zurückschlendern. Das Attribut „Theatergasse“ verdankt die schmale Straße dem Umstand, dass hier mit „Frascati“, „De Brakke Grond“, „De Engelenbak“ und dem erst jüngst eröffneten „Comedy Theater“ auf engstem Raum gleich mehrere Theater und Kulturzentren ein abwechslungsreiches Repertoire auf die Bühne(n) bringen.

Sehenswertes

Museum Amstelkring: Das 1620 errichtete, großzügige Grachtenhaus sowie die zwei angrenzenden Hinterhäuser am Heintje Hoeksteeg wurden in den Jahren 1661 bis 1663 im Auftrag des Strumpfkaufmanns Jan Hartman im klassizistischen Stil umgebaut. Während Hartmans Familie im grachtenzugewandten Teil des Gebäudekomplexes wohnte, waren die beiden hinteren Häuser vermietet. In den Dachgeschossen des eigenen und der Hinterhäuser richtete der Katholik Hartmann eine Kirche für seine Glaubensbrüder und -schwestern im umliegenden Stadtteil ein. Da die calvinistischen Regenten das öffentliche Abhalten katholischer Messen verboten hatten, war die Kirche

Von der Metrobaustelle bedrängt: Oude Turfmarkt

nicht von der Gracht, sondern nur vom Heintje Hoeksteg zugänglich. Nachdem sie bis 1887 als Gemeindekirche genutzt worden war, fungiert sie seit 1888 als Museum. Als Wohnhäusern und Kirche später der Abriss drohte, wurden sie von einer Stiftung namens „Stichting Vrienden van Museum Amstelkring“ gekauft. Letztere bereicherte die aus Wohn- und Diensträumen und der dem Hl. Nikolaus geweihten Geheimkirche „Unser Herrgott unterm Dach“ komponierten Ausstellungsräume um weitere Exponate, darunter Möbel, Gemälde sowie eine wertvolle Sammlung liturgischen Geräts. Ausländischen Besuchern werden vor der Besichtigung detailliert kommentierte Hausgrundrisse in englischer Sprache ausgehändigt und auf Anfrage Führungen angeboten.

Drinnen wird meditiert: Buddhistischer Tempel He Hua

◷ Mo–Sa 10–17 Uhr, sonn- und feiertags 13–17 Uhr, am 1. Januar und am 30. April geschlossen. Eintritt (inklusive Audioguide) 7 €. Oudezijds Voorburgwal 40, ✆ 020/6246604.

Oude Kerk: Dort, wo um 1370 der älteste Teil der Oude Kerk als gotische Hallenkirche dem Schutzpatron Amsterdams, dem Hl. Nikolaus, geweiht wurde, hatte schon Jahrzehnte vorher eine kleine Kirche gestanden. Ihre heutige Gestalt nahm die Oude Kerk durch eine Reihe von Erweiterungsbauten an: Ende des 15. Jahrhunderts wurden die Seitenschiffe angebaut, knapp 20 Jahre später kam die von Hamburger Kaufleuten gestiftete „Hamburgische Kapelle“ hinzu und ca. 1555 die von farbigen Glasfenstern belichtete Marienkapelle. Ende des 16. Jahrhunderts wurde sie schließlich – inzwischen unter calvinistischer Regie – zur Basilika ausgebaut. Die aufwendig restaurierte Kirche wird heute ausschließlich für säkulare Kulturveranstaltungen, z. B. die alljährliche Verleihung des renommierten World Press Foto Award genutzt. In ihrem Inneren kann man sich u. a. eine reich verzierte Eichenholzkanzel sowie die Grabplatten diverser berühmter Persönlichkeiten anschauen. Neben einigen Seehelden und der Regentenfamilie De Graeff ruhen dort z. B. der Komponist Jan Pieterszoon Sweelinck sowie Rembrandts erste Frau Saskia van Uylenburgh.

◷ Mo–Sa 11–17 Uhr, So 13–17 Uhr. Eintritt 5 €. Von April bis September kann man jeweils samstags und sonntags zwischen 13 und 16.30 gegen eine Gebühr von 6 € halbstündlich den Kirchturm besteigen. Oudekerksplein 23, ✆ 020/6258284, ℻ 020/6200371.

Hash en Marijuana Museum: Das Museum erzählt die Kulturgeschichte von Hasch und Marihuana, indem es den Weg der Cannabis- bzw. Hanfpflanze von der Aussaat bis zu ihrer Verarbeitung zu Verbrauchsgütern und ihrem Konsum als Rausch- und Heilmittel beschreibt. In einem Innengarten werden

Mitten im Rotlichtviertel: die Oude Kerk

Tour 2
Karte S. 124/125

die verschiedenen Wachstumsphasen des seit Jahrhunderten geschätzten Krautes am lebenden Objekt demonstriert. Weitere Exponate sind aus Hanf hergestellte Produkte des alltäglichen Gebrauchs wie Kleidung oder Papier, aber auch Vorrichtungen und Maschinen, mit denen der kostbare Rohstoff in Öl oder Hasch verwandelt wird, sowie diverse Haschpfeifen aus allen Teilen der Welt. Videos, Bücher, Broschüren und entsprechend gespeiste Computerdisplays vertiefen die Kenntnisse über Anbau, Verwertung und (medizinische) Wirkung von Cannabis und informieren über die Geschichte der gesellschaftlichen Ächtung bzw. Wertschätzung von Hanf, Haschisch oder Marihuana.

Ⓞ Täglich 10–22 Uhr. Eintritt 5,70 €. Oudezijds Achterburgwal 148, ✆ 020/6235961.

St. Olofskapel: In der 1450 gegründeten Kirche, die heute Konferenzsäle des nahe gelegenen Luxushotels „Barbizon" beherbergt, suchten seinerzeit norwegische Seeleute ihr Seelenheil. Wegen der intensiven Handelsbeziehungen Amsterdams mit dem Ostseeraum hielten sich die skandinavischen Händler und Matrosen schon im 15. Jahrhundert so oft und so lange in der holländischen Hafenstadt auf, dass sie ihr eigenes Gotteshaus bauten, das dem ersten christlichen König von Norwegen und Dänemark gewidmet war.

Fo Guang Shan He Hua Tempel: „Fo Guang Shan", manchmal auch „Guan Shan" geschrieben, ist der Name einer 1967 in Taiwan von einem gewissen Hsing Yun gegründeten buddhistischen Glaubensrichtung. „He Hua" bedeutet Lotusblume und soll eine den Menschen zugewandte Offenheit des Tempels symbolisieren. Unter den europäischen Gebetsstätten der Fo Guang Shan-Buddhisten, die außer in Amsterdam in Paris, London, Manchester, Genf, Berlin, Frankfurt, Stockholm und Antwerpen stehen, ist diejenige am Zeedijk mit Abstand die größte. Der Tempel wurde von dem holländischen Architekten Fred Greven entworfen und misst 1652 Quadratmeter Fläche, die sich auf eine Meditationshalle, einen speziellen Raum

Ehemals Teil der Stadtmauer: De Waag

zur Ehrung der Vorfahren, eine Bibliothek, einen Speisesaal und eine Schlafkammer verteilen. In der Haupthalle machen die Gläubigen dem von mehreren Buddha-Figuren und frischen Blumen und Früchten flankierten Kwan Yin Schrein ihre Aufwartung. Der huldigt der der Legende nach mit 1000 Augen und Händen, (in ihrer Amsterdamer Darstellung mit einem dritten Auge und mehreren Händen) gesegneten „sehenden Weisen" Avalokitesvra. Ein Stockwerk tiefer ruht – hier in Jade – Buddha Shakyamuni. Der historisch erste Buddha hieß mit „bürgerlichem" Namen Siddharta Gautama und wurde am 19. Mai 563 v. Chr. (neueren Forschungen zufolge erst zwischen 450 und 370 v. Chr.) im Norden Indiens in ein bedeutendes Adelsgeschlecht namens Shakyas hineingeboren. Nachdem der wohlhabende Adelsspross gegen den Willen seiner Familie in die Welt gezogen und mit Not und Elend der einfachen Menschen konfrontiert worden war, erlangte er die höchste Stufe der Erkenntnis und Erleuchtung, avancierte also mental zum Buddha. Auch wenn Buddha Shakyamuni, was soviel wie „aus Shakyas" heißt, im Laufe der Zeiten noch viele Buddhas folgten, wird der Gründer der Weltreligion besonders verehrt, sodass an seinem Geburtstag am 19. Mai auch in Amsterdam ein großes Fest zu seinen Ehren stattfindet.

Di–Sa 12–17, So 10–1 Uhr. Zeedeijk 106–108, 020/4202357, www.ibps.nl.

De Waag: Das 1488 als St. Anthonispoort und Teil der Stadtmauer errichtete Gebäude hat im Laufe der Jahrhunderte diverse Umbauten und Nutzungsänderungen erfahren. 1617, zur Blütezeit des Goldenen Jahrhunderts, wurde es zur Stadtwaage und zum Sitz verschiedener Zünfte umfunktioniert. Zu diesen Handwerkerbünden gehörten neben Schmieden, Malern oder Steinhauern auch Chirurgen, die hier sezierten und dozierten und Rembrandt zu seinem in Den Haag ausgestellten Gemälde „Die Anatomiestunde des Dr. Tulp" inspirierten. Nachdem das Gebäude bis 1819 als Waage gedient hatte, zogen zwischenzeitlich die Feuerwehr und das Stadtarchiv, das historische und das jüdische Museum ein, bis

„De Waag" seit Ende der 1980er Jahre aufwendig renoviert und zum Café-Restaurant umgewandelt wurde.

Trippenhuis: Das 1660–1664 unter der Federführung des zeitgenössischen Stararchitekten Justus Vingboons erbaute Herrenhaus zeigt, dass Waffenhändler offenbar schon immer recht gut situiert waren. Mit eben diesem Handelsgut erwirtschafteten sich nämlich dessen Besitzer, die Mitglieder der führenden Kaufmannsfamilie Trip, das Vermögen, um sich ein derart großes und prächtiges, mit korinthischen Säulen verziertes Domizil leisten zu können. Schräg gegenüber, auf der anderen Grachtseite am Kloveniersburgwal 29, steht übrigens ein Gebäude, das „Kleines Trippenhaus" genannt wird. Angeblich soll dessen Bauherr, ein Bediensteter der Trips, gesagt haben, es reiche ihm ein Haus, das größenmäßig der Eingangstür der protzigen Patriziervilla entspreche.

Oostindisch Huis: In dem zwischen 1605 und 1659 u. a. unter Anleitung des damaligen Stadtbaumeisters Hendrick de Keyser gewachsenen Gebäude, in dem derzeit angehende Politik- und Sozialwissenschaftler ihre universitäre Ausbildung genießen, wurde einst Weltgeschichte geschrieben. Es beherbergte bis zu deren Auflösung im ausgehenden 18. Jahrhundert die Macht- und Schaltzentrale sowie Lagerräume der „Vereenigte Oostindische Compagnie" (siehe Geschichte, S. 24).

Schaltzentrale der holländischen Seemacht: Oostindisch Huis

Allard Pierson Museum: Das Museum präsentiert die archäologische Sammlung der Universität. Die verfügt über Kunst- und Gebrauchsgegenstände aus verschiedenen vorchristlichen Kulturen, darunter Objekte aus ägyptischer, griechischer und römischer Zeit.

⌚ Di–Fr 10–17 Uhr, Sa/So und während der Schulferien 13–17 Uhr. Eintritt 5 €. Oude Turfmarkt 127, ✆ 020/5252556, www.allardpiersonmuseum.nl.

Praktische Infos

Restaurants

Upstairs (54), wie der Name schon sagt, muss man eine Treppe erklimmen, bevor man sich einen süß oder herzhaft belegten Pfannkuchen bestellen kann. Da die auch noch in einem winzigen, schnuckeligen alten Grachtenhaus nach oben führt, ist hier holländische Gemütlichkeit garantiert. Mo–Fr 12–19, Sa 12–17.30, So 12–16.30 Uhr. Grimburgwal 2, ✆ 020/6265603.

Hoi Tin (28), gilt als einer der besten Chinesen in Chinatown. 12–24 Uhr. Zeedijk 122, ✆ 020/6256451.

Bird (18), „the best Thai in town", schwärmte ein Szenemagazin. Vollständige Menüs und Snacks. 15–22 Uhr. Zeedijk 77, ✆ 020/4206289.

Chao Phraya (35), in einer einsehbaren Küche frisch zubereitete, freundlich servierte thailändische Gerichte mit viel knackigem

Gemüse. Dass das große Restaurant stets gut frequentiert ist, spricht für das Essen und das gute Preis-Leistungsverhältnis, stört aber bisweilen dessen geruhsamen Genuss. 12.30–23 Uhr. Nieuwmarkt 8–10. ✆ 020/4276334.

De Kooning van Siam (15), ebenfalls hochgelobtes thailändisches Restaurant mitten im Rotlichtviertel. Hier muss man etwas tiefer in die Tasche greifen Hauptgericht (20–30 €). 18–22.30 Uhr, So Ruhetag. Oudezijds Voorburgwal 42, ✆ 020/6237293.

Wau Maleis Saté Restaurant (7), die malaysische Küche ähnelt der thailändischen und stellt sowohl „Fleisch-" als auch „Pflanzenfresser" zufrieden. Das Wau genießt einen guten kulinarischen Ruf, wobei das Essen hier allerdings superscharf sein soll. 16–23 Uhr. Zeedijk 35, ✆ 020/4212487.

Kam Yin (6), freundlich und schnell servierte, große und preisgünstige (Hauptgerichte ab 7 €) Portionen recht leckerer surinamischer und chinesischer Gerichte mit und ohne Fleisch in hinsichtlich Möblierung und Dekoration liebloser, atmosphärisch gleichwohl sympathischer Umgebung. 12–24 Uhr. Warmoesstraat 6, ✆ 020/6253115.

Tibet (13), das Besondere ist, dass man hier noch bis spät in die Nacht eine große Auswahl an Nudel- und Reisgerichten ordern kann. 13–1.30 Uhr. Lange Niezel 24, ✆ 020/6241137.

De Portugees (11), zwei freundlich „bewohnte" südeuropäische kulinarische Inseln im fernöstlichen Ozean des Zeedijk. Die portugiesische Familie da Silva betreibt auf der einen Seite ein mit einfachen Holztischen sympathisch möbliertes Restaurant und schräg gegenüber eine ebenso nette Tapas-Bar mit gutem kulinarischen Ruf, aber relativ hohen Preisen. 18–22.30 Uhr (Restaurant) bzw. 16–24 Uhr (Bar) Zeedijk 39 a und 28 a. ✆ 020/4272005 (Rest.) und 020/6200001 (Bar).

Poco Loco (39), nach einem Besitzerwechsel noch derselbe Name, aber nicht mehr dieselbe Küche. Statt mexikanischer Spezialitäten inzwischen ein Küchenmix. So–Do 10–1 Uhr, Fr/Sa 10–3 Uhr. Nieuwmarkt 24, ✆ 020/6242937.

Getto (12), Schwulen- und Lesbenrestaurant, das wegen seiner guten Cocktails besonders zur Happy Hour beliebt ist und darüber hinaus preisgünstige Gerichte serviert, darunter viele vegetarische. Di–Do 16–1, Fr/Sa 16–2, So 16–24 Uhr, Mo Ruhetag. Warmoesstraat 51, ✆ 020/4215151.

Wok to walk (16), Filiale der neuen Wok to walk Asia-Take-Away-Kette, in der man freundlich bedient und frisch bekocht wird. Eigentlich zum Mitnehmen gedacht, kann man die asiatischen Nudel- und Reisgerichte mit Fleisch und/oder Gemüse und verschiedenen – gratis gereichten – Soßen nach Wahl auch vor Ort verspeisen. Für ein komplettes Hauptgericht inklusive Getränk (alle 1,50 €) gibt man kaum 10 € aus. Mo–Do 12–1, Fr–So 12–3 Uhr. Warmoestraat 85.

Eat Mode (27), japanische, chinesische und thailändische Reis- und Nudelgerichte im minimalistisch gestylten, rauchfreien Ambiente. Mo 12–22 Uhr, sonst 12–23 Uhr. Zeedijk 105–107, ✆ 020/3300806.

Kapitein Zeppos (52), altholländisch möbliertes und dekoriertes Restaurant, das kulinarisch mediterran orientiert ist. Bei gutem Wetter wird der Gastraum um eine schmale Gasse erweitert. Mo–Do 11–1 Uhr, Fr/Sa 11–2 Uhr, So 16–1 Uhr. Gebed Zonder End 5, ✆ 020/6242057.

Café Bern (38), kleine Restaurant-Kneipe, die von einem Schweizer geführt wird und insbesondere mit Käsefondue beeindruckt. 18–23 Uhr. Nieuwmarkt 9, ✆ 020/ 6220034.

Brasserie Harkema (49), riesiges, edelminimalistisch gestyltes Restaurant in einer ehemaligen Tabakfabrik in der Theatermeile Nes. Europäisch-mediterrane Küche mittlerer Qualität und Preislage. 11–23 Uhr. Nes 67, ✆ 020/4282222.

Cafés und (Musik-)Kneipen

In den meisten der folgenden Lokale kann man – auch – essen:

De Bakkerswinkel (14), eine sympathische Oase der Ruhe und Gemütlichkeit am Rande des Rotlichtviertels. Kaffee, Tee, Kuchen und herzhafte Snacks auf und hinter einer großen Verkaufstheke, drumherum etwas abgeschabtes 1950er Jahre-Mobiliar und atmosphärisch ein wenig wie in den 1970ern. De Bakkerswinkel hat noch weitere Filialen in Amsterdam und anderen niederländischen Städten. 8–18 Uhr, So 10–17 Uhr. Warmoesstraat 69, ✆ 020/4898000.

Skek (3), von Studenten freundlich bewirtschafte Kombination aus Café, Restaurant und Kulturzentrum (donnerstags singen Liedermacher, mittwochs erklingt Jazz, freitags legen DJs auf). Studenten bekommen hier 33 Prozent Rabatt auf die recht passablen Speisen und Getränke. So–Do 12–1, Fr/Sa 12–3 Uhr. Zeedijk 4–8, ✆ 020/4270551, www.skek.nl.

In De Waag (34), innen wie außen attraktives Café-Restaurant in geschichtsträchtiger Umgebung. Mo–Fr 9–24, Sa/So 9–1 Uhr. Nieuwmarkt, ✆ 020/4227772.

De Jaren (56), großes, helles, geschmackvoll minimalistisch eingerichtetes Grand Café auf zwei Etagen, die jeweils auf eine Außenterrasse mit Blick auf die Binnenamstel führen. Auf der unteren findet man eine große Auswahl an Zeitungen und Kulturveranstaltungskalendern. Zur Lektüre empfiehlt sich z. B. ein Stück von dem hier wirklich hervorragenden *apelgebak*. Auf der oberen Etage wird ab 17 Uhr ein dem Ambiente entsprechendes, mediterran inspiriertes Abendessen serviert. 10–1 Uhr, Fr/Sa bis 2 Uhr. Nieuwe Doelenstraat 20, ✆ 020/6255771.

De Engelbewaarder (48), das schön gelegene Lokal, in dem man sich Speisen und Getränke an der Theke abholen muss, gilt als Literaturcafé und veranstaltet sonntags Jazzsessions. 10–24 Uhr. Kloveniersburgwal 59, ✆ 020/ 6253772.

Café Latei (29), Café mit wuseligem Secondhand-Interieur, in dem man ebensolche Klamotten und Olivenöl kaufen kann. Mo–Do 8–19, Fr 8–22, Sa 9–22, So 11–19 Uhr. Zeedijk 143, ✆ 020/6257485.

De Bekeerde Suster (44), am Rande des Nieuwmarkt gelegene, geräumige Café-Restaurant-Kneipenkombination mit mehreren Biersorten. 10–1, Fr/Sa 10–2 Uhr. Kloveniersburgwal 6, ✆ 020/4230112.

Café de Zon (31), nettes Stadtteilcafé an der Einmündung des Zeedijk, in dem man – seit 1927 – die spezielle Atmosphäre des Viertels auf sich wirken lassen kann. 10–1 Uhr. Nieuwmarkt 2, ✆ 020/6249064.

Wijnand Fockinck (40), hier kann man schon seit 1679 (15–21 Uhr) Genever und Likör verkosten. Pijlsteeg 31.

Durty Nelly's Irish Pub (22), insbesondere bei Briten und Iren beliebte, gemütliche irische Kneipe. Warmoesstraat 117.

Cotton Club (36), Stadtteilkneipe mit (drogen)bewegter Vergangenheit, in der samstags und sonntags gelegentlich Livemusik (u. a. Jazz) zu hören ist. In den 1970ern sollen sogar die Rolling Stones hier gewesen sein. Mo–Do 15–1, Fr/Sa 15–2, So 15–21 Uhr. Nieuwmarkt 5, ✆ 020/6266192.

Café Cuba (33), Cocktails in „bruinem" Interieur, am Wochenende mit Jazz oder lateinamerikanischer Musik beschallt. Mo–Do 8–1, Fr/Sa 8–2, So 10–1 Uhr. Nieuwmarkt 3, ✆ 020/6274919.

Schauplatz der jüngeren Geschichte: Erster Coffeeshop der Bulldog-Kette

Café Fonteyn (43), morgens ruhige, abends laut belebte bruine Kneipe, die Kaffee, Kuchen, Bier, Schnaps und Snacks serviert. So–Do 10–1 Uhr, Fr/Sa 10–3 Uhr Nieuwmarkt 13–15.

't Breugeltje (30), Kneipe, in der es sonntags Livemusik gibt. Zeedijk 134.

t' Gasthuys (53), nettes Eetcafé in romantischer Umgebung, bei schönem Wetter Tische direkt am Wasser. Von Studenten, aber auch von hier flanierenden Touristen frequentiert. 10–1 Uhr. Grimburgwal 7, ✆ 020/6248230.

De Roode Baron (4), bei Einheimischen beliebtes „bruines" Café am Zeedijk 17. Mo–Do 15–1, Fr/Sa 15–3 Uhr, So Ruhetag.

Zeevaart (21), stets gut besuchtes „bruines" Café mitten im Rotlichtviertel. Oudezijds Achterburgwal 28.

In't Aepjchen (1), mit Affen kann man nicht mehr bezahlen, aber ansonsten wird hier die Tradition gepflegt. Jeden Samstag erinnern auf dem Akkordeon intonierte Shanties an die Vergangenheit der alten Seefahrerkneipe in einem der ältesten Häuser der Hafenstadt. Zeedijk 1. 15–1 Uhr.

Het Elfde Gebod (2), urige „bruine" Kneipe, in der man sich mit belgischem Bier „abfüllen" kann. 17.30–1 Uhr, Fr/Sa bis 3 Uhr. Di Ruhetag. Zeedijk 5.

The Queen's Head (9), von Drag Queen Dusty und ihrem Partner Johan geführte Schwulenkneipe. Zeedijk 20.

The Bulldog (32), 1975 erster Coffeeshop der Stadt. 9–1 Uhr. Oudezijds Voorburgwal 90; weitere derselben Kette an derselben Straße (Nr. 132 und Nr. 218).

Ijssalon Tofani (45), eine nostalgisch anmutende italienische Eisdiele wie aus einem Bilderbuch der 1950er Jahre. 10–22, im Sommer 8–24 Uhr. Kloveniersburgwal 16.

Clubs und Diskotheken

Casablanca (10), am Wochenende Jazz live und Varietee. Zeedijk 24–26, ✆ 020/6255685.

Winston International (24), hier „prostet sich zwischen Glamour und Glitzer die Medien- und Kulturszene zu" (Die Zeit), gibt es mal Disko, mal Rock- und Popmusik live, regelmäßig Latino-Abende. 21–3, Fr/Sa bis 4 Uhr. Warmoestraat 123–129, ✆ 020/6253912, www.winston.nl.

Cockring (19), eine der beliebtesten Schwulendiskos Amsterdams. 23–4, Fr/Sa bis 5 Uhr geöffnet. Warmoesstraat 96, ✆ 020/6239604.

The Eagle (17), eine der generationsübergreifenden In-Kneipen der Leder liebenden Schwulenszene. 22–4, Fr/SA bis 5 Uhr. Warmoesstraat 90, ✆ 020/6278634.

Argos (20), ein Schauplatz der Geschichte: Das Argos ist angeblich die älteste „Lederbar" Europas. So–Do 22–3, Fr/Sa bis 4 Uhr. Warmoesstraat 95, ✆ 020/6226595.

Stablemaster (5), entsprechend Eingeweihte und Interessierte werden wissen, was es bedeutet: Das Lokal ist bekannt für seine „Jack Off Parties". 20–1, Fr/Sa bis 2 Uhr. Warmoesstraat 23.

Casa Rosso (26), Erotiktheater mit Bewirtung. 20–2, Fr/Sa bis 3 Uhr. Oudezijds Achterburgwal 106–108.

Bananabar (25), Erotikbar mit „Hostessenbetreuung". 20–2, Fr/Sa bis 3 Uhr. Oudezijds Achterburgwal 37.

Theater und angeschlossene Cafés

(Programm-)Informationen und Karten für alle u. g., zum Theaterverbund zusammengeschlossenen Nes-Theater gibt es telefonisch unter 020/6266866 und online unter www.indenes.nl.

De Brakke Grond (46), belgische Kulturinsel auf holländischem Boden. In dem Kulturzentrum mit Theaterbühne und Ausstellungsräumen stehen vornehmlich flämische Theater- und Tanzensembles auf der Bühne, und die dort exponierten Kunstwerke aller Sparten stammen ebenfalls aus den Ateliers und Werkstätten belgischer Künstler. Ein hauseigenes Restaurant-Café zapft belgisches Bier und serviert belgische Spezialitäten, darunter z. B. Torten mit der bekanntermaßen guten belgischen Schokolade. 11–1 Uhr Nes 43.

Frascati (47), trotz des italienischen Namens werden hier vornehmlich Gastspiele einheimischer Theaterensembles gegeben, sodass es eigentlich nur für Reisende mit niederländischen Sprachkenntnissen von Interesse ist. Empfehlenswert für alle ist dagegen das dazugehörige Theatercafé Blincker (11.30–1 Uhr, Küche bis 21.30 Uhr) Nes 63.

De Engelenbak (51), auch für den Besuch dieser Avantgardebühne sind Kenntnisse der Landessprache vonnöten. Nes 71.

Universitätstheater, wie das „Crea" der Amsterdamer Universität angeschlossen. Nieuwe Doelenstraat 16, ✆ 020/6230127.

Crea, Theater, Musik, Kabarett und Lesungen – v. a. von und für Studenten. Turfdraagsterpad 17, ✆ 020/5251420.

Comedy Theater (50), das jüngste Theater in der Nes, in dem vornehmlich, oft auch englischsprachige Stand-Up-Comedians auf der Bühne stehen. Sein Domizil gehört – wie das Restaurant Harkema direkt vis-à-vis zum Gebäudekomplex einer ehemaligen Tabakfabrik. Nes 110, ✆ 020/4222777. www.comedytheater.nl.

Shopping

Himalaya, New-Age-Buch- und Musikladen mit angeschlossenem Café, in dem man vegetarisch essen kann. Mo 13–18 Uhr, Di, Mi, Fr, Sa 10–18 Uhr, So 12.30–17 Uhr. Warmoesstraat 56.

Sensi Seed Bank, zwei der drei Amsterdamer Filialen des „Saatgut"-Ladens für holländische Cannabisvarianten befinden sich am Oudezijds Achterburgwal, eine direkt neben dem Haschmuseum, die andere in Nr. 150. Die Firma betreibt auch einen Versandhandel: www.sensiseeds.com.

Conscious Dreams Kokopelli, halluzinogene Pilze und ähnliche bewusstseinserweiternde (?) Substanzen. Warmoesstraat 12.

Condomerie Het Gulden Vlies, Kondome in allen Farben und Geschmacksrichtungen. Warmoesstraat 141.

Geels & Co, sehr schönes, in das Aroma der dort seit über 100 Jahren angebotenen Kaffee- und Teemischungen eingehülltes Geschäft, das dienstags, freitags und samstags von 14 bis 16 Uhr ein kleines Museum öffnet. Warmoesstraat 67.

Hofje van Wijs, von der Warmoestraat in ein hübsches Hinterhöfchen am Zeedijk umgezogenes traditionsreiches Kaffee- und Teegeschäft, das unter der alten Adresse noch Wijs & Zonen hieß und unter der neuen neben dem Laden demnächst auch ein kleines Café-Restaurant betreiben will (das wurde mir jedenfalls bei der Recherche angekündigt). Mo–Sa 10.30–18 Uhr geöffnet. Zeedijk 43.

Bodycult, das Ladenlokal, in dem früher das o. g. Kaffeegeschäft eingerichtet war, wirkt jetzt auf den ersten Blick wie ein Geschäft für Schrauben und Nägel. Aber der Name lässt es erahnen: tatsächlich gibt es hier Piercings (wohin immer man will!) und Tattoos. Warmoestraat 102. www.bodycult.nl.

African Heritage, eigentlich bräuchte man es gar nicht zu erwähnen, weil das Schaufenster – prallvoll mit afrikanischem Kunstgewerbe – sofort ins Auge sticht. Zeedijk 59.

Rob Accessoirs, von der „Gay Map" empfohlenes Leder- und Gummi-Geschäft. Warmoesstraat 32.

Oudemanshuispoort, Antiquarisches aus Papier, sprich Bücher, Karten etc. Kloveniersburgwal.

Märkte auf dem Nieuwmarkt

Lebensmittel- und Blumenmarkt, nur eine Handvoll Verkaufsstände. Mo–Sa 9–18 Uhr.

Antiekmarkt, Möbel, Bücher, alter Kram. 6. Mai bis 28. Oktober sonntags 9–17 Uhr.

Boerenmarkt, Bauernmarkt mit biologischen Erzeugnissen samstags 9–17 Uhr.

Seit den 1920ern Chinesenviertel: Zeedijk

Sonstiges

Prostitution Information Centre (PIC), die oben vorgestellte Organisation betreibt gemeinsam mit dem Geschäft „De Wallenwinkel" ein kleines Ladenlokal, organisiert Rundgänge durch und Vorträge über die „Walletjes" und arbeitet an verschiedenen Projekten zur Verbesserung der arbeitsrechtlichen und gesellschaftlichen Situation von Prostituierten mit. Es ist Di–Sa von 12 bis 19, So bis 17 Uhr am Enge Kerksteeg 3, telefonisch unter 020/4207328 und online unter www.pic-amsterdam.com zu kontaktieren.

Cannabis College, das Non-Profit-Unternehmen will mit seinem reichhaltigen Informationsmaterial und entsprechender Bildungsarbeit die Vorurteile gegenüber Cannabis abbauen helfen. Gegen eine Spende von 2,50 € kann man sich u. a. den hauseigenen Garten anschauen. 11–19 Uhr. Oudezijds Achterburgwal 124.

Die zweitbeste Grachtenadresse: Keizersgracht

Nördlicher Grachtengürtel

Mit dem niederländischen Kolonialreich und der Macht und dem Wohlstand der Amsterdamer See- und Kaufleute wuchs im „Golden Eeuw" der inzwischen weltberühmte „Grachtengordel". Sein nördlicher Verlauf ist der historisch ältere Teil der „Grachtensichel", die ausgehend von der Brouwersgracht per Hand ausgehoben wurde und seit der zweiten Hälfte des 17. Jahrhunderts den gesamten spätmittelalterlichen Stadtkern zwischen Hafen, Spui, Nieuwmarkt und Muntplein halbmondförmig umschließt.

Seinerzeit als Wohngebiet für gut betuchte Patrizier konzipiert, zählen Heren-, Keizers- und Prinsengracht noch immer zu den ersten Adressen der Stadt. So haben die von zahlreichen Bäumen beschatteten Uferstraßen bis heute ihre vornehme Ruhe bewahrt, obwohl nur einen Steinwurf entfernt das moderne Großstadtleben tost.

Elegante Patriziervillen und pittoreske Grachtenhäuser, die sich bei entsprechendem Lichteinfall im Wasser der Kanäle spiegeln, sind keine geschickte fotografische Inszenierung der Touriswerbung, sondern zwischen Brouwers- und Leidsegracht tatsächlich zu erleben. Abgerundet wird die real existierende Postkartenidylle durch blumengeschmückte Brücken, friedlich dümpelnde bunte Wohnboote, romantische Cafés, die bis ans Wasser reichen, malerische *winkel* (Läden) mit antiquarischen Büchern, edlem Geschirr und ausgefallenem Schmuck oder kleine Galerien mit moderner Kunst, die in dem sonst nostalgischen Ambiente besonders gut zur Geltung kommt. Allerdings wird man hier, wo Amsterdam seinem Attribut „Venedig des Nordens" alle Ehre macht, auch mit einigen dunklen Kapiteln der Stadt- und Nationalgeschichte konfrontiert:

Es wirft Schatten auf das gefällige Straßenbild, wenn man im Multatuli Museum erfährt, dass der enorme Reichtum der früheren Grachtenanrainer maßgeblich auf dem Rücken von Menschen am anderen Ende der Welt erwirtschaftet wurde.

Im Haus Prinsengracht Nr. 263 versteckte sich die deutsch-jüdische Familie Frank, deren jüngste Tochter Anne durch ihr postum publiziertes Tagebuch weltbekannt geworden ist.

Nur ein paar Schritte davon entfernt breitet sich zu Füßen der Westerkerk das sog. Homomonument aus. Es ruft ins Gedächtnis, dass der menschenverachtenden Politik der 1940 in die Niederlande einmarschierten deutschen Besatzer und ihrer einheimischen Kollaborateure neben Juden auch Homosexuelle zum Opfer fielen.

Auf dem Hintergrund dieser bitteren Erfahrungen wurde auch die Westerkerk selbst am 10. März 1966 zum Schauplatz heftiger Empörung, als die derzeitige niederländische Königin vor dem Altar ausgerechnet einem Deutschen das Jawort gab. Der Hochzeitszug der damaligen Prinzessin Beatrix und ihres inzwischen verstorbenen Gatten Claus von Amsberg, der sich vom Dam über die Radhuisstraat zum Westermarkt bewegte, wurde deshalb von lautstarken Protesten und Rauchbombenexplosionen eskortiert.

Tour 3 Karte S. 142/143

Spaziergang

Vom Dam kommend, bewegen wir uns vorbei am Konsumtempel Magna Plaza in die Radhuisstraat, wo die „Provos“ 1966 lautstark ihre Parolen skandierten und den Verlobten ihrer zukünftigen Königin auf Transparenten und Flugblättern als Persona non grata schmähten. Dem Weg des auf diese Weise empfindlich gestörten Hochzeitszuges zunächst folgend, biegen wir dann rechts in die Herengracht ein, um das architektonisch imposante → **Bartolottihuis** zu bewundern und dem direkt nebenan gelegenen → **Theatermuseum** einen Besuch abzustatten. Hinter dem Museum geht es dann über Herengracht und Oude Leliestraat auf die Torensteegbrug.

Auf der breiten Brücke über den Singel, die bei schönem Wetter als Sonnenterrasse der angrenzenden Cafés fungiert, haben die Amsterdamer Eduard Douwes Dekker alias Multatuli ein Denkmal gesetzt. Diese offizielle Ehre wurde dem (kolonial)kritischen Sohn der Stadt, der zu seinen Lebzeiten eher als „Nestbeschmutzer“ galt, allerdings erst 1987 zuteil. Gleichwohl hatte Dekker auch schon lange vorher eine treue Anhängerschaft, die im Jahre 1910 eine Vereinigung gegründet hatte, um den Nachlass des ehemaligen Kolonialbeamten und Schriftstellers zu verwalten und seine Ideen publik zu machen. Beides geschieht heute im → **Multatuli Museum,** das seit 1975 im Geburtshaus Dekkers am Korsjespoortsteg 20 untergebracht ist.

Auf dem Weg dorthin, der von der Torensteegbrug entlang der Singelgracht durch die Bergstraat auf die Herengracht führt, wird man davon überrascht, dass auch in dieser insgesamt eher vornehmen Gegend das horizontale Gewerbe floriert. In der Bergstraat sowie unmittelbar vor der Tür des Museums stehen nämlich wie in „De Wallen“ aufreizend bekleidete Prostituierte hinter schmalen Fenstern Spalier. Der Kurator des Multatuli-Museums, Jos van Waterschoot, berichtet, dass sich das Vergnügungsgewerbe in den 1950er Jahren hier angesiedelt habe und – anders als in den touristisch überlaufenen

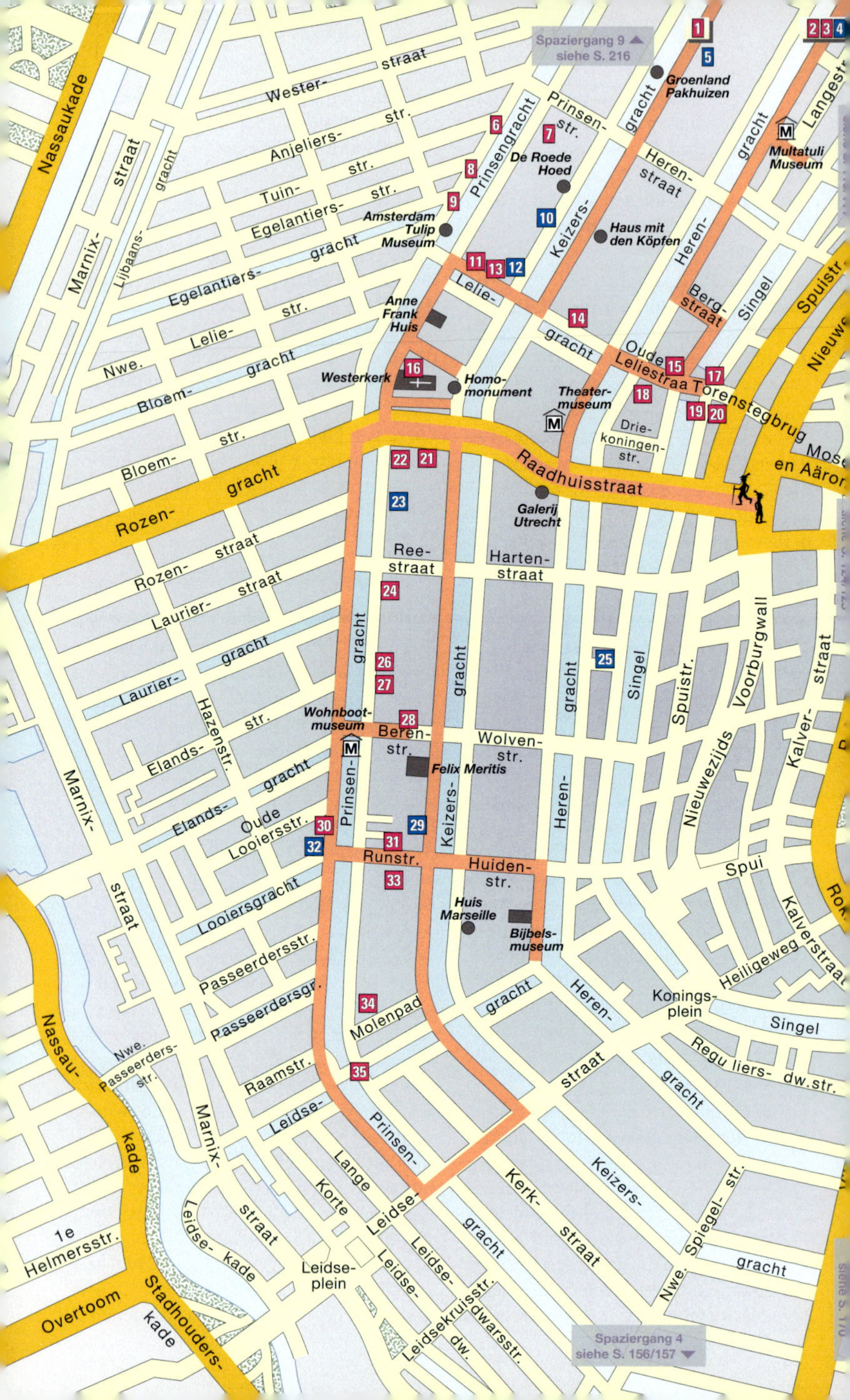

Spaziergang 9
siehe S. 216
1
2 3 4
5
Groenland Pakhuizen
Multatuli Museum
6
7
8
9
10
De Roede Hoed
Amsterdam Tulip Museum
Haus mit den Köpfen
11
13
12
14
15
16
17
18
19
20
Anne Frank Huis
Westerkerk
Homo-monument
Theater-museum
Drie-koningen-str.
Raadhuisstraat
Galerij Utrecht
21
22
23
24
25
26
27
28
29
30
31
32
33
34
35
Wohnboot-museum
Felix Meritis
Huis Marseille
Bijbels-museum
Nassaukade
Wester-straat
Anjeliers-str.
Tuin-str.
Egelantiers-str.
Egelantiers-gracht
Lijbaans-gracht
Marnix-straat
Lelie-str.
Nwe.
Lelie-gracht
Bloem-gracht
Bloem-str.
Rozen-gracht
Rozen-straat
Laurier-straat
Laurier-gracht
Hazenstr.
Elands-str.
Elands-gracht
Oude Looiersstr.
Looiersgracht
Passeerdersstr.
Passeerdersgr.
Nwe. Passeerders-str.
Raamstr.
Leidse-
Lange
Korte
Leidse-plein
Leidse-kade
Leidsekruisstr.
Leidse-dwarsstr.
Leidse-dw.
Marnix-straat
Nassau-kade
1e Helmersstr.
Overtoom
Stadhouders-kade
Prinsengracht
Prinsen-str.
Prinsen-gracht
Keizers-gracht
Heren-gracht
Heren-straat
Berg-straat
Singel
Spuistr.
Nieuwe
Oude Leliestraat
Torenstegbrug
Mos en Aäron
Ree-straat
Harten-straat
Beren-str.
Wolven-str.
Runstr.
Huiden-str.
Molenpad
Voorburgwal
Nieuwezijds
Kalver-straat
Spui
Kalverstraat
Heiligeweg
Konings-plein
Regu liers-dw.str.
Kerk-straat
Nwe. Spiegel-str.
Langestr.
Rok
Spaziergang 4
siehe S. 156/157

Übernachten
4 Chic und Basic (S. 78)
5 Keizersgracht (S. 78)
10 Canal House (S. 75)
12 Toren (S. 75)
23 Pulitzer (S. 73)
25 Hegra (S. 78)
29 Dylan Hotel (S. 74)
32 Amsterdam Wiechmann (S. 77)

Essen & Trinken (S. 151 – 154)
1 Reibach
2 Belhamel
3 Sibérie
6 De Boelhoed
7 The Pancake Bakery
8 De Twee Zwaantjes
9 De Prins
11 Spanjer & Van Twist
13 Christophe
14 Da portare via
15 Grey Area
16 Werck
17 Café van Zuylen
18 De Lelie
19 Villa Zeezicht
20 't Sluisje
21 Koh-I-Noor
22 Kalkhoven
24 Café Van Puffelen
26 Envy
27 Vyne
28 't Zwaantje
30 La Tertulia
31 Cilubang
33 Lust
34 Café Het Molenpad
35 Casa Peru

Nachtleben (S. 153)
16 Werck

100 m

Spaziergang 3

Walletjes – vor allem die Nachfrage einheimischer Kunden befriedige. Der Multatuli-Experte und Autor diverser (literatur)historischer Publikationen über seine Wahlheimat Amsterdam führt die Besucher – auf Wunsch übrigens in perfektem Deutsch – mit viel Engagement für dessen Ausstellungsgegenstand durch „sein" kleines Museum. Fast liebevoll präsentiert er die einzelnen Besichtigungsobjekte, zu denen auch ein unter Glas gehüteter Kräuterstrauß gehört. „Man riecht immer noch, warum die Holländer in Indonesien waren", kommentiert van Waterschoot, die Glasglocke vorsichtig lüpfend, das mittels Öl imprägnierte Bukett, das Douwes Dekker vor knapp 150 Jahren von Ambon, der Hauptinsel der indonesischen Molukken, mitbrachte.

Mit der exotischen Duftkomposition in der Nase spazieren wir über die Herenzur Brouwersgracht, lassen deren alltagsromantische Atmosphäre ein wenig auf uns wirken und kehren dann über das östliche Ufer der Keizersgracht in den Grachtengürtel zurück. Nach wenigen Metern fallen auf der gegenüberliegenden Grachtseite die rot gestrichenen Fensterläden des **Groenland Pakhuis** ins Auge, in dem einst Waltran lagerte. Kurz darauf passieren wir diesseits des Kanals das 1622 erbaute **→ Huis met de Hoofden** („Haus mit den Köpfen"), hinter dem wir via Leliezur Prinsengracht wechseln, um uns nach einem Besuch im dort unlängst eröffneten **→ Amsterdam Tulip Museum** in die Warteschlangen vor dem Anne Frank Haus einzureihen. Unterwegs bleibt der Blick am Schnittpunkt der beiden Grachten an einem auffälligen Jugendstilgebäude haften, das 1905 ursprünglich für eine Versicherung errichtet worden war und von 1989 bis 2003 als Domizil von Greenpeace International diente, das seine internationalen Kampagnen unterdessen am südwestlichen Stadtrand koordiniert.

Tour 3
Karte S. 142/143

Am → **Anne Frank Huis** sind rund ums Jahr Menschen aus allen Teilen der Welt versammelt, um sich einen sinnlichen Eindruck von den Räumlichkeiten zu verschaffen, in denen die junge Jüdin ihr in 60 Sprachen übersetztes Tagebuch verfasste. Nur einen Steinwurf vom Anne Frank Haus entfernt erhebt sich die → **Westerkerk,** deren Geläut für die abrupt aus ihrem Alltagsleben gerissene pubertierende Schülerin in den ersten Tagen ihres gut zweijährigen Hausarrests wohl so etwas wie eine tröstliche Verbindung zur Normalität war. So notierte sie am 11. Juli 1942: „Vater, Mutter und Margot können sich noch immer nicht an das Geräusch der Westerturmglocke gewöhnen, die jede Viertelstunde angibt, wie spät es ist. Ich schon, mir hat es sofort gefallen, und besonders nachts ist es so etwas Vertrautes."

Der Westertoren, mit seinen 85 Metern der höchste Kirchturm der Stadt, wurde erst 1639 und damit 17 Jahre nach dem dazugehörigen Gotteshaus fertig gestellt. Unter seiner Obhut wurde im September 1987 auf dem Westermarkt das weltweit erste Homosexuellendenkmal, das → **Homomonument,** feierlich eingeweiht. Es setzt sich aus zwei in den Boden eingelassenen Dreiecken zusammen, von denen das zweite bis in die Keizersgracht ragt und stets mit frischen Blumen geschmückt ist.

Blumen für Anne Frank

Nachdenklichkeit und Schwermut verfliegen, wenn wir anschließend Westermarkt und Prinsengracht überqueren, um an ihrem Westufer bis zur Leidsegracht zu schlendern. Dabei erheischen wir rechter Hand immer wieder Einblicke in die heimeligen kleinen Straßen und Grachten des Stadtteils Jordaan (siehe S. 178). Wir werden von den Auslagen hübscher kleiner Galerien und Boutiquen, den vorfahrenden Limousinen am Nobelhotel „Pulitzer" auf der gegenüberliegenden Grachtseite zum Stehenbleiben animiert und vom blumengeschmückten → **Woonbootmuseum** an der Einmündung der Elandsgracht eingeladen, an Bord zu gehen.

An der Leidsegracht angekommen, geht es über die Keizersgracht wieder in Richtung Westermarkt. Auf diesem Weg empfiehlt sich der Besuch von Amsterdams erstem Fotografiemuseum → **Huis Marseille** oder ein Sprung (via Huidenstraat) zum → **Bijbels Museum** an der Herengracht, wo seltene Ausgaben der Heiligen Schrift aufbewahrt werden. Gleich nebenan erforscht und dokumentiert übrigens das 1945 gegründete **Nederlands Instituut voor Oorlogsdocumentatie** in der 1890 erbauten schlossähnlichen früheren Bleibe eines offenbar geschäftstüchtigen Tabakhändlers die Geschichte des Zweiten Weltkriegs und der deutschen Besatzung. Von dort ans Westufer der Keizersgracht zurückgekehrt, verblüfft der ebenfalls palastartige Bau des altehrwürdigen Kulturhauses → **Felix**

Meritis, in dem schon seit Ende des 18. Jahrhunderts Wissenschaft und schöne Künste gepflegt werden. Schließlich lohnt sich der ein oder andere Abstecher in die freundlichen kleinen Verbindungsstraßen zu den beiden anderen Grachten, die auch unter **„Negen Straatjes“** (Neun Sträßchen) firmieren und zu den Amsterdamer Shopping-Paradiesen gehören. Vor oder nach einem Schaufensterbummel durch Run-, Huiden-, Beren- oder Reestraat oder einer Verschnaufpause in einem der dort aufgereihten Lokale stürzen wir uns am Westermarkt wieder ins hektische Großstadtleben und kehren über die Radhuisstraat entlang der **Galerij Utrecht,** einem arkadengeschmückten „Shoppingcenter“ der vorigen Jahrhundertwende, zum Dam zurück.

Späte Ehre: Multatuli-Denkmal

Tour 3
Karte S. 142/143

Sehenswertes

Bartolottihuis: Dass in diesem von Hendrick de Keyser entworfenen und in den Jahren 1618/19 gebauten „Palazzo“ einst der Bierbrauer Willem van den Heuvel einfach nur wohnte, vermag man kaum zu glauben. Heute sind in dem treppengiebeligen, dunkelroten Gebäude mit den stark kontrastierenden weißen Fensterrahmen, Zierleisten und Ornamenten Bestände des Niederländischen Theatermuseums untergebracht. Die Bezeichnung Bartolottihuis geht übrigens auf einen italienischen Onkel Hendrick de Keysers zurück, dessen Namen der „Heineken des 17. Jahrhunderts“ nach dessen Tod annahm.

Theatermuseum: Das Museum ist in einem nach Plänen von Philipp Vingboons 1606 fertig gestellten klassizistischen Gebäude untergebracht. Gezeigt wird alles rund um das niederländische Theater, also Kostüme, Requisiten, Plakate, Programme etc.

⌚ Mo–Fr 11–17 Uhr, Sa/So 13–17 Uhr. Eintritt 4,50 €. Herengracht 168, ✆ 020/5513300, www.tin.nl.

Multatuli Museum: Eduard Douwes Dekker wurde am 2. März 1820 als Sohn eines Kapitäns in Amsterdam geboren, wo er seine Kindheit und Jugend verlebte. Nach Abbruch der Lateinschule absolvierte er eine Handelslehre und fuhr im Jahre 1838 gemeinsam mit seinem Vater zum ersten Mal nach Niederländisch-Indien (Indonesien). Dort machte Dekker recht schnell als Kolonialbeamter auf Java Karriere. 1856 schied er aus Protest gegen die niederländische Kolonialpolitik aus dem Staatsdienst aus, arbeitete fortan unter dem Synonym Multatuli – zu Deutsch „Ich habe viel gelitten“ – als Schriftsteller und kehrte nach Europa zurück. Als sein Meisterwerk gilt der 1859 publizierte Roman „Max Havelaar oder die Kaffeeversteigerungen der Niederländischen Handelsgesellschaft“, mit dem er als einer der ersten Holländer die koloniale Ausbeutung des heutigen Indonesien an den Pranger stellte. Das tat er auch in den folgenden Jahren, in denen er als freier Schriftsteller Vorträge in

Aus ihr „entspringen" die drei Radialgrachten: Brouwersgracht

ganz Europa hiellt. 1866 verließ Dekker die Niederlande und ließ sich in Deutschland nieder. Er wohnte zunächst in Wiesbaden und später in Ingelheim, wo er 1887 nach schwerer Krankheit starb.

Das kleine, hinsichtlich seiner Exponate eher unspektakuläre Museum hütet die Schriften und persönlichen Hinterlassenschaften Dekkers und lädt in dessen Wohnzimmer ein. Sein oben bereits vorgestellter sympathischer Kurator führt nicht nur durch das Museum, sondern nach Absprache auch auf Multatulis Spuren durch Amsterdam.

Ⓛ Di 10–17 Uhr, Sa 12–17 Uhr und auf Absprache. Eintritt frei. Die ca. eineinhalbstündigen Stadtrundgänge, die Jos van Waterschoot bei einer Mindestteilnehmerzahl von drei Personen zum Preis von 5 € pro Person durchführt, sind mit ihm persönlich zu terminieren. Korsjespoortsteeg 20, ✆ 020/6381938, 020/6204909, www.multatuli-museum.nl.

Huis met de Hoofden: Der Name „Haus mit Köpfen" lässt bereits erahnen, was das Besondere an der 1622 unter der Regie von Pieter de Keyser erbauten Patriziervilla in der Keizersgracht 123 ist, in der heute das Amsterdamer Denkmalschutzamt residiert: An ihrer Fassade „kleben" die Köpfe antiker Gottheiten, darunter Apollo und Mars, Bacchus und Diana.

Amsterdam Tulip Museum: Das Tulpenmuseum, eigentlich eher ein gut sortierter Tulpenzwiebel und -souvenirhandel mit angeschlossener historischer Abteilung, ist gleichwohl nicht nur Hobbygärtnern, sondern auch kulturgeschichtlich Interessierten zu empfehlen. Während sich die Ersten im Geschäft an der großen Auswahl an Tulpenzwiebeln für die Pflanzung von so wohlklingenden Sorten wie „Burning Heart", „Sultans of Spring" oder „Tricolore" erfreuen können, werden die Zweiten – auf Wunsch begleitet von Sjoerd van Eeden – im kleinen Museum im Stockwerk darunter mittels Texten, Bildern, Fotos und Film über die internationale Erfolgsgeschichte des zentralasiatischen Liliengewächses (siehe Kasten S. 152) informiert. Sjoerd van Eeden, Sohn eines Tulpenfarmers und studierter Historiker, ist Geschäftsinhaber und Museumsdirektor in Personalunion und schildert kenntnisreich und lebendig, wie sich die Tulpe von der wild wachsenden asiatischen Blütenpflanze zum Wahrzeichen seiner Heimat entwickelte. Er tut es am liebsten in Englisch, zur Not aber auch auf Deutsch. Wer anschließend vom Tulpenfieber gepackt ist, findet im Geschäft neben Tulpenzwiebeln eine breite Auswahl an – keineswegs nur kitschig-klischeehaften – Reiseerinnerungen mit Tulpenmotiven oder in Tulpenform.

🕐 10–18 Uhr. Eintritt für das Museum 2 €. Prinsengracht 112, ✆ 020/4210095, www.amsterdamtulipmuseum.com oder www.amsterdamtulipdepot.eu.

Anne Frank Huis: Die kurze Lebensgeschichte von Anne Frank dürfte den meisten Lesern bekannt sein: 1929 in Frankfurt als Tochter des jüdischen Geschäftsmanns Otto Frank geboren, 1933 gemeinsam mit ihrer Familie nach Amsterdam emigriert, im Stadtteil Rivierenbuurt gewohnt und zur Schule gegangen, bis die Deutschen die Niederlande besetzten und ihre antisemitische Politik in das Nachbarland exportierten. Ab Juli 1942 versteckte sich die Familie Frank gemeinsam mit anderen jüdischen Familien und unterstützt von holländischen Freunden, die sie von außen versorgten, im Hinterhaus der Prinsengracht 263. Dort schrieb Anne Frank ihr an eine imaginäre Freundin Kitty adressiertes Tagebuch, bis die Familie im August 1944, von niederländischen Kollaborateuren verraten, doch noch ins Konzentrationslager abtransportiert wurde. Anne Frank, ihre Schwester und Mutter starben kurz darauf im Lager Bergen-Belsen an Typhus. Allein der Vater, Otto Frank, überlebte und kümmerte sich nach dem Krieg um die Veröffentlichung des Tagebuchs seiner Tochter.

Das Anne Frank Huis an der Prinsengracht wurde 1957 von der gleichnamigen Stiftung der Öffentlichkeit zugänglich gemacht. Während das Hinterhaus noch im Originalzustand erhalten war, wurde das Vorderhaus 1998 anhand historischer Fotos rekonstruiert. In beiden erzählen Zitate aus dem Tagebuch, Objekte aus dem persönlichen Besitz der Untergetauchten, Fotos und Videofilme die Geschichte der Familie Frank. Betreten werden Vorder- und Hinterhaus durch einen 1999 angefügten Neubau, in dem die Anne-Frank-Stiftung ein mit Multimedia, Museumscafé und -shop ausgestattetes **Bibliotheks- und Dokumentationszentrum** eingerichtet hat. Letzteres betreibt eine international ausgerichtete antirassistische Aufklärungs- und Bildungsarbeit. Die dort beschäftigten Wissenschaftler verfolgen

Hier wohnte der „Heineken des 17. Jahrhunderts“ (Bartolottihaus)

und dokumentieren aktuelle Fälle rassistisch motivierter Diskriminierung, publizieren entsprechende pädagogische Materialien und organisieren Veranstaltungen zum Thema.

Das Anne Frank Huis wird alljährlich von knapp einer Million Menschen aus aller Welt angesteuert, wobei nicht etwa mit historischer Trauerarbeit befasste Deutsche, sondern Briten und Amerikaner die Mehrheit der Besucher stellen.

⌚ Vom 15.03. bis 14.09. täglich 9–21 Uhr (im Juli und August samstags bis 22 Uhr) vom 15.09. bis 14.03. 9–19 Uhr. Eintritt 7,50 €. Wer sich lange Wartezeiten vorm Museumseingang ersparen möchte, kann die Eintrittskarte gegen einen Aufpreis von 50 Cent Bearbeitungsgebühr auch online mittels Kreditkartenzahlung erwerben. ✆ 020/5567105 ℻ 020/6207999, www.annefrank.nl. Das Dokumentationszentrum ist nur nach Absprache (✆ 020/5567185) zu besuchen.

Westerkerk: Die zwischen 1620 und 1631 erbaute Westerkerk gilt als eines der Meisterwerke des großen Hendrick de Keyser. Angesichts der in den Niederlanden verbreiteten Praxis, Sakralbauten für profane Zwecke umzunutzen, ist es schon fast etwas Besonderes, dass die Westerkerk immer noch ihrer ursprünglichen Bestimmung dient. Nicht nur, weil in ihrem Innern die sterblichen Überreste Rembrandts ruhen, ist sie und insbesondere ihr erst 1638 hinzugefügter Turm eines der Wahrzeichen der Grachtenmetropole. Der weithin sichtbare Westertoren, an dessen Spitze eine goldene Nachbildung der Krone des österreichischen Kaisers Maximilian glänzt, wurde in vielen Volksliedern besungen. Besonders beliebt ist sein Glockenspiel aus der Werkstatt des berühmten zeitgenössischen französischen Orgelbauers François Hemony. Vom Westertoren, den man bis zu einer Höhe von 40 Metern in fachkundiger Begleitung besteigen kann, genießt man einen eindrucksvollen Blick über die Stadt.

⌚ Die Kirche ist von April bis Oktober von montags bis freitags und im Juli und August auch samstags zwischen 11 und 15 Uhr geöffnet. In diesem Zeitraum finden halbstündlich geführte Turmbesteigungen in englischer Sprache statt (dazu gibt's ein deutschsprachiges Informationsblatt). Sie dauern eine knappe Stunde und kosten 6 €. Informationen unter ✆ 020/6892565.

Homomonument: Die aus rosafarbenem Marmor gefertigten, von der (lesbischen) Architektin Karin Daan entworfenen Dreiecke rekurrieren auf das rosa Stoffdreieck („Rosa Winkel"), das sich homosexuelle KZ-Häftlinge an ihre Kleidung heften mussten. Die Inschrift stammt von dem homosexuellen niederländischen Schriftsteller Jacob Israël de Haan und heißt übersetzt: „Solch unendliches Verlangen nach Freundschaft". Anlässlich des 20. Geburtstags des Homomonuments im Jahre 2007 komponierte das unterdessen in die nagelneue Stadtbibliothek eingezogene IHLIA (Internationaal Homo Lesbisch Informatiecentrum en Archief) eine Wanderausstellung und eine Website zum Jubiläum des einzigartigen „HomoMonument van Trots" (Monument des Trotzes). Beide präsentieren gefilmte bzw. fotografisch dokumentierte Statements zum Homomonument. Angehörige verschiedener Nationalitäten, Generationen und sexueller Präferenzen erklären darin, welche Bedeutung das Denkmal für sie ganz persönlich hat. Ein Student von den Philippinen nennt es z. B. „Monument des Coming Out", weil er dort einer Schulfreundin seine Homosexualität „gestand". Für eine Mitarbeiterin des Amsterdamer Instituts für Sozialgeschichte ist es ein „Monument der Erinnerung" an den Nationalsozialismus, für einen schwulen Nordafrikaner

Eines der Wahrzeichen der Stadt: Westerkerk

Weltweit einziges Schwulendenkmal: Homomonument

signalisiert es Offenheit, für eine südafrikanische Frauenrechtlerin Hoffnung, für andere Anerkennung, Zusammenarbeit, Befreiung oder Dialog. (www.monumentvantrots.nl). Ganz in der Nähe des Homomonuments ist übrigens der Info-Kiosk „Pink Point" aufgestellt, dessen „Insassen" täglich von 12 bis 18 Uhr mit speziellen Stadtinfos für Schwule und Lesben dienen.

Woonbootmuseum: Das an der Prinsengracht 296 vor Anker liegende, 1914 vom Stapel gelaufene ehemalige Betriebssegelschiff namens „Hendrika Maria", in dessen Laderaum ein holländisch-gemütliches Wohnzimmer eingerichtet ist, gewährt einen durch Bilder und Dias vertieften Einblick in diese spezifische Form der Amsterdamer Wohnkultur.

⌚ März–Oktober Di–So 11–17 Uhr, November–Februar Fr–So 11–17 Uhr. Eintritt 3 €. Prinsengracht 296, ✆ 020/4270750, www.houseboatmuseum.nl.

Huis Marseille: In der 1665 von dem französischen Kaufmann Isaac Focquier erbauten Grachtenvilla, die wegen dessen Geschäftsbeziehungen nach Marseille und einem darauf rekurrierenden Giebelstein seinen Namen trägt, hat im September 1999 Amsterdams erstes Fotografiemuseum eröffnet (das zweite heißt FOAM, siehe S. 173). Es bietet in Wechselausstellungen Einblicke in seine Sammlung von 165 Arbeiten internationaler Herkunft, von denen ca. 70 von inländischen Fotografen stammen.

⌚ Di–So 11–17 Uhr, im Sommer Do u. Fr bis 20 Uhr. Eintritt 3,25 €. Keizersgracht 401, ✆ 020/5318989, www.huismarseille.nl.

Bijbels Museum: Das Museum zeigt neben wertvollen Bibelausgaben aus mehreren Jahrhunderten diverse religiöse Objekte (z. B. Tabernakel) christlicher und jüdischer Tradition. Es ist in den sog. Cromhout-Huizen, zwei Grachtenhäusern aus der Mitte des 17. Jahrhunderts, untergebracht, mit deren Bau ihr früherer Besitzer Jacob Cromhout den angesehenen Architekten Philipp Vingboons beauftragt hatte.

⌚ Mo–Sa 10–17, sonn- und feiertags 11–17 Uhr. Eintritt 7,50 €. Herengracht 366–368, ✆ 020/6242436, www.bijbelsmuseum.nl.

Felix Meritis: „Glücklich durch Verdienste" war das Motto des Kulturzirkels, der dem Architekten Jacob Otten Husly in den Jahren 1777–1788 auftrug, den gleichnamigen repräsentativen „Kulturtempel“ zu errichten. Nachdem dort im 18. und 19. Jahrhundert Malerei, Musik, Literatur und Wissenschaft gefördert und präsentiert worden waren, wurde er 1945 von der Kommunistischen Partei gekauft, die ihn als Hauptquartier, Redaktion und Druckerei ihres Zentralorgans „De Waarheid“ nutzte. Seit Ende der 1960er Jahre fungierte das Haus als Probebühne und Aufführungsort avantgardistischer Tanz- und Theatergruppen, um ab Mitte der 1990er Jahre wieder seiner ursprünglichen Bestimmung übergeben zu werden und fortan als „Europäisches Zentrum für Kunst und Wissenschaft“ ein abwechslungsreiches Kultur- und Bildungsprogramm zu offerieren.

Ⓞ Keizersgracht 324, ✆ 020/6231311, www.felix.meritis.nl.

Praktische Infos

Restaurants

The Pancake Bakery (7), ein Paradies für Pfannkuchenfans! In dem gemütlich eingerichteten Grachtenhaus gibt es eine große Auswahl der gebackenen Gaumenfreuden. 12–21.30 Uhr. Prinsengracht 191, ✆ 020/6251333.

't Zwaantje (28), holländische Fleisch- und Fischküche in gemütlich-plüschigem Interieur. Eine der Spezialitäten des Hauses ist gebratene Leber mit Zwiebeln. (Hauptgerichte um 18 €). 16.30–23 Uhr. Berenstraat 12, ✆ 020/6232373.

De Boelhoed (6), hübsches vegetarisches (und veganes) Restaurant mit Tischen direkt am Kanal nahe dem Anne Frank Huis. Da es klein, relativ preisgünstig und – und insbesondere wegen seiner Quiche – beliebt ist, empfiehlt sich eine Reservierung. 12–22 Uhr. Prinsengracht 60–62, ✆ 020/6261803.

Lust (33), junges Frühstücks- und Snackrestaurant mit Aussicht auf die offene Küche, in der leckere „broodjes“ und Sandwiches, z. B. mit Tandoori-Huhn, Schinken oder Käse aus biologischer Produktion oder vegetarischen Belägen und abends vollständige Menüs zubereitet werden. 9.30–23 Uhr. Runstraat 13, ✆ 020/6265791.

Cilubang (31), wer es lieber konsequent und original asiatisch mag, geht in die Nachbarschaft, wo traditionell indonesisch gekocht wird. Weil das Restaurant winzig ist, empfiehlt sich die Reservierung. Di–So 18–23 Uhr. Runstraat 10, ✆ 020/6269755.

Koh-I-Noor (21), serviert seit 20 Jahren, auf Wunsch sehr scharfe indische Spezialitäten in einem recht düsteren, stets gut gefüllten Gastraum, in dem die Tische recht eng beieinander stehen. 17–23 Uhr. Westermarkt 29, ✆ 020/6233133.

De Lelie (18), leckere und preisgünstige surinamische Gerichte, z. B. verschiedene Rotis (eine Art Fladenbrot) mit Fleisch oder Gemüse, in einem kleinen einfach und funktional eingerichteten, rauchfreien Lokal. 12–22 Uhr. Oude Leliestraat 5, ✆ 020/6201414.

Einkaufsbummel in den „Negen Straatjes“

Tulpen aus Amsterdam

Die berühmten „Tulpen aus Amsterdam“, bis heute mit dem 1956 produzierten deutschen Schlager (Komponist: Ralf Arnie) inbrünstig besungen, werden zwar seit jeher via Amsterdam vermarktet, aber nicht dort gezüchtet. Die Zentren der holländischen Tulpenzucht liegen nämlich seit dem 17. Jahrhundert – wegen der ihr zuträglichen frischen Meeresbrise übrigens stets in Küstennähe – rund um Leiden und Haarlem, z. B. auf dem Keukenhof (siehe S. 247), der nicht zuletzt als Touristenattraktion Geld einbringt. Die ursprüngliche Heimat der Tulpe ist aber Zentralasien, von wo die dort wild wuchernde Schönheit aus der botanischen Gattung der Liliengewächse (wahrscheinlich schon um 1100) nach Persien und von dort nach Konstantinopel, also ins heutige Istanbul, gelangte. Dort wurde sie gehegt und gepflegt und in der Ära von Sultan Suleiman II (1520–1566) erstmals gezüchtet. Die Tulpe, deren Name sich übrigens vom türkischen „tülibent“ bzw. dem persischen „dulban“ für Turban ableitet, „erblühte“ unter seiner Herrschaft auf zeitgenössischen Wandfliesen und Stoffen und zierte fortan auch das Wappen der osmanischen Herrscher. Im Gepäck eines Gesandten des Habsburgers Ferdinand II erreichten die begehrten Tulpenzwiebeln 1554 den Wiener Hof, wo sie in die Hände des dort beschäftigten niederländischen Botanikers Carolus Clusius gelangten. Der brachte sie 1594 an die Universität von Leiden, um in deren Gärten zunächst ausschließlich wissenschaftlich motivierte Züchtungsversuche zu unternehmen. Nachdem ihm einige Tulpenzwiebeln gestohlen worden waren, entwickelte sich die Tulpe zur zeitgenössischen „Modeblume“ und bald zum Spekulationsobjekt, mit dem sich einige eine goldene Nase verdienten und andere den wirtschaftlichen Ruin einhandelten. Eine staatliche Verordnung von 1637, die die Preise für die bisweilen für den Gegenwert eines ganzen Hauses gehandelten „Bollen“ (Blumenzwiebeln) festschrieb, machte der in den ersten Jahrzehnten des 17. Jahrhunderts grassierenden „Tulpomanie“ ein Ende, wobei die Züchtung (inzwischen gibt es 80 Tulpenarten!) und Vermarktung von Tulpen ein wichtiger Wirtschaftsfaktor der Niederlande bleiben sollte. Jedenfalls hat der Handel mit Blumenzwiebeln – neben Tulpen- werden auch Hyazinthen-, Narzissen- und Krokus-„Bollen“ verkauft – und die Aufzucht von Schnittblumen und Zierpflanzen aller Art im Laufe der Jahrhunderte industrielle Ausmaße angenommen, sodass in dem Amsterdamer Vorort Aalsmeer (siehe S. 244) die größte Blumenauktion der Welt angesiedelt ist.

Casa Peru (35), winziges Restaurant mit ebensolchen Tischen, in dem Fisch, Meeresfrüchte und Huhn den südamerikanischen kulinarischen Ton angeben. Bei schönem Wetter werden einige Tische an der Gracht gedeckt. Recht teuer! 17–23 Uhr. Mo Ruhetag. Leidsegracht 68, ✆ 020/6203749.

Envy (26), gehört zum schicken „Gastronomie-Imperium" des Besitzers des angesagten Supperclub Bert van der Leden (siehe S. 122). In dem schlauchförmigen Lokal flankieren lange Reihen ebenso schlichter wie edler dunkler Holztische eine allein von einer Theke abgetrennte offene Küche, in der vor den Augen der Gäste verführerische mediterrane Köstlichkeiten zubereitet werden. Damit man möglichst viele von ihnen genießen kann, werden sie in kleinen Portionen serviert. Neben Häppchen mit iberischem Schinken, original italienischer Mortadella oder verschiedenen französischen Käsesorten (4–7 €) gibt es Fisch, z. B. Salat aus hausgeräuchertem Schwertfisch und mariniertem Fenchel (9,25 €), raffinierte Pasta- oder Fleischgerichte und verlockende Desserts wie z. B. die „Parade of ice-cream" mit Granite, Parfait und Sorbet. Wer sich an den Häppchen und Portiönchen satt essen will, muss relativ tief in die Tasche greifen. Wer in einer Gruppe unterwegs ist, die einen ganzen Tisch besetzt, kann auch das vom Küchenchef komponierte Fünfgangmenü vorbestellen, das 50 € pro Person kostet. „Envy" heißt übrigens „Neid" und soll signalisieren, dass das In-Lokal dem Gast von anderen beneidete Produkte serviert. 17–23 Uhr. Prinsengracht 381, ✆ 020/3446407.

Da portare via (14), Take Away, in dem knusprige Holzofenpizza – groß oder klein – zum Mitnehmen gebacken wird. Die teuerste Pizza (mit Mascarpone, schwarzen Trüffeln, Parmaschinken und Rucola), kostet für Amsterdamer Verhältnisse günstige 12,50 €. Zu trinken gibt es Kaffee oder Wein. Leliegracht 34. 17–23 Uhr.

Christophe (13), hinsichtlich Speisekarte und Ambiente exquisites und entsprechend teures, mit einem Michelin-Stern dekoriertes französisches Restaurant. 18.30–22.30 Uhr. So und Mo Ruhetag. Leliegracht 46, ✆ 020/6250807.

Belhamel (2), mit floralen Ornamenten à la Jugendstil dekoriertes und Thonet-Stühlen möbliertes Restaurant in grachtenromantischer Lage. Vornehmlich französische Küche und eine große Auswahl an Fischgerichten. Nicht gerade billig, aber angemessenes Preis-Leistungs-Verhältnis. 18–22.30 Uhr. Brouwersgracht 60, ✆ 020/6221095.

Cafés, Kneipen, Coffeeshops

Reibach (1), nettes kleines Café mit Aussicht auf eine der schönsten Grachten Amsterdams. Kaffee, Kuchen und herzhafte kleine Snacks. 10–20 Uhr. Brouwersgracht 139, ✆ 020/6267708.

't Sluisje (20), winzige Café-Kneipe in der Verbindungsstraße zwischen Torensteegbrug und Spuistraat. 18–23 Uhr. Torensteeg 1.

Villa Zeezicht (19), nettes Café an der Torensteegbrug, in oder vor dem man sich gut zum Frühstücken und/oder einem leckeren Stück Apfelkuchen niederlassen kann. 8–17, So 9–17 Uhr geöffnet. Torensteeg 7, ✆ 020/6267433.

Café van Zuylen (17), nette Atmosphäre, bei schönem Wetter mit Tischen auf der Torensteegbrug, auch abends gut besucht. 10–1 Uhr. Torensteeg 4–8.

Kalkhoven (22), unspektakuläre und gerade deswegen reizvolle Amsterdamer Eckkneipe. Prinsengracht 283.

Spanjer & Van Twist (11), „ein großer kleiner Platz für Kaffee und Apfelkuchen", übernahm ich bei der Erstauflage aus einem inzwischen eingestellten Szenemagazin, und ich kann dem immer noch zustimmen. Doch kann man hier – innen auf zwei Etagen, bei schönem Wetter direkt am Wasser – auch Herzhaftes essen und Alkoholisches zu sich nehmen. 10–1 Uhr, Fr/Sa bis 2 Uhr. Leliegracht 60.

De Twee Zwaantjes (8), typisches „bruines" Café mit der derb-urigen alten Jordaan-Atmosphäre, in dem getrunken und bisweilen auch gesungen wird. So–Di, Do 15–1, Fr–Sa 15–3 Uhr. Prinsengracht 114.

Werck (16), die auf mehrere Etagen und sommertags eine spartanisch möblierte Terrasse ausgeweitete Mischung aus Grand Café, Restaurant und Club entspricht dem ästhetischen Empfinden und Lebensgefühl der „young trendy urban people": Schlichthölzerne Theken und Tische aus edlen Materialien, nüchtern-elegante Ledersofas und -hocker und der Blick in die offene Edelstahlküche schaffen eine etwas kühle, aber durchaus eindrucks- und geschmackvolle Atmosphäre. So–Do 12–1 Uhr, Fr/Sa bis 3 Uhr. Prinsengracht 277 (zwischen Westerkerk und Anne Frank Huis), ✆ 020/6274079.

Tour 3
Karte S. 142/143

Café Van Puffelen (24), hier sitzt man schön, isst man nicht raffiniert, aber passabel (international und/oder französisch), trinkt man gut (sowohl Wein als auch mehrere Biersorten) und schaut dabei auf (historische) Plakate an den Wänden bzw. bei schönem Wetter auf die Prinsengracht. 18–1, Sa/So ab 12 Uhr. Prinsengracht 375–377.

De Prins (9), Kneipe und Eetcafé, in der sich Einheimische, darunter auch viele Studenten, treffen. Die relativ preisgünstige Küche und v. a. das hauseigene Käsefondue genießen einen guten Ruf. 10–1 Uhr. Prinsengracht 124, ✆ 020/6249382.

La Tertulia (30), freundlich-heller kleiner Coffeeshop auf zwei Etagen unter sympathischer Leitung von Mutter und Tochter. Bei schönem Wetter kann man seinen Joint, Kaffee oder die eine oder andere kleine Speise in Nachbarschaft von van Gogh genießen. Der ist an der Außenwand des Cafés aufgemalt, umgeben von einem blauen Blumenmeer. Di–Sa 11–19 Uhr. Prinsengracht 312.

Grey Area (15), bereits mehrfach mit dem Cannabis Cup ausgezeichneter flippiger Coffeeshop, der von zwei Amerikanern betrieben wird. Es gibt guten Kaffee, eine breite Auswahl an rauchbaren „Kräutern" und sogar entsprechend aromatisiertes Kaugummi. Di–So 12–22 Uhr. Oude Leliestraat 2.

Sibérie (3), relativ großer Coffeeshop, der noch mehr als „Rauchwaren" bietet: z. B. regelmäßige Kunstausstellungen, Nachmittage mit klassischer Musik oder Jazz und ca. 2-mal monatlich die Möglichkeit, sich von der Astrologin Gail das Horoskop lesen zu lassen. 11–23, Fr/Sa bis 24 Uhr. Brouwersgracht 11, ✆ 020/6235909.

Café Het Molenpad (34), alt eingesessene, typisch holländische Café-Kneipen-Restaurant-Kombination, deren düsteres Interieur mit (wechselnden) modernen Kunstwerken aufgehellt ist. So–Do 12–1 Uhr, Fr/Sa 12–2 Uhr. Prinsengracht 653, ✆ 020/6259680.

Vyne (27), schickes Weinbar mit langer Theke, deren Wände mit unzähligen Weinflaschen tapeziert sind und in der es auch kleine herzhafte Häppchen als Unterlage gibt. 17–1 Uhr. Prinsengracht 411, ✆ 020/3446408.

Sonstiges

De Roede Hoed, Kulturzentrum, in dem Lesungen, Informations- und Diskussionsveranstaltungen zu lokal-, kommunal, national- und weltpolitischen Themen stattfinden. Den Namen hat das Debattierhaus von seinem Domizil übernommen, in dem sich einst eine katholische „Schlupfkirche" verbarg, die nach einem benachbarten Hutmacher „De Roede Hoed" genannt wurde. Keizersgracht 102, ✆ 020/6385606, www.rodehoed.nl.

Nederlands Instituut voor Oorlogdocumentatie, das der Königlichen Niederländischen Akademie der Wissenschaften unterstellte Institut sammelt, archiviert und analysiert Materialien zur Geschichte des Zweiten Weltkriegs und gibt Publikationen zum Thema heraus. Wer sich vor Ort über seine Arbeit informieren möchte, findet Di–Fr von 9 bis 17 Uhr offene Türen und Ohren. Herengracht 380, ✆ 020/5233800, www.niod.nl.

Shopping

Eenwood, für Liebhaber(innen) von Silberschmuck eine wahre Fundgrube, große Auswahl an Ohrsteckern und -ringen. Prinsengracht 310.

Puccini, edle Schokolade und Pralinen. Oude Leliestraat.

Simon Levelt, hier wird der Kaffee- und Teekauf zum Genuss: schönes altes Interieur, viele Sorten und Mischungen und das alles eingehüllt in das angenehme Aroma der belebenden Getränke. Prinsengracht 180.

't Winkelje, alte Gläser und Geschirr, Blechspielzeug etc., viel Kitsch, aber auch das eine oder andere wirklich geschmackvolle Schnäppchen. Prinsengracht 228.

Stout, Sexshop für Frauen: erotische Dessous, Massageöle und Kosmetika im Parterre, Vibratoren, Filme etc. im Kellergeschoss. Berenstraat 9.

Boekie Woekie, größtenteils handgemachte Kunstbücher von jungen Künstlern. Berenstraat 16.

De Witte Tandemwinkel, Praktisches und Schickes für Zahnpflege und Mundhygiene. Runstraat 5.

Mendo, Buchladen, der sich auf schöne Bücher und Fotobände über Mode, Architektur und Design spezialisiert hat. Berenstraat 11.

Bangla Klamboe Imports, das Equipment für die Tropenreise: Moskitonetze in allen Farben und Größen. Prinsengracht 232.

Wird seit Jahren kostenträchtig um- und ausgebaut: Rijksmuseum

Museumsplein, Leidseplein und Vondelpark

Obgleich jenseits des Grachtengürtels gelegen und städtebaulich vergleichsweise unspektakulär, rangieren Museums- und Leidseplein ganz oben auf der Liste der Amsterdamer Sehenswürdigkeiten: Auf engstem Raum locken Malerei und Musik, Tanz und Theater, Kinos und Kneipen, Spiel und Spaß, Pasta und Pizza, Falafeln und Frikandeln.

Der Museumsplein verbindet sich mit Namen wie Rembrandt, van Gogh, Mondrian oder Kurt Masur, denn hier stehen mit Rijks-, Van Gogh und Stedelijk Museum drei Museen und mit dem Concertgebouw eine Konzerthalle von Weltrang. Auf dem Leidseplein, wo sich in mehreren Theatern, darunter in der traditionsreichen Stadsschouwburg allabendlich der Vorhang hebt und das Café Americain seit knapp hundert Jahren seinen Ruf als Literatencafé verteidigt, geben sich die Produzenten und Konsumenten des gesprochenen und geschriebenen Wortes ein Stelldichein.

Wer weniger kunstsinnige Vergnügungen bevorzugt, kommt rund um Museums- und Leidseplein allerdings auch auf seine Kosten. Im Pathé City flimmern die jeweils brandneuen Hollywood-Streifen über die Leinwand, und im Kasino am benachbarten Max Euwe Plein riskieren vornehm gewandete Gäste Haus und Hof. Vor allem aber laden hier einige der angesagtesten Clubs der Stadt zum Sehen und Gesehen werden und unzählige Kneipen, Restaurants und Imbissbuden zu nächtlichen Sauf- und Fressgelagen ein.

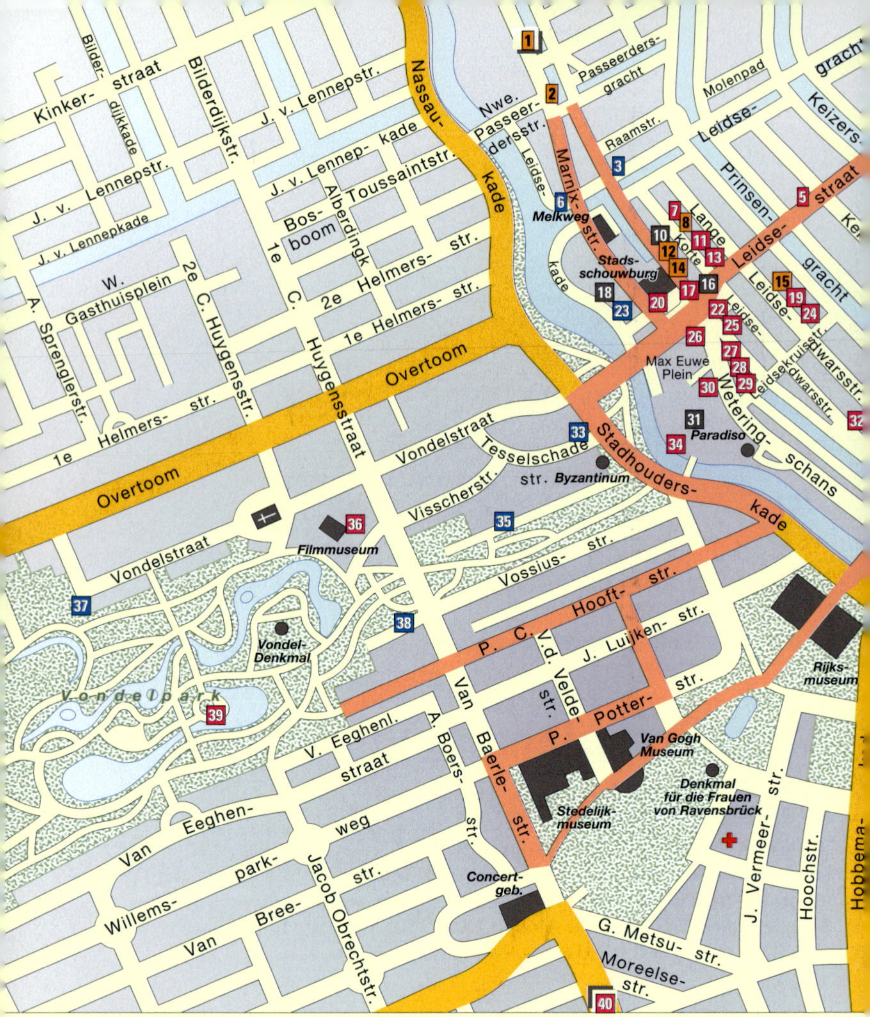

Übernachten

3 De la Haye (S. 78)
6 Freeland (S. 79)
23 Hotel American (S. 74)
33 Marriott (S. 74)
35 Stayokay Vondelpark (S. 79)
37 De Filosoof (S. 76)
38 Flying Pig Uptown (S. 79)

Nachtleben (S. 166)

1 Maloe Melo
2 Lux
8 Suzy Wong
12 Jimmy Woo
14 Zebra Lounge
15 Alto Jazz

Essen & Trinken (S. 164 – 166)

4 Selecta
5 MAOZ
7 Guru of India
9 Pasta e Basta
11 Hoopmann Irish Pub
13 Le Berry
17 Reijnders
19 Puri Mas
20 Cafe Cox
21 Red
22 Häagen-Dazs
23 Café Americain
24 Bojo's
25 Bulldog Palace
26 De Balie
27 Heineken Hoek
28 Palladium
29 Pancake Corner
30 Wagamama
32 Gallery
34 Hard Rock Café
36 Vertigo
39 Het Blauwe Theehuis
40 Wildschut

Sonstiges (S. 166/167)
10 Sugar Factory
16 Boom Chicago
18 Bellevue
31 Comedy Café

100 m

Spaziergang 4

Der Generation 50 plus kommen dagegen wahrscheinlich die alternativen Kulturzentren „Melkweg“ und „Paradiso“ in den Sinn, wenn sie an den Amsterdamer Südwesten denken. Während die noch immer ein attraktives rock- und weltmusikalisches Programm präsentieren und avantgardistische Theater- und Kunstprojekte wagen, gehören die legendären Hippielager im benachbarten Vondelpark schon lange der Vergangenheit an. Gleichwohl ist die weitläufige Grünanlage nach wie vor ein beliebter Treffpunkt für Jung und Alt und der richtige Ort, um sich von der kulturellen und kommerziellen Reizüberflutung auf Museums- und Leidseplein zu erholen.

Spaziergang

Die Kultur- und Kommerztour beginnt am Muntplein, den wir über die belebte innerstädtische Verkehrsader Vijzelstraat verlassen, die übrigens bis zur Wende vom 19. zum 20. Jahrhundert noch eine beschauliche Gracht war. Dabei passieren wir das mondäne **Hotel Carlton** im Stil der Amsterdamer Schule, um kurz darauf auf einen monumentalen Backsteinkoloss zu stoßen, der die Vijzelstraat zwischen Heren- und Keizersgracht nahezu hermetisch abschließt. Das machtstrotzende Gebäude, nach seinem Architekten „De Bazel“ genannt, wurde zwischen 1919 und 1926 als Verwaltungssitz der „Nederlandsche Handelsmaatschappij“ (Handelsgesellschaft) errichtet. Es diente bis vor Kurzem als Filiale der ABN-AMRO-Bank und wurde dann von der Stadt übernommen, um zum → **Stadsarchief Amsterdam** (Stadtarchiv) umgewandelt zu werden. An seiner Fassade ehren große Skulpturen drei Gouverneure der holländischen Kolonialgeschichte, die wegen ihrer wirtschaftlichen Erfolge und ihres brutalen Vorgehens gegenüber den „Ureinwohnern“

Am Leidseplein wird rund um die Uhr gegessen, getrunken und getanzt

ebenso berühmt wie berüchtigt, für die einen Helden, für andere Verbrecher sind.

Wir biegen vor dem neuen Stadtarchiv rechter Hand in den einst vornehmsten Abschnitt der Herengracht, den sog. → **Golden Bocht,** ab. Hinter dem respektablen Domizil des Goethe-Instituts wechseln wir auf die Nieuwe Spiegelstraat bzw. ins → **Spiegelkwartier,** wo ein Antiquitätengeschäft dem nächsten und eine Galerie der anderen folgt und die → **De Appel Foundation** regelmäßig Einblicke in das zeitgenössische Kunstgeschehen gewährt.

Die teilweise arkadengesäumte, edle Einkaufsstraße führt geradewegs auf das → **Rijksmuseum** zu, das von außen betrachtet ein wenig an den fast zeitgleich erbauten Hauptbahnhof erinnert, weil es ebenso wie dieser die unverkennbare architektonische Handschrift von P. J. H. Cuypers trägt. Bis 2009/10 wird das Rijksmuseum umbaubedingt allein „Die Meisterwerke“ der Malerei des 17. Jahrhunderts präsentieren, dann aber wieder mit der kompletten Kollektion den Wohlstand des niederländischen Kolonialreiches dokumentieren. Dahinter öffnet sich der Museumsplein. Der weitläufige rasenbepflanzte Platz erstreckt sich bis zum → **Concertgebouw,** einem imposanten Musentempel, der aus dem ausgehenden 19. Jahrhundert datiert und seither wegen seiner exzellenten Akustik international gepriesen wird. Er wird von den Hinterfronten von → **Van Gogh** und → **Stedelijk Museum,** einem Museumsshop mit dekorativen Erinnerungen an den Besuch von Rijks- und Van Gogh Museum, einem Kiosk des geschäftstüchtigen Amsterdamer „Souvenirkünstlers“ Mark Raven, dem Café Cobra und dem **Denkmal für die Frauen von Ravensbrück** flankiert. Letzteres, eine halbrunde Installation ineinander verschachtelter stählerner Wände aus der Werkstatt von Joos van Santen, erinnert an die Ermordung der weiblichen Häftlinge des Konzentrationslagers im Norden von Berlin.

Über die Van Baerlestraat, die Museumsplein und Concertgebouw voneinander trennt, nähern wir uns den beiden renommierten Kunstmuseen, deren Haupteingänge an der Paulus Potterstraat liegen. Der des Stedelijk Museums bleibt allerdings ebenfalls zwecks Generalüberholung bis voraussichtlich Ende 2009 verschlossen, wobei die dort beheimateten modernen Kunstwerke bis dahin in das ehemalige Hauptpostgebäude am Bahnhof (siehe S. 196) ins Exil gegangen sind.

Nach der Aufwartung bei Rembrandt, Hals, Vermeer und Van Gogh sind die nächsten Stationen des Rundgangs der puren Erholung gewidmet. Je nach Gusto schlagen wir vor, entweder dem schnöden Mammon zu huldigen oder bei einem Spaziergang durch den nahen **Vondelpark** frische Luft zu tanken.

Vondelpark

Die 1865 von wohlhabenden Bürgern gestiftete Parkanlage wurde im Stil englischer Landschaftsgärten angelegt. Sie bietet Einheimischen und Besuchern Sport, Spaß, Spiel und (Ent-)Spannung auf weiten Rasenflächen und mehreren Kinderspielplätzen, in Alleen und Rosengärten, an Teichen und Wasserläufen und früher sogar auf einem inzwischen zum Restaurant „Groot Melkhuis" umgewidmeten Bauernhof, dessen Vieh einst mitten im Stadtpark weidete. Taufpate des Parks ist der in Antwerpen geborene, in Köln aufgewachsene, später als niederländischer Nationaldichter gefeierte Joost van den Vondel (1587–1679), an dessen Denkmal Anfang der 1970er Jahre Jugendliche aus aller Welt friedlich vereint aßen, tranken und schliefen, kifften, musizierten und von einer besseren Welt träumten. Nachdem sie zu Beginn die infrastrukturelle Unterstützung der Stadt Amsterdam erfahren hatten, die ihnen Toilettenhäuschen und Waschgelegenheiten zur Verfügung stellte, wurden die „Hippielager" 1975 aufgelöst.

Auch wenn man hier nicht mehr übernachten darf, ist der Vondelpark, in dem bei schönem Wetter Menschen aller Generationen und Hautfarben spazieren gehen, selbstvergessen in der Sonne dösen, skaten, joggen und Fahrrad fahren, meditieren oder musizieren, jung und lebendig geblieben. Alljährlich von Juni bis August wird dort auf mehreren Bühnen das „Openluchtfestival" veranstaltet, in dessen Rahmen sich Schauspieler, Musiker, Kleinkünstler und Artisten für das Publikum unentgeltlich produzieren. Außerdem kann man auf dem Gelände des Vondelparks in dem zweistöckigen „Blauwe Theehuis" aus den 1930er Jahren oder auf der Parkblickterrasse des Cafés „Vertigo" die Seele baumeln lassen. Letzteres gehört zum Amsterdamer → **Filmmuseum,** das in einer wunderschönen hochherrschaftlichen Villa aus dem ausgehenden 19. Jahrhundert Einblicke in die Geschichte des niederländischen und internationalen Films gewährt, v. a. aber als Programmkino fungiert.

Da es sich beim Museumsviertel um eine vornehme, großbürgerliche Wohngegend handelt, haben die teuren Designerboutiquen von „Gucci", „Joop", „Armani" und „Boss" sowie exklusive Schmuck- und Delikatessengeschäfte an der Cornelisz Hoofstraat Konjunktur. Die edle Shoppingmeile, die als erste Einkaufsadresse der Stadt gilt, verbindet den Vondelpark mit der Stadhouderskade, auf der wir uns entlang der Singelgracht in Richtung Leidseplein bewegen.

An ihrem Ende angekommen, fällt ein postmoderner Neubaukomplex ins Auge. Das von Stararchitekt Rem Koolhaas entworfene, 1990/91 fertig gestellte **Byzantinum** erregte seinerzeit ebenso

Tour 4 Karte S. 156/157

die Gemüter wie das zeitgleich eröffnete, in weißem und schwarzem Marmor gehaltene **Holland Casino** am gegenüberliegenden Ufer der Singelgracht. Hinter dem öffnet sich der einer italienischen Piazza nachempfundene Max Euwe Plein, um den sich über Geschäften und Kneipen im Parterre auf den oberen Stockwerken Wohnungen gruppieren. Dass bei deren Bau die Mauern eines alten Gefängnisses sichtbar integriert wurden, verleiht dem Platz, der den Namen des einzigen niederländischen Schachweltmeisters trägt, sein unverwechselbares architektonisches Profil.

Vom Max Euwe Plein, an dessen Rand ein riesiges Schachbrett mit ebensolchen Figuren bespielt werden kann, führt eine überdachte Passage zwischen kleinen Geschäften und dem japanischen Restaurant Wagamama zum Kleinen Gartmanplantsoen. Die kleine grüne Insel inmitten von Cafés, Kinos, Kneipen und Restaurants markiert den östlichen Rand des Vergnügungsviertels, in dessen Mitte das imposante Domizil der → **Stadsschouwburg** über Dutzende weiterer Lokale wacht. Das bunte Treiben auf dem Leidseplein, der bei schönem Wetter zu einer Freilichtbühne für Akrobaten und Musiker mutiert, breitet sich in die umliegenden Straßen aus, wo wiederum diverse Schauplätze mehr oder minder kulturell ambitionierter Freizeitgestaltung locken.

Vornehmlich für das leibliche Wohl sorgen die Fressmeilen Korte und Lange Leidsedwaarsstraat, in denen einige schicke Nachtclubs, vor allem aber viele kleine Restaurants und Imbissbuden wie auf einer Perlenkette aufgereiht sind, während am Westufer der Lijbansgracht das legendäre **Kulturzentrum Melkweg** auch heute noch mit hochkarätigen Rockkonzerten Furore macht. Es verdankt seinen Namen der Unterbringung in einer ehemaligen Milchfabrik und ist von der Grachtseite über eine Brücke zu betreten, während seine Gastronomie namens „Eat at Jo's" und die Ausstellungsräume auch von der Marnixstraat zugänglich sind. An der laufen seit Frühsommer 2007 die Abbruch- und Aufbauarbeiten für die neuen **Nieuwe de la Mar Theaters** auf Hochtouren, in denen sich planmäßig ab Mitte 2009 die Vorhänge (wieder) heben sollen. Auf ihrer Parallele Leidsekade präsentiert das **Bellevue** leichte Musical- und Revuetheaterkost und garantiert das niveauvolle → **Hotel American** mit seiner gerade frisch aufpolierten Fassade einen gediegenen Aufenthalt im Art-déco-Ambiente. Sein Grand Café Americain, in dem schon in den 1930er Jahren namhafte deutsche Exilanten wie Heinrich Mann oder Hermann Kesten ein- und ausgingen, ist heute übrigens das Stammlokal des berühmten Romanciers Harry Mulisch, der gleich um die Ecke wohnt.

Schließlich geht es (bei entsprechendem Interesse nach einem Abstecher in die Prinsengracht, wo das → **Pijpenkabinet** über die Kulturgeschichte des Pfeifenrauchens informiert) über die belebte Einkaufsstraße Leidsestraat zurück zum Muntplein, wobei sich unterwegs eine aussichtsreiche Verschnaufpause unter der von Gerrit Rietveld entworfenen Glaskuppel im obersten Stockwerk des Einrichtungshauses „Metz & Co" empfiehlt.

Sehenswertes

Stadsarchief Amsterdam (De Bazel): Nachdem die unzähligen Dokumente zur Geschichte Amsterdams, die hintereinander gelegt eine Aktenordnerstrecke von 35 Kilometern formieren sollen, bis vor Kurzem in einem eher bescheidenen Domizil im Randstadtteil De Pijp abgelegt (siehe S. 225) waren, ist die archivierte Vergangenheit der Grachtenmetropole inzwischen in das repräsentative Architekturdenkmal „De Bazel“ und damit in die Mitte der Stadt umgezogen. Dort wird sie fachgerecht gehütet und auf Bürgeranfrage oder regelmäßig veranstalteten stadthistorischen Ausstellungen Stück für Stück gelüftet. Der mit 65 Euromillionenaufwand für seine neue Bestimmung umgebaute „Tempel an der Vijzelstraat“, wie das vom Architekten K.P.C. de Bazel (1869–1923) entworfene und seinem Kollegen A.D.N. van Gendt architekturtechnisch optimierte Gebäude bisweilen ehrfürchtig genannt wird, öffnete im August 2007 seine schweren eisernen Pforten. Es wurde Mitte September mit Festreden und Champagner für die nationale und kommunale Prominenz und einem Wochenende der Offenen Tür offiziell eingeweiht. Sogar Königin Beatrix gab dem von außen düsteren, innen freundlich-hellen Aufbewahrungsort für das auf Bücher Briefe, Zeitungen, Zeichnungen, Fotos und Filme gebannte Gedächtnis Amsterdams ihren landesmütterlichen Segen. Wegen der spektakulären Kombination von historischer und zeitgenössischer Architektur und der mit prächtigen Jugendstilornamenten gesegneten Schatzkammer (Schatkammer), in der die kostbarsten Zeugnisse der Stadtgeschichte aufbewahrt und (digital) präsentiert werden, ist das neue Stadtarchiv auch für Touristen von Interesse, zumal es im Erdgeschoss mit einem gut sortierten Buchladen über die Geschichte und Gegenwart der Stadt aufwartet.

Ⓘ Di–Sa 10–17, So 11–17 Uhr. Von Di–Fr um 13 und So um 13 und 15 Uhr finden gegen eine Gebühr von 6 € Archivführungen statt, für die man sich zwei Tage vorher telefonisch oder per Mail anmelden kann. Vijzelstraat 32, ✆ 020/2511512 oder 020/2511210 und rondleidingen@stadsarchief.amsterdam.nl (Anmeldung zu Führungen). www.stadsarchif.amsterdam.nl.

Außen düster, innen hell: Stadtarchiv „De Bazel“

Golden Bocht: Mit „Goldener Bogen“ wird der Verlauf der Herengracht zwischen Leidse- und Vijzelstraat bezeichnet. Dieser Teil der ohnehin schon vornehmen Herengracht war einst die absolute Traumadresse – wer hier wohnte, hatte es geschafft. Heute residieren hier Banken und Versicherungen, zum Teil schon in repräsentativen „Neubauten“ aus den 1930er Jahren.

Spiegelkwartier: In der Nieuwen Spiegelstraat, ihrer Verlängerung Spiegelgracht und den rechts links von ihr abzweigenden (Grachten)Straßen, die zusammen das so genannte Spiegelkwartier formieren, sind nahezu alle der knapp 70 Geschäfte, Galerien und Gastronomiebetriebe erlesen, edel und elegant. In ihren Verkaufsräumen und Vitrinen harren kostbare Antiquitäten und Juwelen, Kunstgewerbe aus Asien und Afrika, die Gemälde, Stiche und

Tour 4 Karte S. 156/157

Drucke alter Meister, historische Landkarten und wertvolles Geschirr, aber auch die Werke mehr oder weniger namhafter Künstler des 20. und 21. Jahrhunderts der Bewunderung und des Verkaufs. Gediegene Restaurants wie das jüngst eröffnete „Red", in dem ausschließlich Hummer und zarte Rindersteaks auf den Teller kommen, setzen passende kulinarische Akzente. (www.spiegelkwartier.nl).

De Appel Foundation: Hier, mitten im exklusiven Ambiente des Spiegelkwartiers, finden wechselnde Ausstellungen zeitgenössischer Kunst aller Sparten, Vorträge und Diskussionsveranstaltungen statt.

Ⓒ Di–So 11–18 Uhr. Eintritt 4 €, 1. Sonntag im Monat Eintritt frei. Nieuwe Spiegelstraat 10, ✆ 020/6255651, www.deappel.nl.

Rijksmuseum: Das mehrtürmige, schlossähnliche Backsteingebäude wurde eigens für diesen Zweck von P. J. H. Cuypers im Stil eines gemäßigten Historismus entworfen und zwischen 1876 und 1885 erbaut. Seit Ende 2003 wird es nach den Ideen der renommierten (Innen-)Architekten Antonio Cruz, Antonio Ortiz, Gijsbert van Hoogevest und Jean-Michel Wilmotte im Museumsdesign des 21. Jahrhunderts um- und ausgebaut. Bis zum Abschluss der Bauarbeiten werden in einem neu eingerichteten, nach den Sponsoren „Philipsflügel" genannten Gebäudetrakt allein „Die Meisterwerke" der Malerei des 17. Jahrhunderts zu bewundern sein. Alle anderen Bestände sind bis dahin auf dem Flughafen Schiphol, in den Museen mehrerer niederländischer Städte, im Königlichen Museum für Schöne Künste Antwerpen und im Museum Kurhaus Kleef in Deutschland zu Besuch. Wenn die „Stadt in der Stadt", wie das neue Rijksmuseum in einem Hochglanzprospekt charakterisiert wird, 2009/10 ihre frisch restaurierten Tore öffnet, werden sie alle wieder zu Hause sein. Dann werden mehr als 5000 Gemälde, Hunderttausende von anderen Kunst- und Alltagsobjekten wie Skulpturen, Kupferstiche, Bücher, Möbel, Kleidungsstücke und Porzellankollektionen die Macht und den Wohlstand der ehemaligen niederländischen See- und Kolonialmacht und damit die Kunst- und Kulturgeschichte der halben Welt dokumentieren. Bei den Ausstellungsstücken, die den historischen Bogen vom späten Mittelalter bis ins 20. Jahrhundert spannen, handelt es sich nämlich vielfach um „Beuteobjekte" aus den ehemaligen Kolonien oder Produkte aus den Ländern früherer Handelpartner.

Der stärkste Publikumsmagnet des größten Museums der Niederlande ist die bereits erwähnte Gemäldesammlung aus dem Goldenen Jahrhundert, die Werke bedeutender Künstler wie Rembrandt, Hals und Vermeer vereint. Das absolute Highlight ist dabei Rembrandts „Nachtwache" aus dem Jahre 1642, vor der sich rund ums Jahr Kunstkenner und -banausen versammeln.

Ⓒ Täglich 9–18 Uhr, Fr 9–22 Uhr. Eintritt 10 €, per Kreditkarte über die Website „e-tickets" zu erwerben und auszudrucken. Während des Umbaus Jan Luijkenstraat 1, sonst Stadhouderskade 42, ✆ 020/6747047, www.rijksmuseum.nl.

Kattenkabinet: Die Katze hat offenbar Künstler in vielen historischen Epochen und Kulturen inspiriert. Die Sammlung in der vornehmen Patriziervilla zeigt Kunst unterschiedlicher Genres (Gemälde, Skulpturen etc.), aber immer dasselbe Motiv: die Katze.

Ⓒ Di–Fr 10–14, Sa/So 13–17 Uhr. Eintritt 5 €. Herengracht 497. www.kattenkabinet.nl.

Concertgebouw: Der säulengeschmückte neoklassizistische Musentempel wurde 1888 nach einem Entwurf des Architekten van Gendt fertig gestellt. Hinsichtlich seiner Akustik zählt das innen wie außen repräsentative Gebäude zu den besten der Welt. Entsprechend griffen hier auch schon viele Größen des Faches zum Takt-

Innen wie außen bemerkenswert: Van Gogh Museum

stock, z. B. Richard Strauss, Maurice Ravel, Gustav Mahler, Max Reger oder Kurt Masur. Doch erklangen hier auch ganz andere Töne und Stimmen, darunter die von Miles Davis, Lou Reed oder Pink Floyd.

Ⓞ Concertgebouwplein 2–6, ✆ 020/6718345, www.concertgebouw.nl.

Van Gogh Museum: Menschen mit dreieckigen blau-gelben Plakatkartons unter dem Arm, die einem fast überall in Amsterdam begegnen, lassen schon befürchten, dass man vor dem Van Gogh Museum mit längeren Wartezeiten rechnen muss. Gleichwohl ist der Besuch der 1973 eröffneten Kollektion mit 600 Gemälden und 200 Zeichnungen des Meisters selbst sowie einer Auswahl der Werke berühmter Zeitgenossen (z. B. Gauguin oder Toulouse-Lautrec) nicht nur für Liebhaber der Malerei ein Muss. Van Goghs Bilder, darunter neben den leuchtenden „Sonnenblumen“ auch solche seiner düsteren holländischen Frühphase (z. B. „Der Kartoffelesser“) sind nämlich zudem in einem architektonisch bemerkenswerten Gebäude untergebracht. Das wurde von Gerrit Rietveld entworfen und 1999 um einen spektakulären, vornehmlich unterirdisch genutzten Museumsflügel erweitert, für dessen Konstruktion und Design der Japaner Kisho Kurokawa verantwortlich zeichnet. Zudem bietet der gut sortierte Museumsshop Gelegenheit zum Erwerb von Van-Gogh-Souvenirs, -fachliteratur, -postkarten und -reproduktionen in Plakatformat, sodass vermutlich auch mancher Leser mit besagtem blau-gelbem Karton von dannen zieht.

Ⓞ Täglich 10–18 Uhr, Fr 10–22 Uhr. Bibliothek: Mo–Fr 10–12.45 und 13.30–17 Uhr. Eintritt 10 €, per Kreditkarte Online-Tickets über die Website. Paulus Potterstraat 7, ✆ 020/5705200, www.vangoghmuseum.nl.

Stedelijk Museum: Während das Rijksmuseum auch in der Umbauphase seine größten Attraktionen präsentiert, ist das moderne Kunstmuseum gleich nebenan voraussichtlich bis 2009 gänzlich leer geräumt. Seit die großzügigen, hellen Ausstellungssäle des holländischen Renaissancebaus aus dem ausgehenden 19. Jahrhundert generalüberholt, um- und ausgebaut werden (Frühjahr 2004), ist eine repräsentative Auswahl der Museumsbestände im Stedelijk Museum CS im ehemaligen Hauptpostgebäude an der Oosterdoksskade zu sehen (siehe S. 196). Im Besitz des Stedelijk Museums befinden sich vornehmlich nach 1945 produzierte moderne Gemälde, Skulpturen und Installationen sowie Klassiker des 19. und frühen 20. Jahrhunderts, darunter Werke von van Gogh, Monet, Picasso, Chagall, Cezanne, Matisse, Kandinsky und Mondrian. Ergänzend zur überaus eindrucksvollen eigenen Kollektion zeigt es auch „im Exil" Wechselausstellungen aktueller Highlights der internationalen Kunstszene.

Öffnungszeiten siehe Stedelijk Museum CS (Rundgang 7) und www.stedelijk.nl.

Filmmuseum: Filmhistorische Dokumente auf Papier und Zelluloid, das zugehörige technische Equipment (Kameras etc.) und ein regelmäßiges Kinoprogramm mit ausgesuchten Filmklassikern in einer romantischen Villa vom Ende des 19. Jahrhunderts oder bei warmen Temperaturen „Open Air" direkt am Vondelpark.

Ab 10 bzw. am Wochenende ab 13 Uhr bis zum Ende der letzten Filmvorstellung um ca. 22 Uhr. Eintritt 7,80 €, Besuch im Infozentrum (Mo–Fr 13–17 Uhr) inklusive. Eintritt Infozentrum: 2 €. Vondelpark 3, 020/5891400, www.filmmuseum.nl.

Stadsschouwburg: Die erste Adresse für klassisches Sprechtheater, wo sich die gehobene Amsterdamer Gesellschaft schon seit mehr als 200 Jahren zur kulturellen Erbauung versammelt. Das Traditionstheater wurde Ende des 18. Jahrhunderts gegründet und war bis zum Bau seines heutigen palastartigen Domizils im Jahre 1894 in einem hölzernen Provisorium untergebracht. 2007 begann der Umbau des Theaters, der bis 2008 abgeschlossen sein soll. Vorstellungen finden trotzdem statt.

Hotel American: Sein ästhetisch gelungener Hotelkomfort wurde schon im Übernachtungskapitel gepriesen, von den seit jeher illustren Gästen seines sehens- und atmosphärisch erlebenswerten Grand Cafés schon erzählt. So bleibt nur noch hinzuzufügen, dass der Entwurf für das imposante Jugendstilhotel der vorigen Jahrhundertwende von W. Kroumhout stammt und seine Fassade 2007 nach dem Vorbild ihres historischen Originals restauriert wurde.

Pijpenkabinet: Über 2000 Pfeifen aus mehreren Jahrhunderten und allen Teilen der Welt, die in antiken Schränken und maßgeschneiderten Vitrinen im Ambiente eines historischen Grachtenhauses präsentiert werden. Der Ausstellung angegliedert ist das Geschäft Smokiana mit Pfeifen, Tabak sowie Pfeifenraucheruntensilien und -souvenirs.

Mi–Sa 12–18 Uhr. Eintritt (inkl. Führung) 5 €. Prinsengracht 488, 020/4211779, www.pijpenkabinet.nl.

Praktische Infos

Restaurants

Selecta (4), indonesisches Restaurant in der verkehrsreichen Vijzelstraat, das u. a. drei verschiedene Reistafeln serviert. Obwohl oder gerade weil es den Inhabern des Amsterdam-Passes 25 % Rabatt gewährt, bezeichnen es Insider auch als „Touristenfalle". 12–21.30 Uhr, Mo Ruhetag. Vijzelstraat, 020/6248894.

Red (21), eine der neuesten Edelgastronomien Amsterdams, in der – nomen est omen – nur rote Speisen, konkret Hummer und butterweiche Rindersteaks, auf den Teller kommen. Die Einrichtung ist gediegen-plüschig (edle Sofas und feine Kissen), das weibliche Personal „stylisch", das hier bevorzugte Getränk Champagner, die Preise relativ hoch. 18–24 Uhr. Keizersgracht 594, 020/3201824.

Pasta e Basta (9), weil das Personal in dem kerzenerleuchteten, romantischen italienischen Restaurant Opernarien intoniert, ist das relativ teure (abgesehen vom montäglichen Studentenmenü für ca. 10 €) „Pasta e Basta" eines der bekanntesten und atmosphärisch ansprechendsten Restaurants der Stadt. Kulinarisch soll es dagegen nur Mittelmaß sein, wobei seine Erdbeermousse allenthalben enthusiastisch gelobt wird. 18–23 Uhr. Nieuwe Spiegelstraat 8, 020/4222222.

Pancake Corner (29), Variationen des typischen holländischen Gerichts in ebensolchem Ambiente, nur ein paar Schritte vom Leidseplein entfernt. 11–22 Uhr. Kleine Gartmanplantsoen 51, ✆ 020/6276303.

Wagamama (30), gesund, japanisch orientiert essen (hauptsächlich Nudelgerichte) und nicht rauchen im modern-spartanischen Ambiente. 12–23 Uhr. Max Euwe Plein 10, ✆ 020/5287778.

MAOZ (5), die bereits andernorts erwähnten Superfalafeln, mit denen man den kleinen Hunger preisgünstig, schmackhaft und doch vollwertig stillen kann. Leidsestraat 85.

Puri Mas (19), eines der wenigen Restaurants nahe dem Leidseplein, das aufgrund seiner traditionellen indonesischen Küche (auch vegetarisch), seiner gepflegten Atmosphäre und seines freundlichen Services allseits gelobt wird. 17–0.30 Uhr. Lange Leidsedwaarsstraat 37–41, ✆ 020/6277627.

Guru of India (7), eines der ältesten und besten indischen Restaurants der Stadt, in dem nicht zuletzt das Preisleistungsverhältnis überzeugt (Hauptgerichte ab 13 €). 17–23 Uhr. Lange Leidsedwaarsstraat 56, ✆ 020/6246966.

Bojo's (24), vor allem wegen seiner außergewöhnlich langen Öffnungszeiten bei Nachtschwärmern allseits bekannt, aber auch wegen seiner passablen Küche und kleinen Preise (Hauptgerichte ab 8 €) geschätzt. Mo–Fr 16–2, Sa/So 12–4 Uhr. Lange Leidsewaarsstraat 51, ✆ 020/6227434.

Hot Spot am Leidseplein: Boom Chicago

Cafés, Kneipen, Coffeeshops

Viele der unten stehenden Cafés und Kneipen sind gleichzeitig Restaurants mit meist mediterran inspirierter Küche, in anderen wird am Wochenende die Nacht zum Tage gemacht.

Wildschut (40), gepflegtes und geräumiges Art-déco-Café in einem Gebäude vom Zeichentisch der „Amsterdamer Schule" nahe dem Concertgebouw. Es gehörte zu den ersten Grand Cafés der Stadt. Mo–Fr 9–1 Uhr, Sa/So erst ab 10 Uhr. Roelof Hartplein 1, ✆ 020/6768220.

Het Blauwe Theehuis (39), rund gebautes 30er-Jahre-Café mit Terrassen auf zwei Etagen mitten im Vondelpark. Neben kleinen herzhaften Snacks gibt es hier an mehreren Abenden in der Woche Livemusik. 9–1 Uhr, bei Bedarf auch länger. Vondelpark 5, ✆ 020/6620254.

Vertigo (36), attraktives Restaurant-Café in der Villa des Filmmuseums. 10–1 Uhr. Vondelpark 3, ✆ 020/6123021.

Reijnders (17), gilt als Intellektuellenkneipe. 10–1 Uhr, Fr/Sa bis 3 Uhr.

De Balie (26), Café und Restaurant, das zum gleichnamigen Kulturzentrum gehört, sodass sich dem Vernehmen nach regelmäßig Künstler aller Sparten unter die Gäste mischen. Sehr nette, angenehme Atmosphäre und passable internationale Küche. 12–2 Uhr. Kleine Gartmanplantsoen 10, ✆ 020/5535131.

Café Americain (23), auf jeden Fall einen Besuch wert, weil es ein wirklich schönes und klassisches Grand Café ist. Es fungiert auch als Restaurant gehobenen Standards und lädt sonntags von 12 bis 15 Uhr häufig zum Jazz begleiteten Brunch ein. So–Di 7–23 Uhr, Mi–Sa 7–24 Uhr. Leidsekade 97, ✆ 020/5563009.

Palladium (28), Grand Café in der Nähe des Leidseplein. Obwohl es ebenfalls zu den Grand-Café-Klassikern zählt, hat es weit weniger Charakter als das Americain. So–Do 10–1 Uhr, Fr/Sa 10–3 Uhr. Kleine Gartmanplantsoen 7–9, ✆ 020/6205536.

Heineken Hoek (27), mäßig attraktives (modernes) Grand Café. So–Do 10–1 Uhr, Fr/Sa 10–3 Uhr. Kleine Gartmanplantsoen 1–3, ✆ 020/6277744.

Hoopmann Irish Pub (11), hier wird vornehmlich getrunken. So–Do 10–1 Uhr, Fr/Sa 10–3 Uhr. Leidseplein 4.

Le Berry (13), dito. Leidseplein 8.

Gallery (32), Schwulenkneipe. Korte Leidsedwaarsstraat 85–87.

Bulldog Palace (25), der größte Coffeehop der Kette, deren Erfolgsgeschichte im Rotlichtviertel begann. Hier ausgerechnet im Gebäude einer früheren Polizeiwache untergebracht. 9–1 Uhr. Leidseplein 15.

Häagen-Dazs (22), Eisdiele und Café mit leckeren (amerikanischen) Eissorten, die allerdings recht teuer sind. Leidseplein 1–3.

Café Cox (20), quirlig-freundliches Theatercafé-Restaurant auf zwei Etagen, das im Seitenflügel der Stadsschouwburg untergebracht ist und seit seiner Wiedereröffnung offiziell als Theatergastronomie fungiert. 10–1 Uhr, Fr/Sa bis 3 Uhr. Marnixstraat 429 ✆ 020/6207222.

Hard Rock Café (34), der Name sagt es: mit Gitarren, Fotos und anderen Rock-Devotionalien dekoriertes, auf amerikanische Küche, v. a. Hamburger, abonniertes Café-Restaurant, das nicht zuletzt wegen seiner Schön-Wetter-Terrasse unmittelbar an der Singelgracht attraktiv ist. So–Do 12–24, Fr/Sa bis 1 Uhr. Max Euwe Plein 57–61, ✆ 020/5237625.

Musikkneipen und Clubs

Alto Jazz (15), Free Jazz live rund um die Woche. So–Do 21–3, Fr/Sa 21–4 Uhr. Korte Leidsedwaarsstraat 115, www.jazz-café-alto.nl.

Lux (2), bunt-gemütliche, etwas abgeschabte Kneipe, in der von Mi bis Sa DJs auflegen und das Publikum zwischen 20 und 30 ist. Mo–Sa 20–3 Uhr. Marnixstraat 397–403, ✆ 020/424221412.

Maloe Melo (1), täglich Livemusik von Blues-, Rock- und Punkbands zum durchschnittlichen Eintrittspreis von 5 €. Es produzieren sich vornehmlich – ca. ab 22.30 Uhr – Amsterdamer Bands, das (Flaschen)Bier kostet 2 €. In jeglicher Hinsicht Kontrastprogramm zu all den „stylischen locations". Lijbansgracht 163, ✆ 020/4204592, www.maloemelo.nl.

Zebra Lounge (14), Club mit Champagner-Bar(s) und zwei Tanzflächen auf zwei Etagen nahe am Leidseplein. Luxuriös-exklusive Atmosphäre. Mi–So 20–2, Fr/Sa 20–3 Uhr. Korte Leidsedwaarsstraat 14, ✆ 020/4895500.

Suzy Wong (8), in rot-schwarz gehaltene Designer-Cocktailbar, in der die „hip and trendy" sich auf eine lange Nacht in den benachbarten Clubs einstimmen. 18–1 Uhr, Fr/Sa bis 3 Uhr. Korte Leidsedwaarsstraat 45.

Jimmy Woo (12), *der* Club für die Reichen, Schönen und gut Angezogenen (mit normaler Alltagskleidung muss man draußen bleiben). Das von den Opiumhöhlen des 19. Jahrhunderts inspirierte (es gibt einen Opiumtisch) Interieur ist düster. In der Bar sitzt man auf schwarzen Ledersofas, eine Etage darunter wird – nach Klängen wechselnder Musikrichtungen – getanzt. Do 23–3, Fr/Sa 23–4, So 22–3 Uhr. Korte Leidsedwaarsstraat 18, ✆ 020/6263150, www.jimmywoo.com.

Theater, Kulturzentren, Kasino

Stadsschouwburg, städtisches Sprechtheater mit einem festen Ensemble (Toneelgroep Amsterdam), in dem aber auch klassische Ballett- und moderne Tanzgastspiele anderer Amsterdamer Bühnen und bisweilen auch ausländische Produktionen zur Aufführung gebracht werden. Leidseplein 26, ✆ 020/6242311, www.ssba.nl.

Nieuwe de la Mar Theaters, Nachdem das traditionsreiche Musical- und Revuetheater Nieuwe de la Mar im Dezember 2005 seine Abschiedvorstellung gegeben und auch die benachbarten Kinos Cinerama und Calypso ihre Pforten geschlossen haben, soll aus den Ruinen der im Frühsommer 2007 teilweise abgerissenen Häuserzeile an der Marnixtraat voraussichtlich Mitte 2009 ein neuer Theaterkomplex namens Nieuwe de la Mar Theaters auferstehen. Die architektonische Regie beim Neubau des neuen „Theaterensembles", das sich programmatisch an den Traditionen des „Theaterortes" orientieren wird, führen nationale Stararchitekten, darunter Jo Coenen, die organisatorische hat eine Stiftung namens „Stichting Marnixstraattheaters" übernommen. (www.nieuwedelamartheaters.nl.)

Boom Chicago (16), englischsprachige Comedy-Improvisationskomödie mit angeschlossenem Restaurant-Café mit internationalen Gerichten und Cocktails auf der Speisekarte. Leidseplein 12, ✆ 020/4230101, www.boomchicago.nl.

Bellevue (18), das Theater ist auf eine bunte, aber niveauvolle Mischung aus Musical, Kleinkunst, Kabarett, Tanz und Konzert abonniert und war von 1997 bis zu dessen Schließung im Januar 2006 mit dem renommierten und landesweit bekannten Theater Nieuwe de la Mar (s. o.) fusioniert, an dessen Programmstruktur es nach wie vor orientiert ist. Leidsekade 90, ✆ 020/5305301, www.theaterbellevue.nl.

Melkweg, Neben Rockkonzerten bekannter internationaler Bands werden Theateraufführungen auf die Bühne gebracht, Filme gezeigt, Kunst- und Fotoausstellungen veranstaltet. Letztere sind in einem Nebenraum des angeschlossenen Café-Restaurants „Eat at Jo's" zu sehen, das auch von der Marnixstraat 409 zugänglich, allerdings nur von Mi bis So von 12 bis 21 Uhr geöffnet ist. Lijbansgracht 234, ✆ 020/5318181, www.melkweg.nl.

Sugar Factory (10), alternativ-avantgardistisches Kulturzentrum mit Konzerten, Theater- und Diskussionsveranstaltungen sowie Diskoabenden, deren DJs bisweilen neue Musiktrends „erproben" bzw. setzen sollen. Do–Sa ab 21 Uhr. Lijbansgracht 238, ✆ 020/6270008, www.sugarfactory.nl.

Paradiso, es wird oft mit dem Melkweg in einem Atemzug genannt, weil es gleichermaßen den alternativen soziokulturellen Aufbruch der 1970er Jahre symbolisiert. Heute ist das in einer alten Kirche untergebrachte Kulturzentrum etwas gesetzter und zahmer geworden, wobei es immer noch ein aus (hochkarätigen) Konzerten, Lesungen, Performances und Theateraufführungen komponiertes Programm mit Anspruch präsentiert. Weteringschans 6–8, ✆ 020/6264521, www.paradiso.nl.

Comedy Café (31), Kombination aus Kabarettbühne und Kneipe. Die Vorstellungen, manchmal auch in englischer Sprache, finden von Donnerstag bis Samstag statt, jeden Sonntag wird (Theater) improvisiert. Max Euwe Plein 43–45, ✆ 020/6383971, www.comedycafe.nl.

Holland Casino Amsterdam, französisches und amerikanisches Roulette, Black Jack und Spielautomaten. Mindestalter 18 Jahre, angemessene Kleidung erwünscht. 13.30–3 Uhr. Max Euwe Plein 62.

„Rue de la Mayonnaise"

Kinos

Mainstream: **Pathé City**, Kleine Gartmanplantsoen 13–25 (bis Mitte 2008 wegen Renovierung geschlossen); **Pathé de Munt**, Vijzelstraat 15.

Programmkinos: De Balie, s. o.; Filmmuseum; Melkweg Cinema, s. o.

Shopping

Der Amsterdamer Künstler Mark Raven hat sich zwar auf typische, jedoch keinesfalls romantsich-anheimelnde, sondern graphisch stilisierte Stadtansichten spezialisiert. Die werden unter dem Label **Mark Raven. Amsterdam Art** vermarktet, sind auf Poster, Postkarten oder T-Shirts aufgedruckt und in seinem Kiosk am Museumsplein zu haben (ein weiteres Geschäft des kommerziell erfolgreichen „Souvenirkünstlers" befindet sich am Nieuwezids Voorburgwal 174). www.markraven.nl.

Die Geschäfte der angesagten **internationalen Modedesigner** findet man ebenso wie auch andere edle und teure Geschäfte mit Accessoires, den etwas besseren Haushaltswaren, ausgesuchten Lebensmitteln und Weinen in der P. C. Hooftstraat und der van Baerlestraat.

Geschäfte mit **Antiquitäten** aus Glas, Porzellan, Keramik, Gold und Silber sowie Läden, die (moderne) **Kunst** anbieten, konzentrieren sich im Spiegelkwartier. (s. o.).

Rembrandts Nachtwache dreidimensional „kopiert“

Rembrandtplein und südlicher Grachtengürtel

Der 1876 auf den berühmten Maler getaufte und von dessen Standbild bewachte Rembrandtplein ist neben Leidseplein und De Wallen eine wichtige Adresse für Nachtschwärmer, aber auch schon tagsüber das Ziel Tausender Touristen.

Auf dem Platz und um ihn herum – sprich auf dem unmittelbar benachbarten Thorbeckeplein sowie der Reguliersbree-, Amstel- und Reguliersdwaarsstraat – konzentrieren sich die angesagten Diskotheken der Stadt, z. B. „Escape“ und „You II“. Dazu kommen Dutzende von Nachtclubs und Kneipen, diverse (Sex-)Kinos, gediegene Grand Cafés, gepflegte Restaurants und reichlich Imbissbuden. Da relativ viele Lokale zwischen Amstel und Herengracht bevorzugt für ein schwul-lesbisches Publikum ausschenken und auftischen, gehen tanzwütige und trinkfreudige Homosexuelle beiderlei Geschlechts hier besonders gern „auf die Piste“.

Auf dem nach dem liberalen Politiker des 19. Jahrhunderts benannten Thorbeckeplein bestimmen dagegen Peepshows und Oben-ohne-Bars die Szenerie, die allerdings am Ufer der Herengracht radikal wechselt, um in die Ruhe und Beschaulichkeit des Grachtengürtels überzugehen. Der gibt sich auf seinen zuletzt ausgehobenen Metern besonders romantisch, weil die drei Radialgrachten an ihrem südlichen Ende von der Reguliersgracht gekreuzt werden, die mit ihren sieben abends festlich beleuchteten Bogenbrücken einmal mehr das Bild vom „Venedig des Nordens“ nährt.

Spaziergang

Vom verkehrsgünstig vernetzten Muntplein geht es durch das grell-bunte Getriebe der Reguliersbreestraat zum Rembrandtplein. Dabei muss man schon darauf achten, dass man die größte Sehenswürdigkeit der Straße, das 1922 von dem polnischen Juden Abraham **Tuschinki** eröffnete gleichnamige **Kino,** nicht verpasst. Trotz seiner imposanten Jugendstilfassade geht das inzwischen von der Kinokette Pathé übernommene, vor wenigen Jahren außen wie innen frisch herausgeputzte historische Lichtspielhaus nämlich fast unter inmitten all der Imbissbuden, Kneipen, Spielsalons, Sex- und Coffeeshops, die sich bis zum Rembrandtplein erstrecken.

In dessen Mitte schaut der große Meister aus einer kleinen, blumenbepflanzten Grünanlage über den belebten Platz, auf dem anlässlich seines 400. Geburtstags im Jahre 2006 eine Skulpturengruppe namens → **Nightwatch 3 D** postiert wurde, die sein weltbekanntes Gemälde dreidimensional „kopiert". Drumherum laden Tür an Tür bzw. Terrasse an Terrasse mehr oder minder stilvolle Restaurants, Cafés und Clubs zum Essen, Trinken und Tanzen ein. Besonders schön ist das mit roten Samtsesseln möblierte und von pompösen Kronleuchtern illuminierte Café „De Kroon", von dessen Wintergarten man das Touristengetümmel von oben betrachten kann. Besonders angesagt das „Escape" gleich nebenan. In der 2007 um Lounge und Grand Café erweiterten stadtgrößten Diskothek tanzt mehrmals wöchentlich die von namhaften DJs angeheizte und von spektakulären Lightshows bestrahlte Schickeria.

Etwas derber geht es auf dem nur einen Steinwurf entfernten Thorbeckeplein zu, wo die eindeutigen Reklameschilder zweitklassiger Erotikbars und -kinos ins Auge fallen. Obwohl die vor deren

Siebenfach überbrückt: Reguliersgracht

Kulisse sonntags aufgestellten Verkaufsstände des Kunstmarkts Thorbeckeplein durchaus Anspruchsvolles anbieten, wendet Namenspatron Rudolf Thorbecke (1798–1872) dem Platz lieber den Rücken zu und schaut auf den Kanal, der den südlichen Grachtengürtel hier äußerst pittoresk durchtrennt. Wir wiederum wenden dem Denkmal des liberalen Politikers den Rücken zu, um dem Wasserlauf der Reguliersgracht zu folgen. Zuvor verharren wir einen Moment auf der Brücke über die Herengracht, um von dort mit einem Blick die sieben Brücken ins Visier zu nehmen, die die Bilderbuchgracht überspannen. Nachdem wir die erste von ihnen hinter uns gelassen haben, wechseln wir je nach Besichtigungsinteresse

Essen & Trinken (S. 174 – 177)

1 Zushi
2 Mulligans
3 MAOZ
4 Saturnino
7 April
8 Szmulewicz
9 Margarita
10 XTRACOLD
11 Teppanyaki Nippon
13 Vivelavie
14 Lo Stivale d'Oro
15 Bolle Jan
16 Gala
17 De Kroon
18 Monico
19 L'Opera
20 Escape Caffé
21 Roses Cantina
23 ARC
24 Menschen
25 Le Monde
26 Rain
27 Schiller
28 D'Antica
29 Lellebel
30 Memories of India
31 De Heeren van Aemstel
33 Ponte Arcari
34 Meghna
35 Alfonso's
37 Sluizer
38 Kitsch
39 Herberg Hooghoudt
41 Tempo Doeloe
43 Segugio
44 Take Thai
47 In de Keuken
48 Pata Negra
49 Golden Temple
50 De Huyschkamer
51 Tagore
52 Café Oosterling

Nachtleben (S. 177)

5 You II
12 Sinners in Heaven
20 Escape
22 Exit

Übernachten

6 Eden Hotel (S. 76)
27 NH Schiller (S. 74)
32 De Admiraal (S. 78)
36 De La Poste (S. 78)
40 Seven Bridges (S. 76)
42 Hotel Orlando (S. 75)
45 ITC (S. 77)
46 Prinsenhof (S. 78)

Cafés (S. 177)

23 ARC
26 Rain
29 Lellebel

100 m

Spaziergang 5

Ruhig und beschaulich: Der Südlauf der Prinsengracht

Tour 5
Karte S. 170

rechterhand ans Nord- bzw. Südufer der Keizersgracht, um jeweils nach wenigen Metern das → **FOAM-Fotografiemuseum** oder das → **Museum van Loon** zu erreichen. Während das Erste regelmäßig Werkschauen renommierter Fotojournalisten präsentiert, enthüllt das Zweite den luxuriösen Lebensstil wohlhabender Kaufleute des Goldenen Jahrhunderts.

Nach dem Eintauchen ins gediegene Ambiente der außen eher schlichten Grachtenvillen ertragen wir anschließend abgelenkt vom Anblick des neuen Amsterdamer Stadtarchivs im kolossalen „De Bazel“ (siehe S. 160) einige Meter lang den Lärm der Vijzelstraat, von der wir durch die Kerkstraat zur Reguliersgracht zurückkehren. Von dort geht es entlang der Prinsengracht zur Utrechtsestraat. Unterwegs passieren wir mit der unterdessen profan genutzten **Amstelkerk** das einzige hölzerne Gotteshaus der Stadt (17. Jahrhundert) und die Ende des 18. Jahrhunderts erbaute, ehemals katholische **Kirche De Duif** auf der anderen Seite des Kanals, die bis heute u. a. den religiösen Zwecken einer „ökumenischen Basisgemeinde“ dient.

Die Utrechtsestraat sowie ihre Nebenstraßen Utrechtsedwaars- und Kerkstraat mit ihren freundlichen kleinen Restaurants und Geschäften laden zum Bummeln und Schlemmen ein. Dabei kann man hier auf engstem Raum auf kulinarische und musikalische Weltreise gehen, sprich indisch, spanisch, persisch, indonesisch, holländisch, französisch oder mexikanisch essen und das Angebot mehrerer gut sortierter Plattenläden sichten.

Die belebte, aber dennoch nicht hektische Straße gen Norden beschreitend, biegen wir kurz vor ihrer Einmündung in den Trubel des Rembrandtplein zunächst linkerhand in die Herengracht ab, um im → **Tassenmuseum Hendrikje** angesichts einer auf mehrere Etagen eines historischen Kaufmannsdomizils ausgebreiteten Taschenkollektion alles über die Geschichte des mal praktischen, mal dekorativen Accessoires zu erfahren. Danach wenden wir uns wieder gen

Utrechtssetraat, überqueren sie und folgen der Herengracht, bis das → **Museum Willet-Holthuysen** uns erneut einen Blick hinter die eher schlichten Kulissen einer klassizistischen Grachtenvilla gewährt, hinter denen sich hier ein schlossähnliches Innenleben und ein gepflegter Garten verbergen.

Aus der pompösen Welt der Familie Willet-Holthuysen auf die Gracht zurückgekehrt, machen wir noch einen Abstecher in die von Kneipen, Restaurants und Coffeeshops gesäumte Amstelstraat und nähern uns dann über das Ufer der Binnenamstel mit Aussicht auf → **Blauwe Brug** und Stopera dem Muntplein.

Homo-Hauptstadt Europas

Da in der Grachtenmetropole traditionell eher „Vielfalt statt Einfalt" die Alltagskultur bestimmt, gehören schwule und lesbische Paare dort ebenso selbstverständlich zum Stadtbild wie Menschen unterschiedlicher Hautfarben, sodass Amsterdam als „Homo-Hauptstadt Europas" gilt. Schwule und Lesben sind hier in fast 100 Clubs, Kneipen und Geschäften besonders willkommen. 1998 wurde die Schwulen- und Lesben-Olympiade „Gay Games" veranstaltet, alljährlich am 30. April feiern Schwule besonders ausgelassen den Geburtstag der Königin(Mutter) und im August ziehen sie in einer farbenfrohem Schwulen- und Lesbenparade namens „Gay Pride" durch die Straßen. Die bereits 1947 gegründete Organisation COC in der Rozenstraat tritt für die alltäglichen sozialen Belange von Homosexuellen ein. Das neuerdings in der neuen Stadtbibliothek angesiedelte IHLIA (Internationaal Homo/Lesbisch Informatiecentrum en Archief) befasst sich auf wissenschaftlicher Ebene mit Fragen der Homosexualität, und das Homomonument an der Westerkerk ist das Einzige seiner Art weltweit (siehe S. 148). Informationen über das vielfältige schwul-lesbische Kultur- und Freizeitleben können darüber hinaus telefonisch und online beim Gay-Lesbian-Switchboard (✆ 020/6236565, www.switchboard.nl) abgefragt oder persönlich am Pink Point, einem Informationskiosk auf dem Westermarkt (12–18 Uhr), eingeholt werden, wo es auch „gay souvenirs" zu kaufen gibt.

COC, Rozenstraat 14, ✆ 020/6234079; Bürostunden: Mo–Fr 10–15 Uhr, Sa 14–18 Uhr. **IHLIA**, Mo–Fr 10–18 Uhr, Openbare Bibliotheek Amsterdam, 6. Stock, Oosterdokskade 143, www.ihlia.nl. Informationen aller Art: **www.gayamsterdam.com.**

Sehenswertes

Nightwatch 3 D: Die vor dem Rembrandtdenkmal postierte Gruppe überlebensgroßer Bronzeskulpturen aus der Werkstatt der russischen Künstler Alexander Taratynow und Mikhail Doronow stellt das Motiv von Rembrandts berühmtem Gemälde „Die Nachtwache“ dreidimensional nach.

Museum van Loon: Die außen eher schlichte, von Baumeister A. Dortsmann entworfene klassizistische Grachtenvilla besteht aus zwei Teilen. Sie wurde 1671/72 von dem wohlhabenden flämischen Kaufmann Jeremias van Raey erstmals bezogen, der die eine Hälfte selbst bewohnte und die andere vermietete, u. a. an den Rembrandtschüler Ferdinand Bol. Im Laufe der Jahrhunderte wechselten die Besitzer, der letzte war Hendrick van Loon, der es 1884 von der Stadt kaufte. Nach einer umfangreichen Renovierung wurde es 1973 als Museum eröffnet, das den opulenten Lebensstil seiner früheren Bewohner anhand von Originalmöbeln und Alltagsgegenständen aus dem 17. bis 19. Jahrhundert eindrucksvoll dokumentiert.

Mi–Mo 11–17 Uhr. Eintritt 6 €. Keizersgracht 672, 020/6245255, www.museumvanloon.nl.

FOAM-Fotografiemuseum: In die respektablen Grachtenhäuser, in denen der Steinkohlehändler C. J. Fodor seine nach seinem Tode im Jahre 1860 der Stadt Amsterdam vermachte und heute im Historischen Museum gehütete Kunstsammlung aufbaute, ist 2002 das damals neu gegründete Fotografiemuseum eingezogen. Das bietet sowohl namhaften internationalen Fotografen als auch jungen Talenten ein Forum für (Wechsel)Ausstellungen und lädt einmal im Jahr Erfolg versprechende junge Fotografen zur gemeinsamen Arbeit in der Joop Swart Masterclass der World Press Photo ein. Der thematische Bogen der Wechselausstellungen spannt sich von historischer bis zeitgenössischer, von Dokumentarischem zur Modefotografie.

10–18 Uhr, Do u. Fr 10–21 Uhr. Eintritt 7 €. Keizersgracht 609, 020/5516500, www.foam.nl.

Tassenmuseum Hendrijke: Das erst im Juni 2007 eröffnete Taschenmuseum exponiert eine ebenso kostbare wie originelle Kollektion historischer und zeitgenössischer Abend- und Handtaschen, Schultornister, Koffer, Geldbörsen, Stoff- und Plastikbeutel. Die gut 3500 Ausstellungsstücke werden nach historischen Epochen und/oder Taschentypen geordnet in einer pompös möblierten und dekorierten Grachtenvilla aus dem 17. Jahrhundert in Szene gesetzt. Niederländisch-englische Informationstafeln erzählen Geschichte und Geschichten der Exponate, von denen einige früher einmal Lippenstift und Puderdöschen von so berühmten Zeitgenossinnen wie Madonna oder Hillary Clinton hüteten. Neben der Dauer- gibt es regelmäßige Sonderausstellungen, die meist zeitgenössischen Taschendesigns gewidmet sind und natürlich einen Shop, der bei denjenigen mit Taschenfaible durchaus Begehrlichkeiten weckt. Ein hauseigenes Café, in dem man hübsch drapierte süße und herzhafte Häppchen naschen kann, sorgt für das leibliche Wohl der vornehmlich weiblichen Museumsbesucher.

10–17 Uhr. Eintritt 6,50 €. Herengracht 573, 020/5246452, www.tassenmuseum.nl oder www.museumofbagsandpurses.com.

Museum Willet Holthuysen: Inzwischen um wertvolle Einrichtungs-, Kunst- und Alltagsobjekte (Porzellan, Kristall und Tafelsilber, Töpfe und Pfannen etc.) aus anderen historischen Grachtenhäusern des 17. Jahrhunderts erweitert, fungiert das 1895 der Stadt Amsterdam vererbte ehemalige Domizil der Familie Willet-Holthuysen gemäß dem letzten Willen

Tour 5 Karte S. 170

seiner Besitzerin als Museum. Im Ballsaal, dem Speise- und Gartenzimmer in der Beletage, den Schlafräumen in den oberen Stockwerken, den Diensträumen des Personals im Souterrain und dem kleinen Privatpark im Stil französischer Gärten kann man sich einen Eindruck davon verschaffen, wie die früheren Bewohner der Grachtenvilla geruht, gegessen und gefeiert und deren Angestellte gearbeitet haben.

Ⓞ Mo–Fr 10–17, Sa/So 11–17 Uhr. Eintritt 5 €. Herengracht 605, ☏ 020/5231822, www.willetholthuysen.nl.

Blauwe Brug: Die für Amsterdamer Verhältnisse außergewöhnlich pompös gestaltete Amstelbrücke, auf der sich mehrere reich verzierte Säulen erheben, auf denen ebenso wie am Turm der Westerkerk die goldene Kaiserkrone Maximilians I. glänzt, gehört zu den beliebtesten Fotomotiven der Stadt. Sie wurde 1883 – inspiriert vom Vorbild Pariser Seinebrücken – entworfen und band das ehemalige Judenviertel um den Waterlooplein ans Stadtzentrum an.

Praktische Infos

Restaurants

Margarita (9), karibische Küche und Atmosphäre und die gleichnamigen Cocktails. Di–So 17–24 Uhr, Fr/Sa bis 3 Uhr. Reguliersdwaarsstraat 49, ☏ 020/6230707.

Saturnino (4), gehört zu den besten Italienern. Sizilianisch inspirierte Küche, aber auch Pizza. Obwohl von vielen schwulen Gästen frequentiert, ist hier auch die Kundin Königin. 12–24 Uhr. Reguliersdwaarsstraat 5, ☏ 020/6390102.

Roses Cantina (21), große Portionen mittelmäßigen mexikanischen Essens und gute Cocktails, oft sehr voll. 17–23 Uhr. Reguliersdwaarsstraat 38–40, ☏ 020/6259797.

Ponte Arcari (33), hübscher kleiner Italiener in grachtenromantischer Lage. Man isst gut und preislich angemessen. 15–22.30 Uhr. Herengracht 534, ☏ 020/6250853.

Szmulewicz (8), leichte neuholländische Küche in und vor einem niedlichen kleinen Häuschen am Rande des Rembrandtplein. 17–23 Uhr. Bakkerstraat 12, ☏ 020/6202822.

Meghna (34), sehr schmackhafte indische Küche, die in einem kleinen, stets gut besuchten Restaurant freundlich und zu reellen Preisen, jedoch an „hauteng" beieinander stehenden Tischchen serviert wird. 17–23.30 Uhr. Utrechtsestraat 28, ☏ 020/6251392.

Memories of India (30), (einige) sehr pikante indische Spezialitäten im passenden Interieur. 17–23.30 Uhr. Reguliersdwaarsstraat 88, ☏ 020/6235710.

Tempo Doeloe (41), eines der anerkanntermaßen besten indonesischen Restaurants der Stadt, das deshalb sowohl von einheimischen Stammkunden als auch vielen Touristen frequentiert wird. Mo–Sa 18–23.30 Uhr. Utrechtsestraat 75, ☏ 020/6256718.

In de Keuken (47), modern gestylte Kombination aus Restaurant und Laden für Kochbücher, in der Letztere gleichzeitig die Dekoration abgeben. Die kulinarische Orientierung ist neuholländisch bzw. mediterran inspiriert. Di–Sa ab 19 Uhr. Utrechtsestraat 114, ☏ 020/6167414.

Pata Negra (48), kleines, relativ teures spanisches Tapas-Restaurant, das immer gut besucht bis überfüllt ist, was für die Qualität der herzhaften Kleinigkeiten spricht. 13–24 Uhr. Utrechtsestraat 124, ☏ 020/4226250.

Golden Temple (49), rauch-, alkohol- und fleischfreies Restaurant mit indisch orientierter Küche und sphärischer Musikuntermalung. 17–21.30 Uhr. Utrechtsestraat 126, ☏ 020/6268560.

Take Thai Restaurant (44), winziges, kulinarisch erbauliches Thai-Restaurant mit schlicht-edlem Interieur. Utrechtsestraat 87, 18–22.30 Uhr. ☏ 020/6220577.

Sluizer (37), geschmackvoll eingerichtetes, gepflegtes Fischrestaurant. 17–23 Uhr. Utrechtsestraat 43, ☏ 020/6226376.

De Huyschkamer (50), sehr freundliches und farbenfroh-postmodernes Café-Restaurant, das gern, aber nicht ausschließlich von der Schwulenszene frequentiert wird. Mo–Do 19–1 Uhr, Fr/Sa 19–3 Uhr. Utrechtsestraat 137, ☏ 020/6270575.

Eine der schönsten Grachten: Reguliersgracht

Kitsch (38), Kitsch wirkt hier nicht geschmacklos, sondern ist zum eigenen Stil erhoben, die Küche ist französisch angehaucht. 18–23 Uhr, Fr/Sa bis 24 Uhr. Utrechtsestraat 42, ✆ 020/6259251.

Zushi (1), ultramodernes, rauchfreies japanisches Restaurant, das seine Spezialitäten auf dem Fließband serviert. 12–24 Uhr. Amstel 20, ✆ 020/3306882.

Segugio (43), gilt derzeit sowohl hinsichtlich seiner exquisiten Speisen als auch seiner Weinkarte, Grappe und Limoncelli als der Topitaliener Amsterdams. Die Einrichtung ist minimalistisch-modern, und es gibt keine Tischmusik, sodass man sich voll aufs Essen (oberer Preiskategorie) konzentrieren kann. 18–23 Uhr. So Ruhetag. Utrechtsestraat 96a, ✆ 020/3301500.

D'Antica (28), hier wird typisch italienisch gekocht und entsprechende Atmosphäre inszeniert, was den Promis aus Stadt, Land und Welt offenbar gefällt, sodass selbst so Berühmtheiten wie Mick Jagger oder George Clooney bei Amsterdambesuchen hier einkehren sollen. 17–23 Uhr, So und Mo Ruhetag. Regulierssdwarsstraat 80–82, ✆ 020/6233862.

Tagore (51), unverfälschte, d. h. nicht europäisierte indische Küche zu fairen Preisen, serviert in Landestracht. 18–23 Uhr. Utrechtsestraat 128, ✆ 020/6241931.

Alfonso's (35), passables mexikanisches Restaurant, in dem auch eine Reihe vegetarischer Gerichte angeboten werden. 17–23 Uhr. Uterechtsestraat 32, ✆ 020/6259426.

Gala (16), Tapas-Bar, die damit wirbt, kulinarisch von der neuen Küche Barcelonas inspiriert zu sein. Jedenfalls gibt es eine große Auswahl an Fischgerichten und spanischen Weinen. ab 18 Uhr, Mo und Di Ruhetag. Reguliersdwaarsstraat 38, ✆ 020/6236303.

Xtracold (10), Eisdiele im tatsächlich extrakalten, schneeweißen, eisigen Interieur, die Inhaber halten es für „die ultimative Eiserfahrung". Amstel 194–196.

Herberg Hooghoudt (39), rundum holländisches (mit biologischen Produkten bekochtes) Restaurant und Geneverprobierlokal der gleichnamigen Destillerie in Groningen. Es ist in zwei historischen Speicherhäusern an der hübschen Reguliersgracht rustikal-elegant eingerichtet, gegessen und getrunken wird allerdings vornehmlich drinnen. 18–1 Uhr. Reguliersgracht 11, ✆ 020/4204041.

Teppanyaki Nippon (11), recht teure japanische Spezialitäten in cool-spartanischem Ambiente. 18–23.30 Uhr geöffnet. Reguliersdwarsstraat 18–20, ✆ 020/6208787.

Lo Stivale d'Oro (14), Mario und Lucia aus Apulien tischen in diesem kleinen, gemütlich-ruhigen Restaurant (süd)italienische Gerichte und Pizza zu moderaten Preisen auf. 17–23 Uhr, Dienstag Ruhetag. Amstelstraat 49, ✆ 020/6387307.

MAOZ (3), wer wenig Geld (ab 3,90 €) ausgeben und dennoch mit einer relativ gesunden Unterlage ins Nightlife starten möchte, findet auch hier eine Filiale der MAOZ-Falafelkette. Reguliersbreestraat 45.

Cafés und Kneipen

L'Opera Grand Café (19), Grand Café mit Art Deco-Interieur direkt am Platz, das insbesondere im Sommer eine ständig gut gefüllte Außenterrasse hat. Mo–So 10–1 Uhr. Rembrandtplein 27–29, ✆ 020/6204754.

De Kroon (17), geschichtsrächtiges Grand Café, das 1898 eröffnet wurde und anlässlich der Krönung von Königin Wilhelmina im selben Jahr seinen Namen erhielt. In den 1950er Jahren wegen der ausbleibenden jüdischen Stammkundschaft (!) geschlossen, erstrahlte „De Kroon" ab 1990 wieder in alter Grandezza. Heute kann man hier Kaffee, Kuchen und französische Küche genießen und sich freitags und samstags ab 23 Uhr unter dem Motto „Kroon @ night" in plüschigen Sesseln mit Cocktails und Diskomusik auf das Abtanzen im benachbarten „Escape" einstimmen. So–Do 12–1, Fr/Sa 12–3 Uhr. Rembrandtplein 17 I, ✆ 020/6252011.

Schiller (27), dem Ambiente des repräsentativen Hotels angepasstes Café-Restaurant mit neuholländischer Küche. 10–23 Uhr. Rembrandtplein 26–36, ✆ 020/5540723.

Escape Caffè (20), neues Grand Café im Erdgeschoss des „Escape-Club-Imperiums", das sich als „trendy global caffe" versteht, das neben Kaffee, Kuchen und Snacks (auch auf der großen Terrasse) ein „stylish Diner" anbietet. Mo–Do u. So 10–1 Uhr, Fr/Sa 10–3 Uhr. Rembrandtplein 11, ✆ 020/6221111.

Le Monde (25), Café-Restaurant mit großer Sonnenterrasse. 8.30–1, Fr./Sa bis 2 Uhr. Rembrandtplein 6.

Monico (18), Café mit großer Aussichtsterrasse auf das bunte (touristische) Treiben. Rembrandtplein 9.

Rain (26), eines der jüngsten Rembrandtpleinlokale. Schwarz lackierter Bambus und lila-rosa Farbakzente an der Bar bestimmen das stylische Interieur von der Restaurant-Bar im Erdgeschoss. Tanzfläche und Nachtbar befinden sich ein Stockwerk darunter. Die Gäste achten auf ihr Äußeres. 17–2 Uhr, Fr/Sa 17–4 Uhr. Rembrandtplein 44, ✆ 020/6267078.

De Heeren van Aemstel (31), das Grand Café, in dem ab und zu Live Jazz geboten wird, ist das gediegenste Lokal am (Thorbecke) Platz. Mo–So 15–1 Uhr. Thorbeckeplein 5, ✆ 020/6202173.

Bolle Jan (15), „bruines" Café mit volkstümlicher holländischer Livemusik, v. a. Schlager, in einem kleinen Gässchen am Rande des Rembrandtplein. So–Do 21–3 Uhr, Fr/Sa 21–4 Uhr. Korte Reguliersdwaarsstraat 3, ✆ 020/6259376.

Café Oosterling (52), vornehmlich von Einheimischen frequentiertes „bruines" Café, in dem insbesondere Rum- und Whiskey-Fans auf ihre Kosten kommen. So–Do 12–1, Fr/Sa 12–3 Uhr. Utrechtsestraat 140, ✆ 020/6234140.

Menschen (24), in dieser kleinen, unspektakulären und gerade deshalb sympathischen Stadtteilkneipe gegenüber der Blauwe Brug kostet ein Bier nur einen 1,20 €. Amstel 202.

Mulligans (2), bekannter Irish Pub, in dem regelmäßig live aufgespielt wird und auch spontane Auftritte willkommen sind. 16–1 Uhr, Fr/Sa 16–3 Uhr. Amstel 100, ✆ 020/6221330.

Vivelavie (13), Freundliche (Traditions)Lesbenbar, in der frau sich auch als Hetera wohl fühlen kann. So–Do 16–1 Uhr, Fr–Sa 16–3 Uhr. Amstelstraat 7, ✆ 020/6240114.

April (7), beliebte Gay-Kneipe mit Drehbar, in der mann sich gern zur Happy Hour trifft. So–Do 14–1 Uhr, Fr–Sa 14–3 Uhr. Reguliersdwaarsstraat 37, ✆ 020/6259572.

ARC (23), in erster Linie, aber nicht ausschließlich von Schwulen gut frequentiertes Lokal, das Bar, Restaurant und Disko in einem ist. Die Einrichtung ist nüchtern-cool, die Favoriten auf der Speise- und Getränkekarte Finger Food und Cocktails. So–Do 16–1 Uhr, Fr/Sa 16–3 Uhr. Reguliersdwarsstraat 46, ✆ 020/6897070.

Lellebel (29), beliebte kleine Schwulenkneipe, die sich als „Dragshowbar" profiliert hat. 21–3 Uhr. Utrechtsestraat 4, ✆ 020/4275139.

Theater

De Kleine Komedie, Kabarett und Musik. Amstel 56, ✆ 020/6240534, www.diekleinekomedie.nl.

Clubs und Diskotheken

Escape (20), größte, 2007 um Lounge, Grand Café und Escape Studio (geplant sind hier Musikproduktionen, die von dort auf einen gigantischen LED-Screen auf dem Platz übertragen und mit einem drahtlosen Headphone mitgehört werden können) erweiterte Diskothek der Stadt. Sie lockt mit „Tanzplätzen" für gut 2000 Menschen, (international) bekannten DJs und Großpartys, auf denen jeweils House, Techno u. a. im musikalischen Mittelpunkt stehen. Allerdings soll hier eine „strenge" Kleiderordnung herrschen. 15–20 € Eintritt. So u. Do 23–4 Uhr, Fr/Sa 23–6 Uhr. Rembrandtplein 11, ✆ 020/6221111, www.escape.nl.

Sinners in Heaven (12), Jetset-Tanzclub mit Designereinrichtung, in dem Fußball- und Soapstars abtanzen und der „Normalsterbliche" nur Zutritt erhält, wenn er recht früh kommt und entsprechend (teuer) gestylt ist. Mi–So 23–4/5 Uhr. Wagenstraat 3–7, ✆ 020/62001375.

Exit (22), gerade angesagte Tanzmusik in schickem High-Tech-Ambiente. Frauen werden zwar nicht abgewiesen, aber eigentlich gehört die bekannteste Schwulendisko der Stadt den „trendy young gays". 23–4/5 Uhr. Reguliersdwaarsstraat 42, ✆ 020/6258788, www.clubexit.eu.

You II (5), hier tanzen, trinken und flirten homosexuelle Frauen und Männer. Do–Sa 22–4/5, So 16–1 Uhr. Amstel 178, www.youii.nl.

Shopping

Concerto, auf fünf Häuser ausgedehnter Platten- und CD-Laden, der bereits seit 1955 im (Musik)Geschäft ist und sowohl eine breite Auswahl nahezu aller Musikrichtungen von Klassik und Weltmusik über Rock, Pop, House und Hip Hop als auch kompetentes Personal in petto hat. Uterechtsestraat 54–60.

Bronx, größter Gay-Sex-Shop der Stadt, v. a. Videos und Magazine. Kerkstraat 53–55.

The Frozen Fountain, junges niederländisches (Einrichtungs-) Design. Prinsengracht 629.

Kunstmarkt Thorbeckeplein, vom 11. März bis zum 2. Dezember So 9–17 Uhr.

Tour 5 Karte S. 170

Vergleichsweise ruhig und beschaulich (Jordaan)

Jordaan

Die einen halten ihn für ein durchweg volkstümliches Viertel, in dem man noch echte Amsterdamer „gezelligkeit" erleben kann, für andere ist er eine bunte Insel der Alternativkultur, und wieder andere beklagen, er sei mittlerweile gänzlich von gut situierten Yuppies okkupiert. Die Wahrheit liegt wie so oft irgendwo in der Mitte und der aktuelle Charme des Jordaan wahrscheinlich gerade darin, dass hier alle diese bevölkerungshistorischen Einflüsse wirksam sind.

Der auf dem Zenit des Goldenen Jahrhunderts (ab 1612) jenseits des noblen Grachtengürtels als „Het Nieuwe Werck" gewachsene Stadtteil wurde seinerzeit von den damaligen städtischen Unterschichten bewohnt, darunter auch politische und religiöse Flüchtlinge aus anderen Teilen Europas. Später entwickelte sich das seit Beginn des 18. Jahrhunderts aus bislang noch nicht eindeutig geklärten Gründen „Jordaan" getaufte Arme-Leute-Viertel zu einem der ersten Hafen- und Industriearbeiterquartiere Amsterdams, in dem um 1900 gut 80.000 Menschen (heute knapp 20.000) auf engstem Raum und unter katastrophalen hygienischen Bedingungen zusammenlebten. Die elenden Wohnverhältnisse und die soziale Not waren der Nährboden für die viel beschworene und besungene nachbarschaftliche Solidarität und *gezelligkeit* der „Jordaanesen". Sie provozierten aber auch ihren inzwischen ebenso legendären Widerstandsgeist gegenüber staatlichen Autoritäten und waren die Ursache dafür, dass sich überdurchschnittlich viele Jordaanesen in sozialistischen und kommunistischen Gruppierungen organisierten.

Diverse infrastrukturelle Maßnahmen, darunter das Trockenlegen von seuchenanfälligen Grachten, die Anlage breiterer Straßen oder der in den 1930er Jahren erfolgte Anschluss an das Kanalisationsnetz vermochten nicht zu verhindern, dass die alte Bausubstanz im Verlauf des 20. Jahrhunderts sukzessive verfiel. Erst als sich seit Beginn der 1960er Jahre Angehörige der Amsterdamer Alternativszene – Künstler, Intellektuelle und Studenten – im Jordaan ansiedelten, nahm das Gesicht des Stadtteils durch sporadische Renovierungen und die Eröffnung neuer Geschäfte und Lokale allmählich wieder freundlichere Züge an. Als wenig später dennoch erwogen wurde, das ganze Viertel abzureißen und durch moderne Wohnblöcke zu ersetzen, hagelte es über den Jordaan und die Stadt Amsterdam hinaus heftige Proteste. Die hatten schließlich Erfolg und mündeten 1972 in die Verabschiedung eines nachhaltigen Sanierungskonzeptes für den historischen Stadtteil.

Allerdings führte dessen Umsetzung zu einer Veränderung der Einwohnerstruktur, da nun einkommensstarke Bevölkerungsschichten den gesteigerten Wohnwert des zentrumsnahen Bezirks entdeckten, baufällige alte Häuser kauften und kostenträchtig renovierten. Viele der ursprünglichen Bewohner wanderten dagegen in die billigeren Neubausiedlungen der Vororte und -städte ab, z. B. in die gut 20 Kilometer entfernte Retortenstadt Almere, sodass die alten Jordaanesen schon längst nicht mehr den Stadtteilton angeben. Da sie aber immer noch im Orchester der verschiedenen Alltagskulturen mitspielen, herrscht in dem sanierten historischen Volksviertel, das weder mit herausragenden architektonischen Monumenten noch publikumswirksamen Museen aufwarten kann, eine ganz besondere Atmosphäre, die sich eher beim „ziellosen“ Flanieren denn beim Absolvieren einer fest abgesteckten Besichtigungsstrecke einatmen lässt.

Unter ihrer Obhut findet samstags ein Bauernmarkt statt: Noorderkerk

Tour 6 Karte S. 180/181

Zugänge zum Jordaan

Man kann den Stadtteil ausgehend von der Brouwersgracht von Norden nach Süden durchwandern, in umgekehrter Richtung vorgehen und an der Leidsegracht losmarschieren, sich mittendrin mit Ausgangspunkt Westermarkt für seine Nord- oder Südflanke entscheiden oder bei einem Uferspaziergang entlang der Prinsengracht hier und da in die kleinen romantischen Grachten oder engen Straßenschluchten des Jordaan ausscheren.

Sowohl südlich als auch nördlich seiner von Autos, ratternden Straßenbahnen

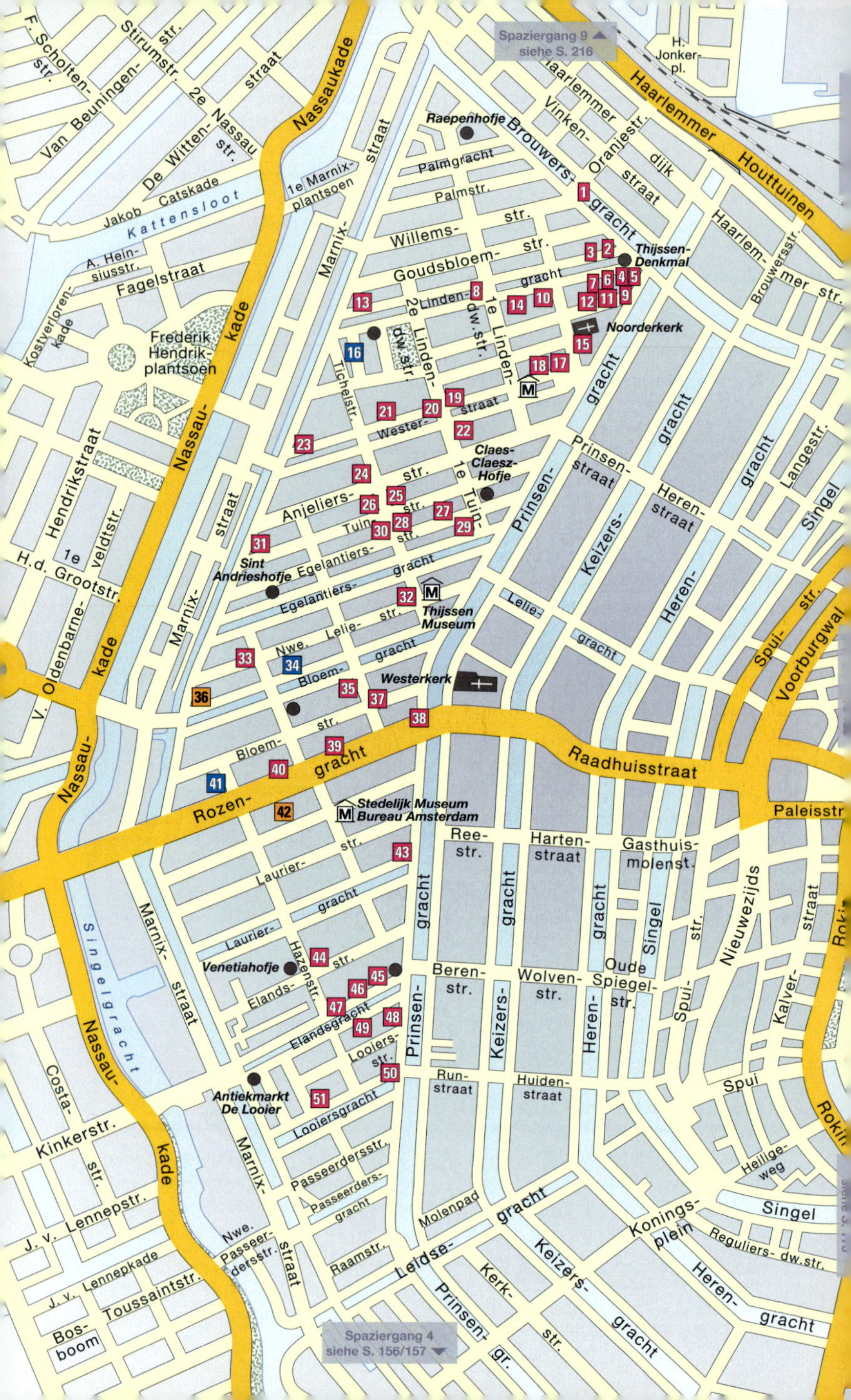

Spaziergang 9
siehe S. 216
H. Jonker-pl.
Haarlemmer Houttuinen
Haarlemmer dijk
Haarlemmer str.
Brouwersstr.
Vinken-straat
Oranjestr.
Brouwers-gracht
Raepenhofje
Palmgracht
Palmstr.
Willems-str.
Goudsbloem-gracht
Thijssen-Denkmal
Noorderkerk
2e Linden-dw.str.
1e Linden-dw.str.
Linden-gracht
Tichelstr.
Wester-straat
Claes-Claesz-Hofje
Anjeliers-str.
1e Tuin-dw.str.
Tuin-str.
Egelantiers-gracht
Egelantiers-str.
Sint Andrieshofje
Thijssen Museum
Lelie-gracht
Lelie-str.
Nwe. Bloem-str.
Bloem-gracht
Westerkerk
Raadhuisstraat
Paleisstr
Rozen-gracht
Stedelijk Museum Bureau Amsterdam
Laurier-str.
Laurier-gracht
Hazenstr.
Venetiahofje
Elands-str.
Elandsgracht
Looiers-str.
Antiekmarkt De Looier
Looiersgracht
Passeerdersstr.
Passeerders-gracht
Nwe. Passeerdersstr.
Marnix-straat
Marnix-plantsoen
1e Marnix-plantsoen
Nassaukade
Nassau-kade
2e Nassau-str.
Stirumstr.
F. Scholten-str.
Van Beuningen-str.
De Witten-straat
Jakob Catskade
Kattensloot
A. Heinsiusstr.
Fagelstraat
Kostverloren-kade
Frederik Hendrik-plantsoen
Hendrikstraat
1e veldtstr.
H.d. Grootstr.
V. Oldenbarne-veldtstr.
Singelgracht
Costa-str.
Kinkerstr.
J. v. Lennepstr.
J. v. Lennepkade
Toussaintstr.
Bos-boom
Prinsen-straat
Prinsen-gracht
Keizers-gracht
Heren-straat
Heren-gracht
Singel
Langestr.
Spui-str.
Voorburgwal
Reestr.
Hartenstraat
Gasthuis-molenst.
Nieuwezijds
Beren-str.
Wolven-str.
Oude Spiegel-str.
Spui
Kalver-straat
Rokin
Runstraat
Huidenstraat
Heilige-weg
Koningsplein
Reguliers-dw.str.
Molenpad
Leidse-gracht
Raamstr.
Kerk-str.
Prinsen-gr.
Spaziergang 4
siehe S. 156/157
1 2 3 4 5 6 7 8 9 10 11 12 13 14 15 16 17 18 19 20 21 22 23 24 25 26 27 28 29 30 31 32 33 34 35 36 37 38 39 40 41 42 43 44 45 46 47 48 49 50 51

Übernachten
16 Acacia (S. 78)
34 Van Onna (S. 78)
41 The Shelter Jordaan (S. 80)

Essen & Trinken (S. 185 – 190)
1 Noodle & Go
2 Café Thijssen
3 Duende
4 Il Fiore
5 Papeneiland
6 La Vita
7 Capri
8 De Cat in de Wijngaert
9 Proust
10 Café de Zon
11 Finch
12 Bordewijk
13 Caramba
14 Toscanini
15 ONoordwest
17 Winkel
18 Paso Doble
19 De Blaffende Vis
20 Café 't Monumentje
21 Cinema Paradiso
22 Café Nol
23 Seafoodhouse Albatros
24 Donna Sofia
25 Hostaria
26 0039
27 Claes Claesz. in de Jordaan
28 Café de Tuin
29 Café 't Smalle
30 Jur
31 Semhar
32 De Reiger
33 De Vliegende Schotel
35 Paradox
37 Café Chris
38 Café De Oude Wester
39 Long Pura
40 Manzano
43 RainaRai
44 Saarein
45 Divan
46 Best Thai
47 Palladio
48 De Eland
49 Rakang
50 Foodware
51 Festina Lente

Nachtleben (S. 190)
36 Jazz-Café 't Geveltje
42 More

120 m

Spaziergang 6

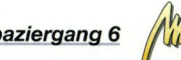

und zahlreichen Passanten beschallten Hauptverkehrsader und Einkaufsmeile Rozengracht wird man auf die Charakteristika des Stadtteils stoßen. Zu denen gehören überdurchschnittlich viele bunte Giebelsteine, deren Motive auf das Gewerbe der früheren Hausbewohner deuten, hier und da hinter alten Häuserfronten versteckte begrünte Innenhöfe oder neu gebaute Fassaden mit großen Fensterfronten, die sich auffällig und doch harmonisch dazwischenschieben.

Obwohl streng katasteramtlich betrachtet außerhalb des Stadtteils gelegen, zählt auch die von dessen Bewohnern gleichsam emotional eingemeindete Westerkerk zu den viel besungenen Wahrzeichen des Jordaan. Ihr Turm wacht weithin und von fast überall im Jordaan sichtbar über urige „bruine" Eckkneipen, flippige Coffeeshops, bunt sortierte Kram- und Secondhandläden, staubige Antiquariate, edle Galerien und Designerboutiquen, holländisch-gemütliche, mediterran geprägte, kühl gestylte und nobel-gediegene Restaurants, deren abwechslungsreiche Mischung die Lebens- und Besichtigungsqualität für Bewohner bzw. Besucher ausmacht.

Montags können beide auf dem Noordermarkt und in der Westerstraat in alten Kleidern, Hüten, Geschirr und Büchern wühlen (Lapjesmarkt), samstags auf dem mit biologischen Lebensmitteln bestückten Bauernmarkt einkaufen.

Rund um die Woche zu genießen ist das Flair der noch Wasser führenden kleinen Kanäle namens Egelantiers-, Laurier-, Looiers-, Passeerders- und Bloemgracht, die oft von blumengeschmückten Brücken überspannt werden und sonnenbeschienen natürlich besonders bestechend sind. Zu den inzwischen asphaltierten, deren ursprüngliches Aussehen nur noch angesichts historischer Fotos nachzuvollziehen ist, zählen

Tour 6
Karte S. 180/181

Die Stimmen des Jordaan

Amsterdamse Levenslied

Das „Amsterdamer Lebenslied", eine Mischung aus Volkslied, Chanson und Schlager, hat im Jordaan eine besonders lange und intensiv gepflegte Tradition, sodass dessen jordaanesische Interpreten weit über den Stadtteil hinaus reüssierten und zu Hause gewissermaßen als Volkshelden verehrt wurden bzw. werden. Ihre „Wallfahrtsstätte" befindet sich seit Anfang der 1990er Jahre an der Ecke von Prinsen- und Elandsgracht, wo man drei bereits verstorbenen musikalischen Lokalmatadoren ein Denkmal gesetzt und den kleinen Platz nach einem von ihnen „Johnny Jordaanplein" getauft hat. Die anderen beiden waren unter den Namen Tante Leen und Willy Alberti bekannt. Letzterer hieß mit bürgerlichem Namen Carel Verbrugge und hatte in den 1950er Jahren neben dem „Amsterdamer Lebenslied" auch ins Niederländische übertragene italienische Opernarien so überzeugend intoniert, dass er mit mehreren goldenen Schallplatten ausgezeichnet wurde. Sein auf eine Bronzeplatte aufgebrachtes Konterfei ziert seit 1986 die Westerkerk, der er sich – wie viele seiner Sängerkollegen – in seinen Liedern besonders verbunden fühlte. Auch heute noch wird in manchen Jordaan-Kneipen, z. B. im Café „Nol" an der Westerstraat oder im „De Twee Zwantjes" an der Prinsengracht, von jungen und alten Talenten regelmäßig zum „Amsterdamer Lebenslied" aufgespielt, das auch im Mittelpunkt des seit 30 Jahren jeweils am zweiten Septemberwochenende veranstalteten **Jordaan-Festivals** steht. Weil viele alte Jordaanesen inzwischen nach Almere ausgewandert sind, wird das „Sängerfest" des alten Amsterdamer Stadtteils seit 2003 in die junge Retortenstadt exportiert, wo seither alljährlich im Juli das „Jordaan-Festival on tour" ausgerichtet wird. Wie im Jordaan selbst stimmen dort die Volksmusikstars des 21. Jahrhunderts das „Amsterdamer Lebenslied" an. Wer hören will, wie das klingt, möge die Website des Jordaan-Festivals anklicken, worauf sofort die eingängige Hymne des Festivals ertönt (www.jordaanfestival.nl).

Westerstraat, Rozen-, Elands-, Linden- oder Palmgracht. Die Blumen- und Pflanzennamen von Straßen und Grachten verweisen übrigens auf eine der Theorien über die Entstehung der Bezeichnung „Jordaan“, die davon ausgeht, dass sie sich vom französischen *jardin* (= Garten) ableitet. Eine andere stellt biblische Bezüge her und bringt den Namen mit dem gleichnamigen Fluss in Verbindung.

Schließlich ist das sympathische Innenleben des Stadtteils auch noch in einen äußerst dekorativen Rahmen eingefasst: Der flächenmäßig recht große und von vielen kleinen Sträßchen geäderte Jordaan wird nämlich in allen Himmelsrichtungen von Wasser umspült. Das fließt in Brouwers-, Lijbans-, Prinsen- und Leidsegracht, die sich mal hübsch herausgeputzt, mal wildromantisch geben und so oder so zu den schönsten Amsterdamer Kanälen gehören.

Sehenswertes

Noordermarkt: Am Noordermarkt erhebt sich die **Noorderkerk**, die zwischen 1620 und 1623 errichtet wurde, weil den Bewohnern der Weg zur Westerkerk zu weit war. Seit der ihr zugeordnete Friedhof 1688 verlegt wurde, dient der Kirch- als Marktplatz. Eine Skulptur aneinander geketteter Menschen gemahnt an die zahlreichen Toten und Verletzten, die der Jordaan-Aufstand gegen die Streichung der Arbeitslosenunterstützung im Wirtschaftskrisenjahr 1934 forderte. Darüber hinaus wird mit den Gedenktafeln an den Kirchenmauern der Gefallenen des Zweiten Weltkriegs und des Februarstreiks der Amsterdamer Hafenarbeiter anlässlich der Deportation ihrer jüdischen Mitbürger gedacht.

Das auf einen kleinen Sockel gehobene Pärchen am Rande des Noordermarktes ist dagegen eine Hommage an den sozial engagierten Schriftsteller Multatuli (siehe auch S. 145). Es verkörpert Woutertje Pieterse und seine Freundin Femke, zwei Protagonisten aus Multatulis Roman „Die Abenteuer des kleinen Walter“, der in den Elendsquartieren des Jordaan spielt.

Dennoch ist der Noordermarkt, in dessen Nähe sich Brouwers- und Prinsengracht treffen, nicht allein ein Ort schwermütiger Erinnerung. Wenn auf dem Platz und in den umliegenden Cafés und Restaurants montags und

Ein beliebter Treffpunkt: Noordermarkt

samstags vormittags quirliges, von Straßenmusikanten akustisch untermaltes Marktleben pulsiert, verbreitet er vielmehr eine ausgesprochen heitere Atmosphäre.

Lindengracht: Am östlichen Ende der recht belebten, von zahlreichen Restaurants und Kneipen gesäumten Lindengracht wird mit einem Denkmal der Pädagoge und frühe Kinderbuchautor Theo Thijssen gewürdigt, dem besonders das Schicksal der Arbeiterkinder am Herzen lag. Dem geschätzten Sohn des Stadtteils, der 1879 dort geboren wurde und in ärmlichen Verhältnissen aufwuchs, ist außerdem ein kleines Museum in der Eerste Leliedwaarsstraat 16 gewidmet.

⌚ Theo Thijssen Museum: Do–So 12–17 Uhr, Eintritt 2 €. www.theothijssenmuseum.nl.

Westerstraat: Für Jordaan-Verhältnisse außergewöhnlich breite Straße, an der größere Geschäfte, Restaurants und Cafés, darunter auch das plüschige Musikcafé „Nol", aufgereiht sind. Musik erklingt bisweilen auch im **Pianola-Museum** an derselben Straße, das eine Sammlung teilweise noch funktionstüchtiger Pianolas und Musikautomaten hütet.

⌚ So 14–17 Uhr oder nach Vereinbarung. Eintritt 5 €. Westerstraat 106, ✆ 020/6279624.

Aalaufstand und Grachtenkrieg

Als die Lindengracht noch Wasser führte, ereignete sich hier im Juli 1886 der sog. *palingoproer* (Aalaufstand), in dessen Verlauf ein bei den Jordaanesen beliebtes Volksvergnügen in blutige Straßenkämpfe mündete. In jenem Sommer hatten die Stadtteilbewohner wie schon oft zuvor ein Seil über den Kanal gespannt, an dem ein lebendiger Aal zappelte, um anschließend von den per Boot anrückenden Wettbewerbsteilnehmern abgerissen zu werden. Da dieses tierquälerische Spektakel schon seinerzeit verboten war, rückte die Polizei in der Lindengracht an, um es zu unterbinden. Die zunächst nur gegen diese Polizeiaktion gerichteten Proteste weiteten sich in den folgenden Tagen zu einem gut organisierten und gewaltsam eskalierenden Aufstand gegen die miserablen Arbeits- und Wohnverhältnisse im Jordaan und die städtischen Behörden aus und forderten 25 Tote und über 150 Verletzte.

Tote und Verletzte waren beim „Grachtenkrieg" im Herbst 2004 nicht zu beklagen. Allerdings wurde der Amsterdamer Stadtrat wieder einmal unmissverständlich dafür gerügt, keinerlei Rücksicht auf die wirtschaftlichen Interessen und die Lebensqualität der Jordaanesen zu nehmen. Letztere protestierten auf Flugblättern, Plakaten und Versammlungen gegen den unterdessen wieder verworfenen Plan des Stadtrats, im 19. Jahrhundert zugeschüttete Jordaangrachten zwecks Steigerung ihrer touristischen Attraktivität wieder auszuheben und mit Wasser zu fluten, um ihnen ihr präindustrielles Erscheinungsbild zurückzugeben.

Hofjes: Bei den Amsterdamer Hofjes, die mehrheitlich im 17. Jahrhundert entstanden sind, handelt es sich um karitative Einrichtungen zum Wohle von Witwen und Waisen oder anderweitig Bedürftigen. Die von reichen Kaufleuten finanzierten Hofjes bestanden aus Häuserkomplexen, die sich um begrünte, seinerzeit als Gärten genutzte Innenhöfe gruppierten. Im Arme-Leute-Viertel Jordaan gab es erwartungsgemäß besonders viele davon (etwa zehn).

In einige von ihnen kann man gegebenenfalls – mit Diskretion gegenüber den derzeitigen Anwohnern, versteht sich – einen Blick werfen. Zu nennen sind u. a. der Raepenhofje an der Palmgracht 38–38, der Sint Andrieshofje in der Egelantiersgracht 105–141, der Venetiahofje in der Elandsstraat 102–104 und der Claes-Claesz-Hofje an der Ecke Tuinstraat/Egelantiersdwaarsstraat. Der größte ist der Wohnkomplex Huyszitten-Weduwenhof (1650) an der Karthuizersstraat, für dessen Gestaltung kein Geringerer als Stadtbaumeister Daniel Stalpaert verantwortlich zeichnet und der seinerzeit 100 Einzimmerwohnungen integrierte.

Bloemgracht: Die Bloemgracht gilt traditionell als eine der besseren Adressen des Jordaan und ist wegen ihrer vergleichsweise noblen Wohnhäuser laut Volksmund die Herengracht des früheren Arme-Leute-Viertels. Das architektonische Schmuckstück der Straße ist ein Ensemble dreier Grachtenhäuser aus der Mitte des 17. Jahrhunderts, die – obgleich von unterschiedlichen Besitzern bewohnt – von jeher als Einheit betrachtet wurden. Die 1642 erbauten und Mitte der 1940er Jahre stilgerecht restaurierten treppengiebeligen Gebäude mit ihren hohen Sprossenfenstern wurden nach den Motiven ihrer Giebelsteine „De Zeeman" (Nr. 91), „De Landman" (Nr. 89) und „De Steemann" (Städter) (Nr. 87) getauft.

Stedelijk Museum Bureau Amsterdam: Hier präsentieren die jungen Talente

Längst kein Armleuteviertel mehr: Jordaanimpression

der modernen Amsterdamer Kunstszene, die noch nicht die Weihen des „Mutterhauses" am Museumsplein empfangen haben, ihre Gemälde, Skulpturen, Installationen und Videoarbeiten.

Di–So 11–17 Uhr. Eintritt frei. Rozenstraat 59, 020/4220471, www.smba.nl.

Praktische Infos

Weitere Restaurant- und Kneipentipps an der Prinsengracht finden Sie im Kapitel „Nördlicher Grachtengürtel" auf S. 151 ff.

Restaurants und Take aways

Toscanini (14), sympathischer Italiener mit offener, einsehbarer Küche, der sich seit Jahren großer Beliebtheit erfreut. Er bietet hohes kulinarisches zu ebensolchem Preisniveau. (Hauptgericht um 30 €). 18–22.30 Uhr, So Ruhetag, Reservierung empfohlen. Lindengracht 75, 020/6232813.

Duende (3), stets gut besucht, etwas laut und trotzdem gemütlich. Spanische Küche, v. a. Tapas, freundlich-lockere Atmosphäre.

17–23 Uhr, Sa/So ab 16 Uhr. Lindengracht 62, ✆ 020/4206692.

ONoordwest (15), Café-Restaurant mit mediterran inspirierter neuholländischer Küche in kühl gestyltem, braun-weißen Interieur. So–Do 9–1 Uhr, Fr/Sa bis 3 Uhr. Noordermarkt 42, ✆ 020/6243689.

Bordewijk (12), großzügige, mit Designermöbeln ausgestattete Räumlichkeiten, französische Küche auf höchstem kulinarischen und preislichen Niveau, hervorragende Weine, perfekter Service. 18.30–22.30 Uhr, Mo Ruhetag. Noordermarkt 7, ✆ 020/6243899.

Paso Doble (18), gemütliches und atmosphärisch angenehmes, kulinarisch nur mittelmäßiges spanisches Esslokal, das sich v. a. auf Tapas konzentriert. 13–23 Uhr. Westerstraat 86, ✆ 020/4212670.

Seafoodhouse Albatros (23), seit vielen Jahren ungebrochen beliebtes Fischrestaurant mit ruhiger Atmosphäre. 17–23 Uhr, Mi Ruhetag. Westerstraat 264, ✆ 020/6279932.

Claes Claesz. in de Jordaan (27), kulinarisch und atmosphärisch holländisch orientiertes Restaurant mittlerer Preislage nahe dem gleichnamigen Hofje, in dem samstags oft die lokale Volksmusik erklingt. 18–1 Uhr, Mo u. Di Ruhetag. Egelantiersstraat 24, ✆ 020/6255306.

Hostaria (25), gilt wegen seiner authentischen Küche, erlesenen Zutaten, hausgemachten Pasta und stets frischen Fischgerichte als eines der besten italienischen Restaurants der Stadt. Da es deshalb, obwohl winzig, einrichtungsmäßig unspektakulär und recht teuer, immer recht voll ist, ist eine Reservierung angeraten. 19–22 Uhr, Mo Ruhetag. Tweede Egelantiersdwaarsstraat 9, ✆ 020/6260028.

De Vliegende Schotel (33), bei einem alternativen Publikum beliebtes, relativ preisgünstiges (Hauptgerichte ab 8 €) vegetarisches Restaurant, in dem auch Veganer bedacht werden; bei den Getränken ist Selbstbedienung erwünscht. 16–23 Uhr. Nieuwe Leliestraat 162, ✆ 020/6252041.

Festina Lente (51), sehr sympathisches kleines Tapas-Restaurant in grachtenromantischer Umgebung, in und vor dem (hübsche Terrasse) man bei leckeren mediterranen Kleinigkeiten den Charme des Stadtteils auf sich wirken lassen kann. 11–23 Uhr. Looiersgracht 40, ✆ 020/6381412.

Long Pura (39), indonesisches Restaurant unter chinesischer Leitung. Die reizende Juniorchefin heißt nämlich Xiao-Hui Hu, genannt Alyschia, ist in Sezuan geboren und Amsterdam aufgewachsen. Da die Köchin aber aus Sumatra stammt, gibt es ausschließlich äußerst schmackhafte und recht pikante indonesische Speisen. Die werden in einer ruhigen, allein von zarter Tischmusik akustisch untermalten Atmosphäre in gepflegtem asiatischen Interieur serviert (Menü ca. 35 €). 18–23 Uhr. Rozengracht 46, ✆ 020/6238950.

Manzano (40), spanisches Restaurant an der belebten Rozengracht, in dem man im Sommer, etwas abgeschirmt vom Straßenlärm, passable Tapas serviert bekommt. 18–23 Uhr, Fr/Sa 18–24 Uhr. Rozengracht 106, ✆ 020/6245752.

Palladio (47), kleines Café-Restaurant mit freundlicher Atmosphäre, in dem man bei warmen Temperaturen in einem kleinen Hof schnörkellos lecker italienisch essen kann. 18–23 Uhr, Mo Ruhetag. Elandsgracht 64, ✆ 020/6277442.

Rakang (49), allseits hoch gelobte thailändische Spezialitäten, deren Schärfegrad auf der Speisekarte angezeigt wird. Nicht ausgewiesen ist dagegen die Mehrwertsteuer, sodass die Rechnung am Ende etwas höher ausfällt als kalkuliert. Auch zum Mitnehmen. 18–22.30 Uhr. Elandsgracht 29, ✆ 020/6209551.

Il Fiore (4), unter der Regie eines türkischen Inhabers zubereitete, preiswerte italienische Menüs im altholländischen Ambiente eines „bruinen Cafés". 17–23 Uhr. Lindengracht 25, ✆ 020/6268227.

La Vita (6), gleich nebenan, unter derselben Regie, mit ähnlicher Einrichtung und denselben Öffnungszeiten, aber auf Pizza und Pasta zu günstigen Preisen (um die 6 €) spezialisiert. Lindengracht 31, ✆ 020/6248987.

Capri (7), von Sizilianern gebackene Pizza, starker Espresso und die bekannte Palette italienischer (Nudel)Gerichte. 17–23 Uhr, Sa 9–23 Uhr. Lindengracht 61–63, ✆ 020/6244940.

Caramba (13), kleines mexikanisch-südamerikanisches Restaurant mit mittelmäßiger Küche und kleinen Preisen. 17.30–22.30 Uhr. Lindengracht 342, ✆ 020/6271188.

Semhar (31), in diesem eritreisch-äthiopischen Restaurant wird alles, egal ob die wahlweise pikanten oder milden Fleischkreationen oder die schmackhaften Gemüsevariationen, eingepackt in eine Art Pfannkuchen namens „Enjera" mit der Hand gegessen. Wer es süßlich mag, kann

Eine der urigsten Jordaankneipen wird aufgepeppt

Tour 6
Karte S. 180/181

äthiopisches Bananenbier dazu trinken. Weil das Lokal ebenso klein wie beliebt und preislich moderat (Hauptgericht 12–14 €) ist, empfiehlt sich für größere Gruppen die Reservierung. 16–22 Uhr. Marnixstraat 259, ✆ 020/6381634.

Cinema Paradiso (21), seit Jahren hip, auch und ganz besonders bei Prominenten, sodass es hier nicht nur ums, dem Vernehmen nach recht teure, aber gute italienische Essen (Risotto soll sensationell sein!), sondern auch ums Sehen und Gesehen Werden geht. 18–23 Uhr. Westerstraat 186, ✆ 6237344.

Foodware (50), „fine foods to go" lautet die Werbebotschaft dieses Take Aways mit Restaurantqualität. Es gibt mediterrane Gerichte, v. a. italienischer und maghrebinischer Machart, z. B. Zitronenhuhn oder Lammkeule mit Couscous. Ein Hauptgericht ist zwischen 8 und 12 € zu haben, natürlich gibt es auch Vorspeisen und Desserts und einen großen Tisch für stationäre Esser. Mo–Fr 16–21 Uhr, Sa 12–19 Uhr, So Ruhetag. Looiersgracht 12, ✆ 020/6208898.

0039 (26), 0039 ist die Vorwahl von Italien und daher kommen auch die Inhaber, die äußerst attraktive Vorspeisen in der großen Vitrine haben, leckere Pasta und andere typisch italienische Gerichte kochen, die mitgenommen und gegebenenfalls auch an einem großen Tisch direkt vor Ort verspeist werden können. Pasta kostet um 7, Hauptgerichte sind für 7 bis 11 € zu haben. 13–21 Uhr. 2e Tuindwarsstraat 14, ✆ 020/4210567.

RainaRai (43), hier kann man sich ein vollständiges nordafrikanisch bzw. algerisch orientiertes Menü zum Mitnehmen zusammenstellen lassen. Viele kleine und große kulinarische Verführungen, die man allerdings nicht vor Ort verzehren und mit ins Hotel oder auf die nächste Park- bzw. Grachtbank nehmen muss. 10–22 Uhr. Prinsengracht 252, ✆ 020/6249791.

Noodle & go (1), im Spätherbst 2004 eröffneter erster Take Away einer unterdessen sehr erfolgreichen kleinen Kette. Es gibt asiatisch und italienisch angehauchte Nudelmahlzeiten, deren Ingredenzien man sich selbst zusammenstellen kann. Basisgerichte sind von 4,95–6,95 € zu haben. 12–22 Uhr. Brouwersgracht 125, ✆ 020/7730913.

Divan (45), schlicht möbliertes türkisches Restaurant, in dem lecker gekocht und freundlich serviert wird. 17–23 Uhr. Elandsgracht 14, ✆ 020/6268239.

Best Thai (46), Restaurant und Take Away in Einem, was die Gäste des Ersten u. U. beim ruhigen Essen stört. Die Küche soll passabel, aber nicht herausragend sein. 17–22 Uhr. Elandsgracht 36, ✆ 020/6262405.

Donna Sofia (24), italienisches Restaurant, in der ein neapolitanischer Koch in der kleinen Küche steht und die allseits bekannten italienischen Gerichte zubereitet. 17–22.30 Uhr, Mo Ruhetag. Anjeliersstraat 300, ✆ 020/6234104.

Kneipen und Cafés

Winkel (17), in diesem vornehmlich von mittelalten bzw. -jungen Leuten frequentierten, freundlichen Nachbarschaftscafé an der Ecke Noordermarkt/Westerstraat kann man mitten im pulsierenden Stadtteilleben ein Glas Bier oder Wein, leckeres Apelgebak, eine Portion Bitterballen oder andere herzhafte Kleinigkeiten genießen. Mo 7–1 Uhr, Di–Do 8–1 Uhr, Fr 8–2 Uhr, Sa 7–2 Uhr, So 10–24 Uhr. Noordermarkt 43, ✆ 020/6230223.

Papeneiland (5), sowohl hinsichtlich seiner Lage als auch des Interieurs eine der Bilderbuchkneipen des alten Volksviertels: winzig, altes Mobiliar, Delfter Kacheln an den Wänden, vornehmlich alte Männer an der Theke und bisweilen ein spontan intoniertes „Amsterdamer Lebenslied". So–Do 11–1, Fr/Sa 11–2 Uhr. Prinsengracht 2 (Ecke Brouwersgracht), ✆ 020/6241989.

Café Thijssen (2), innen wie außen ansprechende, freundliche Café-Kneipe am östlichen Ende der Lindengracht. Kaffee, Kuchen, Herzhaftes, Bier und Wein. So–Do 11–1, Fr/Sa 11–2 Uhr.

Café de Zon (10), unspektakuläre, normale Stadtteilkneipe. Lindengracht 65.

De Cat in de Wijngaert (8), dekorativ-gemütliche alte Nachbarschaftskneipe. Mo–Do 10–1, Fr/Sa 10–2 Uhr. Lindengracht 160, ✆ 020/6224554.

Proust (9), schönes Eetcafé mit lockerer Atmosphäre und mediterran angehauchter Küche. Bei schönem Wetter mit Tischen direkt am Marktplatz. Mo und Sa ab 9 Uhr, 12–1 Uhr, Fr/Sa bis 3 Uhr. Noordermarkt 4, ✆ 020/6239145.

Finch (11), stets mit Leuten um die 30 gut gefüllte Café-Kneipe, manchmal mit Livemusik. Mo–Do 11–1 Uhr, Fr/Sa 11–3 Uhr. Noordermarkt 5, ✆ 020/6262461.

Café 't Monumentje (20), nette Nachbarschaftskneipe in der Westerstraat mit der üblichen Speise- und Getränkekarte. 8.30–1 Uhr. Westerstraat 120, ✆ 020/6243541.

Café Nol (22), jeden Mittwoch debütieren hier junge Gesangs- und Tanztalente inmitten von bunten Lampenschirmen, Blümchentapeten und jeder Menge Plüsch. Die Kneipe, in der schon im 19. Jahrhundert „Volkes Stimme" erklang, nahm diese Tradition im Jahre 1966 wieder auf. Mo–So 21–3 Uhr, Di Ruhetag. Westerstraat 109.

Café De Tuin (28), eine der bekanntesten Stadtteilkneipen des Viertels, vornehmlich junges Publikum. So–Do 10–1 Uhr, Fr/Sa 10–2 Uhr. 2e Tuindwaarsstraat 13, ✆ 020/6244559.

Café 't Smalle (29), insbesondere bei sommerlichen Temperaturen, bei denen man den guten Apfelkuchen oder das Gläschen Wein oder Bier unmittelbar am Grachtenufer genießen kann, eines der (touristischen) Highlights unter den Amsterdamer Lokalen. So–Do 10–1 Uhr, Fr/Sa 10–2 Uhr. Egelantiersgracht 12.

Café Chris (37), eine der ältesten Kneipen der Stadt. Hier wird angeblich schon seit 1624 getrunken und heute auch gern Billard gespielt. So–Do 15–1 Uhr, Fr/Sa 15–2 Uhr. Bloemstraat 42, ✆ 020/6245942.

Paradox (35), klassischer Coffeeshop, klein, etwas dunkel, verraucht und freundlich-flippig, der auch wegen seiner gesunden kleinen Speisen und Säfte bekannt ist. 10–20 Uhr. 1e Bloomdwaarstraat 2, ✆ 020/6235639.

Café De Oude Wester (38), nahe dem Westermarkt und nicht gerade in ruhiger Lage, Bier, Schnaps, Wein, Kuchen und Herzhaftes. Rozengracht 2.

Saarein (44), früher reines Frauencafé, heute „Vrouwen-Gay Mix Café", wobei das Publikum nach wie vor mehrheitlich weiblich ist. So–Do 12–1 Uhr, Fr/Sa 12–2 Uhr. Mo Ruhetag. Elandsstraat 119, ✆ 020/6234901.

De Blaffende Vis (19), unspektakulär freundliches „bruines Café", in dem sich die Nachbarschaft zum Kaffee oder Bier trifft. Es gibt auch Sandwiches und andere Snacks. Mo 7–1 Uhr, Di–Fr 8.30–1 Uhr, Sa 9–3 Uhr, So 9.30–1 Uhr. Westerstraat 118, ✆ 020/6251721.

Blumengeschmückte Brücken steigern die Attraktivität des Stadtteils

Amsterdam

Jur (30), diejenigen, denen es nichts ausmacht, beim Essen und Trinken etwas näher zusammenzurücken, werden es hier sicher gemütlich finden. Internationale Gerichte, Kaffee und Bier. 12–23 Uhr. Egelantiersstraat 72, ✆ 020/4234287.

Café Restaurant De Reiger (32), sehr schönes, stets gut besuchtes Lokal, in dem man ein vollständiges neuholländisches Mittag- oder Abendessen, aber auch Kaffee und Kuchen genießen kann. Mo–Fr 18–22.30, Sa/So 11–15.30 Uhr. Nieuwe Leliestraat 34, ✆ 020/6247426.

De Eland (48), Kaffee und Kuchen, Bier und Bitterballen am Johnny Jordaan Plein. So–Do 10–1, Fr/Sa 10–2 Uhr.

Diskotheken und Clubs

More (42), beliebte Diskothek in den Räumlichkeiten des alten Roxy-Kinos, farblich in weiß und lila gehalten. Hier geht es v. a. ums Tanzen, weniger ums „Loungen". Mi–Sa 22–4 bzw. 5 Uhr, So 17–24 Uhr, Di Ruhetag. Rozengracht 133, ✆ 020/3446403.

Jazz-Café 't Geveltje (36), außer sonntags jeden Abend Jam-Sessions, Musik-Workshops oder Diskoabende. Das Ganze im dunklen Interieur und der Atmosphäre einer alten Jordaan-Kneipe, für ein Publikum ab 30. Mo–Do bis 3 Uhr, Fr/Sa bis 4 Uhr. Je nach Programm Einlass zwischen 20 u. 23 Uhr. Bloemgracht 170, ✆ 020/6239983.

Darüber hinaus sei auf die Clubs **Lux** und **Maloe Melo** hingewiesen, die andernorts bereits vorgestellt wurden, aber auch vom Jordaan gut zu erreichen sind (siehe S. 166).

Shopping

Die Weiße Rose, gut sortierte Buchhandlung mit deutscher bzw. niederländischer Literatur in deutscher Übersetzung. Rozengracht 166.

Twee (de) Handjes, gebrauchte Abendkleider in vielen Größen, Farben, Schnitten und Stilrichtungen sowie Accessoires aus den 1950er Jahren. 2e Leliedwaarsstraat 23.

Kitsch Kitchen, Küchenutensilien und Spielzeug in grell-bunten Farben. Rozengracht 8–12.

't Haasje, Schmuck, Lampen, Designerartikel, Antiquitäten. Hazenstraat.

Olivaria, nettes kleines Lädchen mit Olivenöl und anderen mediterranen Spezialitäten. Hazenstraat 2 a.

Petsalon, große Auswahl an verrückten Damenhüten. Hazentraat 3.

Universe on a T-Shirt, nach Vorschlägen der Inhaber oder eigenen Wünschen gestaltete Motive auf Fair-Trade-T-Shirts gedruckt. 1e Bloemdwarsstraat 13 a.

Märkte

Boerenmarkt, Bauermarkt mit biologischen Produkten, an seinem Rande werden manchmal wie anno dazumal lebende Vögel und Kaninchen, aber auch typische Flohmarktartikel feilgeboten. Noordermarkt Sa 7.30–13 Uhr.

Kleider-, Stoff- und Flohmarkt, Noordermarkt und Westerstraat, Mo 9–13 Uhr.

Antiekmarkt De Looier, riesiger überdachter Floh- und Antiquitätenmarkt mit eigenem Cafébetrieb. Mo–Do 11–17, Sa 9–17 Uhr. Elandsgracht 109.

Seewege, Seekriege, Seebären ... (Scheepvaartmuseum)

Tour 7
Karte S. 192

Altes östliches Hafengebiet

Auch wenn im alten Hafengebiet heute keine großen Handelsschiffe mehr ein-, aus- oder vom Stapel laufen, ist hier am anschaulichsten nachzuvollziehen, dass Einfluss und Wohlstand des niederländischen Handels- und Kolonialreiches maßgeblich auf der günstigen geografischen Lage seiner späteren Hauptstadt gründeten.

An der Prins Hendrikkade entlang dem Oosterdok und auf den Mitte des 17. Jahrhunderts angelegten Oostelijke Eilanden Kattenburg, Wittenburg und Oostenburg dokumentieren architektonische Zeugnisse aus mehreren Jahrhunderten die glorreiche Geschichte der Amsterdamer Seefahrt. Eines davon ist das ebenso schlichte wie machtstrotzende ehemalige Waffenarsenal der Ost- und Westindienflotte, in dem seit 1973 das Amsterdamer Schifffahrtsmuseum sein Domizil hat. Dahinter liegt gewöhnlich der nachgebaute Ostindiensegler „Amsterdam“ vor Anker, dessen Original schon bei seiner Jungfernfahrt im Januar 1749 in der Bucht von Hastings Schiffbruch erlitt. Während an Bord in historische Kostüme gewandete Museumsbedienstete die gute alte Zeit inszenieren, leuchtet(e) in Sichtweite mit Renzo Pianos türkisgrünem New Metropolis – sinnigerweise in Form eines Schiffes – schon seit Ende der 1990er Jahre die Zukunft des historischen Hafenviertels hervor, die mit Inbetriebnahme von Passengers Terminal, Muziekgebouw und neuer Stadtbibliothek unterdessen längst begonnen hat.

Spaziergang

Der Ausflug in die maritime Vergangenheit Amsterdams führt vom Hauptbahnhof zunächst auf die Ostflanke der Prins Hendrikkade, wo wir angesichts der **St. Nicolaaskerk** zum ersten Mal innehalten. Die 1887 eröffnete Kirche ist dem Hl. Nikolaus geweiht. Da der im 14. Jahrhundert zum Schutzpatron der

E ssen & Trinken (S. 197 – 198)

1 La Place
2 VOC Café
4 Club 11
5 Sea Palace
7 Hemelse Modder
8 Don Julio
9 Greetje
10 Rosario
11 A Tavola

Ü bernachten

3 Amstel Botel (S. 76)
6 Amrath (S. 73)

N achtleben (S. 198)

4 Club 11

200 m

Spaziergang 7

Seeleute und später der ganzen Stadt auserkoren wurde, behauptet er bis heute einen bedeutenden Platz im Herzen der Amsterdamer. Sein Namenstag am 5. Dezember, an dem Kinder und Erwachsene der Ankunft und den Geschenken von „Sinterklaas“ entgegenfiebern, ist aller calvinistischen Reformierung zum Trotz eines der wichtigsten holländischen Feste geblieben. Daneben steht der **Schreierstoren,** über den hartnäckig kolportiert wird, dass sein Name auf das jämmerliche Weinen der Seemannsfrauen wegen der stets ungewissen Heimkehr ihrer Ehemänner zurückgehe. Der allseits geschätzte Stadthistoriker Geert Mak stellt dagegen richtig, dass der 1481 als Teil der damaligen Stadtmauer erbaute Turm so heiße, weil er architektonisch betrachtet im spitzen Winkel, niederländisch „schreye“, konstruiert sei.

Nur wenige Meter von dem spätmittelalterlichen Festungsturm entfernt erhebt sich mit dem **Scheepvaarthuis** ein Monument der jüngeren Seefahrtsgeschichte. Das der Form eines Schiffes nachempfundene und an seinen Fassaden mit plastischen maritimen Motiven dekorierte Gebäude gilt als eines der

Paradebeispiele für die Architektur der frühen „Amsterdamer Schule“. Es wurde von J. M. van der Mey entworfen, 1916 von mehreren Reedereien bezogen, später jahrelang als Dienststelle der öffentlichen Verkehrsbetriebe GVB genutzt und unlängst in ein **Luxushotel** namens **Amrath** verwandelt.

Am Scheepvaarthuis entziehen wir uns für eine Weile dem Verkehrslärm der in Richtung IJ-Tunnel stark befahrenen Prins Hendrikkade, überqueren die Brücke über die Waalseilandgracht (übrigens ebenfalls ein steinernes Zeugnis der „Amsterdamer Schule“) und tauchen in eine beschauliche Grachtenlandschaft ein. Obgleich die Häuser und Kanalufer hier nicht ganz so aufgeräumt und herausgeputzt sind wie im mondänen Grachtengürtel, ist ein Spaziergang rund um den gefälligen **Montelbaanstoren** von besonderem Reiz. Vorbei an den friedlich dümpelnden Wohnbooten am Oude Waal promenieren wir bis zur Oudeschans, um den malerischen Turm aus der Nähe zu betrachten. Dieses Wahrzeichen Amsterdams wurde 1512 erbaut, jedoch erst 1606 von Hendrick de Keyser mit seiner charakteristischen weißen Spitze gekrönt. Es beherbergte bis 2006 das städtische Wasseramt, das von hier aus die Regulierung der Wasserstände der Grachten koordinierte.

Vom Montelbaanstoren, dessen zukünftige Bestimmung zum Recherchezeitpunkt (Herbst 2007) noch ungeklärt war, folgen wir dem Verlauf der wildromantischen Oudeschans in südwestlicher Richtung, bis uns eine Brücke mit dem gegenüberliegenden Ufer verbindet. Von der Brücke bieten sich äußerst fotogene Aussichten auf das windschiefe Schleusenhäuschen an der Jodenbreestraat und die neue Architektur im Osthafen. Am anderen Ufer nähern wir uns allmählich wieder der Prins Henrikkade. Dabei passieren wir am 's Gravenhekje ein von Pieter de Keyser 1642 für die berühmt-berüchtigte Westindische Kompanie entworfenes, inzwischen bewohntes klassisches Speicherhaus und die von netten kleinen Restaurants flankierte Peperstraat. Auf dem belebten Boulevard angekommen, fällt ein winziges, futuristisch anmutendes silbernes Gebäude ins Auge, bei dem es sich um das Domizil von → **Arcam,** dem Amsterdamer Architekturzentrum, handelt. Der gläserne Rücken des auffälligen Baukörpers wendet sich dem Wasser und dem außen wie innen gleichermaßen eindrucksvollen → **Nederlands Scheepvaartmuseum** zu, das zu den obligatorischen Besichtigungsobjekten der Hafenstadt gehört, seit Januar 2007 aber wegen Renovierung geschlossen ist. Darin dokumentieren unzählige Schiffsmodelle aus mehreren Jahrhunderten, nautische Instrumente, alte See- und Landkarten sowie auf Leinwand gebannte Seehelden- und -schlachten die historische Entwicklung der (Amsterdamer) Seefahrt. Während die hier voraussichtlich

Auch für Touristen sehenswert: Neue Stadtbibliothek

erst wieder ab 2009 nachzuvollziehen ist, kann man auf dem besagten → **VOC-Segler „Amsterdam"** nach wie vor an Bord gehen, wobei das pittoresk rekonstruierte Handelschiff während der Umbauarbeiten des Museums direkt neben Renzo Pianos hellgrünem „Gebäudeschiff" ankert.

Lesern mit besonderem nautischen und/oder technischem Interesse sei an bzw. von dieser Stelle ein Abstecher gen Osten zur → **Museumswerft Kromhout** und dem Energiemuseum → **EnergeticA**

Dieses Schiff sticht nicht in See (NEMO)

am Hoogte Kadijk empfohlen, in deren Nähe zudem die letzte Windmühle auf Amsterdamer Territorium zu bewundern ist („De Gooyer" an der Oosterburgergracht). Die Übrigen geleiten wir zurück in Richtung Westen, um das „VOC-Schiff" zu besteigen und/oder im futuristisch anmutenden → **New Metropolis** (NEMO) ein Kontrastprogramm zu all der maritimen Nostalgie zu erleben.

Nach dem Ausflug in die Welt von Wissenschaft und Technik und einem vom Deck des „Gebäudeschiffes" genossenen Panoramablick über das alte und neue Amsterdam geht es über die stählerne Bogenbrücke über Het IJ auf die Oosterdokkade. Dort lohnt sich ein Besuch im → **Stedelijk Museum CS** im ehemaligen Hauptpostgebäude, wo die hochkarätige Sammlung moderner Kunst bis zur Fertigstellung ihres Hauses am Museumsplein eine temporäre Bleibe gefunden hat. Nach einer atemberaubend aussichtsreichen Kaffeepause im Club 11 einige Stockwerke darüber, werfen wir einen Blick auf und in die nagelneue → **Openbare Bibliotheek Amsterdam** gleich nebenan, zumal man aus deren Café-Restaurant ebenfalls weit gucken und viel sehen kann. Danach kehren wir vorbei an der schwimmenden chinesischen Restaurantpagode „Sea Palace" und dem Hotelschiff „Amsterdam Botel" über die Oosterdokkade zum Hauptbahnhof zurück.

Sehenswertes

Arcam: Das früher am Waterlooplein beheimatete Architekturzentrum Arcam residiert seit 2004 an der Prins Hendrikkade. Die 1986 gegründete Stiftung beschäftigt sich mit der historischen und aktuellen Entwicklung der Amsterdamer Architektur. Sie sammelt, produziert, exponiert und verkauft entsprechende Pläne und Publikationen, veranstaltet Ausstellungen, Diskussionsrunden und Stadtrundgänge. Selbst wenn einen das alles nicht interessiert, lohnt sich ein Sprung in ihr mit Aluminium verkleidetes neues Domizil, dessen gänzlich verglaste Rückfront ein eindrucksvolles Panorama der alten und neuen Architektur des östlichen Hafengebiets bietet. Der Entwurf für den silbernen städtebaulichen Blickfang stammt von

Selbstverständlich architektonisch auffällig: Architekturzentrum Arcam

dem niederländischen Architekten René van Zuuk.

⌚ Di–Sa 10–17 Uhr. Eintritt frei. Prins Hendrikkade 600, ✆ 020/6204878, www.arcam.nl.

Nederlands Scheepvaartmuseum: Die insgesamt 250.000 Exponate des Amsterdamer Schifffahrtsmuseums werden im passenden historischen Ambiente eines früheren Flottenarsenals präsentiert. Das imposante, mit 18.000 Pfählen im morastigen Untergrund verankerte Gebäude, in dem einst Segel und Taue, Waffen und Munition, Lebensmittel- und Trinkwasservorräte für 40 Kriegsschiffe lagerten, wurde im Auftrag der Amsterdamer Admiralität gebaut und 1655 bezogen.

Die Dauerausstellung, die sich bis zur renovierungsbedingten Schließung des Museums im Januar 2007 in 25 Sälen ausbreitete, war ein Mekka für passionierte Seebären, während weniger Vorgebildete sich wahrscheinlich nach einer Weile überfordert bis gelangweilt fühlten. Deshalb ist es begrüßenswert, dass das Museum im Zuge der Renovierung nicht nur ein allgemeines „Facelifting“ und erstmals eine Klimaanlage erhält, sondern auch ausstellungskonzeptionell überholt wird. Nach der Wiedereröffnung (irgendwann) in 2009 sollen die Besucher zunächst in dem dann glasüberdachten Innenhof begrüßt werden und von dort entsprechend ihrem speziellen Besichtigungsinteresse zu einzelnen Ausstellungsschwerpunkten bzw. thematisch orientierten Rundgängen geleitet werden. Die prunkvolle Königsschaluppe der Oranier, die 1818 das erste und anlässlich der Silberhochzeit von Königin Juliana im Jahre 1962 das letzte Mal übers Wasser glitt, wird aber wohl nach wie vor als besondere Attraktion exponiert werden. Als die „goldene Kutsche zu Wasser“ 1983 in den Bestand des Schifffahrtsmuseums überging, musste eigens ein Stück aus der Fassade des Gebäudes herausgebrochen werden.

⌚ Vor der Schließung täglich 10–17 Uhr, außerhalb der Sommersaison (Mitte Juni bis Mitte September) montags geschlossen. Aktuelle Informationen zum Stand der Renovierung und zur Wiedereröffnung sind der Website des Museums zu entnehmen. Kattenburgerplein 1, ✆ 020/5232222, www.scheepvaartmuseum.nl.

VOC-Segler „Amsterdam“: Die Kopie des 1749 havarierten Handelschiffes der „Vereenigten Oostindischen Compagnie“ (VOC) wurde ab 1985 – freilich

Tour 7
Karte S. 192

nicht in allen Materialdetails originalgetreu – von ehrenamtlich aktiven Schiffsbauern nachkonstruiert und 1991 dem Schifffahrtsmuseum zur Seite gestellt. Das Museumsschiff, auf dessen Deck Männer und Frauen in zeitgenössischen Trachten die Besatzung spielen, Heringe filettieren und Seile drehen, vermittelt einen sinnlichen Eindruck vom Leben und Leiden der historischen Handelsreisenden, Matrosen und „VOC-Soldaten". Die stachen auf Schiffen wie diesem zusammen mit Waffen und Ziegeln zur Verteidigung und zum Ausbau der asiatischen VOC-Niederlassungen von Amsterdam aus in See, um später beladen mit Gewürzen, Tee und anderen wertvollen Kolonialwaren in ihren Heimathafen zurückzukehren. Besucher des Schiffes können in Lagerräume, Kapitänskabine, Offiziersmesse, Mannschaftsräume und Kombüse hinabsteigen und dort auf Phantasiereise in die Zeit des „Goldenen Jahrhunderts" gehen.

Ⓒ Di–So 10–17 Uhr. Von Mitte Juni bis Mitte September ist das Schiff auch montags zu besteigen. Eintritt 4 €. Wer im Besitz eines NEMO-Tickets ist, bekommt 2 € Ermäßigung.

Museumswerft Kromhout: Historische Schiffe und Boote und eine Diashow über die traditionsreiche Amsterdamer Werft, die 1969 geschlossen wurde.

Ⓒ Di 10–15 Uhr. Eintritt frei. Hoogte Kadijk 147, ✆ 020/6276777, www.machinekamer.nl.

EnergeticA: Anhand von elektrischen Geräten, historischen Aufzügen etc. wird in einer früheren Maschinenhalle der Amsterdamer Elektrizitätswerke die Geschichte der elektrischen Energieproduktion – u. a. mit eindrucksvollen Lichteffekten – erhellt.

Ⓒ Di–Fr 10–16 Uhr, So 12–16 Uhr. Eintritt 4 €. Hoogte Kadijk 400, ✆ 020/4221227, www.energetica.nl.

Stedelijk Museum CS: Voraussichtlich bis 2009 ist im zweiten und dritten Stock des ehemaligen Hauptposthochhauses am Oosterdok eine repräsentative Auswahl der Bestände des Stedelijk-Museums (siehe S. 163) zu sehen. Der aufwendige Um- und Ausbau des alten Museumsgebäudes am Museumsplein, der bis dahin abgeschlossen sein soll, ist hier mittels Plänen und Modell en détail dokumentiert. Auch auf spektakuläre Sonderausstellungen müssen die Liebhaber (post)moderner Kunst während des Umbaus nicht verzichten. Manche meinen sogar, dass die vorübergehende Verlagerung in das Provisorium und das „interdisziplinäre Cross-over" (Arch+, Mai 2007) mit dem Design-Zentrum **Post Amsterdam** und dem renommierten Club 11 einige Stockwerke darüber frischen kreativen Wind in die Ausstellungskonzeption wehen. Umso mehr kann man sich auf die Wiedereröffnung des alten Domizils freuen, zumal die Besichtigungsfreude im Ambiente des eher langweiligen Neubaus gleichwohl etwas getrübt ist.

Ⓒ 10–18 Uhr. Eintritt 9 €, Oosterdokskade 5, ✆ 020/5732911, www.stedelijk.nl. Post Amsterdam: Mo–Sa 11–17, So 12–17.

Openbare Bibliotheek Amsterdam: Die feierliche Eröffnung der neuen Stadtbibliothek war zweifellos einer der Höhepunkte des Amsterdamer Jahres 2007. Ihr von Stararchitekt Jo Coenen entworfenes, 88 Millionen Euro teures Domizil an der Oosterdokkade birgt 28.000 Quadratmeter, die sich auf zehn, durch Rolltreppen miteinander verbundene Ebenen verteilen. Damit ist die Openbare Bibliotheek Amsterdam (OBA), die sich nicht nur als Leihbücherei, sondern als Zentrum für „Information, Kultur, Kommunikation und Bildung" versteht, eine der größten Bibliotheken Europas. Das luftig-helle, vornehmlich weiß möblierte Haus mit breiter Fensterfrontaussicht auf die von jeher als „Stadt des Buches" gewürdigte Grachtenmetropole erwartet jährlich 2,5 Millionen Besucher. Die können sich dort auf Schritt und Tritt per Mausklick oder persönlich bei einem ganzen Geschwader grau-schwarz-rot gewandeter Mitarbeiter über die Bestände und das hauseigene Kulturprogramm informieren. Zu den nach neuester Bibliothekstechnik verwalteten Beständen gehören neben Büchern und Zeitschriften auch Filme, CDs und DVDs, deren Ansicht und Ausleihe eine eigene Multimediaabteilung in der ersten Etage gewidmet ist. Ausstellungen, Lesungen und Theatervorstellungen finden vornehmlich in der Ausstellungshalle auf Etage 0,5 oder im „Theater van 't woord" statt, das sich das siebte Stockwerk mit einem kulinarisch attraktiven und auch auf seiner Aussichtsterrasse gänzlich rauchfreien Selbstbedienungsrestaurant teilt. Schon allein Letzteres ist für Touristen ein guter Grund, den bemerkenswerten architektonischen Neuzugang im östlichen Hafengebiet auch von innen zu bestaunen.

🕐 10–22 Uhr. Oosterdokkade 143, ✆ 0900/2425468, www.oba.nl.

New Metropolis (NEMO): Obgleich es erst seit gut zehn Jahren im Oosterdok vor Anker liegt, ist das von dem italienischen Stararchitekten Renzo Piano kreierte schiffsförmige „New Metropolis" bereits zu einem der Wahrzeichen Amsterdams avanciert. Das 1997 seiner Bestimmung übergebene interaktive Museum gleicht in seinem Innern einem großen wissenschaftlich-technologischen Abenteuerspielplatz, auf dem Große und Kleine gleichermaßen auf ihre Kosten kommen. Mittels dank moderner Computertechnik einfach konstruierter, vom jeweiligen Betrachter selbst durchgeführter physikalischer Experimente kann man sich hier auf spielerische Art und Weise so manchem bisher nicht verstandenen naturwissenschaftlichen Phänomenen nähern. Eines von denen ist übrigens die Pubertät, die seit 2006 im Mittelpunkt einer hier integrierten Ausstellung mit dem Titel „Teen Facts" steht, die dem oft dramatischen Zusammenspiel von „Hirn, Herz und Hormonen" auf den wissenschaftlichen Grund geht.

Alte und neue Wahrzeichen Amsterdams: Montelbaanstoren und NEMO

🕐 Di–So 10–17 Uhr. Im Juli u. August und während der niederländischen Schulferien auch montags geöffnet. Eintritt 11,50 €. Oosterdok 2, ✆ 0900/9191100 (35 Cent pro Minute), www.e-NEMO.nl.

Praktische Infos

Restaurants, Cafés und Clubs

Hemelse Modder (7), freundlich-minimalistisch möbliertes kleines Restaurant mit französisch orientierter Speisekarte, auf der auch eine große Auswahl vegetarischer Gerichte steht. Schwule und Lesben sind in diesem stadtlandschaftlich gut situierten

Lokal besonders willkommen. 18–22 Uhr. Oude Waal 9, ✆ 020/6243203.

Rosario (10), ein kleines, aber kulinarisch großes italienisch-sizilianisches Restaurant der oberen Preisklasse, in dem man an einfachen Holztischen exzellente Pasta-, Fleisch- und Fischgerichte und den Fensterblick auf den malerischen Montelbaanstoren genießen kann. 18 bis 23 Uhr, So Ruhetag. Peperstraat 10, ✆ 020/6270280.

Don Julio (8), Lokal mit legerem Ambiente, in dessen Küche passabel und preisgünstig thailändisch, indisch, surinamesisch und kreolisch gekocht wird. 18–22 Uhr. Rapenburg 18/Peperstraat, ✆ 020/6223150.

Greetje (9), der Name lässt es irgendwie schon erahnen. Hier setzt man sowohl hinsichtlich Einrichtung und Atmosphäre als auch kulinarisch auf Nostalgie. Die Speisekarte verspricht das Kochen nach längst vergessenen holländischen Rezepten und bietet alternativ dazu Klassiker der französischen Küche an. Mi/Do 17–22 Uhr, Fr/Sa 17–23 Uhr. Peperstraat 23–25, ✆ 020/7797450.

A Tavola (11), das italienische Restaurant mittlerer Preislage rangiert auf der Empfehlungsliste von Amsterdams Siebeck Johannes van Dam und anderer Restaurantkritiker seit Jahren ganz oben, wobei die *Spaghetti alle Vongole* hier besonders delikat sein sollen. Es serviert bei warmem Wetter auch draußen. 18–23 Uhr. Kadijksplein 9, ✆ 020/6254994.

Sea Palace (5), architektonisch einer Pagode nachempfundenes chinesisches Restaurant, das im Oosterdok schwimmt. Es hat mehrere hundert Plätze und soll trotz der großen Touristenpräsenz bei gutem Preisleistungsverhältnis Passables servieren. 12–23 Uhr. Oosterdokkade 8, ✆ 020/6264777.

VOC Café (2), Kaffee und Kuchen – bisweilen mit Musikbegleitung – im und am Schreierstoren (zwei Außenterrassen). 10–1 Uhr. Prins Hendrikkade 94, ✆ 020/4288291.

Club 11 (4), eine der absoluten In-Locations der Stadt. Das riesige Lokal im 11. Stock des ehemaligen Hauptpostgebäudes fungiert als Café, Restaurant, Ausstellungsraum, Konzerthalle und Club. Das Provisorische der Einrichtung ist hier gleichsam zum Stil erhoben und das Essen nicht herausragend. Der Besuch ist aber schon allein wegen der Aussicht auf die Stadt unbedingt angeraten. 10–1 Uhr, Do–Sa je nach (Musik- und Disko)Programm bis 4 Uhr. Oosterdokskade 3–5, ✆ 020/6255999.

La Place Marché du Monde (1), das aussichtsreiche Nichtraucherrestaurant mit Selbstbedienung im 7. Stock der schicken neuen Bibliothek bietet appetitanregende herzhafte Speisen toskanischer und asiatischer Machart, leckere Desserts, Kuchen und Fruchtsäfte. Seine kleine Snackfiliale „Panini" im Lesecafé auf Etage 0,5 ist ebenfalls nicht zu verachten. 10–22 Uhr. Oosterdokkade 143.

Die neue Stadtbibliothek bietet nicht nur geistige Nahrung: Bibliothekscafé

Opern- und Rathaus in einem: Stopera

Ehemaliges Juden- und Plantagenviertel

Infolge der Ende des 16. Jahrhunderts einsetzenden massenhaften Zuwanderung süd- und osteuropäischer Juden galt Amsterdam bald als „Jerusalem des Westens". Dessen Zentrum entwickelte sich rund um den Waterlooplein und im südöstlich angrenzenden Plantagenviertel. Während sich in Letzterem die besser situierten Mitglieder der jüdischen Gemeinden niederließen, lebten am und um den Waterlooplein die jüdischen Unterschichten, darunter etwa die Arbeiter der Diamantenmanufakturen und -fabriken.

Die Zuwanderungswelle begann, nachdem mit dem Machtverlust der Spanier der religiöse Einfluss des Katholizismus zurückgedrängt worden war und fortan die Verfechter eines gemäßigten und toleranten Calvinismus die Geschicke der Vereinigten Niederlande lenkten.

Die ersten Juden kamen Ende des 16. Jahrhunderts aus dem rekatholisierten Antwerpen, aus Spanien und Portugal. Im Verlauf des 17. Jahrhunderts gesellten sich dann Juden aus Deutschland, Russland, Polen oder Litauen hinzu. Die Wahlamsterdamer Sephardim, also die Juden von der Iberischen Halbinsel und deren Nachkommen, sprachen Ladino, eine mit hebräischen Elementen angereicherte Variante des Altspanischen, und stammten vornehmlich aus wohlhabenden Gesellschaftsschichten. Dagegen rangierten die meist Jiddisch sprechenden aschkenasischen Juden eher am unteren Ende der sozialen Skala (als Aschkenasim wurden zunächst die deutschen – auch „hochdeutsche Juden" – und später auch die

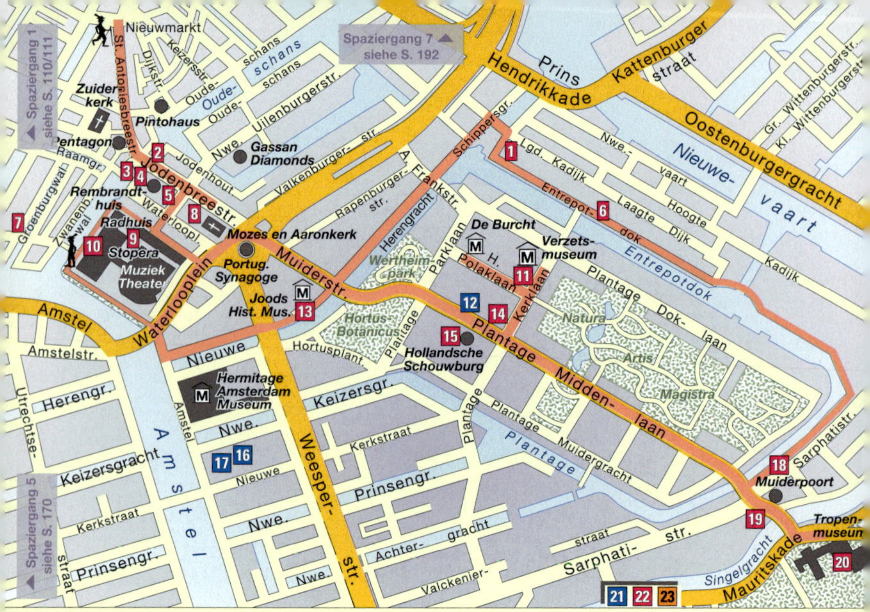

Essen & Trinken (S. 212 – 213)

1 Koffiehuis van den Volksbond
2 't Sluyswacht
3 Tisfris
4 Rembrandt Corner
5 The Coffee Gallery
6 Bloem
7 Krua Thai Classic
8 Pinto
9 Bagels & Beans
10 Dantzig
11 Plancius
13 Café im Jüd. Museum
14 Café Koosje
15 Eik en Linde
18 De Groene Olifant
19 Elkaar
20 Ekeko u. Soterijn
22 Hotel Arena ToDine

Übernachten

12 Rembrandt (S. 77)
16 Adolesce (S. 78)
17 Luckytravellers Fantasia (S. 77)
21 Arena (S. 77)

Nachtleben (S. 213)

23 Club Arena Tonight

150 m

Spaziergang 8

aus Osteuropa stammenden Juden bezeichnet). Die ökonomisch und kulturell einflussreichen Sephardim waren bald in der Minderheit, während die Zahl der armen aschkenasischen Juden stetig wuchs. Letztere stellten später das Gros der Belegschaften der im 19. Jahrhundert florierenden Diamantenfabriken. Jedenfalls zählte Amsterdam – inklusive der in den 1930er Jahren aus dem nationalsozialistischen Deutschland in das (noch) freie Nachbarland geflüchteten Juden – am Vorabend der deutschen Besatzung 140.000 jüdische Bürger. Die meisten von ihnen (ca. 105.000) wurden in deutschen Konzentrationslagern ermordet, sodass das in Jahrhunderten gewachsene „Jerusalem des Westens“ innerhalb weniger Jahre von der europäischen Landkarte verschwand.

Das Stadtgebiet zwischen Nieuwmarkt und Waterlooplein hat in den 1970er und -80er Jahren im Zuge des U-Bahn-Baus eine Grundsanierung erfahren. Dennoch sind die Spuren jüdischer Kultur, aber auch die ihrer nahezu vollständigen Vernichtung durch die nationalsozialistische Gewaltherrschaft hier ebenso deutlich zu lesen wie in der nach wie vor mondänen großbürgerlichen Wohngegend zwischen Botanischem Garten, Zoo und Oosterpark, die im November 2004 als Tatort für den islamistisch motivierten Mord an dem Regisseur Theo van Gogh internationale Schlagzeilen machte.

Spaziergang

Die Tour durch den „Jodenbuurt" (Judenviertel) führt zunächst vom Nieuwmarkt in die St. Antoniesbreestraat. Städtebaulich erinnert hier nur noch wenig an die Vergangenheit, da die meisten alten Häuser in den 1970er und -80er Jahren abgerissen und durch zeitgemäße, unterdessen privatisierte Sozialwohnungen ersetzt worden sind. Allein die → **Zuiderkerk,** die wie ein Fremdkörper hinter dem dicht gedrängten Ensemble moderner Bauten emporragt, sowie das von ihnen eingeklemmte → **Pintohuis** stammen noch aus dem 17. Jahrhundert. Bei Letzterem handelt es sich um das ehemalige Domizil des wohlhabenden jüdischen Kaufmanns und Bankiers Isaac de Pinto, der vom rekatholisierten Antwerpen nach Amsterdam übergesiedelt war.

Direkt gegenüber (neben dem einzigen verbliebenen Portal des Zuiderkerkfriedhofes) legt sich ein üppig verglastes, fünfeckig konstruiertes und 1983 bezogenes Mehrfamilienhaus um die Ecke der rechts abbiegenden Zandstraat. Wegen seiner damals zukunftsweisenden Bauweise wurde das von Th. J. Bosch entworfene **Pentagon** in die Liste der Amsterdamer Architekturdenkmäler aufgenommen. Gleich hinter ihm eröffnet sich auf der Kanalbrücke an der St. Antoniessluys eine städtebaulich epochenübergreifende Aussicht: Man sieht den pittoresken Montelbaanstoren aus dem frühen 16. (siehe S. 193), Renzo Pianos Gebäudeschiff NEMO aus dem ausgehenden 20. (siehe S. 197) und in der Ferne die ersten Vorzeigeobjekte des des 21. Jahrhunderts.

Jenseits der innerstädtischen Wasserstraße, die Binnenamstel und Het IJ miteinander verbindet, beginnt die Jodenbreestraat, wo mit dem → **Rembrandthuis** ein weiteres architektonisches Relikt aus dem Goldenen Jahrhundert wartet. Das 1911 zum Museum umgewandelte Haus, in dem der große Meister mit seiner Familie von 1639 bis 1658 lebte und arbeitete, gehört zu den meist frequentierten Touristenattraktionen der Stadt. Das gilt auch für den seit den 1950er Jahren ausgerichteten Flohmarkt am Waterlooplein, den man von Rembrandts Domizil aus am schnellsten über die Houtkopersdwaarsstraat erreicht. Der betagt-berühmte **Flohmarkt** an dem ansonsten von der **Stopera** ausgefüllten Platz genießt trotz seiner fortschreitenden Kommerzialisierung einen europaweiten Ruf und ist zumindest einen kurzen Bummel wert, bevor wir den ausladenden Stahl- und Glaspalast betreten. In dem sind Rathaus, Muziektheater, ein Postamt, ein paar Geschäfte und ein Café untergebracht. Schließlich ist dort der → **Normaal Amsterdams Peil** abzulesen, der europaweit als Höhenvermessungsstandard gilt.

Der Bau des multifunktionalen Gebäudes war übrigens heftig umstritten. So wurde die inzwischen allgemein gebräuchliche Abkürzung „Stopera" von seinen Befürwortern damals schlicht mit „Stadthaus und Oper", von seinen Gegnern mit „Stopp die Oper" übersetzt. Stein des Anstoßes war weniger das von den Stararchitekten W. Holzbauer und C. van Dam gezeichnete architektonische Profil

Tour 8 Karte S. 200

des 1988 bezogenen Baus als vielmehr dessen Standort mitten im proletarisch geprägten Teil des historischen Judenviertels. Die Kritiker rügten, dass ein solcher Tempel der Hochkultur nicht in das traditionelle Arbeiterviertel passe, zumal durch seinen Bau die letzten Spuren jüdischer Identität aus dem Stadtbild gelöscht würden.

Dass Letzteres glücklicherweise nicht eingetroffen ist, beweist die nur einen Steinwurf von der Stopera entfernte → **Portugiesische Synagoge,** die im Originalzustand erhalten geblieben und noch immer ein Zentrum jüdischen Lebens ist. Die 1675 in religiösen Betrieb genommene Synagoge dominiert den verkehrsreichen Mr. Visserplein, der ansonsten von der profanisierten katholischen **Mozes en Aaronkerk** gesäumt und dem 4000 Quadratmeter großen „Indoor-Spielplatz“→ **TunFun** „unterkellert“ wird. Sie steht außerhalb der Gebetszeiten auch Nichtjuden offen, wobei männlichen Besuchern vor Betreten des heiligen Ortes eine Kipa ausgehändigt wird.

Letzter Gruß an ermordete Juden

Was es mit dieser Kopfbedeckung auf sich hat, erfährt man im nahe gelegenen → **Joods Historisch Museum,** dessen eindrucksvolle Ausstellungen in den früheren Syngagogen der aschkenasischen Juden auch sonst nahezu alle religiösen und alltagskulturellen Fragen zum Judentum auf anschauliche Weise beantworten. Obgleich nicht in engerem Sinne stadthistorisch konzipiert, entwirft das 1987 eröffnete, unlängst umgebaute und durch ein Kindermuseum bereicherte Museum ein lebendiges Bild vom „Jerusalem des Westens“, dessen Untergang im Winter 1941 unmittelbar vor seiner Haustür begann: Das 1952 auf dem Jonas Daniel Meijer Plein enthüllte **Dokwerkerdenkmal** erinnert daran, dass sich die Amsterdamer Hafenarbeiter am 25. Februar mit Streiks gegen die Deportation von 400 Amsterdamer Juden erhoben, die zwei Tage zuvor am selben Ort zusammengetrieben und abtransportiert worden waren.

Vom Jonas Daniel Meijer Plein steuern wir flankiert von → **Wertheim Park** und → **Botanischem Garten** via Muiderstraat den nächsten traurigen Schauplatz der holländisch-jüdischen und zugleich einen der beschämendsten der deutschen Geschichte an. Man findet ihn an der Plantage Middenlaan Nr. 24, wo die Überreste der → **Hollandsche Schouwburg** stehen. Der 1893 eröffnete Musentempel mutierte unter deutscher Besatzung zum Vorhof der Hölle, weil man hier Zehntausende Amsterdamer Juden vor ihrer Deportation in die Konzentrationslager tageweise internierte.

Gleich um die Ecke dokumentiert das → **Verzetsmuseum** (Widerstandsmuseum) an der Plantage Kerklaan die vielfältigen Aktivitäten des antifaschistischen Widerstands. Wiederum nur einen Katzensprung von dem entfernt ist das außen schlichte, innen jedoch geradezu prunkvoll gestaltete und deshalb → **De Burcht** (Burg, Schloss) getaufte ehemalige Hauptquartier der Amsterdamer Diamantenarbeitergewerkschaft und mit ihm ein Hauptwerk des historischen niederländischen Stararchitekten P.H. Berlage in Augenschein zu nehmen.

Diamanten

Das Diamantengewerbe zählt zu den traditionellen Wirtschaftsfaktoren der Grachtenmetropole. Auch seine Erfolgsgeschichte beginnt im „goldenen" 17. Jahrhundert, als sich die Diamantenschleiferei als Handwerk etablierte. Da sie somit keiner mittelalterlich begründeten Zunftordnung unterlag, war sie ein bevorzugtes Betätigungsfeld der von den Zünften ausgeschlossenen Amsterdamer Juden. So engagierten sich beim Ausbau der Diamantenschleiferei vom Handwerks- zum Industriezweig in besonderem Maße die via Antwerpen zugewanderten sephardischen Juden. Die Vorreiterrolle der einst aus Portugal geflüchteten Sephardim resultierte nicht zuletzt daraus, dass das begehrte, aus reinem Kohlenstoff bestehende Mineral seinerzeit vornehmlich in der ehemals portugiesischen und seit 1624 niederländischen Kolonie Brasilien gewonnen wurde. Nachdem dort um 1730 und gut hundert Jahre später erneut riesige Diamantenfelder erschlossen worden waren, florierte das Geschäft mit der Bearbeitung der Rohedelsteine, die bis zur Mitte des 19. Jahrhunderts mit hand- und danach mit dampfbetriebenen Schleifsteinen vonstatten ging. Letztere schufen die technischen Voraussetzungen für den Übergang von der handwerklichen zur industriellen Produktion, die sich jedoch erst mit der Entdeckung ertragreicher Diamantenfelder in Südafrika im Jahre 1871 vollzog und in die Gründung zweier Diamantenfabriken mit mehrheitlich jüdischen Belegschaften mündete. Die schlossen sich im Jahre 1894 unter der Führung des jüdischen Sozialisten Henri Polak zur Niederländischen Diamantenarbeitergewerkschaft zusammen. Weltwirtschaftskrise und nationalsozialistische Judenverfolgung beendeten die Blütezeit der Amsterdamer Diamantenindustrie und reduzierten sie auf ihr heutiges, vergleichsweise bescheidenes Ausmaß.

Tour 8 Karte S. 200

Schräg vis-à-vis vom Widerstandsmuseum liegt der Haupteingang des → **Artis Zoo**, dessen Gelände sich bis zum südlichen Ende der Plantage Middenlaan erstreckt. Letztere mündet in den Alexander Plein, wo die **Muiderpoort** seit 1771 das wenige Jahre zuvor eingestürzte ursprüngliche Stadttor aus der Mitte des 17. Jahrhunderts ersetzt. Dahinter fällt das imposante frühere Domizil des Kolonialinstituts ins Auge, das heute das überaus sehens- und erlebenswerte völkerkundliche → **Tropenmuseum** beherbergt.

Gleich hinter dem Tropenmuseum breitet sich der **Oosterpark** aus, der im Sommer wie viele Amsterdamer Grünanlagen für kulturelle Freiluftspektakel genutzt wird. Im März 2007 wurde dort die Stahlskulptur → **„Der Schrei"** enthüllt, die dem Gedenken an die Ermordung von Theo van Gogh gewidmet ist, der am Morgen des 2. November 2004 in der nahen Linnaeusstraat von einem islamischen Fundamentalisten regelrecht „hingerichtet" wurde. Der Oosterpark fungiert als grüne Lunge des im letzten Drittel des 19. Jahrhunderts entstandenen Arbeiterviertels Amsterdam-Oost, dessen Straßennamen sich wie eine Landkarte des untergegangenen niederländischen Kolonialreiches lesen (z. B. Java- oder Bali-, Molukken- oder Sumatrastraat). Heute wohnen dort überdurchschnittlich viele Immigranten, v. a. aus Marokko, der Türkei und Surinam. Sie bevölkern den täglich ausgerichteten Dappermarkt, der ähnlich, jedoch unter weit weniger touristischer Beachtung als der Albert Cuypmarkt (siehe S. 223) den internationalen Puls der Stadt erspüren lässt. Unser

Amsterdamer Toleranz auf dem Prüfstand

Am 2. November 2004 fiel der Regisseur Theo van Gogh in der Nähe des Tropenmuseums einem islamistisch motivierten Attentat zum Opfer. Den Grund für die brutale Hinrichtung von van Gogh, der muslimische Einwanderer wiederholt als „Ziegenficker" beleidigt hatte, lieferte dessen Film „Submission", den er gemeinsam mit der rechtsliberalen Abgeordneten Ayaan Hirsi Ali, somalischer Herkunft und vom Mörder des Maler-Nachfahren als „Abtrünnige" geschmäht, produzierte. Während Letztere nach dem Mord unter Polizeischutz untertauchte, wurde das Attentat in den Tagen darauf landesweit mit Attacken gegen Moscheen und islamische Schulen und die wiederum mit Angriffen auf Kirchen quittiert. Wie anderswo in Europa folgten mehr oder minder besonnen geführte, bisweilen zur irrationalen Islamophobie gesteigerte Debatten über die Integrationsfähigkeit muslimischer Einwanderer, obgleich der Anteil gewaltbereiter islamischer Fundamentalisten an der muslimischen Community der Niederlande entsprechenden Untersuchungen zufolge gerade einmal bei 0,4 Prozent liegt (Geert Mak). Van Goghs Mörder, ein jugendlicher, in Amsterdam aufgewachsener Marrokaner mit familiären Problemen und Affinität zur islamistischen „Hofstad-Gruppe" ist unterdessen (Sommer 2005) zu lebenslanger Haft verurteilt worden und in Amsterdam selbst, wo übrigens auch direkt nach dem Mord keine größeren Übergriffe auf islamische Einrichtungen zu beklagen waren, ist nach meinem Rechercheempfinden wieder der unaufgeregte multiethnische Alltag eingekehrt. Diesen Eindruck bestätigt auch Amsterdams Stadthistoriker Geert Mak (siehe S. 33), der wegen seines Buches „Der Mord an Theo van Gogh. Geschichte einer moralischen Panik" und der darin aufgestellten These, dass sich van Goghs Film in einzelnen Sequenzen der Bildsprache nationalsozialistischer Propagandafilme bediene, im In- und Ausland heftig kritisiert wurde. Er resümiert in denselbem: „Trotzdem ließen sich die normalen Amsterdamer, die alteingesessenen wie die zugezogenen, nicht einschüchtern, nicht provozieren und nicht verrückt machen. (…) Für viele jüngere Menschen war die multiethnische Gesellschaft schlicht und ergreifend eine Tatsache. Sie hatten marrokanische und chinesische Kollegen, drückten neben Türken, Surinamern und Somalis die Schulbank, ihr Leben hatte sich schon immer in und mit mehreren Kulturen abgespielt, sie kannten es nicht anders. Zwei Reporterinnen der Tageszeitung *Het Parool* gingen einen Tag lang tief verschleiert durch die Straßen. Ein paarmal schimpfte man hinter ihnen her, aber im allgemeinen wurden sie überall anständig und freundlich behandelt." (Geert Mak, S. 13).

„Denkmal für die Meinungsfreiheit" im Oosterpark (Bürgermeister Job Cohen)

Rundgang führt jedoch von besagtem neuen „Gedenkort“ im Oosterpark (hinter dem Eingang des Tropenmuseums nach wenigen Metern über die Linnaeusstraat zu erreichen) über die Singelgracht zurück zum Alexanderplein und von dort in die Sarphatistraat. Auf der bewegen wir uns zwischen dem Artis-Gelände und der insgesamt 276 Meter langen kompakten Backsteinriegel der 1814 erbauten und seit 1990 zu Wohnzwecken umgenutzten **Oranje Nassaukaserne** zum **Entrepotdok.** Dort passieren wir mit den nach den Monaten des Jahres getauften **Kalenderpanden** und den nach niederländischen Hafenstädten benannten **Entrepotdok Pakhuizen** eine Kette alter Warenspeicher aus der ersten Hälfte des 19. Jahrhunderts. Die seit 1981 sukzessive in moderne Wohnungen verwandelten, blockweise durch große Fensterfronten aufgelockerten historischen Gewerbebauten wirken trotz ihrer Gleichförmigkeit und Dichte hell und einladend. Die deshalb als gelungenes Beispiel nachhaltiger und kreativer Stadterneuerung gefeierte Wohnsiedlung markiert die letzte Etappe unseres Spaziergangs, der von dort über die Nieuwe Herengracht zum Amstelufer führt und am Waterlooplein endet.

Sehenswertes

Wertheim Park: In der bereits 1812 angelegten und 1898 dem wohltätigen jüdischen Bankier und Politiker Abraham Karel Wertheim (1832–1897) gewidmeten Grünanlage wird mit dem **Auschwitzdenkmal** den Opfern des Holocaust gedacht.

Als Kirche ausgedient: Zuiderkerk

Zuiderkerk: Nach einem Entwurf von Hendrick de Keyser zwischen 1603 und 1611 im Stil der Renaissance erbaut, war die dreischiffige Zuiderkerk die erste große protestantische Kirche der Stadt. Ihr ca. 70 Meter hoher Turm, in dem ein Glockenspiel aus der Werkstatt Hemony erklingt, wurde erst 1614 fertig gestellt. Ihr Kirch- und früherer Friedhof wird nun von moderner Wohnbebauung eingerahmt. In ihrem Innern finden schon seit 1929 keine Gottesdienste mehr statt. Während der deutschen Besatzung diente die Kirche als Leichenschauhaus, woran eine Tafel an ihrem Portal erinnert. Nach dieser traurigen Nutzung stand sie lange Zeit leer, bevor sie in den 1960er Jahren von der Gemeinde Amsterdam gekauft und 1988 als Informationszentrum für Raumordnung und Wohnen wiedereröffnet wurde. So dient das altehrwürdige Gemäuer heute als Aus- und Aufstellungsfläche für große Schautafeln und Architektur-

Hier wird wieder regelmäßig gebetet (Portugiesische Synagoge)

modelle, auf und mit denen die neuesten Projekte der Stadt- und Architekturplanung präsentiert werden. Ergänzend dazu kann man an mehreren Computerterminals vertiefende Informationen abrufen und/oder entsprechende Fachliteratur studieren und erwerben. Darüber hinaus ist in der Zuiderkerk eine Beratungs- und Vermittlungsstelle eingerichtet, die junge Amsterdamer Familiengründer(innen) beim Kauf von Häusern und Eigentumswohnungen in der Amsterdamer Innenstadt behilflich ist.

⌚ Mo–Fr 9–16 Uhr, Sa 12–16 Uhr. Eintritt frei. Von April bis September Mo–Sa von 12 bis 15.30 Uhr zum Preis von 6 € (3 € für Kinder) halbstündlich geführte Turmbesteigungen (Information und Reservierung unter ✆ 020/6892565).

Pintohuis: Fast wäre die 1602 erbaute und von seinem späteren Besitzer Isaac de Pinto unter der Federführung des zeitgenössischen Architekten Elias Bouman 1671 aufwendig umgebaute klassizistische Patriziervilla den Sanierungsmaßnahmen im Neumarktviertel zum Opfer gefallen. Nachdem Bürgerproteste seinen Abriss verhindern konnten, wurde das Haus 1977 renoviert und als Filiale der Amsterdamer Stadtbibliothek genutzt. Nachdem deren Zentrale im Sommer 2007 in ihr nagelneues Domizil an der Oosterdokkade umgezogen war (siehe S. 196), wurde erwogen, ihren Ableger im Pintohuis zu schließen. Die Bewohner des Nieuwmarktviertels protestierten dagegen und hatten Erfolg, sodass man sich während der Öffnungszeiten der kleinen Bücherei auch weiterhin einen Eindruck vom Lebensstil des Mitbegründers der „Vereenigte Oostindische Compagnie" verschaffen kann.

⌚ Mo u. Mi 14–20, Fr 14–17, Sa 11–14 Uhr.

Rembrandthuis: Bei dem Ende der 1990er Jahre aufwendig restaurierten und zuerst 1911 eröffneten Museum handelt es sich um das Haus, in dem Rembrandt – zunächst mit seiner Frau Saskia und seinem Sohn Titus, später mit seiner Geliebten Hendrickje Stoffels – von 1639 bis zu seinem finanziellen

Bankrott im Jahre 1658 gelebt und gearbeitet hat. Allerdings ist die Inneneinrichtung eine Rekonstruktion auf der Grundlage von alten Bauplänen, Radierungen und Zeichnungen und nicht zuletzt der Inventarliste von Rembrandts Konkursverwalter. So datieren die Einrichtungsgegenstände der Ateliers und Wohnräume, die Wandkacheln und Möbel zwar aus dem 17. Jahrhundert, sind aber keine Originalgegenstände aus dem Besitz des Malers. Originale sind dagegen die Radierungen und Zeichnungen, die das Rembrandthuis in einem später dazugekauften modernen Nebengebäude präsentiert. Anlässlich des 400. Geburtstags seines früheren Bewohners hat das Rembrandt-Huis gemeinsam mit dem Rijksmuseum, dem Amsterdam Historisch Museum und dem Stadtarchiv eine Website mit vertiefenden Informationen zum Leben und Werk des Malers geschaltet. (www.rembrandt-amsterdam.nl.)

⌚ 10–17 Uhr. Eintritt 8 €. Jodenbreestraat 4–6, ✆ 020/5200400, www.rembrandthuis.nl.

Normaal Amsterdams Peil: Hinter dem im Mai 1988 im Gebäude der Stopera zwischen Oper und Rathaus enthüllten NAP-Projekt verbirgt sich die Markierung des Ende des 17. Jahrhunderts vom Amsterdamer Magistrat erstmals festgelegten und inzwischen europaweit gültigen Standard-Pegels der Höhenvermessung namens „Normal-Null" oder auch „Normaal Amsterdams Peil". Der entspricht dem durchschnittlichen Wasserstand der damaligen Zuiderzee, der dort an einem 20 Meter in die Tiefe ragenden Betonpfahl eingezeichnet ist. Daneben sieht man drei Wassersäulen, die den aktuellen Wasserstand der Nordsee bei IJmuiden, den der Westerschelde bei Vlissingen sowie den höchsten Wasserstand der Hochwasserkatastrophe von 1953, nämlich 4,55 Meter über NAP, anzeigen.

TunFun Speelpark: Mehr eine Erlebens- denn eine Sehenswürdigkeit und das auch nicht für die Leser, sondern deren 0–12-jährige Kinder. Die können nämlich auf diesem 4000 Quadratmeter großen Indoor-Spielplatz unter dem Mr. Visserplein über Rutschbahnen huschen und Trampolin springen, auf Baustellen buddeln und in Diskos tanzen, kegeln, klettern, Fußball spielen und unzählige Spiel- und Sportgeräte besteigen, benutzen und bedienen. Natürlich ist im TunFun, dessen oberirdischer Eingang durch zwei grün-blaue Bögen auf dem Platz gekennzeichnet ist, auch für das leibliche Wohl der Kinder und ihrer erwachsenen Begleiter gesorgt. Ein Café-Restaurant mitten im Geschreie, Getriebe und Gespiele serviert sowohl Süßes als auch Herzhaftes.

⌚ 10–18 Uhr. Eintritt 7,50 €, Kinder unter einem Jahr und Erwachsene gratis. Mr. Visserplein 7, ✆ 020/6894300. www.tunfun.nl.

Portugiesische Synagoge: Nachdem es Andersgläubigen – mit Ausnahme der Katholiken – 1670 gestattet worden war, im calvinistisch geprägten Amsterdam ihren religiösen Pflichten öffentlich nachzukommen, betrauten die sephardischen Gemeinden den Architekten Elias Bouman 1671 mit dem Bau der Synagoge am heutigen Mr. Visserplein. Der 1675 fertig gestellte und seither nur geringfügig veränderte Gebäudekomplex besteht aus der in einen Hof gebauten, hohen, symmetrischen Synagoge selbst sowie einem Rahmen aus mehreren einstöckigen Häusern, in denen u. a. das Archiv, Rabbinerwohnungen und die weltberühmte Bibliothek „Ets Haim", untergebracht sind. Der riesige, ausschließlich kerzenbeleuchtete und mit schlichten Holzbänken möblierte Gebetsraum mit Frauengalerien auf zwei einander gegenüberliegenden Balkonen wird nach einer mehrjährigen Renovierung von den verbliebenen 600 Mitgliedern der sephardischen Gemeinde Amsterdam seit 1993 wieder zum Gebet genutzt.

⌚ So–Fr 10–16. Eintritt 6,50 €. Mr. Visserplein 3, ✆ 020/6245351. www.esnoga.com.

Joods Historisch Museum: Das 1987 eröffnete und 1989 mit dem Europäischen Museumspreis ausgezeichnete Haus präsentiert seine Dauer- und Wechselausstellungen in einem durch kreative Stahl- und Glaskonstruktionen miteinander verbundenen Ensemble aus vier ehemaligen Synagogen der hochdeutschen Gemeinden. Es integriert den klassizistischen Zentralbau der Großen Synagoge, die von Stadtbaumeister Daniel Stalpaert entworfen und 1670 fertig gestellt wurde, die Obere Synagoge im Obergeschoss eines 1688 angefügten rituellen Schlachthauses, die Dritte und die Neue Synagoge aus den Jahren 1700 bzw. 1752. Beide wurden unlängst renoviert und umstrukturiert und die Zweite um ein Untergeschoss ergänzt, in dem nun ein sog. Druckraum (Print Room) und ein Auditorium für die regelmäßig am Donnerstagabend und Sonntagnachmittag angebotenen Sonderveranstaltungen (Filme, Lesungen etc.) zur Verfügung stehen. Die im Februar 2007 abgeschlossenen Umbau- und Verschönerungsmaßnahmen galten aber vor allem der Einrichtung eines Kindermuseums in Gestalt der musealen Inszenierung der Wohnung und des alltäglichen Lebens der fiktiven, typisch jüdischen Familie Hollander sowie der inhaltlichen Erweiterung der Daueraustellungen. Während eine von ihnen ebenfalls den aktuellen religiös geprägten jüdischen Alltag dokumentiert, ist die andere der Geschichte der niederländischen Juden von 1600 bis heute gewidmet. Die Ausstellung auf der Galerie der Großen Synagoge lässt deren Leben und Leiden vom späten 16. bis zum Ende des 19. Jahrhunderts, die auf der Galerie der Neuen Synagoge das des 20. Jahrhunderts Revue passieren, wobei Letztere in die historischen Phasen „Vorkriegsholland", „Zweiter Weltkrieg" und „Nachkriegszeit bis heute" unterteilt ist. Alle zusammen vermitteln mit zahlreichen eindrucksvoll präsentierten Exponaten sowohl religiöser als auch profaner Natur, Texttafeln, Film- und Tondokumenten ein anschauliches Bild von der vierhundertjährigen Geschichte der niederländischen Juden. Sie erzählen von deren enormem wirtschaftlichem und kulturellem Einfluss und natürlich auch ihrem unermesslichen Leiden während der nationalsozialistischen Diktatur.

Wissenswertes über jüdische Alltagskultur und Geschichte: Jüdisches Museum

Regelmäßig veranstaltete Wechselausstellungen zeigen das Werk jüdischer Maler, Musiker, Schriftsteller oder Fotografen, das ebenfalls frisch herausgeputzte Museumscafé macht mit den Besonderheiten koscheren Essens bekannt, und ein gut sortierter Museumsshop hält gedruckte, gemalte oder gesungene Erinnerungen an das jüdische

Amsterdam bereit. Schließlich bietet der pädagogische Dienst des Museums kommentierte Führungen durch das Haus, Rundgänge durch das Judenviertel und die benachbarte Portugiesische Synagoge an.

⌚ Täglich 11–17 Uhr, Do 11–21 Uhr. Eintritt 7,50 €. Information und Buchung von Führungen und Rundgängen unter ✆ 020/5310380 bzw., publiekscontacten@jhm.nl. Eingang Nieuwe Amstelstraat 1, ✆ 020/53110310. www.jhm.nl.

De Hortus (Botanischer Garten): Ein riesiges Gewächshaus mit tropischen Pflanzen, eine Palmen-Orangerie und akribisch angelegte Beete ...
In dem bereits im 17. Jahrhundert angelegten Garten, von dem aus viele überseeische Pflanzen Europa eroberten und zu Beginn des 18. Jahrhunderts aus Java importierte Kaffeepflanzen nach Südamerika gelangten, ist die Flora der Welt zu bestaunen.

⌚ Mo–Fr 9–17 Uhr, Sa/So 10–17 Uhr, Dezember und Januar nur bis 16 Uhr, Juli u. August bis 21 Uhr. Eintritt 6 €. Plantage Middenlaan 2 a, ✆ 020/6259021, www.dehortus.nl.

Artis Zoo Amsterdam: Der bereits 1838 von der Gesellschaft „Natura Artis Magistra" gegründete Zoo beherbergt in groß angelegten Außengehegen, einem Aquarium und einem Insektarium ca. 8000 große und kleine Tiere aus allen Teilen der Welt. Darüber hinaus kann man ein Planetarium sowie ein geologisches und ein zoologisches Museum besuchen.

⌚ Täglich 9–17 Uhr, April–September bis 18 Uhr und im Juli u. August bis zum Sonnenuntergang. Eintritt 17,50 €, Kinder bis 9 Jahre 14 €. Plantage Kerklaan 38–40, ✆ 020/5233400, www.artis.nl.

Hollandsche Schouwburg: Ein Kondolenzbesuch in dem seit 1962 als Gedenkstätte ausgewiesenen ehemaligen Theater, an dessen ursprüngliche Funktion allein die prachtvolle Fassade und eine kleine Fotoausstellung im teilweise restaurierten Innenraum erinnern, gehört zweifellos zu den bedrückendsten Besichtigungserlebnissen einer Amsterdamreise. 6500 in den Boden eingravierte Familiennamen ermordeter Amsterdamer Juden stehen stellvertretend für die gut 100.000 Amsterdamer Opfer der nationalsozialistischen Judenpogrome. 60–80.000 von ihnen mussten seinerzeit in der Hollandsche Schouwburg auf ihren Abtransport in das Lager Westerbork warten, von wo sie auf die deutschen Konzentrationslager verteilt wurden. In den Ruinen des früheren Zuschauerraumes hängen unzählige Plastiktulpen, an denen Zettel angebracht sind, auf denen Besucher der Gedenkstätte ihre Empfindungen oder einen letzten Gruß an dort verschollene Angehörige formuliert haben. Insbesondere an Jugendliche adressierte Fotos und Texttafeln im Obergeschoss informieren über die historischen Hintergründe des schrecklichen Geschehens.

⌚ Täglich 11–16 Uhr. Eintritt frei. Plantage Middenlaan 24, ✆ 020/6269945, www.hollandscheschouwburg.nl.

Verzetsmuseum: Seit 1999 informiert das bis dahin im Stadtteil De Pijp angesiedelte Museum im repräsentativen, 1876 als Domizil eines jüdischen Chors erbauten Plancius-Haus über den antifaschistischen Widerstand der Grachtenstadt. Die mit zeitgenössischen Objekten – etwa Druckerpressen für die Herstellung illegaler Zeitungen und Flugblätter –, Bild- und Tondokumenten bestückte Ausstellung empfindet den Alltag unter dem Faschismus nach und würdigt sowohl gut organisierte Widerstandszirkel als auch Einzelpersonen, die jüdische Nachbarn oder politisch Verfolgte versteckten. Neben der Dauer- gibt es regelmäßig Sonderausstellungen zu den verschiedenen Formen antifaschistischen Widerstands.

⌚ Di–Fr 10–17, Sa–Mo und an Feiertagen 12–17 Uhr. Eintritt 5,50 €. Plantage Kerklaan 61, ✆ 020/6202535, www.verzetsmuseum.org.

De Burcht: Im ehemaligen Hauptquartier der Amsterdamer Diamantenarbeitergewerkschaft, das bis vor Kurzem auf der Liste der Amsterdamer Sehenswürdigkeiten unter „Vakbondsmuseum“ (Gewerkschaftsmuseum) firmierte, wird die Geschichte der niederländischen Arbeitnehmerorganisation dokumentiert. Ihr Domizil macht sinnfällig deutlich, dass es deren Gründungsvater Henri Polak nicht nur um Lohn und Brot, sondern auch um die kulturelle Erbauung der Proletarier ging. Polak wünschte sich, dass sich seine Kollegen durch ihr gewerkschaftliches Engagement zu klassenbewussten Sozialisten mit Sinn für Kunst und Kultur entwickelten, wozu nicht zuletzt die Atmosphäre und Ausstattung ihres Versammlungsortes beitragen sollte. Mit diesem Ansinnen traf er bei dem Architekten seines Hauptquartiers, P.H. Berlage, auf offene Ohren, weil der beim Entwurf des Gewerkschaftshauses ebenso wie bei dem der Börse (siehe S. 115) von der Idee eines „palazzo pubblico“ beseelt war. Das 1900 erbaute Haus ist bis ins kleinste Detail mit großer Sorgfalt und sicherem Gespür für Auswahl, Form und Farbe der verwendeten Materialien und Einrichtungsgegenstände zu einem ästhetisch bestechenden Ganzen komponiert. Besonders beeindruckt das harmonische Zusammenspiel von Architektur, Skulptur, Malerei und der mit ihr bildhaft dargestellten Philosophie beglückender Solidarität in dem großen Versammlungssaal (Bondsraadszaal). Jedenfalls gilt das historische Haus der Amsterdamer Diamantengewerkschaft als eines der größten Werke des großen Architekten H. P. Berlage und wird deshalb schon lange „Berlages Schloss“, niederländisch „De Burcht“, genannt.

⌚ Di–Fr 11–17, So 13–17 Uhr. Eintritt 2,50 €. H. Polaklaan 9, ✆ 020/6241166, www.deburcht.org.

„Der Schrei“: Am 19. März 2007 wurde am Rande des Amsterdamer Oosterparks unweit der Stelle, an der der Regisseur Theo van Gogh im November 2004 ermordet wurde, eine Stahlskulptur des niederländischen Künstlers Jeroen Henneman enthüllt. Ihr Motiv ist ein an einer Seite geschlossener und an der anderen Seite zum Schrei geöffneter Mund. Weil er befürchtete, dass die Skulptur als Hommage an den Regisseur und dessen bisweilen fragwürdige Thesen missverstanden werden und die Gefühle muslimischer Amsterdamer verletzen könne, zögerte der Amsterdamer Stadtrat zunächst mit der Genehmigung für ihre Positionierung im öffentlichen Raum. Schließlich war Bürgermeister Job Cohen bei der Enthüllung aber doch zugegen, wobei er diplomatisch betonte, dass die Skulptur „Der Schrei“ nicht als Monument für

Der Musentempel mutierte für die Amsterdamer Juden zum Vorhof der Hölle

Tour 8 Karte S. 200

van Gogh, sondern als „Denkmal für die Meinungsfreiheit" zu betrachten sei.

Tropenmuseum: Das auf mehrere Etagen ausgebreitete völkerkundliche Museum gehört zu den absoluten Highlights der Amsterdamer Museenlandschaft. Gezeigt werden unzählige Kunst- und Alltagsobjekte aus Asien, Afrika und Lateinamerika, darunter Kleidungsstücke und Musikinstrumente, Küchengeräte, Einrichtungsgegenstände und Fortbewegungsmittel. Bild- und Tondokumente sowie Computeranimationen mit teilweise interaktiven Komponenten runden das Ganze zu einem höchst informativen Augen- und Ohrenschmaus ab. Hinzu kommen regelmäßige Wechselausstellungen und das museumspädagogisch auf Sechs- bis Zwölfjährige abgestimmte, leider nur in niederländischer Sprache vorgehaltene Kinderprogramm „Tropenmuseum Junior". Die Hausgastronomien „Soterijn" und „Ekeko" mit ihren weltumspannenden Speisekarten machen das Museum auch kulinarisch attraktiv. Sein Domizil wurde von den Architekten J. J. und M. A. Nieukerken entworfen und 1923 vom holländischen Kolonialinstitut bezogen. Dessen Fassade skizziert mit symbolträchtigen Reliefs und Skulpturen aus dem westlichen und östlichen Kulturkreis die niederländische Kolonialgeschichte.

Ⓘ Hauptmuseum: 10–17 Uhr. Eintritt 7,50 €, Kinder ab 5 J. 4 €. Tropenmuseum Junior +2 €. Linnaeusstraat 2, ✆ 020/5688200, www.tropenmuseum.nl.

Praktische Infos

(Musik-)Theater und Kinos

Het Muziektheater, hier singen, schauspielern und tanzen die Ensembles der Niederländischen Oper und des Nationalballetts. Beide genießen internationale Anerkennung. Waterlooplein 22, Besuchereingang Amstel 3, ✆ 020/5518100, www.muziektheater.nl.

Tropentheater, Theaterstücke, Konzerte, Lesungen und Filme von und mit Künstlern aus der sog. Dritten Welt. Mauritskade 63, Linnaeusstraat 2 ✆ 020/5688500, www.tropen theater.nl.

Kriterion, schon 1945 von einer Studentenstiftung gegründetes Programmkino mit Anspruch ans Programm und Geschäftskonzept als studentisches Non-Profit-Unternehmen. Roetersstraat 170, ✆ 020/6231708. www.kriterion.nl.

Desmet Studios, früher ein Kino, heute TV- und Radiostudio, in dem man u. a. täglich zwischen 17.30 und 20 Uhr der Aufzeichnung des Radioprogramms von Dutch Radio 5 beiwohnen und dabei hin und wieder auch Livemusik erleben kann. Plantage Middenlaan 4a, ✆ 020/5217100.

Restaurants

Krua Thai Classic (7), in diesem (fast) ganz in Weiß gehaltenen Restaurant mit nur 35 Plätzen werden allseits hochgelobte Gerichte der klassischen thailändischen Küche serviert. Di–So 17–22.30 Uhr. Staalstraat 22, ✆ 020/6229533.

Ekeko und Soterijn (20), Weltküchen-Restaurants des Tropenmuseums (s. o.), in denen man kulinarische Weltreisen unternehmen kann. Di–Sa 12–22 Uhr. ✆ 020/5688392.

Hotel Arena ToDine (22), ziemlich teures Designerrestaurant im gleichnamigen Hotel, das „an original fusion of international cuisines" verspricht. Zum Restaurant gehört ein schöner Garten. 19–1 Uhr. 's Gravesandestraat 51, ✆ 020/8502460.

Pinto (8), unspektakulär eingerichtetes Restaurant, in dem man mit israelischer Musikuntermalung die koschere, kulinarisch vornehmlich israelisch orientierte Küche kosten und dabei einen Einblick in jüdische Kultur und Traditionen erhält. So–Do 13–22 Uhr. Jodenbreestraat 144, ✆ 020/6250923.

Bloem (6), Café-Restaurant, in dem es leckeren Zitronenkuchen und ebensolche Sandwiches und abends ein neuholländisch-mediterranes Menü für ca. 25 € gibt. Bei schönem Wetter sitzt man recht nett auf der Terrasse mit Blick aufs Wasser und in den benachbarten Zoo. 10–24 Uhr. Entrepotdok 36, ✆ 020/3300992.

Elkaar (19), das Restaurant am Alexanderplein bekam vom Guide Michelin den „Bib

Gourmand" verliehen, hinter dem sich eine Anerkennung für ein gutes Preisleistungsverhältnis bzw. viel gutes Essen zu relativ günstigen Preisen verbirgt. Ein neuholländisch-französisches Zweigangmenü ist hier für 25 € zu haben. 12–2 Uhr. Alexanderplein 6, ✆ 020/3307559.

Cafés, Kneipen, Clubs

Tisfris (3), kleine Gerichte und ein gutes Frühstück in freundlicher und farbenfroher Atmosphäre. 9–22 Uhr geöffnet. St. Antoniesbreestraat 142, ✆ 020/6220472.

't Sluyswacht (2), vom Wasser umspülte Kneipe in einem alten, windschiefen Häuschen schräg gegenüber vom Rembrandthaus. 10–1 Uhr. Jodenbreestraat 1.

Rembrandt Corner (4), Café-Kneipe neben dem Rembrandthaus. 10–1 Uhr. Jodenbreestraat, ✆ 020/6274463.

The Coffee Gallery (5), eine kleine italienische Bar wie aus einem Bilderbuch der 1950er Jahre. Außer gutem Espresso und Capuccino gibt es mittags ein mediterranes Sandwich oder einen Teller Pasta. Galerie heißt die Bar, weil der neapolitanische Inhaber hinter der Theke allerlei dekorativ verpackte kulinarische Geschenkartikel aus seinem Heimatland hübsch drapiert zum Verkauf anbietet. Ab 10 Uhr geöffnet. Jodenbreestraat 94.

Plancius (11), Cappuccino, Espresso, Prosecco, Sandwiches, Suppen und Salate, viel Vegetarisches, bunt gemischtes Publikum im gepflegten Ambiente eines edlen postmodernen Grand Cafés, das auch als Hausgastronomie des im selben Gebäude untergebrachten Widerstandsmuseums fungiert. 10–1 Uhr geöffnet. Plantage Kerklaan 61 a, ✆ 020/3309469.

Café im Jüdischen Museum (13), koschere Speisen und Getränke – auch ohne Museumsbesuch. 11–17 Uhr.

Dantzig (10), mondän-nostalgisches Grand Café (Restaurant) an der Stopera mit schöner Terrasse am Zwanenburgwal 15. 9–1 Uhr. ✆ 020/62090.

Eik en Linde (15), typisches „bruines" Café mit Billardtisch, das von den namensgebenden Inhabern Eik und Linde freundlich beherzt geführt wird. Mo–Do 10–1 Uhr, Fr 11–2 Uhr, Sa 14–2 Uhr. Plantage Middenlaan 22, ✆ 020/6225716.

Bagels&Beans (9), belebte Café-Kneipe am Flohmarkt. 8–19 Uhr, Sa 8–20 Uhr. Waterlooplein 2.

Café Koosje (14), gemütliches, sympathisches und stets gut besuchtes Café-Restaurant im Plantagenviertel. Kaffee, Kuchen und Snacks. So–Do 9–1, Fr/Sa 9–3 Uhr, im Winter erst ab 10 Uhr. Plantage Middenlaan 37, ✆ 020/3200807.

Koffiehuis van de Volksbond (1), Im 19. Jahrhundert von im Volksbond organisierten Dockarbeitern gegründet, um durch das Angebot preisgünstiger warmer Getränke und Bier den damals weit verbreiteten Schnapskonsum einzudämmen, stand es nach dem Zweiten Weltkrieg lange leer. 1986 wurde es von Hausbesetzern wieder belebt, servierte zunächst nur Kaffee und Snacks, später wechselnde internationale Gerichte. Nach einem erneuten Besitzerwechsel im Jahre 1991 ist es ein normales Café-Restaurant, in dem auch wieder Spirituosen erlaubt sind. Ab 18 Uhr. Kadijksplein 4, ✆ 020/6221209.

De Groene Olifant (18), freundliches „bruines" Café in der Nähe des Tropenmuseums, in dem man auch essen kann. 12–1 Uhr. Sarphatistraat 510, ✆ 020/6204904.

Club Arena Tonight (23), früher ein Kloster, dann ein legendäres „Sleep-in", jetzt ein Mittelklassehotel mit angeschlossenem Restaurant und eben dem (Tanz)Club Arena. In dem trifft sich die „urban scene" bei abwechslungsreicher Musik von Funk und Soul über Jazz, House und Grunge. Vorher kann man in der Kneipe *Arena To drink* – bei schönem Wetter auf einer herrlichen Terrasse – ein Gläschen trinken. 10–20 € Eintritt. Fr/Sa 23–4 Uhr. 's Gravesandestraat 51, ✆ 020/8502450. www.hotelarena.nl.

Märkte/Shopping

Flohmarkt Waterlooplein, Mo–Sa 9–17 Uhr.

Dappermarkt, Mo–Fr 9–17 Uhr, Dapperstraat.

Gassan Diamonds, in dem Gebäude der 1878 eröffneten, seinerzeit größten Diamantenfabrik der Stadt werden heute in 30 Schauräumen sowohl die nackten Steine als auch im Haus Gassan kreierte Schmuckkollektionen ausgestellt und zum Verkauf angeboten. 9–17 Uhr. Nieuwe Uilenburgerstraat 173–175,
www.gassandiamonds.com.

Libreria Bonardi, die einzige italienische Buchhandlung in den Niederlanden, relativ groß, gut sortiert und unter freundlicher Leitung. Entrepotdok 26. Di–Fr 11–18, Sa 11–17 Uhr, www.bonardi.nl.

Tour 8
Karte S. 200

Attraktive Wohnungen am Westrand der Stadt (Prinseneiland)

Westliches Hafengebiet

Zwischen nördlichem Singel und Westerpark erstreckt sich, eingeklemmt zwischen Brouwersgracht und der Inselgruppe Prinsen-, Realen- und Bickerseiland, der Stadtteil Haarlemmerbuurt. Da er – abgesehen vom innenstadtnahen Westindisch Huis – weder mit nennenswerten historischen Baudenkmälern noch mit spektakulären Museen aufwartet, verirren sich nur wenige Touristen in das frühere Schifffahrtsviertel, sodass es vor allem durch seinen Alltagscharme besticht.

Von dem lebt auch sein kulturelles und gastronomisches Highlight, die Westergasfabriek am Rande des Westerparks. Sein nordwestlicher Nachbarstadtteil Spaardammerbuurt hat sich dagegen in erster Linie als eines der architekturgeschichtlichen „Freilichtmuseen" der Amsterdamer Schule einen Namen gemacht: Das traditionelle Hafenarbeiterquartier wurde im zweiten Jahrzehnt des 20. Jahrhunderts in die von den Architekten der „Amsterdamer Schule" realisierten sozial ambitionierten Stadterweiterungs- und -sanierungspläne (siehe S. 38) integriert, sodass auch hier einige der Paradebeispiele von deren eigenwilligem Baustil in Augenschein zu nehmen sind. Dazu gehört z. B. der von M. de Klerk (1824–1923) entworfene Wohnkomplex „Eigen Haard" am Spaardammerplantsoen mit integriertem architekturgeschichtlichen Museum namens „Het Schip".

Spaziergang

Der Ausflug in den Amsterdamer Nordwesten startet an der Centraal Station, von deren Haupteingang es rechter Hand über den Stationsplein zur Prins Hendrikkade geht. Dort orientieren wir uns am IBIS-Hotel, das übrigens gerade eine architektonisch spektakuläre, weil mehrere Bahnsteige des Hauptbahnhofs überspannende, Erweiterung erfährt, und schwimmen im Touristenstrom der Prins Hendrikkade zur Singelgracht.

Nachdem wir die am Stromarkt überquert haben, marschieren wir immer geradeaus in die quirlige, von kleinen Boutiquen, Buchhandlungen, Lebensmittelläden, Restaurants und Cafés flankierte Haarlemmerstraat. Da sie parallel zur Brouwersgracht verläuft, erlauben ihre kurzen Nebenstraßen attraktive Seitenblicke auf den romantischen Kanal. Der schönste eröffnet sich am Herenmarkt, wo mit dem **Westindisch Huis** zudem eines der markantesten Zeugnisse der holländischen Kolonialgeschichte steht. Drei Jahre nach ihrer Gründung, im Jahre 1624, zog hier die im (süd) amerikanischen und afrikanischen Raum aktive Handelsgesellschaft „Westindische Compagnie" ein, die sich insbesondere auf die Piraterie verlegt hatte, sodass hier beispielsweise die legendäre Beute aus dem Überfall auf die spanische Silberflotte lagerte. Im Innenhof und einzig zugänglichen Teil des Hauses steht die Skulptur einer historischen Persönlichkeit, deren Name vielen in erster Linie als Zigarettenmarke geläufig sein dürfte: die des holländischen Gouverneurs Pieter Stuyvesant.

Wir bleiben auf der Haarlemmerstraat, die hinter der Brücke über die Korte Prinsengracht Haarlemmerdijk heißt und in den Haarlemmerplein mündet. Trotz der Namensänderung bleibt das Straßenbild weitgehend identisch, sprich freundlich unprätentiös: Geschäfte aller Art, gewöhnliche kleine Stadtteilkneipen, Durchblicke und -gänge zur Brouwersgracht und zum nördlichen Joordan und stets die monumentale tristgraue **Haarlemmerpoort** im Visier. Das im neoklassizistischen Stil gestaltete, mit korinthischen Säulen verzierte Stadttor, das 1840 zu Ehren König Willems II. erbaut worden war und deshalb lange Zeit unter dem Namen Willemsport firmierte, beherrscht den Haarlemmerplein, von dem man durch eine Unterführung zu den westlichen Inseln Prinsen-, Realen- und Bickerseiland jenseits der Bahngleise gelangt. Das im 17. Jahrhundert zur Schaffung zusätzlicher Lagerkapazitäten dem Wasser abgerungene Archipel wurde bis ins 20. Jahrhundert hinein vornehmlich gewerblich genutzt. Seit seine Speicherhäuser sukzessive in Wohnungen, Werkstätten und Ateliers umgewandelt wurden, hat sich **Prinseneiland,** so der im Volksmund gebräuchliche Sammelbegriff für die gesamte Inselgruppe, zum bevorzugten Wohnquartier von Künstlern gemausert. Die ihr nördlich vorgelagerten Docklands werden seit der Jahrtausendwende ebenfalls für den Wohnungsbau erschlossen. Eines der spektakulärsten Wohnhäuser ist der bereits 2002 bezogene **Appartmentkomplex Silodam** des in Amsterdam omnipräsenten Rotterdamer Architekturbüros MVRDV, der einem mit aufeinander gestapelten bunten Containern beladenen Schiff gleicht.

Vom „Prinsenarchipel" auf demselben Wege zum Haarlemmerplein zurückgekehrt, wechseln wir über die Westerkanalbrücke zum Nassauplein, wo man einem berühmten Sohn von Harlemmerbuurt ein **Denkmal** gesetzt hat. Ferdinand Domela Nieuwenhuis (1846–1919), ein Vorkämpfer der Amsterdamer Arbeiter- und Matrosenbewegung, war 1888 als erster Sozialist ins Den Haager Parlament eingezogen, bis er sich schließlich – angewidert vom Gebaren der offiziellen Politik – zum außerparlamentarisch agierenden Anarchisten wandelte.

Direkt vis-à-vis vom Standbild des historischen „Autonomen" reckt sich eine eigenwillige Skulptur namens „Groei" in den Himmel. An der 1986 von Michiel Schierbeek in Form einer rot-gelb-blauen Stapelsäule gestalteten Plastik

Tour 9
Karte S. 216

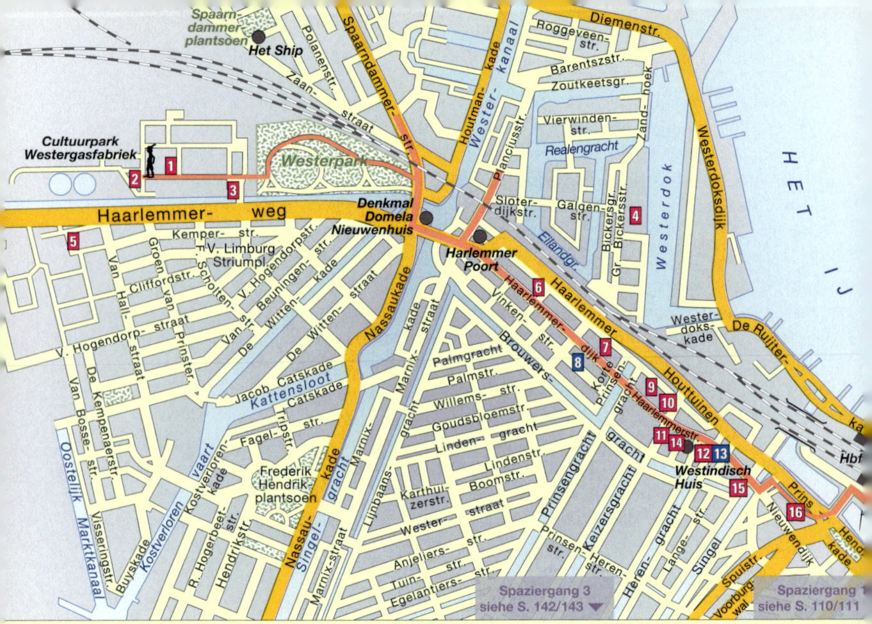

Essen & Trinken (S. 219 – 220)

1 De Espressofabriek
2 Pazific Parc
3 De Bakkerswinkel
4 Bickers a/d Werf
5 Amsterdam
6 Da Noi
7 Roserijn
9 Dulac
10 Lof
11 Il Tramezzino
12 Stout
14 Haarlem
15 Café Kobalt
16 Mercurius

Übernachten (S. 78)

8 Ramenas
13 Arrivé

200 m

Spaziergang 9

verlassen wir den Platz, unterqueren abermals die Bahngleise und pilgern via Spaardammerstraat zu den Vorzeigeobjekten der „Amsterdamer Schule" am Spaarndammerplantsoen. In einem ehemaligen Postamt im → **„Het Schip"** getauften, auffälligsten Gebäude am Platz ist heute ein Museum untergebracht. Nachdem wir uns dort über die Baugeschichte des Stadtteils informiert haben, führt der Weg via Zaan- und Spaarndammerstraat zurück zum Nassauplein, von wo wir durch den alten Westerpark oder über den stark befahrenen Harlemmerweg zur → **Westergasfabriek** marschieren. Bei der handelt es sich um eine ausgediente Steinkohlegasfabrik vom Ende des 19. Jahrhunderts, deren Betriebsgebäude und -gelände sich inzwischen zu einem Natur- und Kulturpark mit Grün- und Wasserflächen, Kino, Theater, Galerien und Gastronomien gemausert haben.

Als adäquater Abschluss des industriegeschichtlich aufschlussreichen Spaziergangs empfiehlt sich die Einkehr im → **Café-Restaurant Amsterdam** im ehemaligen Pumpwerk der städtischen Wasserwerbetriebe, Baujahr 1898. Das liegt bereits im Nachbarstadtteil Staatsliederbuurt und ist von der Westergasfabriek nach Überqueren des Haarlemmerweges in ca. fünf Gehminuten in südwestlicher Richtung zu erreichen. Wer den weiten Fußweg zurück ins Stadtzentrum scheut, kann von dort mit den Buslinien 18, 21, 22 zum Hauptbahnhof oder Tramlinie 10 zum Leidseplein zurückkehren.

Amsterdamer Hautkunst – Das „House of Tattoos" am Haarlemmerdijk

Tattoo- oder Piercing-Studios gibt es inzwischen zwar in jeder mittelgroßen europäischen Stadt, doch sind sie in Amsterdam, wo es bis vor wenigen Jahren sogar ein Tattoo-Museum gab, besonders dicht gesät. Als eines der besten, sowohl in hautkünstlerischer als auch in medizinisch-hygienischer Hinsicht, gilt „Sjap" Horwitz' House of Tattoos am Haarlemmerdijk 130. Weil ich altersmäßig noch zu denjenigen gehöre, bei denen sich beim Stichwort Tattoo im ersten Augenblick die Assoziationen Seemann, Schiffschaukelbremser, Junkie oder gar Krimineller, Anker oder pfeildurchbohrtes Herz einstellen, war ich einigermaßen überrascht über das, was ich dort erlebte. „Sjap" Horwitz, der mit bürgerlichem Namen Jean Pierre Horwitz heißt, 1960 in New York geboren wurde, in Frankreich aufgewachsen und 1980 nach Amsterdam gezogen ist, begrüßte mich höflich und wirkte äußerst seriös. Er erzählte mir vor der Kulisse seines vornehmlich weiß getünchten und möblierten „Behandlungsraumes", dass er dieses Handwerk seit 23 Jahren ausübe und großen Wert auf die Einhaltung der in den Niederlanden recht strengen Hygienevorschriften lege. Gleichwohl begreife er sich und seinesgleichen durchaus als Künstler, wobei er seiner Schweizer Mitarbeiterin Claudia, die sich auf großflächige „Hautgemälde" spezialisiert habe, herausragendes Talent nachsagte. Dann zeigte er mir eine tatsächlich imposante Fotomappe mit den gesammelten Werken des House of Tattoos und betonte, dass es sich dabei nicht etwa um einen Motivkatalog für seine potenziellen Kunden handele, denen er jeweils ein Unikat garantiere. Mit dem zuvor eingeholten Einverständnis seiner Auftraggeber, unter denen übrigens kein einziger Seemann, Schiffschaukelbremser, Junkie oder Krimineller war, erlaubte er mir, ihm bei der Arbeit zuzuschauen. Obwohl beeindruckt von der – für den „Gestochenen" wohl nicht gänzlich schmerzfreien – künstlerischen Produktion und der freundlichen Atmosphäre im House of Tattoos, hänge ich persönlich auch in Zukunft Kunstwerke lieber an die Wand. Für diejenigen, die sich während eines Amsterdambesuchs tätowieren lassen möchten, ist Sjap Horwitz' House of Tattoos aber sicher eine der künstlerisch ersten und gesündesten Adressen.

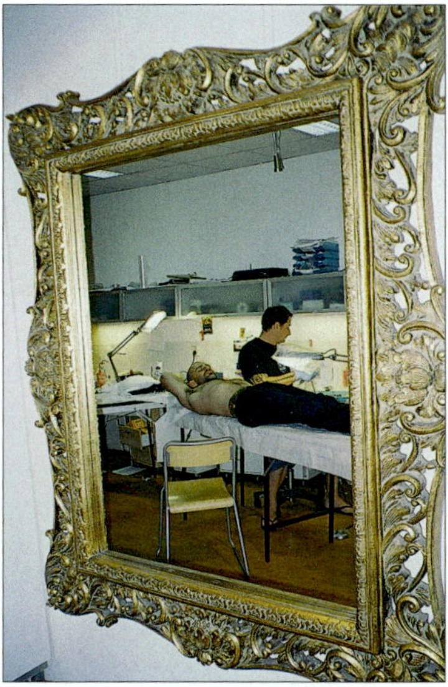

Mo–Sa 11–18, So 13–18 Uhr. Harlemmerdijk 130, ✆ 020/3309046, www.houseoftattoos.nl.

Essen, Trinken, Tanzen: Das Pazific Parc (Westergasfabriek)

Sehenswertes

Het Schip: Runde, geschwungene Fassadenlinien, mit Klinkermustern und Natursteinskulpturen geschmückte Wandflächen, die von variationsreich gestalteten, Sprossenfenstern aufgelockert und Türmen und Türmchen überragt werden. Der wegen seines dreieckigen Grundrisses „Het Schip" getaufte, zwischen 1919 und 1921 gewachsene Gebäudekomplex wurde von Michel de Klerk entworfen und gehört wegen seiner Formenvielfalt zu den herausragenden Projekten der expressionistischen Architektur der „Amsterdamer Schule". In dem ehemaligen Postamt der Siedlung, über dessen Eingang sich ein halbrunder Turm erhebt, wurde 2001 das Museum „Het Schip" eröffnet. In dessen blau gekachelter Schalterhalle, die ebenfalls nach Ideen von de Klerk gestaltet wurde, kann man sich mittels Text-, Ton- und Filmdokumenten über die Entstehungs- und Wirkungsgeschichte der eigenwilligen Architekturströmung informieren und sich von fachkundigen Mitarbeitern durch die Siedlung und in eine zeitgenössisch möblierte historische Sozialwohnung führen lassen.

Die digitalen Informationen werden auch in deutscher Sprache, die Führungen auf jeden Fall in Englisch und je nach Fremdsprachenkompetenz des jeweiligen Mitarbeiters gegebenenfalls auch mehrsprachig angeboten. Mi–So 13–17 Uhr und nach Vereinbarung. Jede Stunde Führungen. Eintritt 5 €, Führung +2,50 €. ✆ 020/4182885, www.hetschip.nl.

Westergasfabriek: Zu der 1884 in Betrieb genommenen und 1967 geschlossenen Westergasfabriek gehören 19 Gebäude, von denen 13 1989 unter Denkmalschutz gestellt wurden. Noch bevor die aufwendige Dekontaminierung des Geländes abgeschlossen und der gesamte Komplex 1992 zum Stadtentwicklungsprojekt erklärt worden war, zogen 1990 das Bezirksamt Westerpark und 1993 einige kulturelle Initiativen in einzelne Gebäude ein. Mit dem Bespielen diverser Veranstaltungs- und Proberäume (darunter das als Kino genutzte „Ketelhuis") und Betreiben des Club Restaurants „West Pazific" legten sie gleichsam den Grundstein für den *Cultuurpark Westergasfabriek*. Das in mehrjähriger (Garten)Bauarbeit erfolgreich strukturgewandelte Industriegelände integriert auf engstem städtischen Raum das technisch und ästhetisch auf seine neuen Funktionen abgestimmte Gewerbebauensemble sowie Baumreihen, Rasen- und Wasserflächen, für deren Komposition die amerikanische Landschaftsarchitektin Kathryn Gustafson verantwortlich zeichnet. Hinter den hier und da von großzügigen Fensterfronten aufgelockerten dicken roten Backsteinmauern bietet das inzwischen aufgepeppte Programmkino „Ketelhuis" anspruchsvolle Filme an, während in der frisch renoviert als „Pazific Parc" auferstandenen Pioniergastronomie wieder gegessen, getrunken und bisweilen auch getanzt wird. Es sind neue Cafés und mehrere Galerien sowie (bildende) Künstler-, Musik- und Theatergruppen eingezogen, die die ästhetisch und veranstaltungstechnisch aufgemöbelten Räume und Säle temporär oder dauerhaft nutzen.

Café-Restaurant Amsterdam: Im ehemaligen Pumpwerk der Amsterdamer Wasserbetriebe, Baujahr 1898, werden maximal 300 Gäste zu Tisch und Theke gebeten. Die Räumlichkeiten sind weitgehend im Originalzustand erhalten und einige industrielle Accessoires wie Flaschenzüge, ein Dieselaggregat und eine Pumpe im Gastraum belassen worden. Beleuchtet wird die riesige Halle mit ausgedienten Lampen aus dem alten Ajax- und dem Olympischen Stadion. Auf dem Wasserwerksgelände, wo sich neben dem Pumpwerk noch ein stählerner Wasserturm aus dem Jahre 1966 und ein altes Magazin befinden, ist übrigens unter der Supervision des bekannten Stadtplaners Kees Christianse eine autofreie und auch ansonsten umweltfreundlich bewirtschaftete Siedlung entstanden.

Praktische Infos

Restaurants und Cafés

Mercurius (16), Kombination aus Restaurant, Brasserie, Bar und Konferenzräumen in den unteren Etagen eines respektablen, ornamentverzierten mehrstöckigen Gebäudes mit aussichtsreicher Dachterrasse. Während die Veranstaltungsräume ganz in Weiß gehalten sind, ist das Interieur der Gasträume mit Rot- und Gelbtönen aufgewärmt. Darin wird französisch inspirierte Küche auf oberem Preisniveau serviert. 10–1 Uhr, Fr/Sa bis 3 Uhr. Prins Hendrikkade 20/21, ✆ 020/5217010.

Stout (12), kühl-spartanisch gestyltes, atmosphärisch gleichwohl freundlich-warmes Eetcafé nahe dem Westindisch Huis mit italo-japanischer Küche, aber auch Kaffee und Kuchen. 10–22 Uhr. Haarlemmerstraat 73 (Ecke Herenmarkt), ✆ 020/6163664.

Dulac (9), stadtweit bekanntes Café-Kneipen-Restaurant mit kaum zu beschreibendem, etwas düsterem, grotten- und märchenhaftem Interieur. Internationale Küche. So–Mi 16–1 Uhr, Do–Sa 16–3 Uhr. Haarlemmerstraat 118, ✆ 020/6244265.

Da Noi (6), winziges italienisches Restaurant, das eine schnörkellose, aber appetitliche italienische Bauernküche serviert. Di–So 18–23 Uhr, am Wochenende wird um Reservierung gebeten. Haarlemmerdijk 128, ✆ 020/6201409.

Pazific Parc (2), Wie eh und je (s. o.) gibt es hier – auf dem Gelände der Westergasfabriek – mediterrane und holländische Snacks sowie vollständige Menüs aus der neuholländischen Saisonküche. Vor allem wird hier aber getrunken und an den Wochenenden auch getanzt. Mo–Do 10–1 Uhr, Fr 10–3 Uhr, Sa 11–3 Uhr, So 11–1 Uhr. Polonceaukade 23, ✆ 020/4887778.

Amsterdam (5), Kaffee, Kuchen, (internationale) Küche – und meist viele kleine Gäste – im Industriedenkmal (s. o). Mo–Do, So 11–24 Uhr, Fr/Sa bis 1 Uhr. Watertorenplein 6, ✆ 020/6822666.

Tour 9
Karte S. 216

Haarlem (14), Stadtteilkneipe und Café mit amerikanisch orientierter Speisekarte, im Sommer auch draußen. 10–1 Uhr. Haarlemmerstraat 77, ✆ 020/3301498.

Roserijn (7), von Einheimischen empfohlene und frequentierte Adresse für die preisgünstige, kulinarisch nicht herausragende einfache holländische Küche. 12–1 Uhr. Haarlemmerdijk 52, ✆ 020/6268027.

Bickers a/d Werf (4), in vielerlei Hinsicht attraktives kleines Restaurant auf Prinseneiland: modern eingerichtet, offene Küche, in der mediterran inspiriert gekocht wird, freundliche Atmosphäre, bei schönem Wetter Terrasse mit Wasser- und Schiffsblick. Di–Do 12–22, Fr–Sa 12–1, So 12–24 Uhr. Bickerswerf 2, ✆ 020/3202951.

Café Kobalt (15), gemütliches, wenn auch meist etwas zu laut musikbeschalltes Café-Restaurant, es gibt Kaffee, Kuchen, eine Tageskarte mit passablen holländischen und italienisch beeinflussten Gerichten, Bier und Wein. So–Do 10–1 Uhr, Fr/Sa 10–3 Uhr. Singel 2, ✆ 020/3201559.

Il Tramezzino (11), attraktiver kulinarischer Neuzugang für den kleinen Hunger zwischendurch, der dem sympathisch italienisch-portugiesischen Inhaberpaar Michaela Meola und Wladimir Moreira zu verdanken ist. Die bieten seit Frühjahr 2007 an der Haarlemmerstraat superfrische Tramezzini an, weil die bislang auf der Amsterdamer Speisekarte fehlten, kredenzen zum Nachtisch einen „vero espresso" und die köstlichen portugiesischen Küchlein „Pasteis de Nata". 8.30–18 Uhr. Haarlemmerstraat 79 a, ✆ 020/7707131.

De Bakkerswinkel (3), der Name sagt's irgendwie schon: leckeres süßes Gebäck, herzhafte Snacks und gemütliche Atmosphäre. 8–18, So 10–17 Uhr. Polonceaukade 1 (Westergasfabriek), ✆ 020/6680632.

De Espressofabriek (1), eines der neueren Lokale auf dem Gelände der Westergasfabriek, das – nomen est omen – vornehmlich zwecks Kaffeegenuss angesteuert wird. Ab 10 Uhr. Gosschalklaan 7, ✆ 020/4862106.

Lof (10), unprätentiös elegante Atmosphäre, die sich an leinengedeckten Holztischen im Interieur einer zum Restaurant veredelten, wandweise kariert gekachelten Metzgerei entfaltet. In der offenen Küche werden, u. a. viele vegetarische, mediterran-asiatisch-leichte Speisen kreiert, wobei die hausgemachte Schokoladentorte alles andere noch toppen soll. 18–23 Uhr, Mo Ruhetag. Haarlemmerstraat 62, ✆ 020/6202997.

(Musik- und Film-)Theater

Westergasfabriek, den Überblick über das gesamte Kunst- und Kulturprogramm auf dem Gelände hat die Westergasfabriek BV (Betreibergesellschaft), Pazzanistraat 7, ✆ 020/5860710. www.westergasfabriek.nl.

Het Ketelhuis, Programmkino mit mehreren Sälen auf dem Gelände der Westergasfabriek mit angeschlossenem Café, ab 13 Uhr. Pazzanistraat 4 (Filmsäle) und Pazzanistraat 25–29 (Filmcafé Ketelhuis), ✆ 020/6840090, www.ketelhuis.nl.

Cosmic/Made in da Shade, Theatergruppe, in der sich traditionell (seit den 1970er Jahren) v. a. schwarze niederländische Regisseure und Schauspieler produzieren und die bis vor gut eineinhalb Jahren neben einer Reihe anderer Theater in der schmalen Innenstadtgasse Nes kreativ war. Nachdem das Cosmic- mit dem Made in da Shade Theater fusioniert und eine neue Intendanz bekommen hat, ist es auf das Gelände der Westergasfabriek umgezogen, um dort zu neuen Ufern aufzubrechen. Bis 2009 soll ein regelmäßiger Theaterbetrieb auf die Beine bzw. Bühne gestellt sein. Polonceaukade 6–8, ✆ 020/6065050. www.cosmictheater.nl.

The Movies, Stadtteilkino mit Anspruch und angeschlossener Gastronomie und als ältestes Kino Amsterdams (1913) zugleich historischer Schauplatz. Haarlemmerdijk 161, ✆ 020/6386016, www.themovies.nl.

Filmhuis Cavia, ebenfalls ein Programmkino, allerdings etwas weiter vom (Spaziergangs-)Schuss, sprich südlich vom Café Amsterdam. Van Halsstraat 52, ✆ 020/6811419. www.filmhuiscavia.nl.

Shopping

Die alltagscharmante **Haarlemmerstraat** bzw. ihre Verlängerung **Haarlemmerdijk** sind gleichwohl kleine Shoppingparadiese. Von den vielen netten Geschäftchen seien hier nur einige wenige hervorgehoben: Kochbuchladen **De Kookboekhandel** (Haarlemmerdijk 133); Süßwarengeschäft **Papabubble** (Haarlemmerdijk 70); Herrenausstatter **Sabarly** mit vielen Kenzo-Modellen (Haarlemmerstraat 119); **Nukuhiva** Fair Trade Laden mit Kleidung und Schmuck. (Haarlemmerstraat 36).

Auf dem Gelände der **Westergasfabriek** können Sie sich von mehreren Galerien, z. B. **De Kunstfabriek** (Polonceaukade 20) zum Kaufen inspirieren lassen. Kunst auf Haut, sprich Tattoos: siehe Kasten S. 217.

PRINSEN
83-85

„Der Fluss hat den ersten Strich gesetzt..."

De Pijp, Rivierenbuurt und östliches Amstelufer

Auch über dem traditionellen Arbeiterviertel De Pijp zwischen Museumsplein und Amstelufer, Singelgracht und Amstelkanaal, das im Zuge der Industrialisierung entstanden war, schwebte in den 1970er Jahren die Abrissbirne. Dann doch erhalten und saniert, stieg der Einwandererstadtteil, in dem vor 135 Jahren die Erfolgsgeschichte des Weltbieres Heineken begann, in der Gunst der Amsterdamer und mauserte sich seither zum „Quartier Latin" der Grachtenmetropole.

Im äußersten Süden des von vierstöckigen Mietshäusern aus dem ausgehenden 19. Jahrhundert geprägten Stadtbezirks kann man angesichts einiger „Vorzeigeobjekte" der frühen „Amsterdamer Schule" die erste Bauphase von Hendrik Petrus Berlages „Erweiterungsplan Süd" nachvollziehen (siehe Architektur, S. 45). Die zweite ist mit dem südlich angrenzenden städtebaulichen „Gesamtkunstwerk" Rivierenbuurt dokumentiert, in dessen damals frisch gebauten Sozialwohnungen in den 1930er Jahren zahlreiche jüdische Emigranten aus Deutschland Zuflucht fanden.

Beide Stadtteile liegen direkt am Fluss und sind über zwei Amstelbrücken aus der Werkstatt Berlages mit der Osthälfte der Stadt verbunden.

Spaziergang

Unweit von unserem Ausgangspunkt, dem verkehrstechnisch gut vernetzten Weteringsplein, erhebt sich mit dem Mutterhaus der Heinekenbrauerei an der Stadhouderskade ein geschichtsträchtiges Gebäude, in dem heute die

→ **Heineken Experience** busweise herangekarrte Touristen anlockt. Die Attraktion besteht in einer „Biershow", die Nostalgie, neue Technologien und „Verkostung" des hauseigenen Gerstensaftes publikums- und werbewirksam kombiniert.

Gleich um die Ecke wird man auf dem Marie Heineken Plein erneut mit dem Namen der großen Bierbrauerdynastie konfrontiert. Der Anfang der 1990er Jahre auf dem ehemaligen Brauereigelände gestaltete Platz wird von einem modernen Sozialwohnungskomplex umringt. In dessen Untergeschoss sind Geschäfte des täglichen Bedarfs, einige Cafés und Restaurants eingezogen. Dass die großzügige neue Piazza dennoch nicht sonderlich belebt ist, mag daran liegen, dass sich direkt dahinter eine organisch gewachsene, von Menschen aller Hautfarben und Lebensstile bevölkerte Stadtteilwelt auftut.

Deren Mittelpunkt ist der nahe **Albert Cuypmarkt,** mit dem sich die niederländische Hauptstadt besonders sinnfällig als Schmelztiegel der Kulturen empfiehlt. Der farbenprächtige Gemischtwarenmarkt erstreckt sich entlang der gleichnamigen Straße. Angeboten und lautstark angepriesen werden exotische Früchte und Gemüsesorten, aromatische Gewürze, das Fleisch rituell geschlachteter Hühner und Lämmer, Heringe und Gouda, aber auch Schuhe, Kleider und Knöpfe, Geschirr und Räucherstäbchen. Da die Albert Cuypstraat zudem von bunten Läden, surinamisch-chinesischen Schnellrestaurants, türkischen Teestuben und holländischen Kneipen gesäumt wird, gibt es auch hinter den Marktständen allerhand unprätentiös Charmantes zu entdecken. Über dem bunten Markttreiben breitet hoch an einer ehemaligen Kirche mit der Hausnummer 182 ein goldener Engel seine Flügel aus, unter denen im Innern des Gebäudes das Café-Restaurant De Bazar orientalisches Flair verströmt. Letzteres ist hinsichtlich seiner Innenarchitektur und -einrichtung das auffälligste Lokal an der Albert Cuyp Straat, die ihr Alltagsgesicht trotz des wachsenden Touristenandrangs während der Marktstunden ansonsten weitgehend gewahrt hat.

Etwas weniger trubelig als auf dem Albert Cuyp Markt, gleichwohl quicklebendig geht es in den beschaulicheren Querstraßen v. d. Hels- und Eerste Sweelinckstraat zu, wo sich mehrere kleine Restaurants und Kneipen aneinanderreihen und das Musikzentrum **„De Badcuyp"** Weltmusik und -küche offeriert. Beide Straßen führen zum **Sarphatipark,** für den der wohlhabende, städtebaulich ambitionierte jüdische Arzt Samuel Sarphati (1813–1866) Pate stand. Der dort mit einem Denkmal geehrte Namenspatron der kleinen grünen Lunge inmitten der dichten grauen Häuserschluchten hatte in den 60er Jahren des 19. Jahrhunderts eigentlich davon geträumt, auf dem heutigen Territorium von De Pijp ein nobles Villenviertel zu errichten. Stattdessen wuchs hier seit 1876 ein ausgesprochenes Proletarierviertel, das sich zu Beginn des 20. Jahrhunderts mit damals vorbildlichen sozialen Wohnungsbauprojekten der „Amsterdamer Schule" nach Süden ausdehnte.

Um die aus der Nähe zu betrachten folgen wir der 2e v. d. Helsstraat bis zum Amstelkanal, biegen dort linkerhand in die Joszef Israelkade und von der wiederum in die P. L. Takstraat ein. Die führt mitten in die sog. **Morgenrot-Siedlung (Dageraad)** rund um Cooperatiehof, Th. Schwartz- und Henriette Ronnerplein. Von Pieter Kramer und Michel de Klerk entworfen und zwischen 1919 und 1922 in genossenschaftlicher Verantwortung gebaut, gilt sie als eines der Paradebeispiele für die expressionistische Architektur der

Tour 10
Karte S. 224

Übernachten
3 Bridge Hotel (S. 76)
4 Amstel (S. 73)
5 De Stadhouder (S. 77)
19 Ostade Bicycle Hotel (S. 78)
Essen & Trinken (S. 228/229)
1 't Hooischip
2 De Magere Brug
6 De Waaghals
7 De Ijsbreker
8 De Ondeugd
9 Helden
10 Café de Pijp
11 Chocolate Bar
12 De Pilsvogel
13 Siempre
14 Bazar
15 Brasserie Pucky
16 De Markt
17 De Duvel
18 Café Krull
20 De Poef
21 Girassol
22 Yamazato
Spaziergang 1 siehe S. 110/111
Spaziergang 5 siehe S. 170
Spaziergang 8 siehe S. 200
Spaziergang 10
200 m
Hermitage Amsterdam
Amstelhof
Magere-Brug
Theater Carré
Heineken Experience
De Badcuyp
Sarphatipark
Raadhuis Nieuwer Amstel
Coope-ratie-hof
Wohnhaus v. Anne Frank
Wolkenkrabber
Victoireplein
Schule von Anne Frank
R.A.I. Congres-gebouw
Amstel
Uilenburgergr.
Vijzelstraat
Vijzelgracht
Rokin
Singel
Heren-gracht
Keizersgracht
Prinsen-gracht
Reguliers-gracht
Weteringschans
Stadhouderskade
Mauritskade
Weesper-str.
Wibautstr.
Amsteldijk
Amstel-dijk
Sarphatistr.
Ceintuurbaan
Ferdinand Bol-str.
Gerard Dou-str.
Albert Cuyp-straat
1e V. d. Helst-str.
2e V. d. Helststr.
V. Wou-str.
Rijnstraat
Churchill-laan
Vrijheidslaan
Roosevelt-laan
Scheldestr.
Wielingenstr.
Scheldeplein
President Kennedylaan
Mr. Treubl.
Jozef Israels-kade
Amstel-kade
Hobbema-kade
Frederiksplein
Waterlooplein
Mr. Visser-pl.
Jodenbreestr.
Muiderstr.
Amstelstr.
Utrechtsestr.
Westeinde
Oosteinde
Deurloo-straat
Maasstraat
Biesboschstraat
Uiterwaarden-straat

„Amsterdamer Schule". Weitere „Klassiker" der eigenwillig geformten Backsteinriegel finden sich rund um den Smaragdplein gleich nebenan, den wir von der Joszef Israelkade via Diamantstraat ansteuern. Von dem Platz, in dessen Mitte das rund gebaute, unterdessen anderweitig genutzte „Gemeinschaftsbadezimmer" der früheren Siedlungsbewohner ins Auge fällt, geht es durch die Smaragdstraat auf den Amsteldijk. Dort empfehlen wir denjenigen, die zum unmittelbaren Vergleich das architektonisch etwas schlichtere Spätwerk des avantgardistischen Architektenzirkels begutachten möchten, der Uferstraße rechterhand zu folgen und einen Abstecher ins südliche **Rivierenbuurt** anzuschließen.

Die anderen geleiten wir nach links entlang schwimmender Hausbootsiedlungen zum jahrzehntelang als Stadtarchiv genutzten historischen → **Raadhuis Nieuwer-Amstel** (Amsteldijk 67). Wenige Meter dahinter führt die von Berlage entworfene **Nieuwe Amstelbrug** auf die östliche Uferpromenade. Die heißt Weesperzijde, gibt sich um einiges vornehmer als der Amsteldijk, ist relativ verkehrsarm und von schattenspendenden Bäumen und gepflegten großbürgerlichen Stadthäusern gesäumt.

Rivierenbuurt

Der im Zuge der zweiten Bauphase des „Erweiterungsplans Süd" (1917) in den 1920er und 30er Jahren hochgezogene Stadtteil besticht vor allem durch sein kompaktes und relativ gleichförmiges architektonisches Ensemble, das lediglich von regelmäßigen Grünflächen aufgelockert und einigen breiten Boulevards durchtrennt wird. Letztere wurden nach dem Zweiten Weltkrieg nach den Teilnehmern an der Konferenz von Jalta Roosevelt-, Churchill- und Stalinlaan getauft (die Stalinlaan wurde später in Vrijheidslaan umbenannt). Mittendrin erhebt sich am Victorieplein seit 1932 der elfstöckige „Wolkenkrabber" (auch Rembrandttower genannt), das erste Hochhaus der Stadt. Am südöstlichen Rand des verwaltungstechnisch unter Amsterdam-Zuid geführten Bezirks tagen im relativ neuen Kongresszentrum RAI Geschäftsleute aus aller Welt.

In Rivierenbuurt, genauer am Merwedeplein 37, wohnte von 1933 bis 1942 neben vielen anderen deutschen Juden Anne Frank. Die Wohnung der Familie Frank wurde unter der Federführung der 1997 gegründeten Stiftung „Vluchtstad Amsterdam" in ihren Originalzustand im Interieur der 1930er Jahre zurückversetzt und dient seit Herbst 2005 jeweils für ein Jahr als temporäres Domizil für verfolgte Schriftsteller aus aller Welt. Wenige Monate, bevor dort mit dem algerischen Autor El-Mahdi Acherchour der erste Dichter im Exil seine Koffer auspackte, wurde am Merwedeplein eine von der Stadtteilkünstlerin Jet Schepp gestaltete Anne Frank-Skulptur enthüllt, wobei die Montessori-Schule an der Niersstraat schon seit vielen Jahren den Namen ihrer wohl berühmtesten ehemaligen Schülerin trägt. Eine kleine Synagoge und einige Geschäfte für koschere Lebensmittel verweisen darauf, dass in Rivierenbuurt noch heute mehr Bürger jüdischen Glaubens leben als in anderen Amsterdamer Stadtteilen. Hinsichtlich seiner Atmosphäre hebt sich das städtebaulich klar strukturierte Viertel, in dem vornehmlich Niederländer wohnen, nicht nur von seinem quirligen nördlichen Nachbarn, sondern auch vom Rest der Stadt deutlich ab: Es wirkt fast „aufgeräumt" und für meinen Geschmack eher etwas langweilig.

Tour 10 Karte S. 224

In einem von ihnen hatte bis zu seinem Umzug in den nagelneuen Muziekgebouw aan't IJ das renommierte experimentelle Musikzentrum „De Ijsbreker" sein Domizil, dessen stadtweit geschätztes gleichnamiges Grand Café erhalten geblieben ist. Während dessen sympathische Sonnenterrasse am Fluss für alle zugänglich ist, tummeln sich auf der des nahe gelegenen Amstel-Hotels (Eingang Prof. Tulpplein) nur die Bessersituierten. Nicht ganz so unerschwinglich wie ein Aufenthalt in dem traditionsreichen „Luxusschuppen", der 1867 als erstes Grandhotel der Stadt eröffnet wurde und nach wie vor als erstes Haus am Platz rangiert, ist ein Besuch im **Koninklijk Theater Carré.** Hinter dem imposanten Kulturtempel mit seiner prachtvollen Fassade stellt die **Magere Brug** die Verbindung zum westlichen Flussufer her. Wir bleiben am östlichen, wo nach Passieren der originalgetreuen Rekonstruktion einer Zugbrücke aus dem 17. Jahrhundert der ausladende Gebäudekomplex des Amstelhofes erhöhte Aufmerksamkeit verlangt. Letzterer datiert ebenfalls aus dem Goldenen Jahrhundert und beherbergte bis vor Kurzem ein Altersheim. Nachdem schon im Februar 2004 in einem Seitentrakt eine Filiale der St. Petersburger Eremitage eröffnet worden war, sind inzwischen auch die letzten Senioren ausgezogen, sodass sich die → **Hermitage Amsterdam** bald auf das gesamte Gebäudeensemble ausdehnen wird. Das planmäßig bis 2008/09 zehnfach vergrößerte Museum an der Nieuwe Herengracht markiert das letzte Etappenziel des Spaziergangs. Via Amstel oder Weesperstraat erreicht man von dort in wenigen Gehminuten den Verkehrsknoten- und Endpunkt Waterlooplein.

Architektonisch eigenwillig: De Pijp

Sehenswertes

Heineken Experience: 1867 erbaut, bis 1988 für seine ursprüngliche Bestimmung genutzt und 1991 restauriert, fungiert das Mutterhaus des heutigen Weltunternehmens, dessen heimatliche Hauptbrauerei inzwischen nach Zouterwoude ausgelagert worden ist, nun als hypermodernes Industriemuseum. Am Originalschauplatz der früheren Produktion werden Besucher mittels teilweise interaktiver Multimedia-Shows über die beispiellose Erfolgsgeschichte der Amsterdamer Bierbrauerdynastie informiert. Die begann mit dem Geschäftssinn von Gerard Adriaan Heineken, der das Zepter 1914 an seinen Sohn Henry Pierre weiterreichte, und erlangte unter der Führung von Alfred Henry Heineken ihren Höhepunkt. Nachdem Letzterer die Brauerei 1942 übernommen hatte, „überschwemmte" das holländische Bier bald

Nicht nur Obst und Gemüse: Albert Cuyp Markt

die halbe Welt. Heute betreibt das Unternehmen 110 Brauereien in über 50 Ländern.

⌚ Di–So 10–18 Uhr, Einlass bis 17 Uhr. Eintritt 11 €. Da zu der „Heineken-Erfahrung" selbstverständlich auch der Genuss des Erfolgsgetränks gehört, ist Jugendlichen unter 18 Jahren der Zutritt nur in Begleitung ihrer Eltern gestattet. Stadhouderskade 78, ✆ 020/5239666, www.heinekenexperience.com.

Hermitage Amsterdam: Nachdem bereits seit Beginn der 1990er Jahre gemeinsam mit dem Direktor der weltberühmten St. Petersburger Eremitage über eine Dependance derselben im westeuropäischen Ausland nachgedacht worden war, bekam das seit Jahrhunderten freundschaftlich mit der alten Zarenstadt verbundene Amsterdam den Zuschlag. Die zur Umsetzung des Projekts gegründete Stiftung Eremitage an der Amstel kümmerte sich erfolgreich um ein angemessenes Domizil und die Finanzierung, sodass im Februar 2004 in einem Flügel des bis dahin gänzlich als Altersheim genutzten Amstelhofes die *Hermitage Amsterdam* eröffnet wurde. Die verfügt bis dato über 500 Ausstellungsquadratmeter, soll aber bis 2008/2009 den inzwischen gänzlich leergezogenen Gebäudekomplex füllen. Seit Frühjahr 2007 laufen die Ausbauarbeiten auf Hochtouren, wobei ein großer Teil des erweiterten Museums für Kinder reserviert sein soll. Die *Hermitage für Kinder* soll eng mit Schulen kooperieren und dazu beitragen, kulturelle Entwicklung und Talente von (niederländischen) Kindern zu fördern, weshalb in ihren zukünftigen Räumlichkeiten u. a. ein Kinderatelier, zwei Lesesäle und eine Kinderkantine Platz finden. Bislang zeigt(e) das im Zuge der Umbauarbeiten um weitere Ausstellungssäle vergrößerte Museum, im Fünfmonatsturnus thematisch konzipierte Wechselausstellungen mit Exponaten aus den Beständen des hochkarätigen St. Petersburger Mutterhauses, das mehr als drei Millionen wertvolle Objekte aller Kunstsparten hütet.

⌚ 10–17 Uhr. Eintritt 7 €. Nieuwe Herengracht 14, ✆ 020/5308751, www.hermitage.nl.

Tour 10
Karte S. 224

Raadhuis Nieuwer-Amstel: In dem mit einem Glockenturm versehenen ehemaligen Rathaus von Nieuwer-Amstel, das 1896 nach Amsterdam eingemeindet worden war, lagerten von 1914 bis 2007 die Bestände des Amsterdamer Stadtarchivs, die inzwischen in das wesentlich größere und repräsentativere Gebäude „De Bazel" im Herzen der Stadt umgezogen sind (siehe S. 160). Demnächst soll das ausgediente und für seine neue(n) Bestimmung(en) umgebaute Stadtarchiv u. a. von der lokalen „Kreativindustrie", darunter z. B. den Kinder- und Jugendbühnen Oostadetheater, genutzt werden. (Amsteldijk 67).

Praktische Infos

Restaurants, Cafés, Kneipen

De Waaghals (6), kreativ und international bekochtes vegetarisches Restaurant mit gehobenem Anspruch und monatlich wechselnder Speisekarte am nordwestlichen Rand von De Pijp. Di–So 17–21.30 Uhr. Frans Halsstraat 29, ✆ 020/6799609.

Girassol (21), manche meinen, dass dieses etwas abseits gelegene Restaurant das beste portugiesische in der Stadt ist. Mo–Sa ab 12, So ab 18, jeweils bis 23 Uhr. Weesperzijde 135, ✆ 020/6923471.

De Duvel (17), in der Studenten- und Intellektuellenszene von De Pijp beliebtes Eetcafé mit holländisch-mediterraner Küche mitten in der Fußgängerzone. Mo–Do, So 11–1 Uhr, Fr/Sa 11–3 Uhr. 1e v. d. Helsstraat 59, ✆ 020/675751.

Siempre (13), winziges spanisches Restaurant mit leckeren Tapas, akzeptablen Preisen und freundlicher Atmosphäre. 16–22.30 Uhr. 1e Sweelinckstraat 23, ✆ 020/6718616.

De Ijsbreker (7), Café-Restaurant in sehr schöner Umgebung. Bei schönem Wetter wird auf einer lauschigen Terrasse Kaffee, Kuchen und Snacks direkt an der Amstel serviert. So–Do 9–1 Uhr, Fr/Sa 9–3 Uhr. Weesperzijde 23, ✆ 020/4681808.

Café Krull (18), unprätentiös sympathische, helle Café-Kneipe, die Kaffee, Kuchen und Snacks serviert. So–Do 10–1 Uhr, Fr/Sa 10.30–3 Uhr. Sarphatipark 2, ✆ 020/6620214.

't Hooischip (1), stets gut frequentierte „bruine" Eckkneipe an der Blauwe Brug, die im Sommer die Tische vor die Tür stellt. Es gibt Kaffee, Kuchen und Snacks. Amstel 31, ✆ 020/6238733.

Koffiehuis De Markt (16), einfach und alles sehr preisgünstig. A. Cuypstraat 122.

Brasserie Pucky (15), volkstümlich, einfach, holländisch-gemütlich, preisgünstig: Kaffee und *apelgebak met slagroom* gibt es z. B. für 3 €, Tageskarte mit Pfannkuchen und herzhaften Speisen, verschiedene „broodjes" etc. 8–19 Uhr, So Ruhetag. A. Cuypstraat 129, ✆ 020/6712242.

De Ondeugd (8), weiß gedeckte Tische, Kronleuchter, luftige Vorhänge, italienisch inspirierte Küche, sehr gemischtes Publikum aus Studenten, Yuppies, 50+ und Promis, nicht eben billig. So–Do 18–1 Uhr, Fr/Sa 18–3 Uhr, Küche nur bis 23 Uhr. Ferdinand Bolstraat 13–15, ✆ 020/6720651.

Café de Pijp (10), beliebtes und gemütliches Kneipencafé mit einfachen und preisgünstigen Gerichten gleich neben o. g. Mo–Do 15.30–1 Uhr, Fr–So ab 12 Uhr, Fr/Sa bis 3 Uhr. Ferdinand Bolstraat 19, ✆ 020/6704161.

Helden (9), sehr großes, kühl postmodern eingerichtetes Bar-Restaurant mit Klassikern der internationalen Küche auf mittlerem Preisniveau. So–Do 11–1 Uhr, Fr/Sa bis 3 Uhr. Eerste van der Helsstraat 42, ✆ 020/6733332.

De Poef (20), der Name ist Einrichtungsprogramm in diesem kleinen Lokal. „De Poef" heißt nämlich Hocker, und nur auf solchen, niedrig und aus Leder, kann man hier Kaffee, Bier und Wein trinken. So–Do 11–24 Uhr, Fr/Sa bis 1 Uhr, ✆ 020/6249376.

Yamazato (22), viele beteuern, dass dieses edel-professionell geführte japanische Restaurant im Okura-Hotel sowohl kulinarisch als auch hinsichtlich seines perfekten kimonogewandeten Personals das beste japanische Restaurant der Stadt ist. Allerdings gehört es auch zu den teuersten. (Menü ab 60 €). 12–14 Uhr u. 19.30–21.30 Uhr. Ferdinand Bolstraat 333, ✆ 020/6788351.

De Pilsvogel (12), stets gut frequentierte Studentenkneipe im Herzen von De Pijp. Da die Köche täglich wechseln, ist auch keine allgemeine kulinarische Orientierung anzugeben, wobei Tapas eigentlich immer im Programm sind. Mo–Do, So 10–1, Fr/Sa 10–3 Uhr. Gerard Douplein 14, ✆ 020/6646483.

Chocolate Bar (11), gerade angesagte Bar im Retro-Look, in dem sich die Nachbarschaft – sommertags auf der Terrasse – zum passablen, aber nicht besonders herausragenden Essen (international) und (Cocktail) Trinken trifft. Mo–Do, So 10–1, Fr/Sa 10–3 Uhr. 1e Van der Helsstraat 62 a, ✆ 020/6757672.

De Magere Brug (2), hinsichtlich Lage und Atmosphäre nettes, kulinarisch – abgesehen von Kaffee und Kuchen – eher mäßiges Eetcafé/Kneipe an der Amstel. Di–Do 12–1, Fr/Sa 12–3 Uhr. Amstel 81, ✆ 020/6226502.

Bazar (14), in den imposanten ehemaligen Kirchenraum, ist in 2005 eine Filiale der populären Rotterdamer Café-Restaurant-Gruppe Bazar eingezogen. Die hat das zweistöckige Gotteshaus in einen orientalischen Palast verwandelt und serviert darin nun neben Kaffee und Kuchen eine breite Auswahl von Gerichten der internationalen, vornehmlich türkischen, iranischen und maghrebinischen, Küche. Mo–Do 9–1, Fr/Sa 9–2 Uhr, So 9–24 Uhr. Albert Cuypstraat 182, ✆ 020/6750544.

(Musik-)Theater, Kulturzentren, Kinos

Koninklijk Theater Carré, das 1887 erbaute und im November 2004 nach aufwendiger Renovierung wieder eröffnete elegante Gebäude mit neoklassizistischer Fassade diente seinerzeit als Domizil des Zirkus Oscar Carré und wurde anlässlich seines 100-jährigen Bestehens mit dem Ehrentitel „Königliches Theater Carré" bedacht. Es verfügt über 1700 Sitzplätze und präsentiert Musicals von Weltruf, Kabarett, Theater und Varieté auf höchstem Niveau. Amstel 115, ✆ 0900/2525255, www.theatercarre.nl.

De Badcuyp, Die 1994 in einem historischen Gemeindebadehaus eröffnete soziokulturelle Einrichtung konzentriert sich inzwischen nur noch auf Konzerte und Tanzveranstaltungen, vor deren Besuch man sich im hauseigenen Restaurant-Café passend zum Musikprogramm mit biologisch angebauten und fair gehandelten kulinarischen Genüssen aus aller Welt recht preisgünstig stärken kann. Von Dienstag bis Sonntag präsentiert das *centrum voor muziek* weltmusikalische Liveauftritte und Ethnodiskos aus der Konserve, die z. B. unter Festa Cubana, Afrikanisches Tanzcafé oder – samstags – „World Dance Night" firmieren.

Amstelimpression

Restaurant: Di–Sa 11–21.30, So 13–21.30 Uhr Musik- und Diskoprogramm Di–So, meist ab 22 Uhr bzw. gemäß Programm. Eerste Sweelinckstraat 10, ✆ 020/6759669, www.badcuyp.nl.

Ostadetheater, Kinder- und Jugendtheater mitten im „Quartier Latin". Van Ostadestraat 233, ✆ 020/6795096, www.ostadetheater.nl.

Rialto, anspruchsvolles Programmkino an der Hauptverkehrsstraße von De Pijp, das oft cineastische Leckerbissen serviert. Ceintuurbaan 338, ✆ 020/6768700, www.rialtofilm.nl.

Markt

Albert Cuypmarkt, Mo–Sa 9–17 Uhr.

Tour 10 Karte S. 224

Mit dem Boot zum Brötchenholen

Östliche Docklands und Oostelijke Handelskade

An den Südufern des IJ und auf den östlichen und westlichen Docklands, wo die alte Hafenstadt Amsterdam im Zuge der Industrialisierung mit der Anlage neuer Werften und Warenspeicher wie ein Phönix aus der Asche des Goldenen Jahrhunderts aufgestiegen war, soll sich im 21. Jahrhundert „ein vitales Beieinander von Wohnen, Arbeiten, Konsumieren und Flanieren" (FAZ) entwickeln.

Nachdem der Amsterdamer Stadtrat schon Ende der 1980er Jahre entschieden hatte, die zwischen 1874 und 1927 aufgeschütteten, mit dem Niedergang der Schifffahrtsindustrie obsolet gewordenen östlichen (Halb-)Inseln Java- und KNSM-Eiland, Sporenburg und Borneo für den Wohnungsbau zu erschließen, fällte er 1995 einen „Jahrhundertbeschluss" (FAZ). Er verabschiedete einen bereits Jahre zuvor von Stararchitekt Rem Kohlhaas inspirierten Stadtentwicklungsplan mit dem Arbeitstitel „Ankers in Het IJ". Das Mammutprojekt sah vor, den Baugrund am südlichen IJ-Ufer und auf den ihm vorgelagerten Docklands noch um eine künstlich aufgeworfene Inselgruppe namens IJburg zu erweitern, diese bis zum Jahre 2012 mit 18000 Wohnungen, Freizeit- und Gewerbeeinrichtungen zu bebauen und mittels des Piet-Hein-Tunnels, einer neuen Straßenbahnlinie sowie zusätzlicher Fährverbindungen mit dem alten Stadtzentrum zu vernetzen.

Inzwischen hat die damals anvisierte Zukunft längst begonnen und eindrucksvolle architektonische Gestalt angenommen. Dabei wurden vielerorts bewährte städtebauliche Konzepte der Vergangenheit übernommen, historische Gewerbebauten restauriert, mit Büros, Geschäften sowie Gastronomien reanimiert und kreativ mit der Neubebauung kombiniert.

Spaziergang

Der Ausflug ins neue bzw. strukturgewandelte Amsterdam beginnt auf dem Wasser, indem wir an der De Ruijterskade hinter der Centraal Station die Fähre nach **Java-Eiland** besteigen. Nach knapp 10-minütiger Überfahrt landet das kleine, mit Fußgängern und Radfahrern besetzte Nahverkehrsschiff an der Sumatrakade, wo man sich zunächst vor einer dichten Wand moderner Wohnblocks wiederfindet. Schaut man genauer hin, bemerkt man, dass dazwischen in regelmäßigen Abständen kleine Grachten abzweigen, die die Sumatra- mit der parallel verlaufenden Javakade verbinden. Sie werden von schmalen, hinsichtlich der verwendeten Materialien, der Fensterfronten und Eingangsbereiche, Giebel- und Dachabschlüsse jeweils anders gestalteten Einfamilienreihenhäusern gesäumt und von ebenso abwechslungsreich und kreativ geformten Brücken überspannt. Trotz dieses auf engstem Raum konzentrierten bunten Formen- und Farbenspiels präsentiert sich das Neubauensemble an jedem der vier Kanäle, die die exotischen Namen Brantas- und Lamong-, Malang- und Seranggracht tragen, als ein äußerst gefälliges, harmonisches Ganzes. Ähnlich variationsreiche architektonische Lösungen kann man in den begrünten Innenhöfen zwischen den Blockbebauungen der beiden Inselhauptstraßen studieren, sodass man den bei der Ankunft gewonnenen ersten Eindruck hermetisch abgeschlossener genormter Wohnsilos am Ende des Spaziergangs über die freundliche Wohninsel längst vergessen hat.

Sowohl Sumatra- als auch Javakade münden in den Azartplein an der Ostflanke der Insel. Die firmiert in Anlehnung an die bis 1979 hier angesiedelte „Koninkglijk Nederlands Scheepvaart Maatschappij“ (Königlich-Niederländische Schifffahrtsgesellschaft) unter dem Namen **KNSM-Eiland**. Das Verwaltungsgebäude der historischen Schifffahrtsgesellschaft ist unterdessen modernisiert worden und dient verschiedenen kommerziellen und kulturellen Zwecken, sodass sich hier gleich mehrere Werkstätten, Designerläden und Galerien aneinanderreihen. Das innenarchitektonische Schmuckstück des Gebäudeblocks, der nahezu die gesamte Inselhauptstraße KNSM-Laan säumt, ist die mit der Grandeur der 1950er Jahre gestaltete repräsentative Passagierhalle mit Empfangs- und Wartesaal an der KNSM-Laan 311. Sie wurde nach wechselnder Nutzung inzwischen vom Amsterdam Havens Oost Informatiepunkt, kurz **Loods 6 A.H.O.I.** sowie dem Restaurant „De Kompaszaal“ bezogen. Während im Informationszentrum Fotos, Videos, Bücher, Broschüren und temporäre Ausstellungen über Geschichte und Stadtentwicklung des östlichen Hafengebietes und der Docklands aufklären, erinnern draußen einige pittoresk verwahrloste, bunt bemalte Kähne, die am Nordufer entlang der Surinamekade vor Anker liegen, an die Geschichte der Insel. Die war nämlich nach der Entsorgung der industriellen Vergangenheit zunächst von der alternativen Szene weitergeschrieben worden, bevor der Amsterdamer Stadtrat Ende der 1980er Jahre die Bebauung mit modernen Wohnblöcken beschloss.

Zu den auffälligsten gehören das von Bruno Albert entworfene **Barcelonahuis** und das **Emerald Empire** am Ostzipfel der Insel, mit dem sich Jo Coenen

Tour 11 Karte S. 232/233

profilierte (beides Rundbauten). Dazwischen erstreckt sich das wohl größte und architektonisch spektakulärste „Mehrfamilienhaus“ auf KNSM-Eiland, das 1994 fertig gestellte → **Piraeushuis,** das vom Zeichentisch des Berliner Architekten Hans Kollhoff stammt. Es schiebt sich auf einer Gesamtfläche von knapp 36.000 Quadratmetern zwischen die beiden Inselhauptstraßen KNSM-Laan und Levantkade, sodass seine dichte rostrote Klinkerfassade etwa ein Drittel der südlichen Uferpromenade säumt.

An der konzentriert sich das Freizeitleben der Insulaner, die sich zusammen mit architektonisch interessierten Touristen in einer Hand voll Cafés an der von kleinen Schiffen und Booten gesäumten Levantkade einfinden. Bei Kaffee und Kuchen, Bitterballen und Bier genießen sie den Ausblick aufs Wasser und die Nachbarinsel **Sporenburg,** die erst ab 1995 für den Wohnungsbau erschlossen wurde und über einen Verbindungsdamm an der Westflanke der Levantkade zu erreichen ist. Anders als auf Java- und KNSM-Eiland bestimmen dort nicht hochgeschossige Blockbebauung, sondern dicht gedrängte, niedrige Reihenhäuser (Patiohaus) das Bild. Einzige Ausnahme ist ein zentral postierter, weißer Wohnblock namens **Walfisch (The Whale),** den der namhafte Architekt Frits van Dongen im Jahre 2001 dort aussetzte.

Eine ähnliche Bebauung ist auch für **Borneo** charakteristisch, das mit zwei nach ihrem Schöpfer „Geuze-Brücken“ genannten, roten Stahlrohrkonstruktionen mit Sporenburg verbunden ist. Wahlweise auf geradem oder wellenförmig geschwungenen Brückenweg auf Borneo angekommen, fällt Koen van Velsens **Pacman („Stuhl“),** ein düsterer Wohnklotz in der Inselmitte, ins Auge. Ansonsten hat man auch hier mehr in die Breite als in die Höhe gebaut. Wer mag, kann sich hier erneut dem detaillierten Studium der kreativen Grundriss-, Belichtungs- und Begrünungslösungen widmen und die Bewohner der **Scheepstimmermanstraat** im äußersten Osten der Insel um ihre größtenteils ans Wasser gebauten, jeweils von einem anderen Architekten entworfenen kleinen Designervillen beneiden.

Danach lohnt sich ein Sprung zum → **Persmuseum** (Pressemuseum) aufs südlich benachbarte Dockland, um Einsichten in das niederländische Pressewesen zu gewinnen. Die eröffnen sich in einem umgebauten Kakaolager aus den 1960er Jahren, das von einem dichten Riegel historischer Speicherhäuser von der vorletzten Jahrhundertwende flankiert wird. Zurück auf Borneo, geht es via C. van Eesterenlaan zunächst gen Norden. Dabei passieren wir einen architektonisch auffälligen Superwohnblock, der von Rudy Uytenhaak konzipiert und 2002 bezogen wurde. In Erinnerung an drei gleichnamige Windmühlen, deren Räder sich seit den 1660er Jahren an gleicher Stelle drehten, trägt er den hübschen Namen **Hoop, Liefde en Fortuine** (Hoffnung, Liebe und Glück). Am Ende der Straße bzw. dem ehemaligen Kaffeespeicherhaus und heutigen Einkaufszentrum Brazilie angekommen, biegen wir linker Hand in die Oostelijke Handelskade ab. Auf dem mit alten und neuen Architekturdenkmälern gepflasterten Weg Richtung Innenstadt stößt man schon nach wenigen Metern auf das zwischen 1917 und 1920 für Emigranten erbaute → **Lloyd-Hotel,** das im November 2004 nach jahrelanger Renovierung mit einem pfiffigen Hotelkonzept erneut seine Pforten öffnete. Die im Gebäude eines Elektrizitätswerks aus dem ausgehenden 19. Jahrhundert eröffnete „Theater-Café-Restaurant-Kombination“ **Panama** gleich dahinter pflegt bereits seit Frühjahr 2001 erfolgreich ihr Image als „In-Location“.

Die nächsten Hin- und Hineingucker sind die mit neuem urbanen Berufs-, Freizeit- und Kulturleben erfüllten historischen Warenspeicher **Pakhuis Wilhelmina** und **De Zwijger** und die futuristisch anmutende **Jan-Schaefer-Brücke,** die das Fest- mit Javaeiland verbindet. Dahinter verlangen → **Pakhuis Afrika** und → **Pakhuis Amsterdam** nach Aufmerksamkeit. Die gebührt übrigens auch der Kette nagelneuer Wohn- und Geschäftshäuser, die sich auf der gesamten Strecke zwischen die gerade aufgezählten kulturell-kommerziell umgenutzten Gewerbebauten der Industrialisierungsphase schieben und in maritim-merkantiler Tradition *De Loodsen, Pakhuysen Europa, Azie* oder *Gibraltar* heißen. Wenige Meter hinter dem Pakhuis Amsterdam, in dem unter der kulinarischen und konzeptionellen Patenschaft von Kultkoch Jamie Oliver gekocht und gegessen wird, haben wir schließlich die Renommierprojekte des Stadtentwicklungsplans „Ankers in Het IJ“ am Westzipfel der Oostelijke Handelskade erreicht. Deren imposante neue Skyline wird von einem (derzeit) vierteiligen Gebäudeensemble gezeichnet. Es beginnt von Ost nach West mit dem Büroturm **IJ-Toren,** in dem u. a. die Dexia-Bank residiert. Der überragt das **Passengers Terminal** gleich nebenan. Der gläsernen Empfangs- und Abfertigungshalle für die Passagiere von Ozeanriesen folgt das unlängst eröffnete **Mövenpick-Hotel** und gleichsam als „Lokomotive des Gebäudezuges“ der

Tour 11 Karte S. 232/233

(innen)architektonisch, akustisch und atmosphärisch sehens- und erlebenswerte → **Muziekgebouw AAN'T IJ,** der die letzte Station unseres Rundgangs durch das wasserumspülte „Freilichtmuseum moderner Architektur" markiert. Wer noch eine weitere hinzufügen möchte, kann von hier mit der Tram 26 auf die „Inselgruppe" → **IJburg** zurück gen Osten fahren, um dort die bereits bezogenen und noch in Bau befindlichen Wohnbauten des jüngsten Amsterdamer Stadtteils zu begutachten. Alle anderen können von der städtebaulichen und kulturellen Speerspitze des neuen unter den Bahngleisen zum Hauptbahnhof ins alte Amsterdam zurückkehren.

Sehenswertes

Piraeushuis: Der vier bis neun Geschosse hohe Gebäudekomplex, an dem es eine Vielzahl gestalterischer Details zu entdecken gibt, fasst 304 Wohnungen, 20 Ladenlokale und eine Parkgarage. Sein verschachtelter Baukörper integriert den alten Baumbestand eines Jahre zuvor dort angelegten kleinen Parks, der von einem Durchgang und einer Reihe von runden Stahlstützen flankiert wird. Letztere wurden von Arnoo van der Mark mit rechteckigen Elementen versehen, auf denen beleuchtete Siebdrucke mit Pariser Stadtszenen angebracht sind. Am eindrucksvollsten gibt sich der Backsteinkoloss jedoch an seiner 170 Meter langen, dem Wasser zugewandten Fassade an der Levantkade, zumal er dort „respektvoll vor einem erhaltenen kleinen Altbau in die Knie geht" (Benedikt Hotze). Konkret heißt das, dass das architektonische Monument des ausgehenden 20. Jahrhunderts sozusagen um den dreigeschossigen Altbau des ehemaligen Hafenbüros herumgebaut wurde. Diese verblüffende stadtplanerische Lösung war nicht etwa dem besonderen kunstgeschichtlichen Wert des eher unscheinbaren alten Gebäudes geschuldet, sondern das Ergebnis eines Kompromisses mit dessen damaligen Bewohnern, einer Gruppe von Hausbesetzern.

Beliebte Materialien: Backstein und Glas

Lloyd-Hotel: Das von Architekt Evert Breman entworfene, turmgekrönte Backsteingebäude wurde zwischen 1917 und 1921 erbaut und diente seither als Transithotel für Emigranten, die via Amsterdam nach Mittel- und Südamerika auswandern wollten. Es war für 900 Gäste konzipiert, verfügte über getrennte Schlafsäle für Männer und Frauen, spezielle Räumlichkeiten für die Unterbringung von Familien und eine Krankenabteilung. Während des Zweiten Weltkriegs wurde das Gebäude von den Deutschen als Gefängnis genutzt. Nach dem Krieg saßen hier diejenigen ein, die mit den Deutschen kollaboriert hatten, und zwischen 1964 und

Strukturgewandeltes Hafengebiet: Oostelijke Handelskade

1989 straffällig gewordene Jugendliche. Danach wurde das Haus besetzt und anschließend bis 2001 legal für die Einrichtung von Künstlerwohnungen und -ateliers zur Verfügung gestellt. Seit 2001 liefen die von dem namhaften Rotterdamer Architekturbüro MVRDV künstlerisch angeleiteten Renovierungsarbeiten auf Hochtouren, um im November 2004 mit einem ungewöhnlichen Konzept feierlich wieder zu eröffnen. Die unterschiedlich großen und verschieden eingerichteten Zimmer – es gibt z. B. Betten im Stil von Alkoven und solche, in denen acht Personen Platz finden, edel gekachelte Bäder und mit giftgrünem Kunststoff bezogene Nasszellen – weisen Ein- bis Fünfsternestandard auf. Deren Bewohner (und auch auswärtige Besucher) können im hauseigenen Restaurant-Café „Snel" einkehren und die Dienstleistungen des so genannten Kulturellen Konsulats (Culturele Ambassade) in Anspruch nehmen, in dem man sich per Mausklick, mittels Tausender von Veranstaltungsprospekten oder persönlicher Beratung über das Amsterdamer Kulturprogramm informieren, entsprechende Arrangements buchen, Theater- und Konzertkarten bestellen kann. Eine Fotoausstellung im Treppenhaus illustriert die oben skizzierte (Umbau) Geschichte des Hauses, das sich nicht nur als Hotel, sondern auch als gesellschaftlicher Treffpunkt des strukturgewandelten Hafengebietes versteht und regelmäßig Schauplatz größerer und kleinerer „Events" ist.

Muziekgebouw AAN'T IJ: Im 57 Millionen teuren, vom dänischen Architekturbüro 3xNielsen konzipierten „Konzerthaus für das 21. Jahrhundert" werden seit seiner offiziellen Eröffnung im Juni 2005 vornehmlich moderne und zeitgenössische Klänge intoniert, während sich in seinem kastenartigen schwarzen Anbau regelmäßig renommierte Jazzmusiker die musikalische Ehre geben. Die programmatische Regie des Haupthauses obliegt den „Machern" des Zentrums für experimentelle Musik „De Ijsbreker", das sich von 1981 bis 2004 am Amstelufer (Weesperzijde) internationale Anerkennung erspielte. In der „angeklebten" Blackbox haben die

Tour 11
Karte S. 232/233

Hier übernachteten einst Emigranten auf dem Weg nach Amerika: Lloyd-Hotel

Betreiber des ebenso renommierten Jazzclubs Bimhuis das Sagen, der früher Künstler und Besucher aus der ganzen (Jazz)Welt an die beschauliche Oude Schans lockte. Der stadtgeografisch an der Grenze zwischen dem alten und neuen Amsterdam positionierte, außen wie innen ansehnliche und selbstverständlich akustisch perfekt erschlossene Muziekgebouw aan't IJ verfügt über einen großen, multifunktionalen Konzertsaal mit flexiblen Wänden, in dem bei Bedarf 715 Sitz- und 1500 Stehplätze vorgehalten werden können. Dazu kommen ein mittlerer Saal, der vor allem für alte und neue klassische Musik reserviert ist, ein kleiner Saal für Multimediakonzerte, Proberäume und Garderoben. Die so genannte **Klankspeeltuin,** zu deutsch Klangspielplatz, lädt Kinder zwischen sieben und 11 Jahren zu vielfältigen musikalischen Erlebnissen, das rundum verglaste Hauscafé-Restaurant **Star Ferry** alle Besucher des Hauses zu aussichtsträchtigen Pausen ein.

Pakhuis Amsterdam: Der Speicherhauskomplex aus dem späten 19. Jahrhundert, in dem seinerzeit vornehmlich Kakao und Zucker, dann edle Möbel und Wohnaccessoirs des Designkaufhauses „Pakhuis Amsterdam" lagerten, ist heute das Domizil von Greenpeace Niederlande und dem kulinarisch und sozial ambitionierten Restaurant *Fifteen* unter der konzeptionellen Patenschaft von Kultkoch Jamie Oliver.

IJburg: Der jüngste Amsterdamer Stadtteil besteht aus sieben Inseln, die Zeeburgereiland, Steigereiland, Haveneiland, Buiteneiland, Middeneiland, Strandeiland und Centrumeiland heißen, und liegt mitten im IJmeer östlich des Stadtzentrums. Er soll bis 2012 mit 18.000 Wohnungen bebaut und von 45000 Menschen belebt sein, ist mittels einer preisgekrönten Stahlbrücke aus der Werkstatt des englischen Architekten Nicolas Grimshaw ans Festland und der Straßenbahnlinie 26 an den Hauptbahnhof angebunden. Inzwischen sind dort schon mehrere Tausend Wohnungen bezogen und ein Strand namens „Blijburg" aufgeschüttet worden, an dem sich sommertags auch die Bewohner anderer Amsterdamer Stadtbezirke verlustieren. Architektur- und Städtebauinteressierte, die in dieses ungewöhnliche Stadtviertel pilgern, finden auf dem Zeeburgereiland ein Informationszentrum, in dem sie sich über Geschichte, Gegenwart und Zukunft von Ijburg schlau machen und zu kommentierten Stadtteilrundgängen starten können.

Ⓞ Informationszentrum: Mi–Fr 12–18 Uhr, Sa/So 11–17 Uhr. Ijburglaan 648, ✆ 020/4689695. www.ijburg.nl.

Nederlands Persmuseum: Museum, das mit Plakaten, Fotografien, politischen Cartoons und interaktiven Computerprogrammen über die Geschichte niederländischer Zeitungen und Zeitschriften informiert. Es befindet sich im selben Gebäude wie das „Internationaal Instituut voor Sociale Geschiedenis" (Institut für Sozialgeschichte) am Cruquiusweg auf dem südlichsten der vier östlichen Docklands, hat aber seit Herbst 2001 einen eigenen Eingang an der Zeeburgerkade 10.

Ⓞ Pressemuseum: Di–Fr 10–17, So 12–17 Uhr. Eintritt 3,50 €. ✆ 020/6928810, www.persmuseum.nl; Institut für Sozialgeschichte: Mo–Fr 9–17, Sa 9.30–13 Uhr. Cruquiusweg 31.

Praktische Infos

(Musik-)Theater

Muziekgebouw AAN'T IJ, Programmatisches Profil s. o. Piet Heinkade 1, ✆ 020/7882010; Kartenverkauf 020/7882000 (12–19 Uhr). www.muziekgebouw.nl; Klankspeeltuin: Mi 14.30 Uhr, So 12.30 u. 14.30 Uhr. Während der (niederländischen) Schulferien täglich 12.30 u. 14.30 Uhr. Eintritt 7,50 €.

Panama (12), sehr schöne Theaterbühne mit einem abwechslungsreichen Programm musikalischer, theatralischer und tänzerischer Darbietungen, außerdem eine edel gestylte Partylounge und ein ebensolches Restaurant-Café (s. u.). Bühnenprogramm: Mi–Do ab 20.45, Sa/So ab 20.45 und 22.30 Uhr. Oostelijke Handelskade 4, ✆ 020/3118686, www.panama.nl.

Bimhuis (3), international bekannter Amsterdamer Jazzclub, der von der Oude Schans in die „Blackbox" am nagelneuen Muziekgebouw umgezogen und dort seit Mitte 2005 ein nach wie vor hochkarätiges Programm präsentiert. Piet Heinkade 3, ✆ 020/7882188, www.bimhuis.nl.

Pakhuis Wilhelmina (11), das Konzert- und Tanzhaus mit angeschlossenem Café ist weniger „stylisch" und preisgünstiger als die übrigen „In-Locations" des neuen Amsterdam. Es bietet jeden Monat ein buntes Programm, meist rockiger Live-Events durchaus namhafter, internationaler Bands und (musik)thematisch orientierte Diskoabende. Veemkade 576, ✆ 020/4193368, www.cafepakhuiswilhelmina.nl.

De Zwijger (6), Die im September 2006 eröffnete „Cultuurfabriek De Zwijger" im gleichnamigen, edel-minimalistisch postmodernisierten historischen Warenspeicherhaus versteht sich als Zentrum für Medien- und Urbankultur und beherbergt Büros und Studios mehrerer „Kreativunternehmer". Sie öffnet sich regelmäßig mit Lesungen, Filmvorstellungen, Workshops, Diskussionsveranstaltungen etc. einer interessierten Öffentlichkeit. Im Erdgeschoss befindet sich ein schickes kleines Restaurantcafé (Mo–Fr

Kaffee mit Aussicht: Café-Restaurant Star Ferry im Muziekgebouw

Tour 11 Karte S. 232/233

8.30–24 Uhr, Sa 11–24 Uhr). Piet Heinkade 179, ✆ 020/7884444. www.dezwijger.nl.

Café-Restaurants

Kanis & Meiland (10), stets quirlig belebtes Café, in dem man neben dem hervorragenden Apfel-, Käse- und Schokoladenkuchen auch herzhafte (holländische) Kleinigkeiten essen kann, mit Außenterrasse am Wasser. So–Do 10–1 Uhr. Fr/Sa 10–3 Uhr. Levantkade 127, ✆ 020/4182439.

De Wereldbol (9), kleiner, ruhiger, erholsamer, aber auch auf höherem Preisniveau als das „Kanis & Meiland", mit italienisch inspirierter Küche. Mi–Fr 11–22 Uhr. Sa/So 12–22 Uhr. Mo u. Di Ruhetag. Piraeusplein 59, ✆ 020/3628725.

't Yland (8), italienisch-französisches Restaurant oberer Preisklasse mit schöner Terrasse am Wasser. 17–22 Uhr, Fr/Sa 17–24 Uhr, Di Ruhetag. Levantplein 38, ✆ 020/4183503.

Panama (12), Designer-Café und Restaurant im industriehistorischen Ambiente des alten Elektrizitätswerks mit Blick (durch die Fenster oder von der Außenterrasse) auf Java-KNSM-Eiland. Man kann hier Kleinigkeiten essen und auch gepflegt neuholländisch speisen. Mi–Do und So 11–1 Uhr, Fr/Sa 11–3 Uhr. Mo u. Di geschlossen. Oostelijke Handelskade 4, ✆ 020/3118687.

Café de Zuid (5), unspektakulär-freundliches Eetcafé am zentralen Azartplein an der Schnittstelle zwischen Java- und KNSM-Eiland. So–Do 10–1 Uhr, Fr–Sa 10–3 Uhr. Azartplein 2 A.

Snel (13), rund um die Uhr geöffnetes Café-Restaurant in freundlich-hellem Kantinendesign im originell wiederbelebten alten Lloyd Hotel. Es gibt – bei gutem Wetter (mit Aufpreis) auch auf der Terrasse – kalte und warme Snacks und Menüs mit Fleisch, Fisch und Gemüse, wahlweise in kleinen oder großen Portionen. Oostelijke Handelskade 34, ✆ 020/5613677.

Fifteen (7), Ende 2004 im historischen Pakhuis Amsterdam eröffnetes, saalgroßes, sozial ambitioniertes Restaurant (15 arbeitslose Jugendliche lernen hier kochen) nach dem Vorbild des gleichnamigen Londoner Restaurants von Kultkoch Jamie Oliver, der hin und wieder persönlich vorbeischaut und dessen Rezepte hier kulinarisches Programm sind. Die saisonal wechselnde Speisekarte ist deshalb v. a. italienisch inspiriert. Nach dem Abendessen kann man sich zum Digestif in die integrierte Lounge zurückziehen und am Sonntag werden insbesondere Eltern mit kochwilligen Kindern (Reservierung erbeten) ab 15 Uhr zum „Lazy Late Sunday" eingeladen. Wie der berühmte Pate ist auch das relativ junge Restaurant mittlerer Preiskategorie (Hauptgericht ca. 20 €) inzwischen Kult (s. o.). 12–15 Uhr und 18–1 Uhr. So ab 15 Uhr. Jollemanhof 9, ✆ 0900/3438336.

Star Ferry (4), wunderschöne, weil rundum verglaste und entsprechend aussichtsträchtige Hausgastronomie des Muziekgebouw AAN'T IJ. 10–1 Uhr. Fr/Sa 10–2 Uhr. Piet Heinkade 1, ✆ 020/7882090.

Pasta Vino (1), Ristorante, Trattoria und Take Away unter der Regie einer neapolitanischen Familie, die auf Java-Eiland orientiert an den Rezepten der alten Heimat traditionell neapolitanisch kocht. Relativ preisgünstig. Restaurant 17–22.30 Uhr. Take Away 11.30–15.30 u. 17–22 Uhr. Sumatrakade 1295, ✆ 020/4197519.

Vorbij het Einde (2), Küchenchef ist hier Tony Edward Philippi, der schon einmal die niederländische Königsfamilie bekocht hat. Das Interieur ist edel-sachlich-schlicht, die Küche neuholländisch-mediterran. (Mehrgangmenüs 38–57 €). Mi–Sa 18.30–23 Uhr. Sumatrakade 613, ✆ 020/4191143.

Shopping

World of Wonders, fantasievolle, meist orientalisch inspirierte Möbelstücke und Wohn-Accessoirs und zeitgenössische Designerartikel. KNSM-Laan 293–299.

Pol's Potten, von jungen Designern kreiertes Originelles und Farbenfrohes für die Küche und den Rest der Wohnung. KNSM-Laan 39. Mo geschlossen, Di–Fr 10–18 Uhr, Sa 10–17 Uhr, So 13–17 Uhr.

Dominio, Accessoires im italienischen Design der 1970er Jahre bis heute (Taschen, Krawatten etc.). KNSM-Laan 301.

Extra Small, v. a. italienische Designermode, z. B. Dolce & Gabbana, Compania Italiana und La Perla, für kleine, schmale Frauen, die Größe 32–38 tragen. Mo geschlossen, Di–Mi 12–19, Do–Fr 12–21, Sa–So 12–17 Uhr. C. Van Eesterenlaan 5–11 (Borneo).

Sissy Boy Homeland, Kleidung, Möbel und Accessoirs zu relativ günstigen Preisen. Gehört zu einer Kette, die in Amsterdam ein weiteres Geschäft in der Magna Plaza betreibt. 9–18 Uhr. KNSM-Laan 19.

Ein Muss für Fußballfans: Amsterdam ArenA

Am (Stadt-)Rande notiert

Bijlmermeer

Der Stadtteil Bijlmermeer, kurz Bijlmer, im äußersten Südosten der Grachtenmetropole, der in den 1960er Jahren als vermeintlich zukunftsweisendes Projekt modernen Wohnungsbaus gefeiert worden war, reifte im Laufe der Zeit zum viel gescholtenen Sorgenkind der Amsterdamer Stadtplanung heran und befindet sich deshalb seit gut einem Jahrzehnt in – inzwischen erfolgreich fortgeschrittener – Therapie.

Inspiriert von den Ideen des Schweizer Architekten Le Corbusier hatte man damals auf die Trennung von Wohnen und Arbeiten, Erholung und Verkehr gesetzt und die großflächige Polderlandschaft mit dicht an dicht gebauten hochgeschossigen Wohnblocks überzogen, denen ausgedehnte Grünanlagen zugeordnet wurden. Individualverkehr, Handel und Gewerbe wurden weitgehend aus dem Wohngebiet verbannt, und die Anbindung an die umliegenden Zentren sollte durch ein enges Netz von Bus-, Eisen- und U-Bahn-Linien sichergestellt werden.

Da dieses Konzept nicht angenommen wurde, entwickelten sich die unübersichtlichen Wohnsilos allmählich zu Billigquartieren für gesellschaftlich Benachteiligte, sodass in Bijlmer bald Angehörige von mehr als 70 Nationalitätengruppen, darunter relativ viele Zuwanderer aus der erst 1975 in die Unabhängigkeit entlassenen ehemaligen Kolonie Suriname, auf engstem Raum zusammenlebten. Da zudem die finanziellen Mittel für ursprünglich geplante Gemeinschaftseinrichtungen und sozialintegrative Maßnahmen fehlten bzw. nicht bereitgestellt wurden, wuchsen auf diesem ungünstigen sozialen Nährboden interkulturelle Konflikte und nahmen Arbeitslosen- und Kriminalitätsquote beständig zu. Dies alles führte letztlich zur Stigmatisierung des Stadtteils und seiner Bewohner, der man 1987 mit der Etablierung eines eigenen Stadtteilparlaments (Stadsdeelraad Zuidoost) zu begegnen versuchte.

Doch erst nachdem am 4. Oktober 1992 eine Boeing 747 der israelischen Fluggesellschaft „El Al“ auf die Amsterdamer Trabantenstadt gestürzt war und diese Katastrophe 43 Todesopfer, zahlreiche Verletzte und Obdachlose gefordert hatte, wurde dem vernachlässigten Stadtteil erhöhte kommunalpolitische Aufmerksamkeit geschenkt.

Das seinerzeit gegründete städtische Projektbüro „Vernieuwing Bijlmermeer“ (Erneuerung Bijlmermeers) forcierte nun bis dahin nur halbherzig eingeleitete bauliche, soziale und infrastrukturelle Maßnahmen, um die Arbeitslosenquote des Bezirks zu senken, seine Bevölkerung stärker zu durchmischen, die Lebensqualität seiner Bewohner zu steigern und sein Image aufzupolieren. Mietskasernen wurden umfassend renoviert oder abgerissen und durch Einfamilienhäuser ersetzt. Man führte Trainings- und Beschäftigungsprogramme für Arbeitslose durch, amnestierte illegale Einwanderer und förderte religiös-kulturelle Initiativen verschiedener Minderheitengruppen.

Außerdem wurden gezielt Handels- und Dienstleistungsbetriebe angesiedelt, und bei der Standortentscheidung für prestigeträchtige Großprojekte des Sport- und Freizeit- sowie des Bildungssektors bekam Bijlmer den Zuschlag. Zu den bereits realisierten zählen u. a. das moderne Einkaufszentrum „Amsterdamse Poort“, der Büroturmkomplex „Nieuw Amsterdam“ als Domizil für ABN-Bank und Versicherung „Nationale Nederlanden“, das Einrichtungshaus „Villa ArenA“, ein eigenwillig geformtes stählernes Ausstellungshaus namens **„Living Tomorrow“**, in dem man sich u. a. eine Küche der Zukunft anschauen kann, das Fußballstadion „Amsterdam ArenA“, die „Heineken Music Hall“ und das Mammutkino „ArenA Pathé“. Mit Ausnahme des Einkaufszentrums Amsterdamse Poort gruppieren sich alle um den Arena Boulevard nahe der Metrostation und sind aufgrund ihrer Größe und/oder auffälligen Architektur kaum zu verfehlen. Erwähnenswert sind ferner die 2004 eingeweihte Hogeschool voor Economische Studies (Hochschule für ökonomische Studien), kurz HES, und das Regionaal Opleidingen Centrum (ROC), hinter dem sich ein Berufsbildungszentrum verbirgt. Die Eröffnung des gigantischen Entertainment Centers GETZ mit Konzerthallen, mehreren Diskotheken, 3D-Theater, Kasino, Gaststätten und Geschäften, die zwischen Heineken Music Hall und Villa ArenA gebaut wird und zukünftig mehrere Millionen Besucher im Jahr anlocken soll, ist von 2007 auf 2008/09 verschoben worden. Verschoben wurde auch die volle Inbetriebnahme des verkehrstechnisch und gestalterisch innovativen neuen Bahnhofs Amsterdam Bijlmer ArenA Station, den der Architekt der Londoner Waterloo-Station Nicholas Grimshaw konzipierte. Es ist jedoch anzunehmen, das die eigentlich für Sommer 2007 anvisierte, dann bis November hinausgezögerte (Abschluss der Recherchen Oktober 2007) Aufnahme des Gesamtbetriebs mit regelmäßigen Zugverbindungen zum Flughafen Schiphol, IC-Verbindungen ins

In- und Ausland, U-Bahn- und Busverkehr in die Amsterdamer Innenstadt bis zum Erscheinen dieses Buches erfolgt ist. Jedenfalls sollen alle Pläne zur ökonomischen, ökologischen und sozialen „Vernieuwing Bijlmermeer“ (Erneuerung) bis spätestens 2010 verwirklicht sein.

Sehenswertes

Bijlmer Monument: „Der Baum, der alles gesehen hat“ – so nennen die Bewohner von Bijlmer einen Baum am Rande der Einsturzstelle des israelischen Flugzeugs am Kruitberg, an dem sie sich in den Tagen und Wochen nach dem Unglück zur gemeinsamen Trauer versammelten. Die Architekturbüros „Descombes“ (Genf) und „Hertzberger“ (Amsterdam) wählten ihn 1993 als natürlichen Bezugspunkt ihres 1998 enthüllten, in vier Teilbereiche gegliederten „wachsenden Denkmals“.

Den ersten Sektor bildet der Baum, um den eine kleine Mauer gezogen wurde, an und auf der Fotos angebracht und Blumen aufgestellt werden, sowie ein überdachtes Metallgitter, das an den provisorischen Absperrzaun der Unglücksstelle erinnert. Der zweite markiert mittels einer Betonabdeckung und eines kleinen Brunnens den Abdruck des havarierten Flugzeugs. Im dritten kennzeichnen auf dem Areal verteilte Schieferplatten von der Katastrophe erzwungene Veränderungen im ursprünglichen Wegesystem. Den vierten schließlich bildet eine lang gezogene, von einer niedrigen Mauer eingefasste Promenade, die den Weg der damals anrückenden Feuerwehr nachzeichnet und den „Baum, der alles gesehen hat“ mit dem Stadtteil verbindet (vgl. G. Descombes/H. Herzberger).

Suriname

Seien Sie einmal ehrlich: Wissen Sie, dass in Paramaribo Niederländisch gesprochen wird? Was, Sie wissen nicht einmal, wo das liegt? Also: Es liegt an der Nordostküste Südamerikas und ist mit 152.000 Einwohnern die einzige Großstadt von Suriname, wo insgesamt 400.000 Menschen leben. Obgleich das kleine Land schon seit 1948 Suriname heißt und seit 1954 relativ autonom ist, wurde die ehemalige Kolonie namens Niederländisch-Guayana erst 1975 nach gut 300-jähriger Kolonialherrschaft in die Unabhängigkeit entlassen. Die niederländische See- und Handelsmacht hatte das kleine Fleckchen Erde, das sie seit dem 18. Jahrhundert exzessiv und mit Hilfe dorthin verschiffter afrikanischer Sklaven mit Zuckerrohrplantagen überzog und seit 1938 seiner Bauxitvorkommen entledigte, 1667 im Tausch gegen New Amsterdam, heute New York, von den Briten übernommen. Nachdem die Sklaverei 1863 abgeschafft worden war, verschlug es auch eine Reihe von Indonesiern nach Suriname, wo heute neben einigen indianischen „Ureinwohnern“, Schwarze, Indonesier, Inder, Chinesen und Kreolen leben. Die kleine, aber multiethnische und -religiöse surinamische Gesellschaft – es gibt Hindus, Katholiken, Moslems und Anhänger von Naturreligionen – ist seit ihrer Unabhängigkeit oft von politischen Unruhen und Putschen geschüttelt worden. Surinamer bilden neben Türken und Marokkanern die größte ethnische Minderheit in den Niederlanden. Viele von ihnen leben in Amsterdam, v. a. De Pijp, Amsterdam-Oost und Bijlmer.

Living Tomorrow: Wie der Name erahnen lässt, gewährt das nach Plänen des Amsterdamer Architekturbüros UN-Studio aus einer horizontalen und einer vertikalen stählernen Tube zusammengeschweißte Haus der Zukunft einen (Vor)Ausblick auf das Leben von morgen. Im vertikalen Trakt befindet sich ein Büro- und Konferenzraum mit allerlei (kommunikations-) technischen Raffinessen. In der fünfzig Meter langen horizontalen Röhre sind die u. a. mit automatischer Abfallsortierung und einem System zur Wiederverwendung von Regenwasser ausgestattete Zukunftsküche, Wohnraum und ein Veranstaltungssaal untergebracht. Da der auf Jahre abgeschlossene Pachtvertrag für sein Grundstück inzwischen abgelaufen ist, könnte das Zukunftshaus eventuell bald woanders stehen.

Für individuelle Besucher unregelmäßig, jedoch in der Regel samstags geöffnet. Die Besichtigung ist immer mit einer 90minütigen Führung in niederländischer oder englischer Sprache verbunden und muss in jedem Fall vorher (telefonisch oder per mail) reserviert werden. Erwachsene zahlen 11.50 €, Kinder 9 €. nahe Arena Boulevard, De Entree 300, ✆ 020/2030400, reserveren@livingtomorrow.nl; www.livtom.nl.

Amsterdam ArenA/World of Ajax: Die Amsterdamer Arena ist eines der größten und modernsten Fußballstadien Europas. Ihr Museum erzählt – multimedial – die Erfolgsgeschichte von Hausherrin Ajax Amsterdam. Im „Soccer World Grand Café" flimmern Sternstunden der Fußballhistorie über mehrere Bildschirme. Natürlich gibt es einen Fanshop sowie das (nur während der Spiele zugängliche) im Stil einen „Bruinen Cafés" gehaltene Café VAK 111, an dessen Wänden Fotos die Heldentaten der Hausmannschaft preisen.

🕐 Außer an Spieltagen: vom 30.9.–1.4.: Mo–Sa 9–17 Uhr, sonst Mo–Fr 9.30–18 und Sa/So 10–17 Uhr. Mehrmals täglich Rundgänge durch die Innen- und/oder Außenanlagen. Der Eintritt für einen einstündigen „Indoorrundgang" inklusive Museumsbesuch beträgt 9 bzw. 8 € (Kinder), die große Tour (inklusive Museumsbesuch) dauert 1,5 Stunden und kostet 11 bzw. 9 €. Grand Café Soccer World: 1.4. bis 30.9. 10–21 Uhr. Arena Boulevard 1, ✆ 020/3111336, www.ajax.nl; **Grand Café Soccer World**, 1.4.–30.9. 10–21 Uhr, ✆ 020/3111650.

Praktische Infos

Musik und Kino

Heineken Music Hall, für 5000 Zuschauer und lautstarke Popkonzerte konzipiert. Durchschnittlich zwei Events pro Woche. ArenA Boulevard 590, ✆ 09003001250, www.heineken-music-hall.nl.

ArenA Pathé, riesiges Kinozentrum mit Mainstream-Programm. ArenA Boulevard 600, ✆ 020/5672111, www.pathe.nl.

Shopping

Villa ArenA, in Stahl und Glas gehülltes Einrichtungshaus der Superlative. Das größte thematische Einkaufszentrum der Niederlande integriert 70 Geschäfte, in denen so ziemlich alles zu haben ist, was man für die Ausstattung einer stilistisch wie auch immer gestalteten Wohnung braucht. Mittendrin „hängt" eine futuristisch anmutende Bar. ArenA Boulevard. www.villaarena.nl.

Amsterdam-Noord

Obgleich via Luftlinie näher am Zentrum als manch anderer der vorgestellten Stadtbezirke, ist Amsterdam-Noord stadtpsychologisch betrachtet meilenweit vom Alltagsleben der niederländischen Hauptstadt entfernt. Das ändert sich vermutlich spätestens im Jahre 2013, wenn die neue NoordZuid-Metrolijn ihren Betrieb aufnimmt und ihn auf wenige Minuten Fahrzeit an das Stadtzentrum heranrückt.

Dass der Stadtteil bislang relativ isoliert ist, liegt vor allem daran, dass es erst seit dem Bau des IJ-Tunnels Mitte der 1960er Jahre eine direkte Straßenverbindung in das bis zum ausgehenden 19. Jahrhundert ländlich geprägte Gebiet gibt. Die rasante Industrialisierung des Nordens erfolgte nach dem Bau des Nordhollandkanals und hatte zur Folge, dass die morastige Landschaft insbesondere seit Beginn des 20. Jahrhunderts mit einer Reihe von Werkskolonien der dort angesiedelten Schiffsbaubetriebe überzogen wurde. Die heißen z. B. Vogeldorp oder Nieuwendam, Disteldorp, Buiksloot oder Tuindorp Ootzan und wurden oft nach dem Modell der Gartenstadt konzipiert. Trotz des insgesamt industriellen Profils des Stadtteils ist so mancher ländlich-dörfliche Zug erhalten geblieben, zumal mit dem Florapark rechts und links des Kanals mitten in diesem Siedlungsensemble eine relativ große grüne Lunge atmet. Diejenigen, die sie kennen, wird Amsterdam-Noord ein wenig an die entstehungsgeschichtlich vergleichbaren Randstadtteile der Ruhrgebietsstädte erinnern. Ebenso wie dort findet seit der Entsorgung der industriellen Vergangenheit ab den 1970er Jahren auch in Amsterdam-Noord ein Strukturwandel statt. Der tonangebende Architekt und Stadtplaner Rem Koolhaas engagierte sich bereits Mitte der 1980er Jahre für die Neugestaltung des zentralen IJplein in Vogeldorp, den er mit öffentlichen Gebäuden und Stadtvillen bestückte. Zurzeit werden ausgediente Industrieflächen saniert und einer neuen Nutzung zugeführt. Zu denen gehört z. B. das Gelände der NDSM-Werft, wo seit 13 Jahren im Juli das „Over-Het-IJ-Festival" ausgerichtet wird und inzwischen auch einige stationäre kulturelle Einrichtungen eingezogen sind (www.ndsm.nl), oder das Shellterrein, das in den vergangenen Jahren unter dem Motto „Wonen und Werken" (Wohnen und Arbeiten) zukunftsfähig umgestaltet wurde. Zur Steigerung des Freizeitwertes wird voraussichtlich 2008 der vom renommierten Landschaftsarchitekturbüro WEST 8 urban design & landscape architecture gestaltete Noorderpark seiner Bestimmung übergeben.

Ein gastronomisches Highlight des Stadtteils ist das Café-Restaurant Wilhelmina Dok am Südufer von Amsterdam-Noord, das im März 2005 von einem Kreuzfahrtschiff gerammt worden war. Von dem inzwischen reparierten Lokal kann man – im Sommer an langen Tischen direkt am Wasser – die Skyline von Amsterdam ins Visier nehmen. (Noordwal 1, ✆ 020/6323701).

Bis die neue U-Bahn fährt, erreicht man Amsterdam-Noord am schnellsten mit der Fähre, die an der De Ruyterskade hinter dem Hauptbahnhof in See sticht. Angesichts der Großflächigkeit des Bezirks sei die Erkundung per Fahrrad empfohlen, zumal man von Amsterdam-Noord gleich ins Waterland weiterradeln kann (siehe nächstes Kapitel).

„Taufpatin" des New Yorker Stadtteils Haarlem

Ausflugstipps für die nähere Umgebung

Seit Kurzem bietet der Amsterdamer Tourismusverband einen äußerst praktischen Service für alle diejenigen, die den Besuch der Grachtenmetropole mit dem einen oder anderen Ausflug in ihr – zumeist ländlich-beschauliches – Umland verbinden möchten. Auf einer sog. interaktiven Karte, die auf seiner Website anzuschauen oder als PDF herunterzuladen ist, hat er alle Ziele aufgelistet, die mit öffentlichen Verkehrsmitteln, also Bus, Regionalzug oder Fähre in einer Fahrzeit bis zu einer Stunde zu erreichen sind.

Dabei nennt er nicht nur die potenziellen Ziele und alle möglichen Verkehrsverbindungen, um diese anzusteuern, sondern informiert auch im Telegrammstil darüber, was es an dem jeweiligen Ort zu sehen, zu hören und zu erleben gibt. Ein übersichtliche Karte mit Streckenplan, detaillierte Auskünfte über zuständige Verkehrsbetriebe und/oder Busunternehmer sowie den Erwerb der passenden Fahrkarten ergänzen das auf zwei Seiten komprimierte Infoblatt. (www.amsterdamtourist.nl). Hier eine kleine Auswahl der natürlichen und kulturellen Attraktionen rund um Amsterdam:

Aalsmeer

Auf der **Blumenauktion von Aalsmeer** werden täglich 18 Millionen Schnittblumen und zwei Millionen Topfpflanzen umgeschlagen und in alle Welt verschickt, wobei hier die Rosen den kommerziellen Ton angeben. Die Montag bis Freitag von 7.30 bis 11 Uhr ausgerichtete Veranstaltung ist öffentlich zugänglich und findet in dem größten überdeckten Handelsgebäude der Welt

(766.000 Quadratmeter) statt. Festlicher Höhepunkt des Blumenjahres ist ein am ersten Septembersamstag formierter Blumenkorso, der mit bunt blühenden Prunkwagen unter der musikalischen Begleitung von Musikkapellen aus dem ganzen Land von Aaalsmeer über Amstelveen nach Amsterdam zieht.

Information: VVV Aalsmeer, Drie Kolommenplein 1, ✆ 0297/0325374. Blumenbörse: Legmeerdijk 313, ✆ 0297/392185.

Verbindungen: Von Amsterdam mit dem Auto über die A 9, mit Bus 172 oder mit dem Zug nach Hoofddoorp.

Almere

Die mit 180.000 Einwohnern achtgrößte niederländische Stadt wurde erst 1976 gegründet. Sie ist durch das IJ-Meer von Amsterdam getrennt und wurde von einer Reihe namhafter Architekten geplant und gestaltet. Nicht nur, weil diese – in erster Reihe auch hier wieder Rem Kohlhaas! – bei insgesamt 17 Projekten in den Stadtteilen „De Realiteit" und „De Fantasie" ungeachtet aller Bauvorschriften oder anderer Einschränkungen ihrer Fantasie freien Lauf lassen konnten, ist ein Ausflug nach Almere für die Fans moderner Architektur ein Muss. Ungewöhnliche stadtplanerische und architektonische Lösungen sind die Markenzeichen der gesamten Stadt, die zeitgenössischen Designern und Künstlern aller Sparten ein Forum bietet. Ihre Arbeiten sind u. a. zu sehen im Museum De Paviljoens (Odeonstraat 3), im Kulturzentrum Corrosia (Markt 5–7), unter dem Motto „Kunst aan de Gracht" in Almeres Hafen und im Fall der Gartenanlagen „De Groene Kathedral" von Marinus Boezem (Tureluurweg) und Daniel Libeskinds „Love and Fire" (Pampushavenweg) auf freiem Feld.

Information: Architectuurcentrum CASLa bietet Informationen, Publikationen und Führungen durch das zeitgenössische „Gesamtkunstwerk Almere" an. Markt 110, ✆ 036/5386842, www.casla.nl; **Informationskantoor Almere**, Stadhuisplein 1, ✆ 036/5482090, www.vvvalmere.nl.

Verbindungen: Mit dem Auto über die A 6, Bus- und Zugverbindungen von den Bahnhöfen Amsterdam-Zuidoost und Amsterdam-Amstel.

Amstelveen

Die südwestliche Vorstadt von Amsterdam liegt am Rande des Naherholungsgebiets Amsterdamse Bos, des Stadtwalds der niederländischen Hauptstadt, der eine Reihe von Sport- und Erholungsmöglichkeiten bietet. Man kann wandern, Fahrrad, Tretboot und Kanu fahren, rudern und reiten etc. Amstelveen selbst ist Kunstkennern ein Begriff, weil hier in einem gleichnamigen **Museum** die Kollektion der **CoBrA-Gruppe** (siehe S. 50) sowie andere Ausstellungen der modernen Kunst nach 1945 und zeitgenössischen Gemälden, Skulpturen und Installationen präsentiert werden. Mit typisch Holländischem kann man sich dagegen auf dem **Clara-Maria-Hof** beschäftigen, der seine Besucher sowohl in die Kunst der Käserei als auch des Holzschuhschnitzens einweiht. Zu den gratis angebotenen Führungen gehört natürlich eine Käseprobe. Dass man Käse und Klompen auch käuflich erwerben kann, versteht sich von selbst.

Information: VVV Amstelveen, Thomas Cookstraat 1, ✆ 020/4415545.

Verbindungen: Mit dem Auto über die A 9 oder die A 2, Straßenbahn- und Busverbindungen vom Amsterdamer Hauptbahnhof.

CoBrA-Museum: Di–So 11–17 Uhr. Eintritt 7 € + 2,50 € für temporäre Ausstellungen Sandbergplein 1, ✆ 020/5475033, www.cobra-museum.nl.

Clara-Maria-Hof: 9–17 Uhr, Eintritt frei. Bovenkerkerweg 106, ✆ 0297/582279. www.claramaria.nl.

Ouderkerk an der Amstel

Bei dem kleinen Nachbarort von Amstelveen, dessen Ursprünge bis ins 11. Jahrhundert zurückgehen, handelt es sich um die erste Ansiedlung an der

Ausflugstipps
Karte S. 246/247

Ausflüge in die Umgebung
4 km
Huisduinen
Den Helder
Nieuw Den Helder
De Schooten
Den Oever
Julianadorp
Hippolytushoef
Westerland
Noord Hollands Kanaal
Breezand
Amstel-meer
Groote Keeten
Anna Paulowna
Wieringen
Callantsoog
't Zand
Middenmeer
Pol
Sint Maartenszee
Schagen
Petten
Sint Maarten
Winkel
Niuwe-Niedorp
Camperduin
Groet
Warmenhuizen
Hoogwoud
Abbekerk
Opmeer
Schoorl
Langedijk
Bergen
Obdam
Wognum
Bergen aan Zee
Heerhugo-Waard
Noord
Egmond a/d Hoef
Alkmaar
A 7
Ursem
Egmond aan Zee
Scharwou
A 9
Schermerhorn
Egmond-Binnen
Heiloo
Grootschermer
Oost-huize
Holland
Akersloot
Graft
De Rijp
Castricum aan Zee
Middenbeemster
Alkmaarder Meer
Castricum
Noord Hollands Kanaal
Duinreservaat
Uitgeest
Heemskerk
Edam
Beverwijk
Wormer
Wijk aan Zee
Velsen
Purmerend
A 7
Ilpendam
Noordzee Kanaal
Broek in Waterland
IJmuider
Zaanstad
Zaandam
A 10
Landsmeer
Waterland
Santpoort
Nationaal Park de Kennemer
Spaarndam
Overveen
Bloemendaal aan Zee
Haarlem
Amsterdam
Durgerdam
Het IJ
Zandvoort
A 9
Zwanen-burg
A 10
A 1
Muiden
Aerdenhout
Vijfhuizen
Heemstede
Flughafen Schiphol
Bennebroek
Ouderkerk a/d Amstel
Hoofddorp
A 9
Haarlemmermeer
Amsterdam Zuidoost
Polder
A 4
Noordwijkerhout
Lisse
Aalsmeer
Amstel-veen
Noordwijk aan Zee
Sassen-heim
Rijsenhout
Uithoorn
A 44
A 2
Leiden
Leiden
Leidmuiden
Mijdrecht
Utrecht

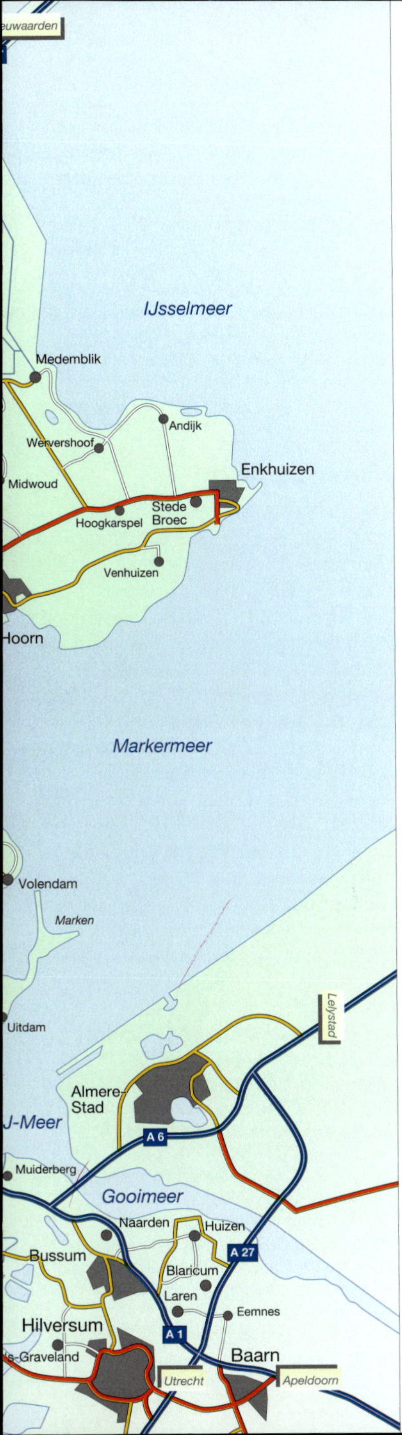

Amstel. Ein Besuch in Ouderkerk ist vor allem denjenigen anzuraten, die sich für die jüdische Geschichte Amsterdams interessieren, weil dort die Reste eines **portugiesisch-israelitischen Friedhofs** aus dem 17. Jahrhundert zu besichtigen sind. Auf dem ab 1616 angelegten Gräberfeld namens Beth Haim – zu Deutsch „Haus des Lebens" – haben viele berühmte und einflussreiche Persönlichkeiten des Goldenen Jahrhunderts, darunter die Eltern von Baruch Spinoza oder die Kaufmannsfamilie De Pinto ihre letzte Ruhe gefunden.

Eine 1994 gegründete Stiftung namens „David Henriques De Castrofonds" kümmert sich derzeit darum, das wichtige kulturhistorische Erbe zu erhalten. Sie sammelt Spenden für die bereits eingeleitete Restaurierung der teilweise stark beschädigten und verwahrlosten Grabplatten und -steine und eine Kultivierung des bislang noch arg verwilderten Geländes. Der Friedhof an der Kerkstraat kann von 9.30 bis 17 Uhr betreten werden. Informationen über die Arbeit der Stiftung gibt es im Informationsbüro gegenüber oder online unter www.bethaim.com.

Verbindungen: Mit dem Auto via A 9 oder A 2, von Amstelveen und Bijlmer Busverbindungen.

Keukenhof

Der Keukenhof bei Lisse in der Nähe von Leiden ist ein 32 Hektar großer Blumenpark, der alljährlich in den Monaten April und Mai sowie von Anfang August bis Mitte September seine Frühlings- bzw. Sommerblütenpracht offenbart. Wer die berühmten Tulpen dann massenhaft – auf dem Keukenhof blühen 6 Millionen! – und auf freiem Feld bewundern möchte, trifft dort allerdings auch auf massenhaft Gleichgesinnte, weil die Tulpenblüte auf dem Keukenhof zu den bekanntesten holländischen

Ausflugstipps Karte S. 246/247

Touristenattraktionen zählt. Erwartungsgemäß sind die Tulpen (und auch viele andere Blumen) auch käuflich zu erwerben (frisch geschnitten oder noch als Zwiebeln), während mehrere auf dem Gelände verteilte Restaurants für das leibliche Wohl der Besucher sorgen.

Verbindungen: Von Amsterdam über die A 4 Richtung Den Haag, Ausfahrt Lisse (N 207). Vom Bahnhof Leiden verkehrt regelmäßig ein Bus zum Keukenhof. Infos unter ✆ 0900/9292.

Öffnungszeiten: In der Regel Mitte März bis Mitte Juni; 2008: 20.3.–18.6. 8–19.30 Uhr. Eintritt 13,50 €, Kinder 6 €, Parken 6 €. Stationsweg 166 a, Lisse, ✆ 0252/465555, www.keukenhof.com.

Waterland und De Purmer

Insbesondere außerhalb der Hochsaison, also im Herbst und Winter, bietet die ca. 25 Kilometer lange Markermeerküste zwischen Amsterdam und Edam ein entspannendes Kontrastprogramm zu Großstadtgetriebe und kultureller Reizüberflutung. Wiesen, Weiden, Weiler, Wasser, Wind und Wolken, so weit das Auge reicht, und hier und da einige mehr oder weniger vom Tourismus heimgesuchte größere Orte prägen die Landschaft, die unmittelbar hinter der Stadtgrenze der Grachtenmetropole Waterland und etwas weiter nördlich De Purmer heißt. Bis zum Bau des Abschlussdeiches, der die Zuiderzee von einem Meerbusen in einen Süßwassersee verwandelte, war der Fischfang die Haupteinnahmequelle der Menschen in diesem Gebiet.

Verbindungen: Die Gemeinden von Waterland und De Purmer sind von Amsterdam aus über die N 247 zu erreichen. Vom Hauptbahnhof verkehren Linienbusse.

Broek in Waterland

Das äußerst gepflegte Dorf, dessen Bewohner schon immer auf Ordnung und Sauberkeit im Straßenbild bedacht gewesen sein sollen, besticht vor allem durch seine hölzernen Kaufmannsvillen aus dem 17. und 18. Jahrhundert. Obwohl deren Glanz inzwischen schon ein wenig verblasst ist, lassen sie noch immer erahnen, dass ihre Bewohner einst zu den „oberen Zehntausend" gehörten.

De Bedstede, in einem typischen Holzhaus untergebrachtes freundliches Familienhotel mit Garten, das Ein- bis Vierbettzimmer unterschiedlicher Größe anbietet. DZ 65 € (mit Frühstück), Ann Husslage Laan 24–28, oder 020/4031509, www.bedstede.nl.

De Witte Swaen, sehr gemütliches Pfannkuchenhaus, das 60 Variationen des Nationalgerichts, aber auch Kaffee und Kuchen serviert. 12–21 Uhr. Dorpstraat 11–13, ✆ 020/4031525.

Monnickendam

Im Rathaus des 10.000-Einwohner-Städtchens werden die Geschicke der Gemeinde Waterland gelenkt, zu der Broek in Waterland, Katwoude, Marken, Ilpendam, Uitdam, Watergang und Zuiderwoude gehören. Das hübsche Städtchen, das im 13. Jahrhundert als Gründung friesischer Mönche entstand und sich bald zu einem Zentrum der Zuiderseefischerei entwickelte, verfügt über einen kleinen Yachthafen und setzt heute auf den Wassersport. Es offeriert seinen Bewohnern – darunter einige ruhebedürftige Amsterdamer – und Besuchern eine kleine, aber feine Altstadt mit einer recht gut erhaltenen historischen Bausubstanz, darunter die spätgotische **Grote Kerk** vom Beginn des 15. und ein pittoresker Glockenturm aus dem 16. Jahrhundert, in dem das **Historisch Museum De Speeltoren** die Stadtgeschichte erzählt.

Information: VVV Monnickendam, De Zarken 2, ✆ 0299/651998, www.monnickendam.nl.

Historisch Museum De Speeltoren: Juni–Mitte Sept. Di–Sa 11–17, So 13–16 Uhr; sonst Sa 10–16, So 13–16 Uhr. Eintritt 1,50 €. Noordeinde 4, ✆ 0299/652203, www.despeeltoren.nl.

*** **Lake Land Hotel**, moderne Bettenburg (296 Betten) am Yachthafen, die trotz akzeptabler Inneneinrichtung so gar nicht zum gemütlich-romantischen Antlitz des Städtchens passt. DZ 65 €, ✆ 0299/653751, www.lakeland.nl.

Eine Adresse für Wassersportler: Monnickendam

De Roef, Fisch- und Fleischplatten in historischem Ambiente. Mo–So 16.30–21.30 Uhr. Noordeinde 40–42, ✆ 0299/651860.

Volendam

Das ehemalige Fischerdorf zählt heute 18.000 Einwohner und ist der größte Touristenmagnet der Gegend, sodass sein Charme zumindest im Frühjahr und Sommer in busweise herangespülten Besucherströmen ertrinkt.

Die an sich recht pittoreske Deichstraße und jetzige Hauptflaniermeile wird von kitschigen Souvenirläden, Cafés und Hotel-Restaurants gesäumt und gleicht deshalb eher einem Museumsshop mit angeschlossener Gastronomie. Dass einige Geschäftsinhaber(innen) und Verkäuferinnen in die typischen Volendamer Trachten mit frisch gestärkten Schürzen und Häubchen gewandet sind, ist das Tüpfelchen auf dem „Vermarktungs-I" des alten Fischerhafens. Wer einen Eindruck vom Original der touristenwirksam inszenierten Kopie erhalten möchte, kann das stadthistorische **Volendams Museum** aufsuchen. Wer lieber sofort wieder weg will, könnte z. B. mit dem „Marken Express" eine Schifffahrt zur Insel Marken unternehmen.

Information: VVV, Zeestraat 37, ✆ 0299/363747.

Fähre zur Insel Marken: Der „Marken-Express" verkehrt von März bis Oktober ab Volendam zwischen 10.30 und 17.30 Uhr alle 30–45 Minuten, von der Insel Marken zwischen 11 und 18 Uhr im selben Takt und im Juli und August jeweils alle 20 Minuten. Die Überfahrt dauert ca. 30 Minuten und kostet 4,25 € (Hin und Zurück 6,75 €), zum Preis von 1 € kann man auch ein Fahrrad mitnehmen. Reederij Veerman & Co, Haven 39, ✆ 0299/363331. www.markenexpress.nl.

Volendams Museum: Mitte März bis Mitte Oktober 10–17 Uhr, Eintritt 2 €. Zeestraat 41, www.volendamsmuseum.nl.

Hotel-Café-Restaurant Spaander, das erste und traditionsreichste Haus am Platz, das alle Klischees auf höchstem Niveau kultiviert: Die komfortablen Zimmer und Gasträume sind gepflegt-gemütlich eingerichtet und ihre Wände mit wertvollen Originalgemälden und/oder Delfter Kacheln „tapeziert", und das Personal serviert die Spezialitäten des Hauses – in Volendam vornehmlich Fischgerichte, aber auch Kaffee und Kuchen – in Trachten. DZ 109–165 €, EZ 89–145 €, Frühstück 12,50 € pro Person. Haven 15–19, ✆ 0299/363595. www.hotelspaander.com.

Ausflugstipps
Karte S. 246/247

Insel Marken

Genau genommen ist das romantische Örtchen mit seinen dekorativen grünen Holzhäusern, hübschen Gärten, kleinen Kanälen und nach den niederländischen Königinnen getauften Brückchen seit 1957 gar keine Insel mehr, da es seither mit einem Damm ans Festland angebunden ist.

Da auf dem Landweg anreisende Besucher ihr Auto jedoch auf einem Parkplatz am Rande des Dorfes stehen lassen müssen, haben Ortskern und Hafenmole ihre Ruhe und Beschaulichkeit bewahrt, sodass man die viele Jahrhunderte währende Abgeschiedenheit des 1164 von einer heftigen Sturmflut vom Festland abgerissenen Fleckchens Erde noch heute nachvollziehen kann. Zur Ernüchterung ist abschließend jedoch zu betonen, dass alles bisher Gesagte nur für die kalte Jahreszeit – also etwa von Mitte Oktober bis Mitte März – gilt, da man während der Hauptsaison gemeinsam mit vielen anderen Tagestouristen die Idylle stört. An touristischen Attraktionen hat die „Insel" neben dem hauptsächlich mit traditionellen Trachten bestückten Heimatmuseum noch eine Klompenmakerij (Kets 52) sowie eine Kaasmakerij (Havenbuurt 24) zu bieten.

Kaffeepause am Markermeer

Het Marker Museum: Von April bis Oktober Mo–Sa 10–17, So 12–16 Uhr geöffnet. Eintritt 2,50 €. Kerkbuurt 44–47, 0299/601904, www.markermuseum.nl.

Hof van Marken, hier kann man sieben luxuriöse Zimmer mieten und im dazugehörigen Hotelrestaurant gepflegt speisen. Manche Zimmer haben Markermeeresblick. DZ 80–105 €, EZ 60–95 €, Frühstück 12,50 €. Buurt II Nr. 15, ✆ 0299/601300, www.hofvanmarken.nl.

Edam

Seit dem 12. Jahrhundert von Fischern und Bauern bevölkert und 1357 mit Stadtrechten ausgestattet, avancierte Edam bald zu einem der Schiffbauzentren der Region und brachte es damit – und natürlich auch mit seinem berühmten Käse! – zu beachtlichem Wohlstand.

Der Käse wurde bereits im 15. Jahrhundert exportiert und lockt heute die Touristen in die kleine, von Grachten durchzogene und mit schmucken Kaufmannshäusern bebaute 7000-Einwohner-Stadt, die ein wenig wie ein Amsterdam en miniature wirkt, zumal ihre Straßennamen mit denen der Hauptstadt weitgehend identisch sind. Aus dem gefälligen architektonischen Ensemble ragen die spätmittelalterliche **Grote Kerk** und ein seit dem 15. Jahrhundert erklingender Glockenturm hervor. Ortsgeschichtlich Interessierte kommen im **Edam Museum** neben dem Rathaus, eher kulinarisch und nostalgisch Orientierte auf dem im Juli und August einmal wöchentlich eigens für die Touristen inszenierten historischen **Käsemarkt** (Anfang Juli bis Mitte August mittwochs 10–12 Uhr) auf ihre Kosten.

Information: VVV Edam, Damplein 1, ✆ 0299/315125.

Edam Museum: Mai–Oktober Di–Sa 10–16.30, So 13.30–16.30 Uhr. Damplein 1–8. Kaasmarkt

*** **Hotel-Restaurant Damhotel**, Traditionshotel an einer Gracht mit komfortablen Zimmern, gepflegtem Restaurant und „gezelliger" Kneipe, die nachmittags als Café fungiert und in der auch das Frühstück serviert wird. DZ 125–165 €, Keizersgracht 1, ✆ 0299/371766, www.damhotel.nl.

*** **Hotel-Restaurant De Fortuna**, in einem Ensemble aus fünf Kaufmannshäusern aus dem Jahre 1654 eingerichteter Hotel- und Restaurantbetrieb mit einem sehr schönen Garten und freundlicher Atmosphäre. Das Restaurant, zu dessen Spezialitäten neben Fischgerichten auch Wildbret gehört, genießt einen äußerst guten Ruf. DZ 90–110 €, EZ 68–80 €. Spuistraat 3, ✆ 0299/371671, www.fortuna-edam.nl.

De Eterij, schlicht und eher modern eingerichtetes, freundliches kleines Restaurant mit leckerer neuholländischer Küche. Prinsenstraat 5, ✆ 0299/371630.

Touristenspektakel

Im Westen von Amsterdam

Im Westen von Amsterdam bietet sich Kunst- und Kulturreisenden ein Ausflug nach **Haarlem** (ca. 150.000 Einwohner) an. Da die 1250 gegründete Stadt neben Amsterdam und Delft zu *den* Kunst- und Kulturzentren der Niederlande gehört, würde man ihr mit einem Kurzporträt kaum gerecht. So sei hier lediglich erwähnt, dass Haarlem – nach dem übrigens der gleichnamige New Yorker Stadtteil benannt ist – die Heimatstadt von Frans Hals (1580–1666) ist und seinen großen Sohn mit einem eigenen Museum ehrt. Das zeigt neben Porträts „aus dem Pinsel" des großen Meisters auch Haarlemer Silberwaren. (Di–Sa 11–17 Uhr, So 12–17 Uhr, Eintritt 7 €, Grootheiligland 62, ✆ 023/5115775, www.franshalsmuseum.com).

Wer sich statt noch mehr kultureller Erbauung zur Erholung – je nach Reisezeit und Wetterlage – lieber die frische Nordseebrise um die Nase wehen lassen oder (sonnen)baden möchte, dem sei ein Abstecher an den Hausstrand der Amsterdamer, nach **Zandvoort,** empfohlen. Dort warten Dünenlandschaften und breite Sandstrände, an denen zahlreiche Strandpavillons für das leibliche Wohl von Spaziergängern, Wasserratten und Sonnenanbetern sorgen, und auch der Rest der Stadt ist von Kopf bis Fuß auf Touristen eingestellt.

Information: VVV Haarlem, Stationsplein 1, ✆ 0900/6161600; VVV Zandvoort, Schoolplein 1, ✆ 023/5717947.

Verbindungen: Von Amsterdam mit dem Auto über die A 5 oder N 200, außerdem regelmäßige Zugverbindungen.

Kleiner Sprachführer

Das Niederländische ist nah mit dem Deutschen verwandt. Deswegen können zumindest einfache schriftliche Texte relativ problemlos verstanden werden. Schwieriger wird es, wenn man mit der gesprochenen Sprache konfrontiert wird. Zwar wird einem einiges auch ohne einschlägige Sprachkenntnisse irgendwie bekannt vorkommen, aber mehr als zu erahnen, was gemeint ist, dürfte reichlich schwer fallen.

Aussprache

Es gibt in der niederländischen Sprache einige Laute, die der deutschen Zunge reichlich Übung und Konzentration abverlangen. Aber keine Sorge: Jeder gut gemeinte Versuch, ein Anliegen auf Niederländisch vorzubringen, wird im Nachbarland erfreut aufgenommen.

Die nachstehende Liste soll ein erster Versuch sein, der Aussprache des Niederländischen näher zukommen. Aufgeführt sind die wichtigsten Abweichungen vom Deutschen.

g und *ch* = ch wie in Bach
oe = u
s = ss wie in Riss
u = ü
z = s wie in Sonne

Übrigens wird das niederländische *sch* nicht wie bei uns, sondern getrennt wie ein einzelnes *s* gefolgt von einem einzelnen *ch* ausgesprochen! Bitte ausgiebig üben:

De schurkachtige schelm schuilde onder de schaduw van de scheve boom.

Abschließend noch etwas besonders Anspruchsvolles:

ij in etwa eine Kombination aus ä und i
ui in etwa eine Kombination aus ä und ü

Versuchen Sie's: Übung macht den Meister!

Buitenuit in de tuinen ruisen de pluimen van wuifend riet.

Wortschatz

Insbesondere im Bereich des Wortschatzes gibt es zwischen dem Niederländischen und dem Deutschen starke Verwandtschaften. Allerdings kann man durchaus in die Falle tappen, denn nicht immer haben deutsch klingende Worte die vermutete Bedeutung. Sollte zum Beispiel das Telefon *bellen* und der Gesprächsteilnehmer am anderen Ende der Leitung seiner Frau mitteilen, dass er noch rasch eine Kollegin *vervoeren* wird, bevor er nach Hause kommt, so wird das in Holland nicht unbedingt zu Verstimmungen führen.

Zur Erklärung: *bellen* (klingeln), *vervoeren* (nach Hause fahren).

Elementares

Ja	ja
Nein	nee
Bitte	alstublieft (a.u.b.)
Danke	bedankt
Vielen Dank	dank U wel
Entschuldigung!	perdon!

Hallo	hallo
Guten Morgen	goedemorgen
Guten Tag	goedemiddag
Guten Abend	goedenavond
Gute Nacht	goedenacht
Tschüs	dag
Auf Wiedersehen	tot ziens
Bis bald	tot spoedig

Formeln, Fragen, Antworten

Wo ist/sind ... ?	Waar is/zijn ... ?
Wie heißt das?	Hoe noemt U dit?
Was bedeutet das?	Wat betekent dat?
Sprechen Sie Deutsch/Englisch?	Spreekt U Duits/ Engels?
Könnten Sie bitte etwas langsamer sprechen?	Kunt U wat langzamer spreken, alstublieft?
Ich verstehe nicht.	Ik begrijp het niet.
Kann ich ... haben?	Mag ik hebben?
Können Sie mir ... zeigen?	Kunt U mij ... laten zien?
Können Sie mir sagen ... ?	Kunt U mij zeggen ... ?
Können Sie mir bitte helfen?	Kunt U mij alstublieft helpen?
Ich hätte gerne ...	Ik wil graag ...
Geben Sie mir bitte ...	Geeft U mij ..., alstublieft.
Ich habe Durst/ Hunger.	Ik heb dorst/honger.
Ich habe mich verirrt.	Ik ben verdwaalt.
Beeilen Sie sich!	Haast U zich een beetje!
Es gibt ...	Er is/zijn ...
Wie geht es Ihnen?	Hoe gaat het met U?
Sehr gut, danke.	Uitstekend, dank U.
Und Ihnen?	En met U?
Ich heiße ...	Mijn naam is ...
Es war mir ein Vergnügen.	Het was me een genoegen.

Grundzahlen/Ordnungszahlen

0	nul	
1	een	eerste
2	twee	tweede
3	drie	derde
4	vier	vierde
5	vijf	vijfde
6	zes	zesde
7	zeven	zevende
8	acht	achtste (!)
9	negen	negende
10	tien	tiende
11	elf	elfde
12	twaalf	twaalfde
13	dertien	dertiende
14	veertien	veertiende
15	vijftien	vijftiende
16	zestien	zestiende
17	zeventien	zeventiende
18	achttien	achttiende
19	negentien	negentiende
20	twintig	twintigste
30	dertig	dertigste

40	veertig	veertigste	*80*	tachtig (!)	tachtigste (!)
50	vijftig	vijftigste	*90*	negentig	negentigste
60	zestig	zestigste	*100*	honderd	honderdste
70	zeventig	zeventigste	*1000*	duizend	duizendste

Zeit

Jahr	het jaar
Monat	de maand
Woche	de week
Tag	de dag
jetzt	nu
bald	gauw

Stunde	het uur
Minute	de minuut
Sekunde	de seconde
gestern	gisteren
heute	vandaag
morgen	morgen
übermorgen	overmorgen
morgens	's morgens
nachmittags	's middags
abends	's avonds

Wochentage

Montag	maandag
Dienstag	dinsdag
Mittwoch	woensdag
Donnerstag	donderdag
Freitag	vrijdag
Samstag	zaterdag
Sonntag	zondag

Monate

Januar	januari
Februar	februari
März	maart
April	april
Mai	mei
Juni	juni
Juli	juli
August	augustus
September	september
Oktober	oktober
November	november
Dezember	december

Formeln, Fragen, Antworten

Wie spät ist es?	Hoe laat is het?
Es ist drei Uhr.	Het is drie uur.
Es ist halb drei.	Het is half drie.
Es ist Viertel vor ...	Het is kwart voor ...
Es ist Viertel nach ...	Het is kwart over ...
Es ist drei Minuten vor ...	Het is drie minuten voor ...
Mittwoch, den 8. Juli 2000	woensdag, 8 juli 2000

Feiertage

Ostern	Pasen
Pfingsten	Pinksteren
Weihnachten	Kerstmis
Neujahr	Nieuwjaar

Jahreszeiten

Frühling	de lente
Sommer	de zomer
Herbst	de herfst
Winter	de winter

Himmelsrichtungen

Norden	het noorden
Osten	het oosten
Süden	het zuiden
Westen	het westen

Wetter

Gewitter	het onweer	*bedeckt*	bewolkt
Nebel	de mist	*heiter*	onbewolkt
Regen	de regen	*wechselhaft*	wisselvallig
Schnee	de sneeuw	*sonnig*	zonnig
Sonne	de zon	*regnerisch*	regenachtig
Sturm	de storm	*kalt*	koud
Wind	de wind	*warm*	warm
Wetter	het weer	*nass*	nat
Wetterbericht	het weerbericht	*trocken*	droog

Notfälle

Arzt	de dokter
Hilfe	de hulp
Krankenhaus	het ziekenhuis
Krankenkasse	het ziekenfonds
Polizei	de politie
Rettungswagen	de ambulance
Verbandskasten	de verbandkist
Verletzung	de verwonding

Zahnarzt	de tandarts
Rufen Sie schnell einen Arzt.	Halt U vlug een dokter.
Rufen Sie schnell einen Krankenwagen.	Halt U snel een ambulance.
Rufen Sie bitte die Polizei.	Halt U de politie, alstublieft.

Erkrankung

Mir ist übel.	Ik ben misselijk.
Ich habe Zahnschmerzen.	Ik heb kiespijn.
Ich habe Kopfschmerzen.	Ik heb hoofdpijn

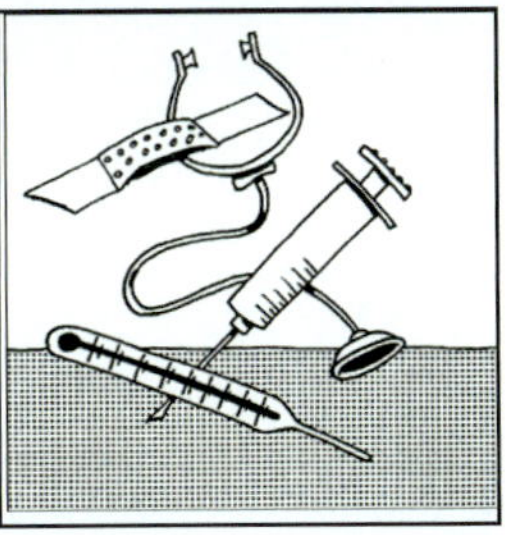

Ich habe Bauchschmerzen.	Ik heb buikpijn.
Ich habe Durchfall.	Ik heb diarree.
Ich bin erkältet.	Ik ben verkouden.
Ich habe eine Grippe.	Ik heb griep.
Ich habe Fieber.	Ik heb koorts.
Ich habe Halsschmerzen.	Ik heb keelpijn.
Ich habe einen Husten.	Ik hoest.

Medikamente

Hustensaft	de hoestdrank
Medikament	het medicijn
Salbe	de zalf
Schmerzmittel	de pijnstiller
Tropfen	de druppels (Plur.)
Tablette	het tablet

Bank/Post/Telefon

Brief	de brief
Postkarte	de briefkaart
Postamt	het postkantoor
Wechselkurs	de wisselkoers
Währung	de valuta
Telefon	de telefoon

Briefkasten	de brievenbus
Briefmarke	de postzegel
Briefpapier	het briefpapier
Einschreiben	aangetekend
Fax	de (tele)fax
Scheck	de cheque
Telefonbuch	het telefoonboek
Telegramm	het telegram
Vermittlung	de centrale

Baden/Strand

Ebbe	het laag water, de eb
Flut	het hoog water, de vloed
Meer	de zee
See	het meer
Sonne	de zon
Sonnenöl	de zonnebrandolie
Strand	het strand

Geschäftswelt

Apotheke	de apotheek
Bäckerei	de bakker
Buchhandlung	de boekhandel
Fischgeschäft	de viswinkel
Gemüsehändler	de groenteboer
Geschäft	de winkel
Kaufhaus	het warenhuis
Lebensmittel	de levensmiddelen (Plur.)
Metzger	de slager
Reinigung	de stomerij
Reisebüro	het reisbureau
Schreibwaren	de schrijfbehoeften (Plur.)
Supermarkt	de supermarkt
Weinhandlung	de slijterij

Formeln, Fragen, Antworten

Wo kann ich Reiseschecks einlösen?	Waar kan ik reischeques inwisselen?
Können Sie mir bitte Kleingeld geben?	Kunt U me wat kleingeld geven, alstublieft?
Wo ist die nächste Apotheke?	Waar is de dichtstbijzijnde apotheek?
Können Sie mir bitte helfen?	Kunt U me alstublieft helpen?
Wie viel kostet dies?	Hoeveel kost dit?
Es ist nicht ganz das, was ich suche.	Het is niet precies wat ik zoek.
Es gefällt mir.	Het bevalt me.
Bitte die Haare schneiden.	Knippen, alstublieft.

Übernachten

Einzelzimmer	de eenpersoons kamer
Doppelzimmer	de tweepersoons kamer
Vollpension	het vol pension
Bad	de badkamer
Schlüssel	de sleutel

Hotel

Dusche	de douche
Balkon	het balkon
Küche	de keuken
Toilette	het toilet
Hochsaison	het hoogseizoen
Nebensaison	het naastseizoen
Frühstück	het ontbijt
Erwachsene	de volwassene
Kinder	de kinderen
Jugendherberge	de jeugdherberg

Camping

Campingplatz	het kampeerterrein
Schlafsack	de slaapzak
Waschmaschine	de wasmachine
Wohnwagen	de kampeerwagen
Zelt	de tent

Formeln, Fragen, Antworten

Mein Name ist ...	Mijn naam is ...
Haben Sie vorbestellt?	Hebt U gereserveerd?
Ich hätte gerne ein Zimmer mit Bad.	Ik wil graag een kamer met bad.
Wie viel kostet es pro Nacht?	Hoeveel kost het per nacht?
Darf ich das Zimmer sehen?	Mag ik de kamer zien?
Welche Zimmernummer habe ich?	Wat is mijn kamernummer?
Es kommt kein warmes Wasser.	Er is geen warm water?
Kann ich bitte den Direktor sprechen?	Mag ik de directeur spreken?

Verlagsprogramm

Ägypten
- Ägypten
- Sinai & Rotes Meer

Baltische Länder
- Baltische Länder

Belgien
- *MM-City* Brüssel

Bulgarien
- Schwarzmeerküste

Cuba
- Cuba

Dänemark
- *MM-City* Kopenhagen

Dominikanische Republik
- Dominikanische Republik

Deutschland
- Allgäu
- Altmühltal & Fränkisches Seenland
- Berlin & Umgebung
- *MM-City* Berlin
- Bodensee
- *MM-City* Dresden
- Franken
- Fränkische Schweiz
- *MM-City* Hamburg
- Mainfranken
- Mecklenburgische Seenplatte
- *MM-City* München
- Nürnberg, Fürth, Erlangen
- Oberbayerische Seen
- Ostfriesland und Ostfriesische Inseln
- Ostseeküste – von Lübeck bis Kiel
- Ostseeküste – Mecklenburg-Vorpommern
- Pfalz
- Südschwarzwald
- Rügen, Stralsund, Hiddensee
- Schwäbische Alb
- Usedom

Ecuador
- Ecuador

Frankreich
- Bretagne
- Côte d'Azur
- Elsass
- Haute-Provence
- Korsika
- Languedoc-Roussillon
- *MM-City* Paris
- Provence & Côte d'Azur
- Südfrankreich
- Südwestfrankreich

Griechenland
- Athen & Attika
- Chalkidiki
- Griechenland
- Griechische Inseln
- Karpathos
- Kefalonia & Ithaka
- Korfu
- Kos
- Kreta
- Kykladen
- Lesbos
- Naxos
- Nördl. Sporaden – Skiathos, Skopelos, Alonnisos, Skyros
- Nord- u. Mittelgriechenland
- Peloponnes
- Rhodos
- Samos
- Santorini
- Thassos, Samothraki
- Zakynthos

Großbritannien
- Cornwall & Devon
- England
- *MM-City* London
- Südengland
- Schottland

Irland
- Irland

Island
- Island

Italien
- Abruzzen
- Apulien
- Adriaküste
- Chianti – Florenz, Siena, San Gimignano
- Dolomiten – Südtirol Ost
- Elba
- Friaul-Julisch Venetien
- Gardasee
- Golf von Neapel
- Italien
- Kalabrien & Basilikata
- Lago Maggiore
- Ligurien – Italienische Riviera, Genua, Cinque Terre
- Liparische Inseln
- Marken
- Mittelitalien
- Oberitalien
- Oberitalienische Seen
- Piemont & Aostatal
- *MM-City* Rom
- Rom & Latium
- Sardinien

- Sizilien
- Südtirol
- Südtoscana
- Toscana
- Umbrien
- *MM-City* Venedig
- Venetien

Kanada

- Kanada – der Westen

Kroatien

- Istrien
- Kroatische Inseln & Küste
- Mittel- und Süddalmatien
- Nordkroatien – Kvarner Bucht

Malta

- Malta, Gozo, Comino

Marokko

- Südmarokko

Neuseeland

- Neuseeland

Niederlande

- *MM-City* Amsterdam
- Niederlande

Norwegen

- Norwegen
- Südnorwegen

Österreich

- *MM-City* Wien
- Wachau, Wald- u. Weinviertel
- Salzburg & Salzkammergut

Polen

- *MM-City* Krakau
- Polen
- Polnische Ostseeküste

Portugal

- Algarve
- Azoren
- *MM-City* Lissabon
- Lissabon & Umgebung
- Madeira
- Nordportugal
- Portugal

Schweden

- Südschweden

Schweiz

- Genferseeregion
- Graubünden
- Tessin

Serbien und Montenegro

- Montenegro

Slowakei

- Slowakei

Slowenien

- Slowenien

Spanien

- Andalusien
- *MM-City* Barcelona
- Costa Brava
- Costa de la Luz
- Gomera
- Gran Canaria
- *MM-Touring* Gran Canaria
- Ibiza
- Katalonien
- Lanzarote
- La Palma
- *MM-Touring* La Palma
- Madrid & Umgebung
- Mallorca
- Nordspanien
- Spanien – gesamt
- Teneriffa
- *MM-Touring* Teneriffa

Tschechien

- *MM-City* Prag
- Südböhmen
- Tschechien
- Westböhmen & Bäderdreieck

Tunesien

- Tunesien

Türkei

- *MM-City* Istanbul
- Türkei
- Türkei – Lykische Küste
- Türkei – Mittelmeerküste
- Türkei – Südägäis von İzmir bis Dalyan
- Türkische Riviera – Kappadokien

Ungarn

- *MM-City* Budapest
- Westungarn, Budapest, Pécs, Plattensee

Zypern

- Zypern

Register

Folgende Zeitschriftenbeiträge, Aufsätze und Bücher haben mir wichtige Anregungen geliefert:

Johan Huizinga: Herbst des Mittelalters. 11.Auflage, Stuttgart 1975.

Friedrich Battenberg: Das Europäische Zeitalter der Juden. Bd. I u. II, Darmstadt 1990.

Cees Nooteboom: Die Form des Zeichens, die Form der Stadt. In: ders.: Die Dame mit Einhorn. Europäische Reisen. Suhrkamp-Taschenbuch 1997, S. 9 ff.

G. Descombes/H. Herzberger: Wachsendes Denkmal. Bauwelt, Heft 39/1999.

S. Giedion: Raum, Zeit, Architektur. Die Entstehung einer neuen Tradition. Zürich und München 1976.

Nikolaus Pevsner u. a. (Hg.): Lexikon der Weltarchitektur, München 1971.

Geert Mak: Amsterdam. Biographie einer Stadt. Siedler Verlag 1997.

Jos van Waterschoot: Publizistisches Zentrum Amsterdam. Eine gelungene Symbiose von Geld und Buchstabe? In: Bernd Wilczek (Hg.): Amsterdam 1585–1672. Morgenröte des bürgerlichen Kapitalismus. Elster Verlag 1993.

Leo Noordegraaf: Metropole und Wirtschaftswunder. In: Bernd Wilczek (Hg.): Amsterdam 1585–1672. Morgenröte des bürgerlichen Kapitalismus. Elster Verlag 1993.

Jörg Schilling/Rainer Täubrich: Niederlande. Beck'sche Reihe 1988.

Kerstin Schweighöfer: Amsterdam: Besser leben zwischen Himmel und Wasser. Art 2/02, S. 31–40.

Verzeichnis der Sehenswürdigkeiten

Märkte

Kirchen/Synagogen

Museen

(Musik-)Theater/Kulturzentren

Weitere Sehenswürdigkeiten, Stadtteile und Orte